사례로 배우는 마케팅

머리말

마케팅(Marketing)이란 용어는 서양에서 들어온 개념이다. 그러다 보니 한국시장 상황에 맞는 마케팅 강의를 한다는 것이 쉬운 일은 아니다. 물론, 마케팅은 어려운 과목이다. 어렵지 않다는 말을 하고자 하는 것이 아니다. 오랜 시간 대학에서 마케팅 강의를 하면서 느낀 것 중의 하나가 마케팅 관련 교재들이 참 어렵게 되어 있다는 것이다. 즉, 이제 갓 대학을 들어온 새내기들에게 이론만으로 설명을 하기에 많은 문제점들이 있다고 느껴왔다.

이런 문제점을 어떻게 해결할 수 있을까?

여러 가지 방법을 강구하다가, 학생들이 이해하기 쉬운 마케팅 관련 사례를 모아 수업자료로 이용해보았다. 한 번쯤은 들어봤을 만한 브랜드의 스토리텔링에서부터 TV CF, 드라마, 영화 속 제품 브랜드 이야기 등 여러 가지 방법을 동원하여 학생들에게 마케팅의 개념을 정립시켜 주었다. 그러다 또 발견하게 된 문제점이 기존의 마케팅 교과서의 사례와 내용들이 너무 외국의 사례에 국한된 것이 많다는 것이었다.

그렇다면 우리나라의 현장의 사례를 중심으로 학생들이 접해본 브랜드로 강의를 한다면 더 쉽게 이해하고, 더 많은 학습을 할 수 있다고 생각하여 이 책을 집필하게 되었다.

마케팅이란 시장을 연구하는 학문이다.

즉, 어떻게 하면 여러 가지 행위를 통하여 기업의 이윤을 창출할 수 있는지를 다양한 방법으로 연구 접근하려는 행태의 학문인 것이다. 학문적 접근법도 중요하지만 지금 현재 우리가 함께하고 있는 시장을 볼 수 있는 눈을 갖는 것이 마케팅을 배우는 궁극적인 목적이라 생각한다. 마케팅을 배우는 우리 학생들에게 그런 눈을 가지게 해주고 싶다.

대부분 경영학에 관련된 학문을 배우는 학생들이 취업 시 하고 싶은 일, 1순위가 마케팅이다. 하지만 현실에서 기업에 입사해서 마케팅 부서에서 일을 한다는 것은 결코 쉬운 일이 아니다. 그리고 마케팅이란 하나의 동떨어진 학문이 아니기 때문에 이론과 실제를 완벽히 겸비했을 때 자신의 능력을 잘 발휘할 수 있는 고난이도의 작업이다. 그러기 위해서는 마케팅에 대한 공부는 다양한 시각으로 계속되어야 한다. 그리고 생활 속에서 늘 같이 하여야 하고, 쉽고 재미있어야 한다.

이 책에서 마케팅의 이론적 접근을 쉽게 이해하기 위해 사례중심으로 저술하였다. 가능한 한 환대산업군의 외식, 호텔, 관광, 항공 등 다양한 사례를 위주로 준비하였다. 보다 폭넓은 사례와 내용으로 학생들에게 좋은 자료가 되었으면 하는 바람이다.

얼마 전 취업한 졸업생들에게 전화를 받았다. 취업한 회사에서 2010년을 맞아 자사 브랜드에 대한 SWOT 분석과 STP분석을 하고 재도약할 수 있는 대안을 내보라는 미션이 주어졌다고 한다. 그런데 그 미션에서 제자들이 꽤 칭찬을 많이 받았던 모양이다. 어떻게 이렇게 잘할 수 있냐고 묻는 상사에게 "저희는 수업시간을 통하여 이와 같은 작업을 매일 하였습니다"라고 대답했다고 한다.

실제 업무에서 도움이 되는, 그런 작은 초석이 되는 책이었으면 한다.

논어의 학이편 1장에 보면 이런 구절이 나온다.
學而時習之 不亦說乎 (학이시습지 불역열호)
有朋自遠方來 不亦樂乎 (유붕자원방래 불역낙호)
人不知而不慍 不亦君子乎 (인부지이불온 불역군자호)
배워야 할 때 배우니 내 마음이 얼마나 기쁘지 아니한가
멀리서 뜻을 같이 하는 친구가 뜻을 같이 하고자 찾아오니,
사람과의 관계가 또한 기쁘지 아니한가
남이 나를 알아주지 않더라도 노여워하지 아니하면 또한 군자가 아니겠는가

이 책을 접하는 모든 분들이 마케팅 공부가 참 재미있었으면 하는 바람을 가져보며 책을 마치려고 한다. 더 양질의 마케팅 서적이 넘쳐나는 세상에서, 너무 겁 없는 시도이지 않았나 하는 걱정도 앞서지만, 아직도 학문을 연구하는 사람의 노력의 과정이라는 데에는 후회가 없다.

세상을 살아가는 이치는 여러 가지겠지만, 변해야 하는 것과 변하지 말아야 할 것을 잘 구별하는 것이지 않을까 한다. 마케팅은 변하겠지만 그 안에 숨은 사람의 마음은 곧아야 할 것이다.

저자 일동

차례

CHAPTER 1 현대 Hospitality Industry Marketing의 기본 개념

Chapter 1

현대 Hospitality Industry Marketing의 기본 개념

제1절 마케팅의 개념 및 특징

최근 우리 주변에서 마케팅이라는 용어를 흔하게 사용하고 있다. 그럼 이렇게 흔히 들을 수 있는 마케팅이란 과연 무엇인가? 단순하게 접근하면 물건을 파는 행위라고 생각할 수 있다. 조금 넓은 의미로 접근해 본다면 물건을 파는 사람과 살려는 사람이 모여 있는 시장을 연구하는 학문이라고 할 수 있다.

그렇다면 시장이란 무엇인가라는 의문을 또 가질 수 있다. 시장이란 공급과 경쟁이 기본적으로 존재하고 수요, 환경, 소비자 등 관련 요소가 모두 모여 있고, 서로 상호 작용이 발생하여 끊임없이 변화하고 있는 곳을 말한다. 즉 시장이란 무수한 요소로 이루어진 끝없는 우주와 같은 곳이다.

17세기의 저명한 철학자이자 수학자, 물리학자인 라이프니츠Gottfried Wilhelm Leibniz는 모나드론Monadology이라는 독특한 사상을 발표하였다.

이 사상은 우주는 무수한 단자monad로 이루어져 있고, 개개의 단자 속에는 하나의 완전한 우주가 구현되어 있다는 사상이다. 이 이론을 잘 살펴보면 알 수 있듯이 그것은 우주의 프랙탈fractal구조를 표현하고 있음을 알 수 있다. 즉 하나의 입자가 그 속에 다른 또 하나의 완전한 우주를 담고 있다면 그 우주는 더욱더 작은 무수한 입자로 구성되어 있을 것이고, 또 그 하나하나의 입자 속에는 또 다른 더 작은 우주가 재현될 것이라는 이론이다.

이러한 과정은 끝없이 반복될 것이며 따라서 시장이란 도저히 셀 수 없을 만큼 무수한 요소가 끝없이 반복되며 구성되는 곳이라 하겠다. 이렇듯 무한한 마케팅 시장을 우리나라에서는 단지 판매와 촉진의 수단으로 잘못 오해하는 경우가 종종 발생한다. 판매와 촉진은 이 광활한 시장에서의 한 부분적 수단에 불과하다.

과거 제품이 귀했던 시절에는 물건에 대한 판매와 촉진조차 필요하지 않았던 시절도 있었으나 지금의 시대는 넘쳐나는 제품의 시장 속에서 고객의 욕구를 파악하려고 애를 쓰는 일련의 과정까지도 마케팅으로 보고 있다. 고객 자신도 자신이 진실로 원하는 것이 무엇인지 알지 못하는 욕구를 찾아내는 행위 또한 마케팅이 되었다.

마케팅에서 변화라는 개념은 항상 따라다닌다. 시장은 항상 변한다. 살아남기 위해서는 시장의 흐름과 함께 움직여야 하고, 시장과 함께 움직이기 위해서는 마케팅도 변해야 하는 것이다. '시장에 귀를 기울여야 한다. 소비자의 목소리에 귀를 기울여야 살아남는다.'

이제 마케팅은 제품의 전쟁이 아니라 사람들의 마음속의 우주를 지배하는 마음의 전쟁이 되었다. 따라서 본 장에서는 마케팅의 근본적인 개념을 다시 정립해 보고, 마케팅을 학문적 개념으로 설명하면서 그 시작을 열고자 한다.

1. 마케팅의 개념

마케팅이 무엇인지 한마디로 정의한다는 것은 불가능하다. 단지 마케팅에 대한 다양한 이론이 존재할 뿐이다. 마케팅의 개념을 설명하기 전에 유의하여야 할 것이 있다.

마케팅이란 인류에게 교환이라는 개념이 형성하면서, 시장경제의 발전과 더불어 자연발생적으로 나타난 것이 아니다. 마케팅은 경영학에서 유래하였다. 경영학이란 인류의 교환이라는 개념이 발전을 하면서 작은 시장들이 형성되고, 이 시장에서 교환과 경쟁을 반복하게 되면서 발전하게 되었다. 이후 그 규모가 점점 커지면서 회사의 형태를 갖추게 되었고, 회사가 기업이 되어가는 과정에서 더욱 발전하게 되었다.

기업이 발전을 거듭하면서, 기업의 여러 가지 경영 현상을 분석, 관리하다 보니 가장 중요한 교환활동에 포커스가 맞춰지게 되었고, 기업환경의 변화와 더불어 마케팅이 학문적으로 발전하게 되었다.

마케팅에 대한 학문적 정의를 처음 시작한 나라는 미국이다. 그러다 보니 미국의 마케팅 역사를 살펴보면 마케팅의 발전 과정을 확인할 수 있다.

1936년 NAMT National Association of Marketing Teachers는 "마케팅은 생산으로부터 소비에 이르는 재화와 서비스의 흐름과 관련되는 여러 가지 기업 활동을 포함하는 것"이라 했으며,

1948년도부터 60년대, 미국마케팅협회 AMA : America Marketing Association는 "생산자로부터 소비자 또는 사용자에게 재화 및 서비스가 유통되도록 하는 기업 활동의 수행"이라는 정의를 내린 바 있다.

1950년대는 국가 자본주의 시대가 종결되고, 현대 경영학의 모체라고 할 수 있는 관리 자본주의 시대가 도래한 시기이다. 그리고 무엇보다, 마케팅의 진정한 개념이 등장한 매우 의미 있는 시대이기도 하다. 즉 좋은 제품을 생산하여 판매하는 것이 사업의 사명이 아니라, 그 제품은 소비자가 원하는 것이어야 한다는 것이다.

이후 1985년에 미국의 마케팅협회에 의해 현재 가장 대표적으로 통용되고 있는 정의가 재정비되었는데,

"마케팅이란 개인과 조직의 목적을 충족시켜 주는 교환을 창조하기 위하여 아이디어, 재화, 그리고 서비스 개발, 가격결정, 촉진, 유통을 계획하고 실행하는 과정을 말한다."

("Marketing is the process of planning and executing the conception, pricing, promotion, and distribution of idea, goods, and services to create exchanges that satisfy individual and organizational objectives.")

AMA의 정의에 의하면 마케팅은 다음과 같은 특징을 갖는 것으로 요약할 수 있다.

첫째, 마케팅은 개인과 조직이 자신의 목적을 충족시키기 위해 교환을 창조하는 과정을 말한다.

둘째, 교환의 대상은 재화뿐만 아니라 서비스, 아이디어 등도 포함한다.

셋째, 마케팅은 교환을 원활하게 하기 위하여 제품(서비스, 아이디어 포함)개발, 가격결정, 촉진, 그리고 유통을 계획하고 실행하는 활동과정을 말한다.

근래에 마케팅 현상에 아주 커다란 변화가 발생하고 있다.

대표적인 예로 소비재 중심의 마케팅 외에도 서비스 마케팅, 관계 마케팅 및 네트워크 기반의 사업지 간 business-to-business 마케팅 등의 분야가 이에 속한다.

마케팅에서는 전통적으로 교환을 핵심적인 개념으로 간주하고 있으나 Bagozzi 1975; Hunt 2002 그와 같은 새로운 분야에서는 교환의 중요성을 간과하지 않으면서도 공급자와 고객 간의 상호작용을 통하여 교환이 촉진되며, 따라서 '상호작용' Interaction이 마케팅의 핵심이라고 본다. Gronrros 1990 ; Gummesson 1987 ; Hakansson 1982

예컨대, 상호작용으로 공동생산 Prahalad and Ramaswamy 2004과 가치의 공동창출 Normann and Ramirez 1993이 가능하다. 또한 마케팅 문헌에서 고객의 가치창출에 '사용가치' Value-in-use의 개념이 점차 중요해지고 있다는 점을 찾아볼 수 있는 바 Vargo and Lusch 2004, 이 개념은 고객과 유형의 재화, 서비스, 기술 및 정보와의 상호작용에 초점을 두고 있다.

따라서 마케팅을 제대로 정의하려면 지금까지 진행되어 온 마케팅 현상의 변화를 반영하여야 하며, 이와 더불어 현실을 반영함으로써 기업 내에서 마케팅 역할을 강화할 수 있는 내용이 담겨 있을 필요가 있다. 또한 마케팅은 지금까지 전술적인 문제에 집착하여 온 관행을 탈피하여 전략에 중점을 두어야 한다.

지난 50년간 마케팅은 기업과 고객의 관련에 치중하여 왔으며, 이러한 경향은 Kohli와 Jaworsky의 연구에서 찾아볼 수 있다. 따라서 하나의 현상으로서의 마케팅은 기업이 '고객에 초점' 을 두고 있음을 가리키고 있다. 그러나 마케팅은 실무적 관행이나 하나의 분과학문으로서 모두 위기에 처해 있는 것으로 보인다. Marketing Renaissance 2005

이것이 미국마케팅협회에서 20년 전에 제정한 마케팅 정의를 개정한 주요 이유 중의 하나인 것으로 생각된다. 그러나 과거의 정의와 개정된 정의는 실제로 커다란 차이는 없다. 두 개의 정의에 의하면 마케팅은 고객과 기업의 목적을 모두 충족시킬 교환을 창출하기 위해 일정한 의사결정 영역을 관리하는 전문적 기능인 것으로 간주되고 있다. 이러한 의사결정 영역은 제품(1985년의 정의에서는 상품, 아이디어 및 서비스), 유통, 가격 및 촉진의 4P로 정의되며, 이러한 4P를 중심으로 하는 의사결정이 마케팅인 것으로 정의된 것은 McCarthy를 출발점으로 한다.

따라서 새로 개정된 마케팅 정의는 사실상 50년의 역사를 갖고 있다고 할 수 있다.

2004년에 AMA에서 개정한 마케팅 정의에 대해서 다시 살펴보면 다음과 같다.

"마케팅이란 가치를 창출하여 고객들에게 소통시키고 전달함과 동시에 조직과 조직의 이해관계 당사자들에게 이익이 되는 방식으로 고객관계를 관리하기 위한 조직의 기능과 일련의 과정을 말한다."

("Marketing is an organizational function and a set of processes for creating, communicating and delivering value to customers and for managing customer relationships in ways that benefit the organization and its stake-holders.")

앞으로의 시장에서 마케팅의 정의는 계속 변화할 것이다. 최근 우리나라 마케팅학회에서도 시대의 변화를 반영하고 다양한 마케팅 활동을 좀 더 포괄적으로 수용하기 위하여 마케팅에 대한 새로운 정의를 다음과 같이 제시하였다.

"마케팅은 조직이나 개인이 자신의 목적을 달성시키는 교환을 창출하고 유지할 수 있도록 시장을 정의하고 관리하는 과정이다."

("Marketing is the process of defining and managing markets to create and retain exchanges by which organizations or individuals active their goals.")

그렇다면 우리나라는 마케팅에 대한 정의를 어떻게 내리고 있는가?

위에서 제시한 미국마케팅협회의 정의를 기반으로 한국식 마케팅의 개념을 살펴보면 다음과 같다.

첫째, 마케팅의 주체는 조직 혹은 개인이 될 수 있다. 조직은 이익추구 여부와 관계없이 모든 조직을 포함한다.

둘째, 조직이나 개인은 교환에 의해 자신의 목적을 달성할 수 있다.

셋째, 교환을 위한 제공물은 유형의 제품, 무형의 서비스, 사람, 조직, 아이디어, 운동경기, 국가, 장소 등 조직이나 개인이 시장에 제공할 수 있는 모든 것을 의미한다.

넷째, 교환을 창출하고 유지한다는 것은 신규고객을 창출하는 것과 그 고객이 자신과의 계속적인 교환의 당사자가 되도록 하는 것을 말한다.

다섯째, 마케터가 마케팅을 수행하는 데 가장 기본적인 과업은 마케팅 성공을 위해 시장을 적절하게 정의하는 것이다.

여섯째, 시장을 관리한다는 의미는 마케터가 자신이 원하는 방향으로 시장의 행동을 방향 지우는 것을 의미한다. 마케터는 시장관리를 위하여 제공물의 개발, 가격결정, 유통, 커뮤니케이션, 여론형성, 정부관계 노력 등 여러 가지 수단을 사용할 수 있으며, 나아가 마케팅 환경이 변하면 새로운 마케팅 믹스 요소를 창출해야 한다.

AMA의 정의와 한국마케팅학회의 정의에서 알 수 있는 바와 같이, 마케팅은 마케팅 주체(개인, 기업, 비영리조직 등)가 자신의 목적달성을 위한 교환을 창출, 유지하기 위하여 제품(유형의 재화, 서비스, 아이디어, 장소 등) 개발, 가격결정, 촉진, 유통 등을 계획하고 실행하는 데 관련되는 하나의 과정 process이다.

2. 마케팅 패러다임의 변화

경영환경의 변화에 따라 마케팅 활동의 성격도 변하게 되는데, 앞으로의 마케팅 환경은 지금보다 훨씬 빠르고, 첨단기술을 발판으로 더욱 변화할 것이다. 과거의 마케팅 환경변화를 다시 한 번 살펴봄으로써 변화하는 마케팅 시장을 유추해 볼 수 있다.

〈표 1-1〉에서 보는 바와 같이 제1단계는 '생산중심' 이었다. 이때는 만들기만 하면 팔리던 시대였으므로 기업의 마케팅 목표는 생산 증대에 있었다. 따라서 생산을 증대하기 위한 수단으로서 과학적 관리에 힘쓰고, 경영에서의 초점은 효율적인 생산에 집중되었다. 그러므로 이 시대의 마케팅 활동은 제품 및 서비스를 분배하는 수준에 불과했다고 볼 수 있다.

1920년대 생산중심이었던 시대에서 판매중심으로 마케팅이 변화하면서 제2단계 '판매중심' 이 성행하였다. 이 시대의 판매활동이란 세일즈맨의 개별적인 판매

표 1-1 마케팅의 개념 변화(연도는 미국 기준)

1900~1920	1920~1940	1940~1960	1960~1980	1980~2000	2000~
생산 중심	판매 기법	효율 추구	고객 위주	전략 중심	사회 의식

기업에 의한 것이었기에 단기적인 이익을 추구하고, 고객을 판매의 대상으로만 인식하며, 매출목표 달성만 가능하면 되었다.

1940년대 즈음에는 작은 회사들이 기업의 형태로 커지면서, 재무관리가 기업의 초점이 되었다. 또한 마케팅의 목표가 '효율추구'로 바뀌게 되면서, 제3단계 '효율추구'가 제시되었다. 제품의 질보다는 제조과정의 편의를 추구하고, 유통 등에 있어 비용을 감소시키는 방안에 주목하게 된다.

1960년대에 들어와 기업 경영의 초점이 마케팅에 맞춰지자, 마케팅 자체는 '고객위주'로 변화되면서 제4단계 '고객중심'이 대두되게 된다. 즉 고객이 만족하여 기업의 제품을 계속 이용해 주어야만이 장기적인 이윤을 추구할 수 있다는 것을 알게 되었다.

따라서 각 고객이 요구하는 바가 무엇인지에 신경을 쓰게 되는데, 예컨대 제품은 다품종 소량생산을 지향하게 된다. 그러나 개별 고객에 과민하게 반응하다 보니 나무는 보되 숲(사회전체이익)을 보지 못한다는 비판을 받는다. 또한 고객의 현재 욕구를 만족시키려다 보니 장기적이며 전략적인 방향제시를 할 수 없다는 문제에 부딪히게 되었다.

기업의 초점이 전략으로 넘어온 1980년대에는 마케팅 활동도 '전략형성'을 중시하는 체제로 전환되면서 제5단계 '전략 중심'의 시대가 되었다. 이는 경쟁을 의식하며 마케팅 전략을 기업의 전반적인 전략과 연관하여 인식함을 의미한다. 기존 시대에는 제품을 생산해 놓은 후 마케팅 개념을 접목시켰다면, 전략 중심 시대부터는 제품 기획 단계부터 마케팅 개념을 제시하게 되었다.

마지막으로 2000년 이후, 제6단계 '사회의식' 시대가 되었다. 마케팅 개념은 더 이상 마케팅이 기업의 이윤 추구만을 위한 수단이 아닌, 사회 전반적인 개념을 수반하는 도구가 되었다.[홍성태(1999)]

기업의 관건이 경영의 초점이 되는 시기의 마케팅은 어디에 중점을 두어야 할 것인가?

이제는 '사회를 의식' 하는 마케팅이 될 것이다. 차세대의 마케팅은 기업문화 창출을 통한 사회화의 융합에 초점을 맞추어야 한다. 기업이 하나의 인격체인 양 취급될 것이기 때문이다. 따라서 마케팅은 소비자의 복지, 과소비 억제, 환경문제, 마케팅 관리자의 의무 등을 심각하게 고려해야 한다. 즉 마케팅을 고립시켜 생각하기보다 사회와의 상호관계를 의식하면서 인간적인 대화를 시도해야 함을 의미한다.

• 사례 •

자연주의 철학의 결정체 포도호텔

제주의 오름과 초가집을 모티브로 만들어져 하늘에서 내려다보니 한송이의 포도 같다 하여 포도호텔로 불림. 자연을 거스르지 않고 그대로의 자연과 일체되는 포도호텔은 기존의 호텔과는 전혀 다른 새로운 개념에서 출발하였으며, 완벽한 휴식과 진정한 웰빙의 세계를 느낄 수 있는 친환경이며, 호텔 세계적인 건축가인 재일교포 '이타미 준' 의 작품으로도 유명한 호텔이다.

'이타미 준' 은 한국과 일본의 전통양식을 근대 건축에 받아들여 돌이나 나무 등 자연의 소재를 살리는 제작으로 독자적인 세계를 펼치는 건축가이다.

사회 전체의 이익을 염두에 두게 되므로, 예컨대 각 개인의 편의를 위해 호텔의 외형만을 아름답게 만들기보다는 그 호텔이 사회적으로 어떠한 쪽에 관심을 갖느냐가 중요한 시대가 되었다. 또한 공해를 추방하기 위해서 소비자들에게 간혹 더 비싼 가격을 치르게도 한다. 계몽적인 판촉과 사회비용을 감소시키는 방향의 절약적인 유통이 강조된다.

• 사례 •

환경경영 거점 'SEOUL PLAZA HOTEL'

국내 서비스업계 최초의 환경, 안전 통합인증, 에너지절약, 유공자, 대통령 산업포장 수상. 하루 지하수 400t 사용, 음식물 폐기물 전량 재활용. 대기오염의 한복판에 놓인 서울 프라자호텔이 환경 경영의 거점' 으로 변모하고 있다.

자료 동아일보(2005-11-05)

마케팅 활동 중 기업의 브랜드 콘셉트의 형성에 가장 큰 영향을 미치는 부분들이 광고일 것이다. 나폴레옹은 처음으로 포병에게 중대한 역할을 부여한 전략가이다. 포병의 선제공격 후 보병이 실질적인 마무리를 하도록 하였다. 나폴레옹 시대 이후 포병의 지원 역할에 대한 중요성이 대두되면서, 형태는 변하였지만 어떤 공격에서든 화력의 지원이 필수가 되었다. 1차세계대전 중에는 탱크 기갑부대가 구성되어 포가 기동성을 가지고 지원을 하게 된다. 2차세계대전에서는 이들 화력을 비행기에 싣고 다녔으며, 오늘날에는 미사일이 그 역할을 수행한다. 또한 상륙작전에서도 함포사격의 지원은 필수적이다. 마케팅에 있어서, 포의 역할을 하는 것이 바로 광고이다. 판매에 있어 광고의 지원사격은 필수적인 것이다. 광고의 강조점의 변화를 보면 마케팅 변화의 흐름을 한눈에 알 수 있다.[홍성태(1999)]

1단계	be	이 제품은 무엇인가?
2단계	have	제품의 속성이나 특성은 무엇인가?
3단계	do	제품이 무엇을 해줄 수 있는가?
4단계	mean	이 제품이 무엇을 의미하는가?
5단계	coexist	benefit이 무엇인가?

• 사례 •

1990년대 대한항공 광고에서는 LA, 호놀룰루, 밴쿠버, 토론토 주 3회 운항이라는 내용으로 대한항공의 제품이 고객에게 해 줄 수 있는 DO 단계의 광고를 보여주고 있다.(광고 TV CF 발췌)

2000년대 대한항공 광고에서는 "하늘 가득히, 사랑을, 하늘 가득히 미소를~"이라는 모토로 대한항공의 고객에게 제공하는 제품의 의미를 담고 있는 MEAN 단계에 광고를 보여 주고 있다

근래의 대한항공 광고에서는 "Excellent in flight korea air"라는 모토로 대한항공 이용 고객이 느낄 수 있는 Coexist 단계의 광고를 보여주고 있다.

3. 마케팅의 핵심 개념

마케팅이 무엇인가를 좀더 명확히 이해하기 위하여 [그림 1-1]에 요약되어 있는 마케팅의 핵심개념들에 관해 알아보기로 하자.

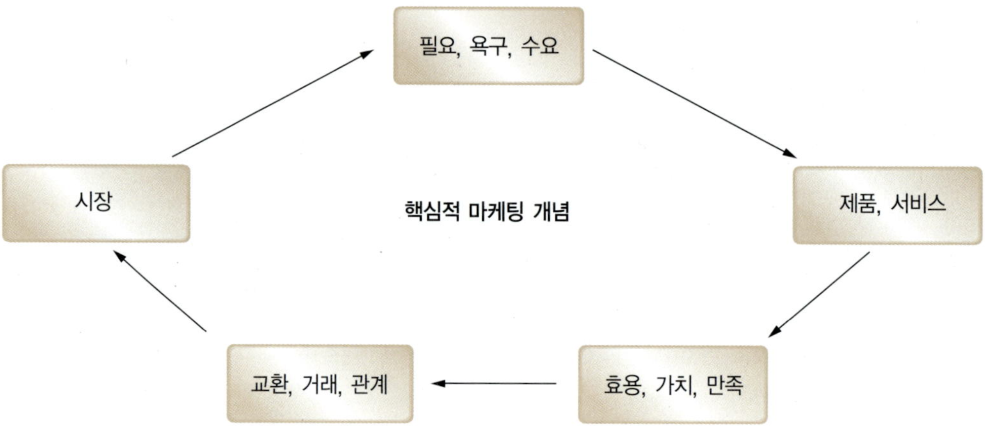

그림 1-1 | 마케팅의 핵심 개념

지금까지 마케팅의 개념과 개념들의 변천과정을 살펴보았다. "마케팅이란 사회적, 관리적 과정이다." 개인 및 집단은 "제품이나 가치를 창조하든가, 타인과 교환을 통하여 자기들이 필요로 하는 것을 획득하고 있다" 라는 정의를 내렸다.

그렇다면 이런 마케팅을 구성하는 핵심개념들인 필요, 욕구, 수요, 제품, 서비스, 가치, 만족, 교환, 시장 등의 각각의 개념에 대한 보다 구체적인 설명을 살펴보기로 하자.

1) 필요와 욕구

필요 Wants란 결핍상태를 일컫는다. 국어사전에서의 사전적 의미를 살펴보면

"필요(必要)란 꼭 소용이 됨, 없어서는 아니 되는"이라고 정의 되어 있다.

예를 들면, 인간은 누구나 육체적인 배고픔을 해소하기 위해 음식이 필요하고, 추위를 느낄 때 의복을 필요로 하는 것을 말한다.

욕구 Needs는 필요를 충족시켜 줄 수 있는 구체적인 수단에 대한 바람을 말한다. 필요와 욕구는 각기 다른 뜻을 가지고 있다. 대부분 음식, 주거, 사랑 등에 대해서는 기본적인 '필요'를 느끼며, 특정한 것에 대한 소망과 관련해서는 '욕구'를 느낀다.

배가 고프면 사람들은 음식을 필요로 한다. 음식을 필요로 하는 것은 모두 같지만 그 욕구는 각기 다르다. 불고기에 욕구를 느끼는 사람이 있는가 하면, 채식 메뉴에 대한 강한 욕구를 표현하는 사람도 있다. 어떤 사람은 매운 음식을, 어떤 사람은 느끼한 음식을 선호할지도 모른다. 같은 사람이라도 상황에 따라 기존의 식성과 전혀 다른 음식을 먹고 싶을 때도 있는데 이런 여러 가지 상황을 구체적인 수

• 사례 •

소비자들이 만든 '여자를 위한 피자'

외식업체에서는 고객 제안 메뉴제를 도입하여 매출증대 효과를 보고 있다. 미스터피자는 2004년부터 소비자들이 직접 참여해 피자 메뉴를 개발하는 '그녀들의 피자 콘테스트'를 개최하고 있으며 이를 메뉴 개발에 적극 활용하고 있다. 2005년 출시되어 미스터피자 최고 인기 메뉴 중 하나로 자리 잡은 '시크릿 가든'도 고객 제안 메뉴제를 통해 개발된 제품이다.

자료 뉴시스(2008-09-07)

단에 대한 바람으로 충족시키는 것을 욕구라 한다. 그러나 대부분 필요와 욕구를 구분하지 않고 복합적인 개념으로 이해하여 필요도 욕구라고 표현한다. 시장에서 장기적으로 생존하기 위해서는 이런 소비자의 필요와 욕구를 반드시 이해해야만 한다.

필요와 욕구의 설명에서 빠지지 않는 설명 중 하나인 '매슬로 욕구 5단계'에서 알 수 있듯이 인간은 누구나 생리적 욕구, 안전의 욕구, 사회적 욕구, 존경 욕구, 자아성취 욕구 등 다양한 욕구를 가지고 있다. 이와 같은 욕구를 충족시키기 위해 많은 것을 요구하게 된다. 그 결과 교환과 거래가 창출되고 교환을 원활하게 하기

• 사례 •

하나투어, 'W' 여행 중 통해 블로그 마케팅 본격 실시

하나투어가 공식 블로그 'W'와 온라인 카페 '여행 중'을 통해 블로그 마케팅에 본격 나서고 있다. 17일 하나투어에 따르면 하나투어는 공식 블로그 'W'와 온라인 카페 '여행 중'을 지난 2006년 7월과 올해 5월에 각각 개설해 운영하고 있으며, 하루 평균 700명 이상의 블로그 방문수와 현재 1,000여 명이 넘는 카페 회원을 보유하고 있다. 블로그 마케팅을 통해 하나투어 브랜드의 인지도와 신뢰성을 확보하고 여행이라는 관심사를 통해 블로거와 회사와의 자연스러운 교류의 장을 마련하고 있는 것이다. 최근 마케팅 기법이자 커뮤니케이션 수단으로 각광받고 있는 블로그 마케팅은 소비자의 반응을 직접 들을 수 있고, 고객의 긍정적인 체험을 통해 고객을 팬으로 만들어 낼 수 있다는 장점을 가지고 있다. 하나투어 닷컴기획팀 유희연 대리는 "여행상품도 소비자가 직접 상품기획에 참여할 수 있는 프로슈머화 형태로 발전해야 한다"며 "하나투어의 공식 블러그와 카페는 여행에 대한 정보제공은 물론이고 블러거들과 교감해 그 의견을 상품에 적극 수용하는 과정을 통해 하나투어 브랜드에 대한 애정을 키워가는 공간으로 만들어 가겠다"고 밝혔다.

자료 뉴시스(2008-11-17)

위해 마케팅이 필연적으로 필요하게 된다.

최근 우리나라 기업들이 제품이나 서비스를 개발하는 데 있어 고객의 필요와 욕구를 직접 반영하는 프로슈머 Prosumer 마케팅을 적극적으로 활용하고 있다.

IT산업의 발달로 인터넷과 다른 통신수단을 이용하여 고객이 직접 참여할 수 있는 접점채널이 증가하고 남들과 다른 차별화된 욕구에 대한 욕심이 증가하면서 고객이 생산과 소비활동에 직접 관여하게 된 것이다.

• 사례 •

찾았다! 시판 김치의 제왕

시판 김치 한줄 평가

농협 아름찬 포기김치	포장부터 모양, 맛까지 집에서 담근 것 같이 투박해 오히려 좋은 김치. 아삭아삭하고 간도 잘 맞는다.
CJ 하선정 50년 노하우로 만든 통김치	양념 맛이 가벼워 김치 마니아가 먹기엔 밋밋하지만 젊은 층은 선호할 듯. 찌개나 볶음 등 요리에 쓰기 좋다.
익을수록 깊은 맛이 나는 동원 양반김치	매운 맛의 정도가 적당하고 익었을 때 약간 시원한 맛이 있다.
풀무원 전라도 포기김치	젓갈이 듬뿍 들어 있어 갓 담근 김장김치처럼 보쌈에 곁들이면 잘 어울린다. 어르신들이 좋아할 맛.
종가집 아삭 포기김치	식감, 양념, 염도 등이 모두 무난한 김치. 익혀먹는 것이 더 맛있다.
이마트 해양심층수 포기김치	해양 심층수 때문인지 일반 김치와 다른 풍미가 있는데, 약간 쌉쌀한 맛이 있다.

경제가 어려워 올 김장김치는 직접 담가 먹겠다는 주부들이 많다. 하지만 맞벌이들에겐 꿈만 같은 이야기. 분초를 다투며 사는 사람들에겐 비싸도 시판 김치를 사먹는 것이 오히려 '경제적' 일 수 있다. 다행히 요즘 시판 김치들이 빠르게 업그레이드되고 있다. 담백한 맛과 풍부한 맛, 서울식과 남도식, 아이들용 김치 등 맛을 세분화해 기호에 따라 고를 수 있다. 마트에서 가장 손쉽게 접할 수 있는 브랜드는 CJ, 대상, 풀무원, 동원 등이며, 포기김치, 열무김치, 갓김치까지 종류도 다양하다. 농협의 '아름찬' 과 이마트의 '해양심층수 김치 '도 눈에 띈다. '홍진경 김치' 로 더 잘 알려진 '더 김치' 는 나이 지긋한 주부들에게도 '사먹을 만하다' 는 평가를 받고 있다. 어떤 제품을 골라야 할까? 요리잡지 월간 '수퍼 레시피' 가 음식 전문가들과 30대 프로슈머 13명으로 시판 김치 품평단을 구성, 일반 마트에서 가장 손쉽게 살 수 있는 포기김치들을 살짝 익힌 뒤 그 맛을 평가했다.

자료 news.chosun.com(2008-11-19)

2) 수요

인간의 욕구는 끝없이 무한하다. 하지만 인간이 가진 자원은 유한하다. 수요는 구매력에 의해 뒷받침되는 욕구 Wants 를 의미한다. 예를 들어 배가 고픈 사람이 5,000원밖에 없다면 스테이크 대신 된장찌개를 먹어야 한다. 그래서 수요자들은 자신들이 가지고 있는 재화를 사용하여 최대의 만족을 안겨줄 제품을 선택하려 한다. 즉 구매력에 의하여 수요가 뒷받침되었을 때, 이들의 욕구는 수요를 더욱 더 가중시키게 된다.

이 외에도 환대산업의 여러 가지 서비스는 경제의 일부를 창출하고 있다. 수요의 개념에서 또 하나 중요한 사실은 소비자는 제품을 이익의 한 다발로 간주하고 있다는 것이다. 그들은 자신들의 대금지급에 대하여 최대이익의 한 다발을 부여하는 제품을 선택하게 되는 것이다.

중저가 호텔 시장의 선두주자 IBIS가 대표적인 예라 할 수 있다.

• 사례 •

중국 외식시장의 사례를 들어 설명해 보면, 2006년도 중국 지린 신문에 따르면 2006년 3월 23일 중국 상무부에서 발표한 통계수치에 따르면 중국 주민 외식비용은 상승추세로서 매년 인구당 음식 소비는 680원에 달하여 1978년에 비해 118.4배 증가하였다. 통계에 따르면 지난해 중국 음식 소매액은 8,886.8억 원 규모에 달하여 1978년에 비해 161배 증가하였고 지난해에 비해 1,336억 원 증가하여 사회소비품 소매총액에서 점한 비중은 13.2%에 달하였다고 한다.
구역으로 살펴보면 동부 음식업은 소매액이 가장 크고, 중부 음식업은 증가 공헌율이 가장 강하며, 서부 음식업 소매액은 본 구역 혹은 사회소비품 소매총액에서 점한 비중이 가장 컸다고 한다. 음식 소매액으로부터 보면 광둥, 산둥, 쓰촨, 저장이 전국 5위에 들었는데 지난해 상하이 음식 소매액은 처음으로 여러 해 동안 음식패왕의 지위에 있던 광저우를 대체하였다고 한다. 동부성시 스낵 영업 규모는 정식음식을 초과하였으며 광둥 스낵시장 분액은 90%에 달하였다고 한다. 음식업이 발달한 광저우시 일인당 음식소비지출은 4,165원으로 전국 평균수준의 5배에 달한다고 한다. 상무부 해당책임자는 2006년, 중국 일인당 음식소비지출은 17.6% 증가하여 800원에 달할 것으로 예상, 음식업시장 운행은 계속하여 17%의 고속성장을 하여 연간 소매액 1조원을 돌파할 것으로 예상하였다.

자료 인터넷 길림신문(2006-03-27)

• 사례 •

최근 소비자들은 경제적인 소비, 단순히 가격만 싸면서 저품질의 상품을 제공하는 경우나 무조건적인 고가격, 고품질의 제품 선호보다는 실용적인 가격과 더불어 보다 나은 가치를 제공하는 제품에 중점을 두고 있다. 요즘 소비자들은 그저 싸기 때문에 '싼 것이 비지떡인 것을 감수하면서 구입하는 것이 아니라 '비교적 싸면서도 맛있는 꿀떡'을 직접 찾아 구입하기 시작한 것이다. 이런 소비 트렌드에 맞춰 호텔 시장에도 변화의 바람이 불었다.

예전에는 초호화 시설과 잘 갖추어진 서비스를 제공하는 고가 특급호텔과 말 그대로 숙박의 개념만 있는 저가형 숙박시설로 양분되어 있었다면, 점차적으로 중간단계의 형태로 특급호텔에 비해 저렴하면서도 좋은 서비스를 제공하는 중저가 호텔 시장이 발달하게 되었다. 더구나 요즘에는 자신의 기호에 맞추어서 적절한 여행 루트를 스스로 선택하고자 하는 사람들이 늘어나면서, 단체 여행이나 호텔과 항공권이 함께 상품군으로 묶여 나오는 에어텔보다는 각각의 상품들을 따져서 고르기를 원하게 되었다. 호텔의 가격과 질적인 부분에 있어서도 개인의 선택의 중요성이 커지면서 그 형태가 다양해지기 시작한 것이다. 또한 단체 여행보다는 개별적인 여행을 선호하게 되면서 개인이 여행 경비를 모두 부담해야 하는 개별 여행자의 비율이 전체 관광객의 60% 이상을 차지하게 되었다.

이런 호텔 시장에 국내 중저가 호텔 시장 형성 초기에는 외국인 고객과의 언어 소통문제 혹은 체계적으로 훈련된 서비스 부재라는 한계점이 있었기 때문에 저가라는 장점 외의 고객에게 제공할 수 있는 차별화가 부족했다. 그러나 국내 중저가 호텔 시장에 ibis가 진입하여 성공적인 경영을 이뤄내자, 차별화된 ibis의 경영 전략이 중저가 호텔들의 벤치마킹 대상으로 주목받고 있다.

20~40대 비즈니스 고객을 대상으로 한 ibis는 2003년 9월 국내 시장에 진입하여 성황리에 운영 중에 있다. 강남에 위치한 ibis 서울은 평균 객실점유율 80% 이상을 유지하고 있으며, 2006년 6월 개관 첫해에 76.6%의 객실 점유율을 기록하였다. 최고급 호텔 체인인 W호텔이 2004년 개관 첫해에 40% 이하의 평균 객실점유율을 기록한 것을 보면 ibis가 얼마나 성공적으로 시장에 진입했는지를 알 수 있다.

자료 이마스(2007-09-07)

사람들은 자기 자신의 욕구와 자원은 당연히 존재하는 것으로 생각하고 그 이익의 최대만족을 충족시켜 줄 만한 제품을 선택한다. 이 개념을 수요라 할 수 있다.

3) 제품, 서비스

인간의 필요, 욕구, 수요 등의 개념들은 이를 충족시켜 주는 무언가로 대변되어야 하는데 이것이 제품이다.

• 사례 •

대한항공 "나라라 비행소녀" 서비스

대한항공 객실승무원 직업을 체험해 볼 수 있는 인터넷 게임이 나왔다.
대한항공 어린이 교육업체 한솔교육의 온라인 게임 자회사인 한솔디케이는 공동으로 제작한 게임 '나라라 비행소녀' 서비스를 11월 20일부터 교육게임 사이트 '퍼니또(www.funitto.com)'를 통해 시작한다. 게임은 게이머가 대한항공 객실 승무원이 되어 기내에서 고객에게 기내식, 음료 등 서비스를 제공하고 다양한 상황에 대처하는 방식으로 이뤄진다. 게이머의 경험치가 높아지면 이코노미석, 프레스티지석, 일등석으로 배경이 업그레이드되며, 직급도 인턴에서 사무장까지 올라가도록 하여 재미와 함께 유익함을 동시에 제공한다.
게임에서도 텔아비브, 타슈켄트, 상파울루, 뮌헨 등 대한항공이 취항하는 도시를 포함해 총 162개 노선이 제공되며, 게임을 완료하면 다양한 엔딩화면과 축하메시지가 나오게 된다.

자료 문화일보(2008-11-22)

제품과 서비스는 마케팅 주체가 교환을 위해 시장에 제공하는 것으로서, 인간의 필요와 욕구를 충족시키기 위해 필요불가결한 것으로 볼 수 있다. 마케팅을 주관하는 사람들은 자사의 목표를 달성하기 위해서는 소비자들의 필요와 욕구를 알아내고, 그에 적합한 제품을 개발하여야 한다.

제품이란 공장에서 제조되는 유형적인 상품을 말하고, 서비스란 무형적인 상품이나 아이디어 등을 말한다. 제품과 서비스는 유형적이냐 또는 무형적이냐의 구분 말고도 소유권의 이전이 있느냐 없느냐 하는 것으로도 구분된다. 제품의 경우에는 구매와 동시에 구매자에게로 소유권이 넘어가지만, 서비스는 소유권이 이전되지 않는다. 예를 들어 항공기를 이용해 여행하는 사람에게 비행기의 좌석에 대한 소유권이 이전되지만 비행기의 소유권이 이전되지는 않는다. 항공기의 기내숍에서 립스틱을 구매한 사람에게는 그 제품의 소유권이 넘어간다. 제품과 서비스는 이러한 차이점을 가지고 있지만, 소비자의 필요와 욕구를 충족시켜 줄 수 있는 혜택을 가진 상품이라는 점에서는 공통점을 갖는다.

4) 효용, 가치, 만족

효용 Utility이란 소비자가 제품을 통해서 얻고자 하는 이익을 말한다. 그 이익은 무상이 아니고 비용이 발생하게 된다.

가치 Value란 효용에 값을 부여한 것을 말한다. 소비자의 구매능력은 각기 다르므로 같은 효용이라도 가치는 다른 것이다. 예를 들어 BMW 700시리즈의 승용차가 명예를 상징하는 편익이 있다면 그것을 소유할 수 있는 구매능력이 있는 사람에게는 비싼 가격을 주고도 구입할 만한 가치가 있는 것이나, 일반 대중에게는 BMW를 유지할 능력이 없으므로 비싸게 주고 구입한다 해도 가치는 없는 것이다.

만족 Satisfaction이란 어떤 상품에 대하여 구매자가 바라는 효용이 있고, 비용을 고려해 볼 때 구입할 만한 가치가 있어 구입하였는데 그 선택이 가장 적절했다고 판단했을 때를 말한다. 효용, 가치, 만족의 개념은 마케팅이 왜 단순 판매 Selling와 다른지를 설명하는 중요한 개념이라고 할 수 있다.

• 사례 •

포도로부터 얻은 신의 혜택, 보르도 지역의 꼬달리 스파

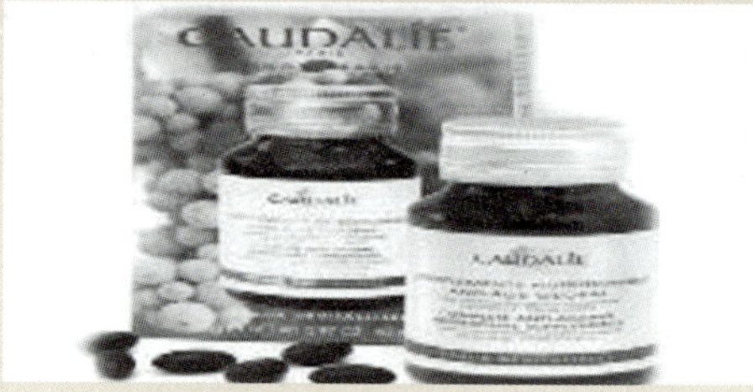

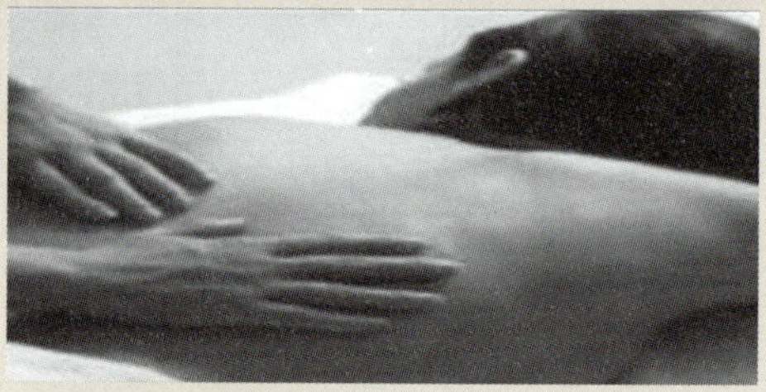

아름다운 18세기 건물과 매혹적인 부두, 웅장한 건축물의 고풍스런 매력을 그대로 간직하고 있는 보르도는 축복받은 땅. 게다가 달콤한 향기가 솔솔 풍기는 다양한 포도를 이용한 비노테라피(Vinotherapy)와 샤토투어가 있으니 보르도 여행은 매혹 덩어리다.
와인의 인기가 급상승하면서 프랑스 샤토 기행이 여행상품에서 유행처럼 번지고 있다. 와인과 일류 주방장과의 만남, 와인 저장 창고 투어, 와인 샤토 투어 등 다양한 프로그램 중 보르도 지역에 포도 치료 전문 클리닉의 비노테라피를 겸비한 보르도 지역의 꼬달리스파가 매력을 더 하고 있다. 포도를 이용한 특이 케어도 인기이고, 프랑스의 최고 여배우 이자벨 아자니가 선호한다는 꼬달리 화장품의 케어까지 여성 고객의 마음을 단순에 사로잡았다. 똑같은 조건의 와인 기행으로 본다면 효용, 가치, 만족을 한꺼번에 가져올 수 있는 다양한 아이템을 겸비했다고 할 수 있다.

자료 Prifilege 기사 발췌(2004-05)

5) 교환, 거래, 관계

교환 Exchange이란 자신이 원하는 혜택을 얻기 위해 어떤 대가를 지불하고 서로 주고받는 것을 의미한다. 이를 위해서는 양자 간에 교환조건에 대한 동의가 바탕이 되어야 하며 서로의 이익이 반드시 존재하여야 한다.

즉 교환은 교환 당사자들을 교환 이전의 상태보다 더 나은 상태로 만들어 주어야 한다. 그렇지 않으면 교환은 일어나지 않는다. 즉 서로에게 가치가 있어야 교환이 일어난다. 교환은 단기적인 의미의 거래 Transaction와 장기적 의미의 관계 Relationship를 모두 포괄하는 의미로 사용될 수 있다. 현대의 마케팅은 단기적인 거래의 성격보다는 장기적인 관계 구축의 성격으로 변모해 가고 있다. 즉 장기적인 관점에서 교환의 이익을 고객과 기업이 누리는 것을 목표로 하고 있다.

6) 시장

교환이 일어나는 곳을 시장 Market이라 한다. 이것은 과거처럼 물리적 장소의 의미에 머무르는 것이 아니라 구매자들의 집합 또는 소비자들의 집합을 의미하는 것이다. 다시 말해, 동대문시장, 남대문시장뿐만 아니라 자금 시장, 금융시장, 홈쇼핑 시장, 인터넷 쇼핑 시장 등과 같이 소비자들이 집합되어 있는 곳을 의미한다.

홈쇼핑 다음 세대 버전은 모바일 쇼핑으로 예상된다. 이는 IT시장과 휴대폰 시장의 많은 관계자들의 전망이 아니더라도 쉽게 확인할 수 있다. 휴대폰이 작게만, 작게만 유행하다가 어느 사이 액정이 커지고, DMB폰을 구축해 가는 과정으로 미루어 짐작할 수 있다. 이렇듯 교통 및 IT기술의 발달로 시장의 범위와 규모가 매우 다양할 뿐만 아니라 방대해지고 있다.

• 사례 •

0.1% 마케팅

신용카드사의 최우수 고객(VVIP) 유치 경쟁이 다시 치열해지고 있다. 현대, 신한, 롯데에 이어 삼성카드가 프리미엄 카드 시장에 도전장을 던지면서 한정된 우수 고객을 두고 수성전(守城戰) 양상도 벌어지고 있다.

삼성카드는 6일 VVIP카드인 '라움'(Raume)을 출시했다. 기본 연회비 200만 원, 이용한도를 고객이 정하는 조건으로 내걸고 "신용카드가 개인 비서 역할을 대행해 준다"는 콘셉트로 무장했다. 이를 위해 국내 최초로 글로벌 컨시어지 서비스 업체인 퀸터센셜리(Quintessentially)와 제휴해 고객들에게 맞춤형 개인 비서 서비스를 제공한다. 우선 전 세계 2만여 호텔, 레스토랑, 레저, 휴양시설, 항공사 등 제휴 네트워크를 기반으로 유명 요리사와의 만남, 희귀명품 구매 지원, 개인 헤어스타일리스트, 자녀를 위한 유럽 상류 클럽 입회지원 등의 서비스를 제공한다. 특급호텔 식음료(F&B)시설 및 펜트하우스 VIP우대, 동남아시아 연 1회 퍼스트클래스 업그레이드 및 전국 주요 골프장 예약 등 다른 카드사의 우대 서비스도 기본으로 제공한다.

현재 국내 VVIP 카드 시장은 2005년 '블랙카드(The Black)'를 출시한 현대카드가 1800명, 올해 '신한 프리미어'를 내놓은 신한카드가 300명 정도다. 이들 카드사는 삼성그룹이라는 국내 최대의 고객군을 확보한 삼성카드가 프리미엄카드 시장에 진출한 만큼 고객 경쟁에서 뒤지지 않기 위해 서비스 추가 등 마케팅을 강화해 나가겠다는 전략이다.

카드사들이 우수고객 유치에 심혈을 기울이는 이유는 국내 카드 시장이 포화 상태를 보이는 상황에서 우수 고객에 대한 투자가 회사의 매출을 좌우할 수 있기 때문이다. 최상위 고객 한 명의 연간 카드 사용액이 1억 원을 넘다 보니 일반 회원 수십 명에 맞먹는 수익을 올릴 수 있고, 특히 경기와 상관없이 카드를 꾸준히 사용하기 때문에 카드사 입장에선 놓칠 수 없는 우량 고객이다.

정호영 삼성카드 회원마케팅 담당 상무는 "후발주자로 나선 만큼 세계적인 업체와의 제휴를 통해 다른 카드사와의 차별화에 중점을 뒀다"면서 "서비스와 사용 한도 제약을 없애 초우량 고객들을 위한 최고의 서비스를 제공할 것"이라고 말했다.

자료 서울신문(2009-10-07)

제2절

마케팅 관리

1. 마케팅 관리의 의의

마케팅 관리란 조직의 목표를 달성하기 위해 표적고객과의 상호 유익한 교환을 창조, 유지하기 위한 프로그램들을 분석, 계획, 집행 및 통제하는 활동을 말한다. 마케팅 관리의 핵심적 과업은 수요를 효과적으로 관리하고, 고객을 유치, 확보하기 위해 고객들과 우호적인 관계를 지속적으로 유지할 수 있도록 고객과의 관계관리를 체계적으로 수행하는 것이다. 이들에 관해서 좀더 자세히 알아보기로 한다.

1) 수요관리

마케팅 관리의 주된 목적은 신규고객을 유치하고 수요를 증대시키는 데 있지만, 상황에 따라서는 적정한 수요를 유지하는 것이 더 중요한 경우도 있다. 수요가 불규칙하거나 부정적인 수요, 과도한 수요 등이 있을 때 이들을 관리하지 않으면 오히려 고객을 상실하거나 자원의 낭비를 초래할 수 있기 때문이다. 따라서 적정 수준의 수요를 효과적으로 관리하는 것이 매우 중요하다.

2) 고객관리

마케팅 관리의 또 하나의 중요한 과업은 고객을 관리하는 것이다. 고객관리는 신규고객의 획득과 기존고객의 유지라는 두 가지 측면에서 수행된다.

시장점유율을 늘리고 판매량을 증대시키기 위해 신규고객을 획득하는 것도 중요하지만, 기존고객을 상실하지 않고 계속 유지시키는 일도 매우 중요하다. 특히 기존고객을 유지하는 데 드는 비용은 새로운 고객을 획득하는 데 드는 비용의 몇 분의 일에 불과하기에 기존고객에 대한 관리는 더욱더 중요해지고 있다. 이러한 맥락에서 한 번의 거래에서 나오는 이익을 극대화하기보다는 생애가치를 극대화하는 것이 바람직하다는 주장이 제기되면서 고객의 생애가치 Lifetime Value 또는 고객자산 Customer Equity관리가 마케팅의 중요한 과제로 등장하고 있다.

최근에 많은 기업이 고객과 지속적이고 우호적인 관계를 유지하기 위해 관계마케팅 Relationship Marketing과 고객관계관리 CRM : Customer Relationship Management에 높은 관심을 보이고 있다.

• 사례 •

장기적인 관점과 고객 생애 가치(Customer Lifetime Value)

볼티모어 지역의 도미노피자 체인 중에 가장 성공했다고 평가받는 한 매장의 성공 비결을 살펴보자. 이 매장에서는 단골고객 한 명의 평생가치를 약 4,000달러로 계산했다. 이는 평균 10년 동안 연간 8달러짜리 피자를 50개 주문하는 고객을 단골로 산출한 수치다.

이 매장의 주인인 필 브레슬러는 종업원에게 "당신들은 지금 8달러짜리 고객이 아니라 4,000달러짜리 고객에게 피자를 배달하고 있다"고 강조했다. 그리고 이러한 고객가치 마인드는 고객으로 하여금 피자가 약속 시간에 배달되었는지 판단하게 하고, 정성스레 피자를 만들어 배달한 최고의 종업원을 직접 선정하도록 하는 정책으로 이어졌다. 만약 이 매장이 고객가치를 현재의 가치인 8달러로 계산했다면, 이렇게 큰 성공을 거두지 못했을 것이다.

자료 이유재, 허태학/고객만족을 넘어 고객가치를 경영하라 중에서

표 1-2 수요의 다양한 형태와 마케팅 대응관리

부정적 수요 (Negative demand)	많은 소비자가 특정 제품을 싫어하고, 심지어는 대가를 지불하더라도 그것을 피하려 할 때의 수요상태로서, 이런 경우 마케터는 소비자들이 제품을 싫어하는 원인을 규명하고 그것에 대응할 수 있는 마케팅 프로그램을 개발하여야 한다.
무수요 (No demand)	표적소비자들이 특정 제품에 대해서 전혀 관심을 보이지 않는 시장상황을 말한다. 예컨대 농부들이 새로운 영농기구에 대해 흥미를 보이지 않는 경우가 이에 해당된다. 이런 경우 마케터는 그 제품의 편익을 시장의 욕구와 흥미에 연결시킬 수 있는 방법을 찾아야 한다.
잠재수요 (Latent demand)	소비자들이 현재의 제품으로 충족되지 않은 강한 욕구가 잠재되어 있는 상황을 말한다. 예를 들면 인체에 무해한 담배, 생물학적으로 분해 가능한 포장지, 공해 없는 승용차 등에 대한 강력한 잠재적 수요가 있을 수 있다. 이러한 경우 잠재시장의 규모를 측정하고, 잠재수요를 충족시킬 수 있는 효과적인 재화와 서비스를 개발하여야 한다.
감소수요 (Falling demand)	제품의 수요가 감소되고 있는 시장상황으로서, 예컨대 교회의 신도수가 감소하거나 사립대학은 지원자수가 줄어드는 상황을 예로 들 수 있다. 이런 경우 마케터는 시장 감소의 원인을 찾아내어 그에 적합한 마케팅 프로그램을 개발하여야 한다.
불규칙 수요 (Irregular demand)	수요가 계절별, 일별, 시간별로 불규칙한 상황으로서 유휴설비 또는 초과작업 등의 문제가 발생한다. 대중교통의 경우, 러시아워를 제외하면 많은 차량이 유휴상태에 놓이며, 박물관의 관람객은 평일에는 너무 적고 주말에는 너무 붐빈다. 이런 경우 마케터는 신축성 있는 가격, 결정, 촉진, 기타 유인책을 구사하여 수요의 시간적 유형을 변화시킬 방법을 찾아야 한다.
완전 수요 (Full demand)	조직은 그것이 필요한 만큼의 수요를 보유하면서 적절히 통제하기도 한다. 마케터는 변화 무쌍한 소비자 선호와 격화되는 경쟁에 직면하여 현재의 수요수준을 유지하기 위한 활동을 수행한다. 조직은 최적으로 업무가 수행될 수 있도록 하기 위해 제품 품질을 유지하고 소비자 만족여부를 지속적으로 조사해야 한다.
초과 수요 (Overfull demand)	수요량은 기업이 원하거나 통제하는 수준보다 많을 경우도 있다. 예컨대 공익사업체, 버스회사, 음식점 등의 사업은 절정시간에는 초과수요를 겪는다. 이런 경우 잠재적 내지는 영구적으로 수요 감소방안을 강구하는 마케팅 과업을 디마케팅(demarketing)이라고 하는데, 그 방법으로는 가격인상과 촉진과 서비스의 감소를 생각할 수 있다.

자료 Philip Kotler, "The Major Tasks of Marketing Management," Journal of Marketing

2. 마케팅 관리 이념의 변천

마케팅 관리의 궁극적인 목적은 기업자신과 소비자, 그리고 사회의 욕구를 충족시키고 그들 간의 조화된 발전을 추구하는 데 있다. 따라서 기업은 소비자의 욕구충족, 사회전체의 복지증진, 그리고 기업 자신의 이윤창출이라는 세 가지 목표를 조화롭게 달성하기 위해 마케팅 활동을 효율적으로 수행해야 한다.

기업이 이와 같은 목표를 달성하기 위해 어떻게 마케팅을 하는 것이 가장 최선인가에 대한 전략적 사고방식을 마케팅 이념 또는 마케팅 철학이라고 한다. 마케팅 이념은 시대적으로 시장상황이 변화하면 더불어 변화하게 된다. 마케팅 관리이념의 변천과정을 살펴보면 생산개념, 제품지향개념, 판매지향개념, 마케팅지향개념, 사회지향적 마케팅개념 등 [그림 1-2]에서와 같이 다섯 단계의 발전적 변천과정을 보이고 있다.

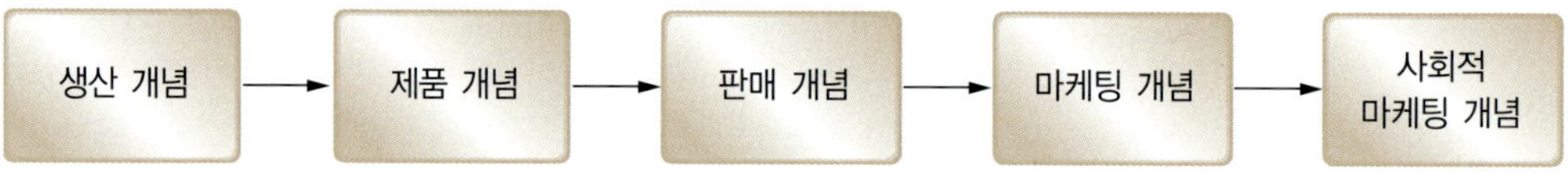

그림 1-2 | 마케팅 관리이념의 변천과정

1) 생산지향개념(Production Concept)

생산지향개념은 판매자의 지침이 되는 가장 오래된 개념이다. 제품의 공급이 수요에 비해 부족한 시대나 시장상황에서는 제품은 만들기만 하면 팔려나간다고 볼 뿐만 아니라, 소비자들로 하여금 저렴한 가격의 제품들을 원하는 만큼 구매할 수 있도록 해 주는 것이 마케팅의 핵심과정이라고 보는 견해가 지배적으로 나타난다.

생산지향개념은 소비자가 입수가능하고 값이 적절한 제품을 선호할 것이라는 가정하에 출발하므로 경영관리자는 생산과 유통의 효율을 높이는 데 중점을 두지 않으면 안된다. 생산지향개념의 문제점은 경영자가 생산시스템에 중점을 두고, 고객의 기호를 망각하기 쉽다는 데 있다.

소비자들의 수요와 욕구충족을 위해 생산성의 향상과 원가절감에 역점을 두어야 한다. 따라서 생산개념하에서는 대량생산을 통해 원가를 절감하고 생산량을 증대시키기 위한 방법을 연구하고 개발하는 R&D활동과 소비자들에게 저렴한 가격의 제품을 확장된 유통망을 통해 광범위하게 제공하려는 마케팅 활동에 기업들은 모든 자원과 노력을 투입하게 된다. 수요가 공급을 초과하던 시대의 대부분의 기업이 수용했었던 마케팅 이념으로서, 오늘날에도 공급이 부족한 제품시장에서 경쟁을 하는 기업들이 관심을 보이는 마케팅 관리 이념의 하나이다.

2) 제품지향개념(Product Concept)

생산지향개념과 마찬가지로 제품지향개념은 내부지향적이다. 제품지향개념은 소비자와 기존제품과 제품형태를 선호하고 있어서 관리자의 업무는 이러한 제품의 우수한 개량품을 개발한다는 것을 의미하고 있다. 소비자들이 우수한 품질의 제품을 선호할 것으로 보고 최고 품질의 제품생산에 주력하는 제품지향적 마케팅 이념을 말한다. 제품공급이 풍부한 시장상황하에서는 품질이 우수한 제품만이 경쟁력을 가지고 소비자들에게 선호된다고 보기 때문에 기업들은 성능과 품질이 우수한 제품의 개발 및 생산에 주력하게 된다.

그러나 제품의 기능적, 물리적 품질개선에만 너무 집착하다 보면, 소비자들의 다양한 욕구, 특히 감정적, 심리적, 사회적 욕구 등을 충족시키지 못하고 오히려 경쟁력을 상실하는 결과를 초래할 수도 있다는 문제점이 지적되고 있다.

3) 판매지향개념(Selling Concept)

기업이 충분한 판매와 판매촉진 노력을 기울이지 않으면 소비자는 기업의 제품을 대량으로 구입하지 않을 것이라고 가정하고 있다. 판매활동의 목표는 가능한 한 판매량을 달성하여 판매 후의 만족 또는 판매에 따른 수익의 기여에 대하여 염려하지 않는 것이다. 판매지향개념은 경쟁이 치열한 시장 상황하에서 이윤창출 목적을 실현하기 위해 제품의 판매 및 촉진활동에 주력하는 판매지향적 마케팅 이념을 말한다.

시장경쟁이 심화되면 기업들은 자사제품의 판매증대를 도모하기 위해 모든 판매방법과 촉진활동을 통해 소비자들을 설득하고 판매하는 밀어내기 전략Push Strategy에 우선 순위를 두게 된다. [그림 1-3]에 요약되어 있는 바와 같이, 판매개념은 소비자에게 잘 팔릴 수 있는 제품을 생산하기보다는 이미 생산된 제품을 하나라도 더 많이 팔기 위해 판매 및 촉진 활동에 많은 지원과 노력을 투입하는 마케팅 이념으로서 오늘날에도 많은 기업이 수용하고 있는 마케팅 이념의 하나이다. 그러나 시장의 성격이 판매자시장에서 구매자시장으로 변화하면서 소비자들의 제품 선택권이 강화되면 판매개념에 의한 밀어내기 전략은 큰 효과를 기대하기가 어렵다.

판매지향개념은 고객과의 사이에 장기적인 관계를 확립하는 것이 아니다. 따라서 시장의 욕구를 충족시킬 수 있는 제품을 창조하는 것이 아니고, 현재 보유하고 있는 제품을 팔아 치우는 데 중점을 두고 있기 때문이다.

레스토랑에서는 매출액이 감소하고 있는 이유를 처음부터 분석하려 들지 않고, 판매가 떨어지기 시작할 때에 종종 광고를 내고 있다. 그들은 자기들의 제품을 변경하여 변화하는 시장에 맞추려 들지 않는다. 그들은 판매가 더 곤란해지면 광고와 쿠폰의 제공을 늘려서 고객에게 그 제품을 판매하려고 한다. 결국 그 제품이 시장욕구를 충족시킬 수 없게 되므로 그들은 그 사업에서 손 떼게 될 것이다.

판매지향개념은 관광업계에 있어서는 특유의 것이다. 그 주된 이유 가운데 하나는 만성적인 과잉능력상태가 지속되고 있다는 점이다. 실제로 이 업계의 모든 주요부문은 과잉능력으로 고민에 빠져 있다. 그리고 현재도 그렇고, 장래에도 그것을 경험하게 될 것이다.

	출발점	초점	수단	결과
판매개념	생산공장	기존 제품	판매 및 촉진	판매증대를 통한 이윤창출
마케팅개념	시장	소지자 욕구	통합적 마케팅	고객만족을 통한 이윤창출

그림 1-3 | 판매 개념과 마케팅 개념의 비교

4) 마케팅지향개념(Marketing Concept)

기업경영의 새로운 트렌드는 마케팅 지향이다. 특히 Hospitality 산업에서는 마케팅지향적 개념이 본격적으로 도입되고 있다. 포시즌 호텔, 메리어트 호텔, 리츠칼튼 호텔 등을 필두로 호텔, 항공사, 외식업체 등으로 그 범위는 이제 끝을 알 수 없이 확신되고 있다. 마케팅지향개념은 고객만족 증대를 최우선과제로 하는 개념이다.

[그림 1-3]에 요약되어 있는 바와 같이 마케팅 개념은 세 가지 특징을 가진다.

첫째, 제품개념이나 판매개념에서는 객관적 기준에서 우수한 품질의 제품 생산

• 사례 •

싱가포르항공 '최고의 퍼스트 클래스 수상'

싱가포르 항공이 영국 항공 컨설팅 기관인 '스카이트랙스(Skytrax)'가 뽑은 2009년 최고의 퍼스트 클래스 항공사로 선정됐다. 싱가포르 항공은 스카이트랙스가 지난해 8월부터 올해 3월까지 97개국의 항공기 탑승객 1천620만 명을 대상으로 조사한 스카이트랙스 월드 에어라인 어워드(The Skytrax 2009 World Airline Award)의 퍼스트 클래스 부문에서 1위로 이름을 올렸다.

고객들에게 최고로 인정받은 싱가포르 항공의 퍼스트 클래스는 차별화된 우수한 디자인으로 설계됐으며, 완벽한 프라이버시를 보장하는 넓고 안락한 개인 공간 및 격조 높은 기내 프로덕트로 고객 개개인에게 최상의 서비스를 제공한다.

이번 조사에서 싱가포르 항공은 최고의 항공사 부문을 비롯하여 기내 엔터테인먼트 부문, 비즈니스 부문에서는 2위를 차지했다.

한편 싱가포르 항공은 최근 국가고객만족도 조사(NCSI)에서 12년 연속 최고 국제 항공사로 뽑힌 바 있다.

자료 월간 호텔&레스토랑(2009-05) 발췌

을 추구하지만, 마케팅 개념에서는 소비자의 필요와 욕구를 파악하여 그에 적합한 팔릴 수 있는 제품생산을 일차적 과제로 한다는 점이다.

둘째, 제품의 생산에서부터 유통, 판매 후 관리까지 통합적 마케팅을 통해 소비자들의 필요와 욕구를 최대한 충족시키는 것을 마케팅 활동의 핵심과제로 본다는 점이다.

셋째, 밀어내기식 판매를 통해서가 아니라 고객만족을 통해 기업의 이익창출목적을 실현하려 한다는 점이다.

이제 우리나라에서도 마케팅 개념을 도입하여 고객지향적 경영을 시도하는 기업들이 많이 늘고 있다. 마케팅 지향개념이 가정하고 있는 것은 조직목표의 달성이 표적시장의 현재욕구와 잠재욕구를 결정하는 데 좌우되고, 타경쟁사보다도 효과적, 효율적으로 바람직한 만족을 제공한다는 것이다. 마케팅 지향개념은 "욕구를 발견하여 그것을 충족시킨다." "만들 수 있는 것을 만드는 것이 아니고, 팔리는 것을 만들어라." "좋을 대로 해주세요."(버거킹), "당신은 우리의 보스입니다"(유나이티드 항공)와 같이 다채로운 표현으로 설명되고 있다.

마케팅지향개념을 판매지향개념과 때때로 혼동하고 있는데 [그림 1-3]은 2개의 개념을 비교, 대조시킨 것이다. 판매지향개념은 내부로부터 외향의 시각을 취하고 있다. 그것은 기업이 보유하는 기존제품을 가지고 출발하고, 이익을 가져다 줄 매출액을 달성하기 위하여 맹렬한 판매와 촉진이 요구된다. 기업은 고객만족에 영향을 미치는 모든 활동을 조정하고, 고객의 만족을 창출, 유지함으로써 그 이익을 획득하고 있다.

5) 사회적 마케팅 개념(Societal Marketing Concept)

사회적 마케팅 개념 Societal Marketing Concept은 가장 새로운 마케팅 개념이다. 소비자들의 단기적 욕구와 만족을 충족시키는 것도 중요하지만 사회 전체적인 이익과 복지의 증진도 매우 중요하고 시급한 과제라고 보는 마케팅 철학을 의미한다.

이 마케팅 철학은 기업이 현대사회에서 매우 중요한 위치를 차지하고 있기 때문에 소비자 만족을 통해 이익만 추구하다 보면 사회복지를 저해할 수도 있다는 생각에서 출발하였다. 소비자가 원하는 제품이나 서비스가 궁극적으로 사회의 공익에 반한다면, 기업은 이를 생산, 판매하지 말아야 하며, 나아가서는 적극적으로 사회복지를 증진시키는 마케팅 활동을 하여야 한다는 것이다.

사회지향적 마케팅 개념은 환경문제, 자원부족, 급속한 인구증가, 세계적인 인플레이션, 사회적 서비스의 경시시대에 있어서 마케팅 지향개념이 적절한가 어떤가를 의문시하는 데서 생겨났다. 개인의 욕구를 파악하여 이에 대처하고 이를 충족시키는 기업은 장기적으로 소비자와 사회를 위하여 최선의 길을 항상 모색하고 있는 것이다. 순수한 마케팅 지향개념은 단기적인 소비자욕구와 장기적인 사회욕구와의 사이에서 발생할지도 모를 분규를 무시하고 있다.

오늘날의 사회는 인터넷, 디지털, 대중교통 기술의 발달, 커뮤니케이션 방법과 기술의 혁신 등을 특징으로 하는 시대이다. 이와 같은 새로운 시대는 '연결성 Connectedness'의 사회를 창조했다. 연결성을 가능하게 한 컴퓨터, 인터넷, 커뮤니케이션, 교통수송 기술은 크게 3가지 유형의 연결을 가능하게 하였다.

첫째, 고객과의 연결이다.

과거보다 고객과 더욱 선택적으로 연결되는 것이 가능해졌고, 고객과 한평생 연결되는 것이 가능해졌으며, 고객과 직접 연결되는 것도 가능해졌다. 그래서 고객관계관리 CRM, 원투원 마케팅, 고객생애가치 등이 현대사회 마케팅의 주요 핵심개념이 되었다. 또한 인터넷의 등장은 고객에게 상품 및 기업 관련 정보를 과거 어느 때보다도 더 풍부하게 제공하는 계기가 되었다. 과거의 소비자들은 기업에 일방적으로 제공하는 정보 외에는 다른 정보원이 부족했으나, 현대 사회는 오히려 소비자 쪽에서 기업보다 더 많은 정보를 가질 수 있는 기회를 제공한다. 따라서 똑똑해진 소비자는 기업에 더 많은 요구를 하게 되고, 시장의 주도권은 소비자에게로 이미 넘어갔다. 그 결과 소비자를 기업의 생산이나 판매과정에 참여시키는 것도 가능해졌다.

둘째, 마케팅 파트너들과의 연결이다.

현대사회는 회사 내의 다른 부서와 긴밀한 연결이 가능해졌고 과거보다 더욱 유기적으로 조직이 운영될 수 있는 전기를 맞게 되었다. 그 밖에도 공급업체나 유통업체 등과도 긴밀하게 연결될 수도 있고, 전략적 제휴를 통한 연결도 확대되었다. P&G는 파트너의 자격으로 월마트의 인터넷 웹사이트에 들어가 상품의 판매량과 재고를 확인해 보고 어떤 상품을 언제 납품할지를 스스로 계획할 수 있다.

• 사례 •

메리어트 호텔 체인의 'STS 프로그램'

메리어트 호텔 체인의 'STS(Spirit To Serve)프로그램은 메리어트 호텔의 창시자인 빌 메리어트(Bill Marriott) 회장의 철학을 따른 것으로, 메리어트의 모든 직원은 고객에게 최선을 (Spirit to Guest), 직원에게 최선을(Spirit to Associate) 그리고 고객으로부터 받은 사랑을 지역사회에 환원(Spirit to Community)하는 데 최선을 다해야 한다는 것을 주된 내용으로 하고 있으며, 세분화된 주제에 따라 다양한 활동을 전개해 나가고 있다.

특히 지역사회에 환원해야 한다는 철학에 대한 실천의 의미로 마련한 지역봉사활동은 전 세계 메리어트 호텔이 적극적으로 참여하고 있으며, 봉사활동으로 인해 서비스 정신의 근간이 되는 '배려'와 '겸손'을 되새기고 있다. 한국 메리어트 호텔 전체의 봉사활동은 해마다 평균 다섯 차례 진행되는데, 이미 지난 4월 3일 충남 안면도에서는 한국 메리어트 호텔 전체가 참여한 나무심기 행사가 수많은 인원이 참가한 가운데 성공적으로 마무리된 바 있다.

또한 매년 6월은 마라톤대회 이벤트를 개최한다. 마라톤 대회는 참가자들로부터 참가비를 받는 펀드레이징 이벤트로, 누적된 기금은 불우한 아이들에게 장학금으로 전달된다. 9월은 집이 없는 사람들을 위해 집을 지어주는 해비타트에 참여하며, 10월은 펀드레이징을 위한 하이킹 대회를 마련한다. 기금은 역시 불우한 이웃에게 전달된다. 11월에는 꽃동네의 노인들에게 전달하는 김장김치를 담그기도 한다. 또한 태안 기름유출 사고가 발생했을 때 기름을 제거하기 위해 두 차례 방문해 봉사활동을 진행하기도 했다.

한편 한국 메리어트 호텔 전체가 참여하는 봉사활동 이외에도 각 체인호텔들이 자체적으로 진행하는 봉사활동도 있다.

위와 같이 호텔의 공익 프로그램은 소외된 이웃을 향한 후원의 손길을 전하는 형태와 지역 내에 고아원이나 양로원 등과 자매결연을 맺어 지속적으로 후원을 하는 방법, 일정한 자격을 가진 학생들을 후원하기도 하는 다양한 방법으로 진행되고 있다.

자료 월간 호텔&레스토랑(2009-05) 발췌

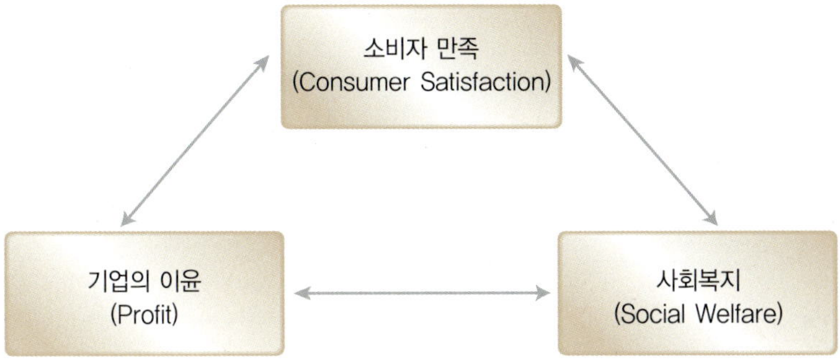

그림 1-4 | 사회적 마케팅 개념

KTF멤버스 카드를 가진 소비자는 에버랜드를 50% 할인된 가격으로 들어갈 수 있다. 이러한 것들이 모두 마케팅 파트너와의 연결에 대한 주변에서 쉽게 볼 수 있는 사례들이다.

셋째, 전 세계와 연결될 수 있다.

현대사회를 글로벌 사회라 말한다. KTX로 우리나라 전역도 반나절 생활권이 되었다. 항공운송의 대중화로 전 세계가 하루, 이틀 내에 도달 가능한 범위 안에 놓였다. 그러다 보니 지구촌 어느 한 나라의 문제가 전 세계인이 관심을 둘 수 있는 이슈로 등장하고 그에 따른 기업의 사회적 책임과 사회적 가치의 존중이 중요한 문제가 되었다. 또 과거에 마케팅이 영리조직에 한정된 개념이었다면, 이제는 비영리 조직에서도 그들의 고객이나 관련그룹, 기관들과의 연결을 도모하고 있다. 예를 들어 국가 박물관, 병원, 학교, 교회, 공연예술 조직 등을 대상으로 하는 비영리 조직의 마케팅은 최근에 그 중요성이 부각되는 분야이다.

3. 마케팅의 적용범위

전통적으로 마케팅은 영리기업에서만 관심을 갖는 대상으로 인식되어 왔으나 최근에는 그 적용범위가 확대되어 비영리기관을 포함한 거의 모든 조직의 관심대상이 되고 있다.

1) 영리기관

우리나라에서 마케팅 활동을 통합적이고 체계적으로 추진하려는 노력은 1980년대 들어 나타나기 시작했으며, 주로 식음료 등 비내구재를 생산하는 기업에서 비교적 빠른 속도로 마케팅 개념이 받아들여지기 시작하였다.

2) 비영리기관

비영리기관이란 영리추구를 위한 목적으로 설립된 조직이 아니라 공공이익의 실현을 최우선 과제로 삼고 설립, 운영되는 모든 조직을 말한다. 병원, 양로원, 사립학교, 박물관, 노동조합, 종교단체, 지방자치단체 등 다양한 비영리기관에서도 환경변화에 적응하기 위한 노력의 일환으로 마케팅 개념을 적극적으로 도입하는 사례가 생겨나고 있다.

4. 마케팅 믹스

마케팅 믹스 Marketing Mix란 마케팅 프로그램과 전략개발을 위해 사용할 수 있는 통제 가능한 마케팅 도구들의 집합을 말한다. 마케팅 믹스를 구성하는 요소들에 제한은 없지만 제품 Product, 가격 Price, 유통 Place, 촉진 Promotion 등 네 개의 요소가 가장 중요하기 때문에 이들의 머릿자를 모아 4P라 하며, 이들 4개의 요소를 어떻게 조합하느냐에 따라 마케팅 성과는 많은 차이를 보이게 된다.

마케팅 믹스의 4P 요소는 다음과 같다.

1) 제품(Product)

시장에서 소비자들이 구매할 수 있는 모든 유형의 제품 및 무형의 서비스를 말한다. 상품은 고객의 요구를 충족시키고 기업의 목적을 달성시켜 주는 현실적 수단이라는 점에서 마케팅 믹스 중 가장 주된 요소라고 할 수 있다.

2) 가격(Price)

상품에 부과된 금액으로서 상품개발, 생산, 유통, 촉진 등 제반비용은 물론 기업이 목표로 하는 일정액의 이익도 포함되어 있다. 가격은 마케팅 믹스 4P 중 직접적인 수익을 창출한다는 점에서 의의가 있다.

3) 유통(Place)

생산된 상품을 소비까지 연결시켜 주는 활동으로서 소비자들이 원하는 시간에 원하는 장소에서 상품 구매를 쉽게 할 수 있도록 시간과 공간적 장소를 제공하는 의미를 가지고 있다. 요즘에는 각종 매체의 발달로 시간과 공간에 대한 제한 범위가 점점 더 없어지면서 고객의 욕구충족을 보다 빠르고 넓게 이루어 나가고 있다.

4) 촉진(Promotion)

소비자들로 하여금 상품을 알게 하고, 호의적인 태도를 갖게 하여 궁극적으로는 구매행동을 유발시키는 커뮤니케이션 활동이다. 구체적인 수단으로 광고, 판매촉진, 인적판매, 홍보 등이 있다. 일반적으로 마케팅은 이 촉진이라는 개념에서 사고를 하는데, 그만큼 이 촉진이라는 요소가 구매유발에 엄청난 영향으로 작용한다.

그림 1-5 | 마케팅 믹스의 4P 요소

• 사례 •

피죤, 환경 생각하는 '그린제품'으로 차별화

섬유유연제 부문에서는 피죤이 하이스트 브랜드로 뽑혔다. 지난 30여 년 동안 시장점유율 1위의 위치를 확고히 지키며 우리나라 생활용품 업계를 주도해 온 제품이다.

아로마 효과를 강화시킨 '피죤 아로마플러스' · 가볍게 휴대하며 뿌리기 용이한 '스프레이 피죤' · 땀냄새를 없애는 여름철 전용 섬유탈취제 '쿨데오' · 투명타입 섬유유연제라서 헹굼물을 줄일 수 있는 '피죤 투명한 자연이야기' 등… 타사에서는 쉽게 보기 힘든 섬유유연제 제품군을 꾸준히 개발해 왔다. 그리고 이러한 섬유유연제를 개발한 피죤에는 한결 같은 그린 마케팅 전략이 뒷받침되어 있다. 피죤 '자연은 곧 우리가 돌아갈 미래'라는 사실을 항상 되새기면서 어떤 기업보다 먼저 환경을 생각하는 남다른 마케팅 전략을 실천해 왔다.

섬유유연제 피죤의 주된 마케팅 전법은 4P(Product · Price · Place · Promotion)요소가 복합적으로 혼합된 그린 마케팅 믹스(Green Marketing Mix) 전략으로 대표된다.

제품(Product) 전략은 고객과 환경을 동시에 생각하는 신제품 개발이다. 섬유유연제 피죤은 철저하게 고객의 관점에서 생각하되 나아가 환경까지 보존할 수 있는 친환경 제품을 표방하고 있다. 가격(Price) 전략을 위해서 피죤은 창립 초기부터 변함없이 프리미엄 가격 전략을 고수했다. 제품의 초기에는 생활의 질을 높이는 고급 제품으로 인식되지만 시간이 흐를수록 생활필수품으로 자리를 잡아 가격보다는 품질이 제품 선택의 중요한 요인으로 작용하게끔 하는 전략이다. 유통(Place) 전략은 유통 시 발생할 수 있는 환경오염 및 포장재 등을 최대한 줄이는 것이다. 일반 소매점에서 백화점 그리고 할인점으로 변화해 온 유통 환경에 발맞춰 피죤은 마케팅 부문과 영업 부문 사이에 긴밀한 시스템을 갖추고 유통에서 발생할 수 있는 각종 환경오염에 적극적으로 대응해 왔다.

프로모션(Promotion) 전략은 다양한 매체를 이용하되 일관된 커뮤니케이션 전략을 수립하는 것이다. 피죤은 소비자 지향적인 프로모션 전략을 통해 고객들의 마음에 효과적으로 와닿을 수 있는 판매 전략을 유지하고 고객들에게 제품의 최적 사용량과 환경 정보를 적극적으로 고지해 환경오염을 줄이고자 노력하는 프로모션 정책을 취해 왔다.

자료 중앙일보(2009-10-12)

제3절 Hospitality Industry Marketing

1. Hospitality Industry의 의의

환대(歡待)라는 단어를 사전에서 검색해 보면 '반갑게 맞아 정성껏 후하게 대접함' 이라고 기술되어 있다. 이제는 레스토랑, 항공사, 여행사, 호텔 등의 모든 서비스 산업을 아우르는 표현이지만 그 의미는 hospital에서 유래하였다. 즉, 병원에 입원한 환자들에게 극진하고 정성스럽게 치료를 해주던 배경에서 유래된 말이다.

"Hospitality is the relationship between a guest and a host, or the act or practice of being hospitable."(환대는 게스트와 호스트의 관계형성 및 호스트의 극진한 행동을 가져온다.)

"Hospitality frequently refers to the hospitality industry, which includes hotels, restaurants, casinos, catering, resorts, membership clubs, conventions, attractions, special events, and other services for travelers and tourists."("환대는 여행자와 관광객을 위한 호텔, 레스토랑, 카지노, 리조트, 컨벤션, 케이터링, 멤버십, 특별이벤트 및 다른 서비스를 포함하는 환대산업을 나타낸다."라고 표현되어 있다.)

그렇다면 Hospitality Industry란 무엇인가? Hospitality Industry란 단어를 위키백과 사전에서 검색하면 다음과 같이 명시되어 있다.

"The hospitality Industry consists of companies within the food services, accommodations, recreation, and entertainment sectors"

즉 환대산업은 식음 서비스 , 숙박, 휴양, 오락적인 부분으로 이루어져 있는 모든 서비스 관련 산업을 통칭하는 용어라는 것을 알 수 있다.

Hospitality Industry는 인류가 생존을 영위하고, 상호 왕래가 이루어지던 시기에서부터 그 기원을 찾아볼 수 있다. 인간의 이동이란 생존을 위해 불가피한 행위였다. 이러한 이동이 인간의 본질적인 욕구에서 행해지고 있었지만, 시대의 흐름과 사회생활의 발전과 더불어 인간의 이동은 변화하기 시작하였다. 도보에서 마차와 말로, 증기기관차로, 자동차로 이제 비행기로의 여행방식의 진화와 환대산업의 역사는 함께하였다고 할 수 있다.

인간은 여러 가지의 목적을 위하여 이동을 하게 되었고, 자기의 정주지로부터 떠나서 인간의 기본적인 목적을 위한 이동행위 movement가 여행이라는 인간사회 행동의 현상으로 나타나게 되었다. 인간이 여행을 할 때는 '먹고 마시는 것 eating & drinking, 잠자는 것 lodging, 즐기는 것 enjoying 등 3가지 기본적이고 필수적인 요건이 있다. 이러한 이동의 여행행위에서 필요한 사항들이 숙박시설로 발전하였고, 하나의 영업행위로서 인간에게 음식과 음료, 잠자는 곳과 휴식의 장소를 마련해 주는 숙박시설은 화폐의 유통시기와 함께 출현하였던 것이다. 이것이 Hospitality Industry가 발전을 하게 되는 시초라 볼 수 있다.

작금의 환대산업은 급속하게 변화하고 있다. 마케팅의 정의에서도 언급했지만, 이런 변화는 불가피한 것이다. 환대산업의 이러한 변화에 대처하는데 마케팅은 핵심적인 기능을 수행한다. 과거 환대산업으로 대두되던 숙박산업만의 문제가 아니다. 환대산업의 범위 또한 경계를 무너뜨리고 있고, 경쟁은 점점 과열되고, 시장은 더 작은 단위로 세분화되며, 고객들은 보다 다차원적 경험을 하고 있기 때문에 마케팅의 중요성은 더욱 커지고 있다.

점점 더 많은 호텔과 레스토랑, 바, 항공사, 놀이공원, 렌트카 회사, 크루즈 등이 생겨나고 있다. 이러한 경쟁으로 인해 체인 Chain, 프랜차이즈 Franchise, 리퍼럴 Referral, 컨소시엄 Consortium 등과 같은 형태로 조직이 성장해 왔다. 이 그룹들은 자원 프로그램을 구축하여 마케팅의 힘을 보다 강화하며, 경쟁을 증가시키고, 합병과 인수를 통해 지속적으로 마케팅 권력을 강화하려는 경향이 있다.

마케팅이 형성되던 초기 시장은 설명하기가 쉬었다. 휴가는 엄마, 아빠, 두 아들 그리고 자동차를 의미하였다. 비즈니스 여행객은 매번 Holiday Inn에서 머무르고 New York 스트립 스테이크와 프렌치프라이를 먹는 40대 남성이었다. 이렇게 평범한 세상이 1946년에서 1965년 사이에 발생한 베이비 붐으로 인해 완전히 바뀌었다. 베이비 붐 시기에 태어난 사람들에 의해 우리 산업뿐 아니라 사회에도 많은 변화가 일어났다. 비즈니스 여행에서 여성이 차지하는 비중이 점차 커지고 있으며, 사람들은 붉은 고기를 더 이상 먹지 않으면, 가족 단위 여행객에서 커플이나 단독 여행 형태로 변해갔다. 전체적으로 시장이 더욱 세분화되고 있으며, 경제, 기술, 사회적, 문화적 변화와 라이프스타일의 변화 등이 나타나고 있다. 환대 및 여행 산업은 세분화된 시장에 새로운 서비스와 상품을 제공하였고, 마케터는 고객 집단에 대해 보다 많은 정보를 가지고 있어야 하며, 표적시장을 구체적으로 정해야 했다.

오늘날 여행객들이 다양해지고, 외식인구가 늘어남에 따라 사람들은 여행이나 먹는 것에 대해 보다 복잡한 기호를 가지게 되었다. 이들은 환대 및 여행 조직의 규모가 성장하는 데 많은 기여를 하였다. 사람들은 집과 사무실, Web상에서 그리고 도로에서 교모하게 포장된 프로모션과 광고, 캠페인 등을 본다. 이 사람들에게 통하기 위해서는 보다 우수한 서비스와 상품, 그리고 정교한 마케팅이 필요하다.

또 다른 요인은 마케팅이 중요해짐에 따라, 다른 산업의 회사가 환대 및 여행회사들을 인수하기 시작하였다. 예를 들어 General Mills, Pepsico,그리고 Pillsbury 등과 같은 몇몇 회사는 레스토랑 사업의 성장에 매료되었다. 오랜 마케팅 경험을 가진 모회사들은 그들의 마케팅 지향의 철학과 접근법을 새로 인수한 자회사에 빠르게 전해주었다. 예를 들어 Burger King과 Johnnie Walker 스카치 위스크, Tanqueray진, Haagen-Dazs아이스크림과의 공통점은 무엇인가?

이 회사들 모두가 큰 소비자 상품 회사인 Diageo의 소유라는 것이다.

이러한 모든 요인들은 마케팅이 점차 환대산업에서 중요해지고 있음을 의미한다. 특정 고객 집단의 욕구를 충족시키고, 이를 잘 수행해 나갔을 때만이 성공을 이룰 수 있게 되었다.

환대산업은 점차 성숙하고 더욱 복잡해지고 있으며, 조직의 궁극적인 성공을 위해서 마케팅의 중요성을 점차 인식하고 있다. 비록 제조업에 비해 시작이 뒤처졌지만, 이 산업에서는 마케팅의 7가지 원칙, 즉 마케팅 개념, 마케팅 지향성, 고객의 욕구와 필요의 충족, 시장 세분화 , 가치, 제품 수명주기, 마케팅 믹스를 채택하기 시작하였다. 경쟁이 심화되고 마케팅 환경 요인의 영향 등으로 인해 우리 산업에서도 점차 마케팅을 강조하고 있다.

우리 산업에 종사하는 매니저는 반드시 마케팅에 대한 지식을 갖추고, 오늘날 성공하기 위해서는 무엇이 필요한지를 알아야 한다. 비록 생산과 관련된 기술과 지식이 필요할지라도 그것만으로 충분하지 않다.

특히 미국의 많은 학자는 환대산업이라는 이름이 정확하다는 데에 동의한다. Ninemeier는 이 산업을 숙박경영과 식음료 서비스로 나누면서 소위 여행/관광이라 불리는 또 다른 부문을 추가하였는데 그림으로 살펴보면 다음과 같다.

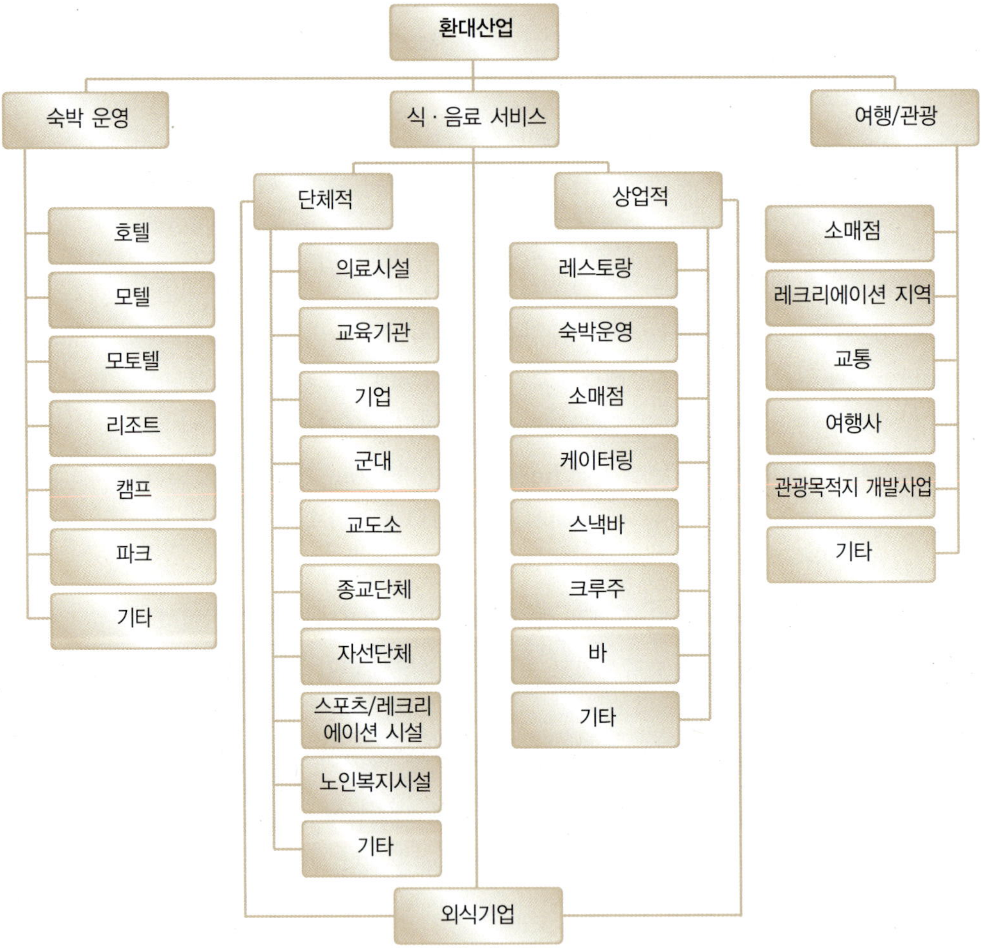

그림 1-6 | Ninemeier의 환대산업에 대한 정의

2. Hospitality Industry Marketing의 특징

Hospitality Industry Marketing은 일반적인 제품 마케팅과는 다소 성격이 다르다. 이는 Hospitality 마케팅은 주로 서비스로 구성되어 있고, 결과적으로 무형의 경험이 중심이 되기 때문에 발생한다. 따라서 일반 제품의 마케팅 특성과 Hospitality 마케팅과의 차이점을 서비스의 개념으로 재정립해 보고자 한다.

1) 무형성(Intangibility)

Hospitality Industry는 무형의 상품이다. 무형성이란 서비스를 구매하기 전에 보거나, 맛보거나, 만져서 느껴보거나, 소리를 들어보거나, 냄새를 맡아볼 수 없다는 것을 의미한다.

환대산업의 제품은 인간의 오감으로 쉽게 감지하기 어려운 무형성을 갖고 있다.

환대산업의 제품은 아래 그림의 투자 자문, 컨설팅, 강의 등 완전히 무형적인 서비스를 제외한 유형적 제품 중 가장 무형적 제품이라고 할 수 있다. 그 이유는 환대산업의 모든 제품에는 서비스가 항상 부수적으로 동반되기 때문이다. 소비자는 환대산업의 제품 및 서비스를 소유하지 못하고 단지 경험할 수밖에 없기 때문에, 무형성은 더욱 가중될 수밖에 없다. 제조업의 제품과는 달리 호텔의 객실, 종사원의 태도, 모든 인적 서비스 등을 고객은 소유할 수가 없다. 단지 경험만을 할 뿐이다. 이러한 무형성으로 인하여 고객뿐만 아니라 마케터조차도 제품과 서비스에 대한 확신을 할 수 없으며, 따라서 마케터는 아지랑이처럼 몽롱한 제품과 서비스에 대해 소비자의 기대감을 유발시킬 수 있는 약속을 하여야 한다. 또한 이 약속 내에는 유형적 단서가 있어야 한다. 유형적 단서가 있어야만 무형성을 감소시킬 수 있으며, 동시에 무형성 때문에 가중되는 소비자의 위험을 감소시킬 수 있기 때문이다.[정규엽, Hotel Hospitality Marketing]

또한 이 무형재는 다만 정신적으로 이해할 수밖에 없으며, 제품처럼 저장, 운송, 재판매가 불가능하다. 이러한 무형성으로 인해 관광상품은 진열하기 곤란하며, 그에 대한 커뮤니케이션도 곤란하다. 따라서 무형성으로 인한 이와 같은 문제

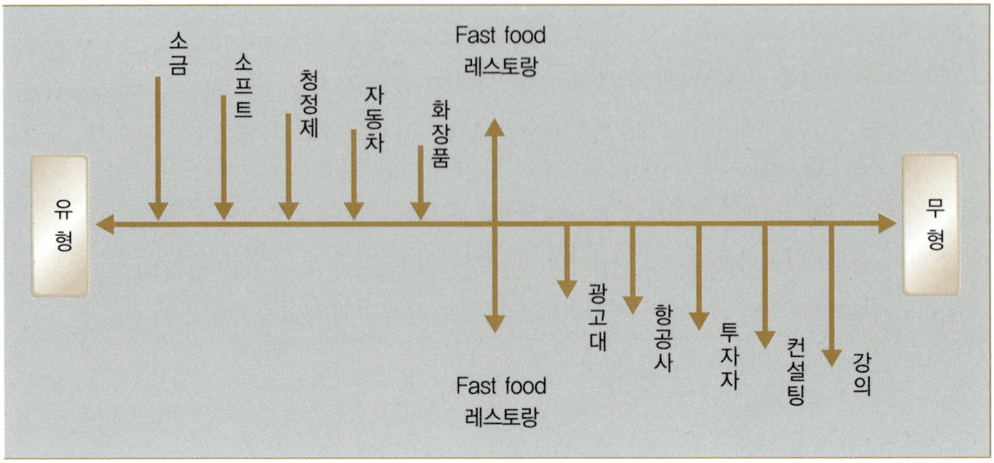

그림 1-7 | 제품의 유무형성

점을 해결하기 위해서는 실체적인 단서를 강조하여 서비스의 명확성을 증가시키고, 구전 커뮤니케이션을 자극하여 강력한 이미지를 창출하며, 상표명을 사용하여 그들이 제공하는 서비스에 대한 신뢰성을 높임과 동시에, 가격설정에 있어서 원가회계 등의 비용정보를 이용하고, 구매 후 커뮤니케이션에 신경을 써야 한다. 마케팅 관리자는 먼저 고객만족 형성과정은 서비스에 대한 소비자의 무형성 지각의 정도에 따라 달라질 수 있음을 인식하고 자사 서비스가 고객에게 어떻게 지각되고 있는지를 파악해야 한다.

이를 바탕으로 고객만족에 가장 많은 영향을 미치는 선행변수를 찾아내고, 이를 토대로 적합한 서비스 마케팅 전략을 수립해야 할 것이다. 세부적인 전략을 제시하면 다음과 같다.

첫째, 서비스의 무형성 정도를 높게 지각하는 집단에서는 기대나 성과의 직접적 영향보다는 성과와 기대 간의 일치, 불일치 정도가 만족에 더 큰 영향을 미친다. 즉 소비자는 서비스 이용 전 기대와 이용 후 느낀 성과를 비교하여 지각된 성과가 기대보다 초과하거나 기대와 같으면 긍정적인 불일치를 느끼고 만족하게 되며, 반대로 지각된 성과가 사전기대에 못 미치면 부정적 불일치로 인해 불만족을 느끼게 된다. 따라서 서비스 마케터는 자사가 제공하는 서비스가 소비자에게 비교적 무형성 정도가 높게 지각되는 경우 소비자로 하여금 높은 기대를 갖도록 하기보다는 적절한 기대를 형성하도록 해야 하고, 오히려 소비자가 지각하는 성과를 높은 수준으로 끌어올릴 수 있도록 하여 '기대 이상'이라는 감정을 얻어내야 한다.

둘째, 서비스의 무형성 정도를 낮게 지각하는 집단에서는 지각된 성과가 만족에 가장 많은 영향을 미치는 변수로 나타났다. 즉 무형성을 낮게 지각하는 소비자의 경우 서비스성과에 대한 지각이 만족도에 직접적이고 매우 큰 영향을 미친다. 따라서 자사의 서비스가 무형성 수준이 비교적 낮게 지각되고 있다면, 소비자의 사전 기대수준을 형성하는 데 초점을 두기보다는 지각된 성과수준을 높이도록 해야 한다. 즉 소비자에게 자사의 서비스가 '경쟁사보다 더 나은' 서비스로 지각될 수 있도록 서비스품질을 향상시키고, 한편으로는 경쟁사보다 더 높은 수준으로 소비자가 성과를 인식할 수 있도록 촉진전략을 구상해야 한다.

한편 자사가 제공하는 서비스가 경쟁사보다 성과Performance수준이 높다고 판단될 경우, 마케터는 소비자 교육 및 서비스에 대한 이용지식 등을 높여 소비자가 느끼는 주관적인 무형성 수준을 낮출 수 있어야 한다. 소비자의 주관적 무형성 수준이 낮을 경우 지각된 성과가 만족에 직접적이고 많은 영향을 미치기 때문에, 주관적인 무형성 수준이 낮아진 소비자는 만족을 형성하는 데 있어 지각된 성과의 영향을 더 많이 받기 때문에 만족도를 향상시킬 수 있을 것이다.원유석, 호텔 서비스 마케팅

2) 비분리성(Inseperability)

서비스는 그 서비스 제공자가 사람이든 또는 기계이든 간에 제공자와 분리될 수 없다는 것을 의미한다. 즉 사람이 서비스를 제공한다면, 그 사람은 서비스의 한 부분이 된다.

서비스는 우선 판매되고 그 후 동시에 생산되고 소비되는 관계로, 고객은 서비스가 생산되는 현장에 있어야 하며, 제공자와 고객 간의 상호작용이 서비스 마케팅의 중요한 특징이 된다. 제공자와 고객은 서비스의 성과에 대해 영향을 미치는 것이다. 서비스는 일반제조업의 제품과는 달리 제품의 생산과 소비가 동시에 발생한다는 특성을 지니고 있다. 이 특성은 서비스 전달과정 및 전달 이후에도 소비자가 서비스품질에 대해 평가를 하게 하는 중요한 요인으로 작용한다. 따라서 일반

• 사례 •

호텔 서비스를 즐길 수 있는 영화관 – 롯데 시네마 '샤롯데 영화관'

롯데시네마가 경쟁 멀티플렉스업체인 CGV를 제쳤다. 롯데시네마가 한국생산성본부에서 진행하는 국가 브랜드 경쟁력지수(NBCI: National Brand Competitiveness Index)에서 멀티플렉스 영화관 부문 1위에 올랐기 때문이다. 이는 지난 5년간 NBCI조사에서 1위를 차지했던 CGV를 처음으로 뛰어넘은 것이다.

롯데시네마는 8일 발표한 2009년 NBCI 조사 총평가에서 지난해보다 2점 상승한 72점을 받으며 1위를 차지했다. 이는 CGV(71점), 메가박스(69점), 씨너스(63점) 등을 앞선 것이며, 멀티플렉스 부문 평균 점수인 67점보다도 월등히 높다. 특히 롯데시네마는 마케팅활동 분야에서 지난해보다 8점이 오른 70점을 받으며 높은 평가를 받았다. 1999년 9월 9일 설립돼 올해로 창립 10주년을 맞이한 롯데시네마는 전국 52개 영화관 400개 스크린을 보유하고 있다.

롯데시네마 관계자는 "롯데시네마는 영화 관람뿐 아니라 다양한 문화생활을 동시에 할 수 있는 '복합문화공간' 을 지향한다"며 "또한 프리미엄 상영관 '샤롯데관', 예술영화전용관 '아르떼' 등 차별화된 상영관과 한국 영화의 일본어 자막 서비스를 시행하는 등 세계화에도 노력하고 있다"고 밝혔다.

국가브랜드경쟁력지수는 기업이 마케팅 활동을 통해 쌓은 브랜드의 인지도 · 이미지 등을 100점 만점 기준으로 지수화한 것으로, 한국생산성본부가 2003년 지식경제부의 지원을 받아 개발했다.

자료 이데일리 SPN(2009-09-09)

제품의 '생산 → 판매 → 이용 → 평가' 와 같은 일련의 연속적 상품의 흐름을 파악하여 그 제품의 속성을 측정하기가 어렵다는 문제가 있다. 이러한 경우 사람들은 상품의 구매를 위해서는 그들이 가지고 있는 정보에만 전적으로 의존할 수밖에 없다. 따라서 비분리성에 따른 여러 가지 문제점을 해결하기 위해서는 고객과 접촉하는 서비스 요원을 신중히 선발하고 철저히 교육해야 하며, 고객관리의 중요성을 잊지 말아야 하고, 고객이 원활히 서비스를 받을 수 있도록 서비스시설의 다양한 입지를 제공해야 한다.

서비스는 보관이나 저장이 불가능하며, 장소적 시간적인 제약도 많이 받게 된다. 그러므로 생산에서 독립된 유통이 존재할 수 없는 점이 서비스기업이 수행하는 경영활동의 한 특징이 된다. 서비스는 그 원천이 인간이든 또는 기계이든 간에 그 원천으로부터 분리될 수가 없는 것이다. 서비스는 시간과 공간의 제한을 받는다. 어떤 특징의 시간과 특정의 공간에 존립하는 '기능의 현실과정' 이 서비스이다. 즉 서비스재는 어떤 시간과 공간에 제공되고 곧 소멸된다. 서비스는 수요의 관리가 중요하다. 비행기 좌석이나 호텔 객실과 같은 서비스는 재고를 가질 수 없으므로 시설에 대해 초과된 수요는 영원히 사라져 버리게 된다. 따라서 서비스기업은 공급시설의 관리능력이 우선적으로 필요하다. 다음으로 계획생산이 어렵다. 서비스는 고객의 주문에 의거해 생산하는 체제이기 때문에 계획생산이 어렵고, 재고처리 또한 불가능하기 때문에 계획생산은 더욱 어렵게 된다. 서비스는 거래현장에서만 구매가 가능하다. 서비스재는 고객이 직접 참여하지 않고서는 거래가 불가능하기 때문에 서비스재의 배달을 의뢰할 수도 또는 대리인을 통한 구매도 불가능하다. 오직 본인이 현장에서 확인, 평가한 후에 구입을 결정하여야 한다. 서비스는 유통과 검수과정이 없다. 서비스재는 생산과 소비가 동시에 이루어지고 순간에 소멸되므로 유통이 불가능하다. 또한 불량품을 골라내는 검수과정 또한 없다. 따라서 불량상품이 생산되지 않도록 충분한 사전대비가 필요하다. 일단 불량품이 생산된다면 곧바로 고객에게 전달되어 버리기 때문이다.

• 사례 •

공항에서 객실까지 王처럼 ……세계 100대 호텔 4연패

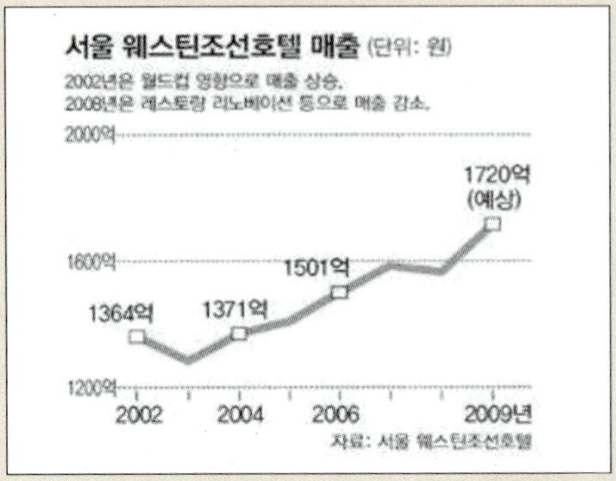

서울 웨스틴조선호텔이 최초로 선보인 것

1914년	엘리베이터, 아이스크림, 볼룸 댄스, 세탁소
1924년	프렌치 레스토랑 팜코트
1914~1945년	서양식 결혼, 뷔페 식당
1997년	호텔 내 위성 화상회의
2000년	객실 내 PC, 프린터 겸용 팩스 등 비즈니스 설비
2002년	국내 최초 하우스 맥주 전문점 '오킴스브로이하우스' 오픈

서울대, 여성그룹 원더걸스 그리고 서울 웨스틴조선호텔…. 다소 뜬금없어 보이는 나열이지만 공통점이 있다. 모두 '세계 100위' 의 장벽을 뛰어넘은 국내 대표 주자라는 것이다. 서울대는 '2009년 세계대학평가' 에서 47위에 올랐고 원더걸스는 대표곡 '노바디(Nobody)' 를 통해 국내 가수로는 처음으로 미국 빌보드 메인 차트 '핫(HOT) 100' 에 76위로 진입했다. 서울 웨스틴조선호텔 역시 미국의 유력 금융 잡지 인스티튜셔널 인베스터가 선정한 '2009년 세계 100대 베스트 호텔' 가운데 78위에 올랐다. '세계 100위 진입' 은 여러 분야에서 대단한 성과로 평가된다. 서울 웨스틴조선호텔도 올해를 포함해 4년 연속 세계 100위 호텔에 포함됐다는 사실을 고무적으로 받아들이고 있으며 국내 '최고(最古)이자 최고(最高) 호텔' 이라는 명성을 이어가기 위해 노력하고 있다.

비싼 만큼 제값 '톡톡' 차별화한 서비스

서울 웨스틴조선호텔의 숙박객 1인 평균 객실료는 서울의 특급 5성 호텔 가운데 가장 높다. 고급 객실을 많이 쓰거나 1인 비즈니스 고객이 많다는 뜻이다. 최홍성 대표이사(60)는 "수많은 경쟁 호텔이 있는데도 요금을 비싸게 받을 수 있는 것은 그만큼 차별화한 서비스에 자신이 있다는 뜻"이라고 강조했다.

대표적인 것이 '익스프레스 체크인 서비스' 다. 공항에서 호텔 직원의 안내를 받아 현장에서 바로 체크인이 가능하도록 해 호텔에 도착해선 별도의 과정 없이 바로 투숙할 수 있는 서비스다. '고객' 을 맞는 장소를 호텔 입구가 아닌 공항까지 연장한 셈이다. '스마일 & 코사서비스' 도 독특하다. 코사(COSA)는 'Chosun One Step Ahead Service' 의 약자로 호텔 직원들이 고객의 표정과 태도, 분위기를 통해 마음을 읽어내 고객이 요구하기 전에 미리 서비스를 제공하겠다는 것이다. 호텔 측은 이 서비스를 강화하기 위해 전 직원이 경험하는 코사 사례를 공유하고 있다.

객실 자랑도 빼 놓을 수 없다. 2007년 2월 리노베이션을 완료한 객실 453실에는 모두 디지털 TV인포메이션 서비스가 제공된다. 이 서비스를 통해 고객은 원하는 호텔 서비스, 비행기 예약, 관광정보 등을 리모컨 하나로 해결할 수 있으며 체크아웃도 가능하다. 또 비즈니스에 필수적인 휴대전화가 방마다 비치돼 있다. 별도의 임차료 없이 통화료만 내면 된다. 고객의 건강을 위해 항알레르기 카펫을 깔았고 네 가지 맛의 캡슐형 원두와 에스프레소 커피메이커도 마련해 뒀으며 8개국 언어 50개 채널이 방영되는 TV도 갖춰 놓는 등 세밀한 배려가 두드러진다. 이외에도 고객 맞춤형 객실로 실내에서 운동을 할 수 있는 '이그제큐티브 웨스틴 워크아웃룸'이나 가족들을 위해 더블침대 1개와 싱글침대 1개를 비치한 '패밀리룸'도 있다.

한국 호텔의 '원조'

이런 차별화된 서비스의 바탕에는 '원조'로서의 자존심이 깔려 있다. 서울 웨스틴조선호텔은 기네스북이 인정한 우리나라 최초의 서양식 호텔이다. 1914년 일본의 조선총독부 산하 철도국이 지었고, 처음에는 이름이 일본식 발음인 '조선호테루'였다. 호텔이 건립된 장소는 조선의 왕들이 천신에게 제를 지내던 '환구단' 터로, 고종 황제의 즉위식이 열리기도 했던 명당이다. 일제가 이 호텔에 얼마나 많은 공을 들였는지 알 수 있는 단적인 예다. 개관 당시부터 엘리베이터(당시에는 수직열차)와 아이스크림, 뷔페, 댄스파티, 서구식 결혼식 등 많은 서양 문화를 국내에 처음 들여와 '개화의 일등공신'으로 평가받았다.

일본 정부의 소유였던 이 호텔은 1945년 광복을 맞아 이름을 '조선호텔'로 바꿨고 소유권은 1948년 교통부를 거쳐 1963년에는 한국관광공사로 넘어가게 된다. 관광공사는 세계적 호텔을 만들기 위해 1967년 외국 자본과 합작 투자를 이끌어 냈고 이어 1979년 외국인투자가가 세계적 호텔 체인인 '웨스틴인터내셔널호텔'로 바뀌면서 호텔 명칭도 현재의 서울 웨스틴조선호텔로 변경됐다.

관광공사가 가지고 있던 주식을 정부투자기관의 민영화 추세에 따라 1983년 삼성그룹이 인수했고, 1992년 삼성에서 분리된 신세계가 다시 주식을 넘겨받았다. 1995년에는 신세계가 웨스틴인터내셔널호텔이 가지고 있던 주식을 완전히 인수함으로써 이제는 순수 국내자본으로 운영되고 있다. 현재 서울 웨스틴조선호텔은 삼성에스원 전무 출신인 최 대표이사 체제로 운영되고 있으며 정용진 신세계 부회장의 여동생인 정유경 상무(37)가 오너로 경영에 참여하고 있다.

"호텔 성공 열쇠는 인재" 작년 6억9,000만원 교육비 투자

최 대표이사는 "호텔의 핵심은 서비스이고, 서비스는 사람에게서 나오는 것이기 때문에 결국 호텔 성공의 열쇠는 인재를 양성하고 제대로 배치하는 데 있다"고 강조했다. 이에 따라 서울 웨스틴조선호텔은 지난해 6억9,000만 원을 직원 교육비로 투자했다. 이는 서울의 다른 특급호텔인 A호텔(6억 원), B호텔(2억7,000만 원), C호텔(2억2,000만 원)과 비교할 때 많은 액수다.

교육 프로그램으로는 서비스나 요리뿐만 아니라 다양한 분야의 저명인사를 초청해 강의를 듣는 '조선 아카데미'가 유명하다. 고객에게 감동 서비스를 제공하기 위해선 정형화된 훈련도 중요하지만 감수성을 키우는 것이 더 중요하다는 판단에 따라 강의 주제는 제한 없이 다양하다.

직원들이 자발적으로 구성한 '스터디 그룹'에 회사가 비용을 지원해 주는 시스템도 갖춰져 있다. 1년 동안 가장 우수한 활동을 보인 학습조직을 뽑아 해외 연수도 시켜준다. 최근엔 레스토랑 '홍연'의 중국 차(茶) 연구팀이 중국 상하이를 다녀왔고, 다른 팀들은 일본 이탈리아 등으로 벤치마킹을 다녀왔다. 뷔페식당 아리아의 '복분자 주', 홍연의 '다식' 등 이런 학습의 결과로 개발된 상품을 바로 고객에게 판매하기도 한다. 현재 403명이 참여해 총 108개의 학습조직이 있으며, 와인 사케 연구부터 '미술 분야 학습 및 호텔 내 미술 작품 연구' '객실 정비 및 데커레이션' '보이스(voice) 트레이닝' 등 분야도 다양하다.

서울 웨스틴조선호텔의 성공은 이처럼 끊임없는 혁신과 과감한 투자, 수준 높은 직원 교육 등 3박자가 잘 어우러진 결과로 평가받고 있다.

자료 news@donga.com(2009-11-21)

3) 이질성(Heterogeneity)

서비스의 품질은 서비스를 제공하는 사람뿐 아니라, 언제, 어디에서, 그리고 어떻게 제공하는가에 따라 달라진다는 것을 의미한다. 품질이 제공자와 장소 및 시간에 따라 변하기 때문에 서비스의 표준화 품질통제가 곤란하다. 또한 서비스에 인간적인 요소가 포함되어 있어서 제품과 같이 표준화하기 어렵고, 실제 성과의 표준을 개발하기도 쉽지 않다. 특히 서비스품질은 생산자에 따라, 그리고 시간과 공간에 따라 변동될 수 있는 특성이 있다. 서비스의 이질성을 일으키는 몇 가지 원인이 있다. 서비스는 생산과 소비자가 동시에 일어나기 때문에 질적 수준을 관리하는 데에는 한계가 있다. 또한 수요의 변동폭이 큰 경우 성수기에 일관성 있는 제품품질을 유지하는 데 어려움이 있다. 서비스의 제공자와 고객 간의 빈번한 접촉이 있어야 한다는 사실은 제품의 일관성이 교환시점에서 서비스제공자의 기술과 수행도에 달려 있다는 것을 의미한다.

어떤 고객의 경우 어느 날은 좋은 서비스를 받고, 다음날 같은 종업원으로부터 신통치 않은 서비스를 받을 수도 있다. 신통치 않은 서비스를 받는 경우 그 종업원의 기분이 좋지 않던가 혹은 감정적 문제를 가지고 있을지도 모른다.

커뮤니케이션의 부재와 고객의 기대가 서로 다른 것 또한 이질성의 원인이라 할 수 있다. 한 식당의 고객이 미디엄 스테이크를 주문하면서 고기가 다 익는 것으로 기대할 수 있는 반면, 주방에서는 미디엄 스테이크를 잘라서 스테이크 익는 정도의 일반적인 정의를 세워 종업원 및 고객 모두에게 알려야 한다. 고객과의 의사소통은 때로는 구두로 할 수도 있고 메뉴에 인쇄할 수도 있다. 다음번 방문했을 때 제공받은 제품이 다르거나 기대에 못 미친다면 고객들은 다시 방문하지 않을 것이다. 제품의 이질성 혹은 비일관성이 Hospitality Industry에서 고객을 실망시키

• 사례 •

아모레퍼시픽, 소비자불만 자율관리 프로그램 인증

아모레퍼시픽은 공정거래위원회와 기업소비자전문가협회가 주관하는 '소비자불만 자율관리 프로그램(이하 CCMS)' 인증을 획득했다고 3일 밝혔다. CCMS는 고객불만 사항을 사전에 예방하고, 불만 발생 시 신속히 구제할 수 있는 기업 문화를 만들기 위해 제정된 인증 프로그램이다. 아모레퍼시픽은 CCMS 인증을 위해 기존에 운영하던 고객서비스 제도를 더욱 강화했으며, 전체 임직원을 대상으로 고객 커뮤니케이션 방안에 대해 교육을 진행했다. 또 매년 사내 임직원과 협력사 직원을 초청해 고객 불만 내용을 직접 체험할 수 있는 자리를 마련했다.

자료 이데일리(2009-12-03)

는 주요원인이 되고 있다. 서비스는 변화의 가능성이 매우 커 표준화가 어렵다. 그러므로 호텔은 우수한 인재를 선발하고 교육 · 훈련하는 데 많은 노력을 기울여야 한다. 이질성은 문제와 기회를 동시에 제공하기도 하여 고객에 따른 차별화의 기회를 제공하는데, 보통 서비스의 효용은 소비자의 주관으로 평가하는 경우가 많으므로 제공되는 서비스의 개성화를 통해 다양한 고객욕구에 대응할 수 있다.

4) 소멸성(Perishability)

서비스는 판매나 사용 후에 저장이 불가능한 것을 의미한다. 즉 제품은 미래에의 판매를 위해 저장될 수는 있으나, 서비스는 저장될 수 없다. 예를 들어 그날에 판매되지 않은 객실은 미래에 판매되기 위해 저장될 수 없다. 따라서 그날 객실이 판매되지 않는다면 그날 객실의 판매는 영원히 기회를 상실하게 된다.

서비스는 보관이 곤란하다는 비영구적인 성질을 지니고 있다. 서비스는 생산되는 즉시 소비되므로, 사용하고 나면 그 자체는 사라져 저장이 불가능하다. 즉 생산물에 대한 저장이나 재고가 불가능하다. 즉 제공된 서비스는 소비자에 의해 즉시 사용되지 않으면 사라지고 만다. 만약 서비스가 필요할 때 서비스를 사용할 수 없다면 서비스 능력은 소멸된다. 서비스는 이처럼 재고가 불가능하므로 계획생산이나 주문생산을 하여야 하는 어려움이 따르게 된다. 서비스는 본래대로 환원될 수 없으며 일회성의 특징을 지닌다.

서비스재는 한 번 제공되면 근본의 것으로 환원될 수 없는 것이다. 서비스가 본래의 성질을 이미 변형시키게 되고 소멸되기 때문에 한 번 변형되면 다시는 원형으로 돌이킬 수 없게 되며, 일정시간과 공간에 존재하고 사용과 동시에 사라져 버리므로 일회의 수수로 소멸되고 있다. 이와 같이 호텔 서비스는 저장이 불가능하고, 그때 당시 판매되지 않으면 소멸하는 상품으로 관광자의 수요에 맞는 적절한 상품을 생산하지 않으면 재정위험을 증가시키고 수급의 차질을 가져와 경영을 악화시키게 된다. 따라서 객실상품은 당일 판매되지 않으면 익일 판매가 불가능하다.

• 사례 •

호텔 엔조이 강경원, 신민수 대표

"고객과 전문가 리뷰를 활용해 국내 처음으로 호텔을 종합적으로 평가하는 책을 내보고 싶습니다. 장기적으로는 고객만족도가 높고 효율도 높은 호텔을 짓는 게 목표입니다."

온라인사이트 호텔엔조이를 운영하는 메이트 아이의 강경원 · 신민수 공동대표(38)가 밝힌 포부다. 지난 2003년 문을 연 호텔엔조이는 특급부터 레지던스까지 350여 개의 호텔, 60여 개 콘도업장과 제휴하고 월 1만5000여 객실을 판매하고 있다. 이처럼 호텔엔조이가 인기를 끄는 것은 최대 77%까지 저렴하게 호텔이용료를 공급하고 있어서다. 임피리얼팰리스와 힐튼호텔 출신인 강 대표와 신 대표는 그들만의 인적 네트워크와 노하우로 호텔들과 제휴를 하고 가장 저렴한 가격으로 호텔객실을 공급하고 있다.

신 대표는 "호텔은 시간소멸성 상품이기 때문에 예약이 되어 있지 않은 객실을 빈 채로 놔두는 것보다 값을 낮추더라도 고객을 확보하는 게 중요한 점을 활용하고 있다"고 설명했다. 뿐만 아니라 호텔엔조이에서만 공급되는 단독상품들도 고객들로부터 인기다. 고객들이 원하는 서비스와 가격으로 패키지를 구성해 호텔 측에 제안하는 방식으로 새로운 상품을 단독 판매한다.

이와 함께 호텔엔조이의 장점으로 꼽히는 것은 바로 90여 개 업체와 제휴한 기업 수요를 확보하고 있다는 것. 강 대표는 "자치단체나 관공서, 기업들의 복리후생 카드로 호텔엔조이 내 호텔을 예약할 수 있도록 하고 있다"며 "기업과 직원, 호텔 모두에 혜택이 돌아가는 게 장점"이라고 설명했다. 특히 최근 아시아나항공과 제휴를 하고 비행기 마일리지를 통해 호텔을 예약하도록 했는데 고객들로부터 큰 인기다. 강 대표와 신 대표의 꿈은 자신들만의 호텔을 짓는 것. 그러나 이에 앞서 호텔을 제대로 평가하는 책을 만들고 싶다고 한다. 두 대표는 "우리나라에는 아직 외관이나 규모에 따른 호텔 등급 이외에 서비스나 음식, 객실 등을 종합적으로 평가하는 제도가 없다"며 "고객들과 전문가들의 리뷰를 통한 호텔 평가서를 내고 싶다"고 입을 모았다.

자료 파이낸셜 뉴스(2007-11-12)

5) 계절성(Seasonality)

호텔기업은 여행객을 주요대상으로 발전된 기업임에 비추어 계절적인 영향에 크게 좌우되는 여행현상과 정비례하여 고객의 증가와 감소를 가져옴으로써 기업운영에 불안정성을 피할 수 없는 것이다. 특히 휴양지 호텔에서는 더욱 심하여 호텔상품의 수요와 공급의 조화가 이루어지지 못하고 있는 실정이다. 우리나라의 경

• 사례 •

무료마사지에서 보양식까지....크리스마스는 호텔에서

호텔업계가 크리스마스와 연말연시를 겨냥한 이색 패키지 상품을 앞다퉈 선보이고 있다.

이들 상품은 문화공연 및 영화 관람권, 야외 아이스링크 이용권, 한강 유람선 탑승권 등 고객의 취향에 따라 선택의 폭을 넓힌 것이 특징이다. 사우나, 마사지, 보양식으로 지친 심신을 달랠 수 있는 웰빙형 패키지도 등장했다. 여성들을 위한 전용 패키지 상품도 다양해져 여심(女心) 잡기에 한창이다.

무료 마사지 받고 보양식 즐기고 서울 신라호텔은 24~26일 '크리스마스 갈라 패키지'를 내놓았다. 디럭스룸 1박과 함께 영빈관 연회장 에메랄드에서의 '크리스마스 스페셜 디너 뷔페' 2인 무료 이용권(저녁 6시~8시30분) 등이 포함돼 있다. 가격은 36만 원(세금, 봉사료 별도)이며, 1인 추가 요금은 성인 6만 원, 어린이 3만5,000원이다. 그랜드앰배서더 서울은 심신에 활력을 더해줄 윈터 패키지 3종을 내년 2월 28일까지 선보인다. '윈터 바디 앤 소울 패키지 I'는 슈페리어룸 1박과 발네오 테라피 아로마 마사지, 조식 뷔페 2인권, 사우나 2인 무료 이용권 및 피톤치드 마스크팩 1매, 웰컴드링크 2잔 등으로 구성돼 있으며, 가격은 26만9,000원이다.

여기에 카페드셰프에서 보양식 만찬을 추가한 '윈터 바디 앤 소울 패키지II'는 31만9,000원이다.

슈페리어룸 1박과 발네오테라피 아로마 마사지로 이뤄진 겨울철 수분공급 패키지 '윈터 트릿 유어 셀프 패키지'는 20만5,000원이다. 투숙 7일 전까지 예약하는 고객들에겐 패키지를 2만 원 할인해 준다.
메이필드 호텔에선 24~28일 문화공연과 함께하는 크리스마스 패키지를 마련했다. 슈페리어룸 1박과 미슐랭 2인 아침식사, 중식당 크리스마스 스페셜 2인 디너 등으로 이뤄진 '포 유어 크리스마스(For Your Christmas) 패키지'는 25만3,000원이다. 국립발레단의 호두까기 인형 발레 공연 2인 관람권과 슈페리어룸 1박, 미슐랭 2인 아침식사 등으로 이뤄진 '호두까기 인형 I 패키지'는 23만7,000원이다. 슈페리어룸 1박과 미슐랭 2인 아침식사, 중식당 크리스마스 스페셜 2인 디너, 호두까기 인형 발레 공연 2인 관람권 등으로 이뤄진 '호두까기 인형 II 패키지'는 31만1,000원이다.
그랜드 하얏트 서울은 야외 아이스링크에서 겨울 스포츠를 즐길 수 있는 '윈터 온 더 아이스 패키지'를 내놓았다. 내년 2월 28일까지 선보이는 상품으로 가격은 18만5,000원이다.
서울팔래스호텔의 '웰컴 윈터 패키지'는 세 가지로 이뤄져 있다. 스탠더드 룸 1박, 2인 조식과 함께 영화관람권, 스키장 리프트 할인권 등으로 이뤄진 '인조이! 윈터 패키지', 예술의 전당 호두까기 인형 발레 공연 관람권이 포함된 '로맨틱 크리스마스 패키지' 등이 있다. '카운트 다운 해피뉴이얼 패키지'는 12월 31일~내년 1월 2일 사흘간 신정 떡갈비 등 특별 설메뉴와 함께 한강 라이브 유람선 할인권, 사우나 및 휘트니스 클럽 무료 이용권 등이 담겨 있다.
그랜드힐튼 서울엔 12월 24~25일 중식당, 일식당, 에이트리움 카페에서 '크리스마스 특별 메뉴'를 맛볼 수 있다. 그랜드 하얏트 서울 ▶여성 전용 패키지도 봇물=그랜드 힐튼은 내년 2월 28일까지 '레이디즈 바발루 클럽 파티 패키지'를 이용할 수 있다. 수다 파티를 위한 파티음식(와인1병+믹스드 너츠, 콜라, 오렌지 주스, 버드 와이저 2캔, 컵누들 3개 등)이 준비돼 있으며, 생맥주 6잔, 모듬 소시지, 프렌치 프라이 등으로 이뤄진 '10만원 상당의 세트 메뉴'가 공짜다. 가격은 20만 원(세금 · 봉사료 별도)이며, 최대 6명이 함께하는 것이 가능하다. 롯데호텔 서울에선 내년 2월 28일까지 '더 레이디 패키지'(24만 원)로 여심을 파고들고 있다. 서울 웨스틴조선호텔의 '브라이덜 샤워 패키지'(39만 원/49만 원)는 결혼 전 예비 신부와 동성 친구들을 위한 파티 패키지 상품이다. 내년 4월 30일까지만 판매된다.
제주 신라호텔의 여성 전용 상품인 '여우패키지'는 주중(월~목)엔 45만~46만 원, 주말(금~일)은 50만~80만 원이다. 미니 스파클링 와인과 수제초콜릿, 런치 메뉴 20% 할인권 등을 제공한다.

자료 www.heraldbiz.com(2009-12-01)

우 일반적으로 도심지나 번화가에 위치한 호텔은 계절적 영향을 적게 받고 있다. 그러나 오늘날에는 다각적인 판촉활동으로 적자경영을 면하고 있는 호텔도 많이 볼 수 있다.

최근에는 그 의미가 많이 희박해지긴 했지만, 특히 리조트 호텔의 경우는 계절에 따른 성수기와 비수기의 격차가 심하여 수요와 공급의 조화가 이루어지지 않고 있다. 이에 따른 성수기와 비수기의 가격을 차별화하여 구매고객에게 적용시키는 등의 동시화 마케팅을 실시하기도 한다.

• 사례 •

편의점 먹을거리의 다양.....미니스톱 '군고구마' 판매

"편의점 먹을거리가 종류도 다양해지고 있다. 삼각김밥, 샌드위치, 김밥, 도시락 등에서 치킨을 비롯한 오뎅, 군고구마까지 그 종류와 판매방식 또한 점점 다양해지고 있다. 한국미니스톱은 오는 3일부터 전국 1,200여 점포에서 군고구마를 판매한다고 1일 밝혔다.

미니스톱은 "국내산 호박고구마를 오븐에 직접 구워 즉석 냉동하여 점포에서 간편하게 전자레인지를 이용해 군고구마를 즐길 수 있다"고 설명했다. 가격은 개당 1,000원. 미니스톱은 "길거리 군고구마와는 다른 규격화된 품질로 차별화를 강화했으며 위생적인 가공과정을 거쳐 판매한다"며 "군고구마는 겨울철에만 판매되는 추억의 먹을거리, 겨울철 별미로 20~30대 여성 및 간식용, 야식용으로 인기가 높을 것"이라고 기대감을 나타냈다. 미니스톱은 이외에도 오뎅을 겨울철 계절상품으로 판매한다. 미니스톱 FF1 상품개발 이용진 팀장은 "길거리 상품인 군고구마를 비롯한 오뎅 등을 위생적이고 규격화하여 고객이 안전하고 안심하게 구매할 수 있도록 하고 있다"며 "올 겨울 약 50톤 정도의 군고구마를 판매할 계획"이라고 밝혔다.

자료 이투데이(2009-12-01)

6) 비용산출의 난이성(Difficulty of cost evaluation)

무형의 서비스상품은 그 상품의 속성 자체가 매우 변화가 많은 요인을 내포하고 있기 때문에 일반제품과 같은 방식의 비용 산출은 매우 어렵다. 특히 서비스상품 자체가 사람과 물건의 구매과정이 아니라 사람 사이의 상호작용에 의해 상품이 생성, 거래되기 때문에 비용결정의 적용이 어렵다. 하지만 수요의 변동이 심하고 저장성이 없으므로 동일한 서비스를 다른 가격으로 제공할 수 있는 융통성을 가지고 있다.

• 사례 •

테마열차로 즐기는 영동 국악, 포도 축제

"포도향 짙은 충북 영동 와이너리를 기차 타고 둘러보세요." 충북 영동군과 코레일은 제42회 난계 국악축제 및 포도축제(4~8일)에 맞춰 서울, 부산, 울산, 순천역에서 영동역을 논스톱으로 운행하는 테마열차를 운행한다고 4일 밝혔다. 4, 5, 8일 서울~영동역은 국내 유일의 와인테마열차인 와인트레인(Wine Train)이 왕복운행된다. 토종와인 '샤토마니'를 생산하는 와인코리아㈜(영동읍 주곡리)가

운영하는 이 열차는 포도축제장을 관람한 뒤 포도 따기와 와인 담그기 등을 체험하는 코스로 운영된다.
또 천연 와인 숙성고로 활용되는 영동읍 매천리 토굴을 둘러보고 일정한 비용(5천 원)을 내면 포도 2㎏씩을 직접 수확해 집에 가져갈 수도 있다. 점심식사를 포함한 가격은 1인 8만~8만5천 원. 4~8일 서울역과 6일 부산, 순천역에서 새마을호 정기 열차에 연결된 테마열차가 뜬다. 이 열차 운임은 영동군이 일부 부담하는 조건이어서 일반 열차보다 10~20% 저렴하다. 군 관계자는 "열차마다 다채로운 공연 등을 준비해 여행객이 국악과 포도향에 취해 마음껏 즐기도록 준비했다"고 말했다.
영동군과 ㈔난계기념사업회가 '국악, 포도, 와인과 함께하는 한여름의 축제'라는 슬로건을 내걸고 여는 이 축제는 4일 오후 6시 개막식을 시작으로 5일간 영동읍내 일원서 펼쳐진다.

자료 연합뉴스(2009-09-04)

7) 서비스 선택 시 지각된 위험도

서비스의 무형성으로 인하여 관광자가 서비스를 구매하고자 할 때 상품에 대한 지각의 위험성이 높다. 최근 서비스에 대한 관심이 높아짐과 함께 서비스의 질에 대한 관심도 높아지고 있는데, 이것은 서비스의 질이 서비스에 가장 핵심적인 영역이기 때문이다. 서비스품질은 마케팅상 가장 강력한 경쟁수단이 되고, 서비스 생산성 향상의 관건이 되며, 또 기업의 비용효율을 향상시키고, 간접적으로는 고객의 손실비용도 절감시켜 주는 역할을 한다. 고객만족을 지향하는 서비스 마케팅에서 양질의 서비스품질을 실현하는 것은 곧 기업의 성공을 의미한다. 치열한 경쟁환경하에서 질이 떨어지는 서비스는 고객을 상실하게 되고, 질이 높은 서비스는 고객의 지지를 확보할 수 있기 때문이다. 즉 양질의 서비스를 제공하는 기업은 고객을 유치할 수 있고, 또 그들을 단골로 확보할 수 있다. 따라서 고객의 서비스에 대한 요구가 점점 고도화되는 현실에 있어서 안정적으로 고객을 확보하기 위한 차별적 수단으로서 효율화의 수단으로서 또 신뢰획득의 수단으로서 서비스 질의 강화는 절대 중요한 필수적 요소이다.[원유석, 호텔서비스마케팅]

서비스의 특성은 서비스를 선택할 때가 재화를 선택할 때보다 훨씬 높게 지각된 위험도를 수반하므로 소비자가 호텔서비스를 선택할 때에는 구전에 의한 광고나 경험이 있는 주위 사람들의 충고에 의존하거나 여행사 같은 중간자에게 의존하는 경향이 높다.

지금까지는 Hospitality 마케팅이 일반 마케팅과 다른 차이점을 알아보았다. 이 외에도 Hospitality 마케팅은 일반 마케팅과 다른 독특한 특성을 가지고 있다.

- 서비스에의 노출시간이 더욱 짧다
- 구매 시 감정적인 요소가 더 작용한다.
- 공급자 측면에서 증거를 제시하는 데 더욱 중요성을 둔다.
- 공급자 측면에서 이미지와 상징성을 더욱 강조한다.
- 유통경로가 더욱 다양하다.
- 보완조직에 더욱 의존한다.
- 서비스를 복사하기가 더욱 쉽다.
- 비수기 촉진이 더욱 강조된다.

표 1-3 | 서비스와 재화의 기능적 차이

기능적 특성	재화	서비스
단위별 정의	정확	보편적
측정할 수 있는 능력	객관적	주관적
창출	제조됨	제공됨
유통	생산과 분리	생산-소비 비분리
의사소통	가시적	비가시적
가격결정	비용중시적	제한적인 비용중심가격설정
생산자의 융통성	제한	광범위
시간의 간격	수개월 혹은 수년	동시
제공(delivery)	동질적	이질적
저장일수	며칠에서 수년	불가능
소비자의 지각	표준화	평가하기 전 소비 필요
마케팅	전통적	비전통적
	외부적(external)	대부분 내부적(internal)

3. 우리나라 환대산업의 경영 현황

환대산업 Hospitality Industry은 호텔산업, 외식산업, 항공산업 등의 접객 산업들을 포함하고 있으며 관광산업 Tourism Industry과 더불어 빠르게 성장하고 있는 산업이다. 또한 사람과 서비스가 핵심이 되는 'People Business' 이며 동시에 'Service Business' 의 모든 것을 포함하고 있는 매우 광범위한 산업이기도 하다.

• 사례 •

㈜모두투어, 한국소비자원 소비자만족도 여행부문 1위
5개 부문 20개 항목 중 17개 항목 우수 점수

모두투어네트워크(www.modetour.com 사장 홍기정)가 한국소비자원이 진행한 소비자만족도 여행사 부문 1위를 차지했다. 지난 3년간 국내 상위 4개 여행사(모두투어, 하나투어, 롯데관광개발, 자유투어)로 해외여행을 다녀온 경험이 있는 500명을 선발해 진행된 이번 조사에서 모두투어는 5개 부문 20개 항목 중 17개 항목에서 가장 우수한 점수를 기록했다.

특히 한국소비자원은 정확한 만족도 조사 측정을 위해 여행비용, 일정구성, 여행과정, 여행가이드, 여행사 정보제공의 5개 부문 20개 항목을 준비했다. △여행사상품에 대한 사전 상담과 정보제공 △항공편 탑승에 대한 수속 안내 △방문한 여행코스의 구성 △여행일정 구성 △방문지나 일정의 조정 △현지도착 후 교통편 △숙소 △여행가이드의 전문성 △여행비용의 적절성 △가이드 팁이나 별도의 요금 △사전기대 대비 여행 후 만족도 등의 내용이다. 모두투어는 위 5개 부문 20개 항목 중 17개 항목에서 가장 우수한 점수를 기록했다.

모두투어 홍기정 사장은 "힘든 여행업계의 현실 때문에 점차 가격경쟁이 심화되고 있지만 이번 기회를 빌어 결국 소비자의 선택이 가격에서 나아가 서비스와 상품이라는 것이 다시 한 번 증명됐다"

고 전하며, "자격 있는 여행전문가라는 우리의 슬로건이 부끄럽지 않은 결과가 나와 참으로 자랑스럽다. 앞으로도 실천하는 고객만족을 위한 노력을 게을리 하지 않도록 품질개선과 철저한 서비스 교육을 지속하겠다"고 말했다.

이번 설문조사는 한국소비자원의 의뢰하에 온라인조사 전문기관인 Now & Future가 지난 8월 4일부터 8월 14일까지 4개 여행사로 해외여행을 다녀온 경험이 있는 500명을 대상으로 실시한 것으로, 가톨릭대학교 산학협력단에서 시행한 공신력을 갖춘 자료로 소비자의 여행사 선택 시 활용 가능한 좋은 자료가 될 것으로 예상된다.

자료 데일리안(2009-10-28)

Chapter 2

마케팅 환경 및 전략

제1절 거시적 환경 분석

1. 거시적 환경 분석의 개념과 의의

마케팅 환경은 항상 변화하며, 그에 따라 소비자가 변화하고 시장이 변화하고 있기 때문에 마케팅은 동적인 학문이다. 그러므로 범세계적으로 변화하고 있는 환대산업의 환경적 흐름을 검토하고, 이러한 환경 변화가 수많은 환대산업, 그와 관련된 기업들에 어떠한 영향을 미쳤는지를 이해하는 것이 중요하다.

거시적 환경이란 기업에서 통제가 불가능한 환경요인이며, 크게 인구 · 통계적 환경, 경제적 환경, 사회 · 문화적 환경, 기술적 환경, 정치 · 법률적 환경으로 나눌 수 있다. 거시 환경을 분석하는 것이 보이지 않는 것을 분석하는 것이기는 하나, 통제 불가능한 요인은 결코 아니다. 문제는 과거와 현재의 동향을 잘 파악하고 분석하여야 하며, 그러한 흐름을 어느 정도로 이용할 수 있느냐에 따라 통제의 정도가 달라진다는 데에 있다. 시장과 환경은 끊임없이 변화하기 때문에 거시 환경 분

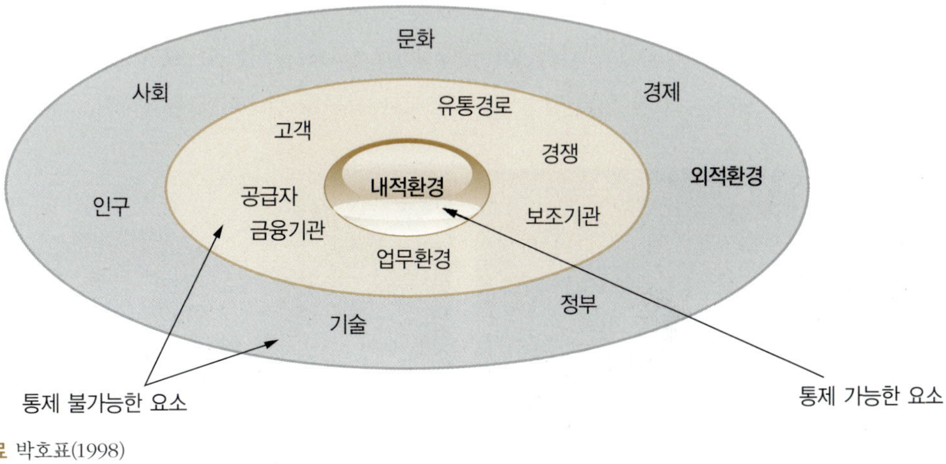

자료 박호표(1998)

그림 2-1 | 거시적 환경분석의 개념

석을 통해서 현재와 미래의 시장 환경을 예측하고 대처하여야 하며, 그것이 가능한 기업만이 시장에서 살아남을 수 있다.

이와 같이 환경 분석을 통해 미래 환경을 예측하고, 그에 맞게 기업의 방향과 전략을 수정해 나간다면 기업은 시장에서 경쟁적 우위를 점하게 되는 것이다. 즉 환경 분석을 통하여 환경 변화에 대처한 기업과 환경이 변하는 것을 뒤늦게 감지하고 대응한 기업의 차이는 엄청나게 클 것이며, 그 차이는 궁극적으로 기업의 유지를 결정하는 가장 근원적인 원인이 되는 것이다.

2. 거시적 환경 분석의 구성요소

1) 기술 환경

모든 거시 환경 변화 중 가장 빠르고 큰 영향력을 행사하는 것이 기술적 환경의 변화이다. 불과 20여 년 전만 하여도 휴대폰의 동영상통화, 휴대폰 발신자표시, 무인택배서비스, 지문인식 출입국심사, DMB폰, TV홈쇼핑 등은 존재하지도 않았다. 환대산업은 역사적으로 타 산업, 타 분야의 기술적 환경 변화와 밀접히 관련되어 왔으며, 동시에 그러한 기술을 빨리 도입하여 발전하여 왔다. 환대산업과 관련된 보다 구체적인 기술적 환경 변화를 대표적으로 살펴보면, 기술적 진보를 고객관리에 가장 잘 이용하고 있는 Ritz-Carlton Hotel을 들 수 있다. Ritz-Carlton Hotel에서는 24만 명의 단골 고객에 대한 정보를 컴퓨터에 저장하고, 고객 관계

Ritz-Carlton Hotel

증진을 위해 최대한으로 이용하고 있다.

단골 고객에게 특별 체크인 시스템인 CLASS Customer loyalty anticipation satisfaction system를 1998년 3월부터 활용하고 있다. 국내 Ritz-Carlton Seoul호텔은 한 번 방문한 고객에 대한 정보를 정리하여 전 세계 Ritz-Carlton 호텔이 공유한다. 다시 재방문한 고객의 커피취향, 구독하는 신문 및 잡지의 세팅, 더 요구하셨던 객실의 비품을 정비함으로써 다시 요청하는 일이 없도록 지원하는 서비스 등을 하고 있다. 기존의 친절서비스와 다른 첨단 기술과 서비스의 재결합이라고 할 수 있다. 또한 고객이 호텔에 도착하기 전에 객실 배정이 완료되어 있는 것은 물론이고, 도착 즉시 현관 앞에서 벨맨, 도어맨이 이름을 부르며 환대하고 룸 키와 함께 팩스, 우편물 등이 전해진다. 객실에 들어서면 과일, 샴페인 등 VIP패키지가 놓여 있다.

국내의 웨스틴조선 호텔 또한 1997년부터 최신의 객실을 갖춘 호텔로 탄생되었다. 객실은 인터넷 TV, 화상 회의가 가능한 ISDN라인, 객실 자동화 장치인 폼 컨트롤 시스템, 고유번호가 입력된 키 카드 등 최첨단 편의 시설을 갖추었다.

• 사례 •

웨스틴조선 통합정보시스템

각 호텔마다 효과적인 고객관리를 위해 시스템을 정비하거나 업데이트하고, 새로운 정책을 써 현재 보유한 고객을 경쟁 호텔로 빠져나가지 않도록 노력하고 있다.
웨스틴 조선 호텔의 경우 2000년 9월 통합시스템을 만들어 웨스턴조선비치, 각 외부 사업부 등 조선호텔과 관련한 모든 시설 및 업장을 이용하면 어느 곳에서나 고객의 파일을 읽을 수 있어 고객성향을 빠르고 정확하게 파악할 수 있다. 특히 Chosun VIP Club이란 마일리지 개념의 멤버십 카드를 마련, 적립된 포인트를 조선호텔 레스토랑 및 외식 사업부 등에서 사용하면 누적 점수만큼 공제해 준다. 웨스틴 조선 마케팅팀 박금희 주임은 "CVC 카드를 만들어 작년은 신규고객을 창출하기 위한 행사 및 프로모션을 했고, 이번 해는 집중적인 고객관리를 위한 여러 가지 프로그램을 실행했다"며 앞으로도 추진할 계획들이 많다고 밝힌다.

자료 UZine vol 06(2003-12-03) 발췌

전 세계적으로 Hyatt호텔 그룹에서 시작된 프런트 데스크를 통하지 않는 입,퇴숙 Computerized video check in-out카드, 고객의 안전성을 극대화시켜 준 빙카드 ving card 등 카드의 활용은 이미 진부할 정도로 전 호텔산업에서 활성화되고 있다.

또한 컴퓨터화된 이익관리 시스템은 호텔에 있어서 수요에 대응한 가격설정에 의하여 이익을 최대한으로 올리는 데 기여하고 있다. 이러한 기술과 그 밖의 기술 진보는 기업이 시장에 있어서 보다 효과적으로 활동할 수 있게 지원해 주게 될 것이다. 실용적인 기술진보를 채택하는 기업은 경쟁우위의 지위를 획득하게 될 것이다.

과학자는 미래제품에 대해서도 예측하고 있다. 예를 들면 비행할 수 있는 자동차와 1인용 로켓장착벨트 및 우주호텔에서 숙박하는 우주여행과 같은 것이다.

그러나 신기술 도입에는 많은 로열티를 지불해야 하고 기술개발에도 막대한 시간과 비용이 든다. 또 개발된 기술은 종종 경쟁기업이 모방하여 오랫동안 경쟁우위를 확보하기가 어렵다. 이와 같은 기술적 환경 변화뿐만 아니라 모든 환경 변화를 잘 이용해야 하는 이유는 고객에게 그 초점이 있다. 기업이 성공하기 위한 핵심이 마케팅이라면, 마케팅의 핵심인 고객이 최초의 원인이자 최종의 목적이 되어야 하는 것이다. 정규엽(2001)

• 사례 •

미국의 새 직종 '트렌드 워처'(Trend Watcher)

"따끈따끈한 '유행 정보' 팔아요."

미국 뉴욕에서 활동하는 이르마 잔디의 하루는 오전 5시반 뮤직 케이블채널 MTV를 시청하면서 시작된다. 이후 5개 일간지를 읽고 그날 흐름을 파악한다. 전 세계 곳곳을 누비며 화제가 될 만한 콘서트, 파티, 자동차 전시회 등에는 빠짐없이 참석한다. 여기서 만나는 이들의 새로운 관심사와 유행을 파악하는 일이 바로 그의 직업이다. '트렌드 워처(Trend Watcher)', 잔디 씨처럼 유행의 흐름에 촉각을 곤두세우는 전문 직업인들을 일컫는 말이다.

타임 최신호(8일자)는 유행을 창출해 대중 소비문화의 흐름을 바꿔놓는 일명 '알파 소비자(Alpha consumer)'들의 움직임을 분석해 기업들에 정보를 제공하는 트렌드 워처의 세계를 소개했다. 1986년부터 트렌드 워처로 활동하고 있는 잔디 씨는 자신의 이름을 딴 잔디그룹을 운영하고 있다. 이 업체가 하는 일은 미 전역 3000여 명의 통신원이 보내오는 유행의 성향을 분석하는 일. 잔디그룹은 8세부터 24세까지 다양한 계층 및 인종으로 구성된 통신원들이 보내온 갖가지 설문응답과 정보를 토대로 유행정보 격월간지 '핫 시트(Hot Sheet)'를 펴낸다. 시장 흐름에 민감한 코카콜라, 디주니, GM 등은 1년에 1만5,000달러(한화 약 1,800만원)라는 높은 구독료를 내고 이 잡지를 구독한다. 역시 트렌드 워처인 제인 버킹햄이 이끄는 뉴욕의 '유스 인텔리전트'는 매년 패션, 광고, 음악, TV 등 대중문화 전반에 대한 시험을 통과한 300여 명을 '알파 소비자'로 뽑는다. 이들로부터 소비흐름에 대한 정보를 제공받아 고객기업에 판다.

유명 브랜드를 즐겨 입는다고 해서 알파 소비자가 될 수 없다. 트렌드 워처들이 원하는 알파 소비자는 옷을 직접 만들어 입거나 자신만의 브랜드를 만들어 가는 사람이라고 한다. 타임은 "업계 규모는 작지만 역할은 매우 중요하다"며 "인터넷으로 엄청나게 빨라진 정보 흐름 속에서 유행을 파악하고 관련 정보를 먼저 선점하는 일이 그 어느 때보다 어려워지고 있기 때문"이라고 분석했다.

자료 동아일보(2003-09-02)

2) 자연 환경

거시 환경 분석의 구성요소 중 자연환경에 대한 관심이 고조되고 있다. 특히 환경 친화적 eco-friendly 자연 보호 및 탄소배출의 절감과 관련된 그린 Green마케팅은 생태적 환경의 핵심 부문이 되고 있다. 물, 공기 등 자연자원이 무상으로 무한대 공급되는 것을 여기던 시대는 이미 오래전에 지나갔으며, 오히려 자원의 고갈, 자연의 훼손을 걱정하는 시대이다.

이에 자연환경 오염문제는 환대산업에 또 다른 비용을 발생시킨다. 특히 공해가 심한 도심에 있는 호텔들은 호텔 내 공기를 정화하는 시설을 갖추어야 하며, 정수처리 등에 개선이 필요하다. 뿐만 아니라 앞으로의 환대산업에서는 탄소배출료, 음식물쓰레기처리비용 등의 환경에 관련된 환경적인 비용이 세금에 더 추가될 시대가 머지않았다. 미국 LA에 있는 Green Suites International은 'Environmentally Friendly' 호텔임을 주지시키며, 고객과 환경에 옳은 일을 하는 호텔산업에서 그린마케팅을 선도하는 기업으로 유명하다. 이 호텔은 객실의 공기청정기, 신목재사용, 청소도구 및 세척제도 환경을 파괴하지 않는 재료를 이용한다.

플로리다주에 있는 디즈니월드는 사용되고 난 폐수처리를 골프장 잔디와 정원 등에 사용하고 있다. 국내 호텔 중에 제주신라호텔이 고객참여를 통해 그린카드제

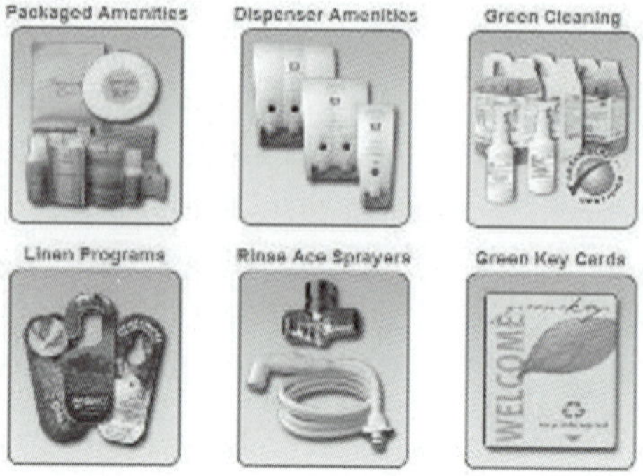

Green Suites호텔 홈페이지(www.greensuites.com)

를 통해 환경친화적 운동을 전개하고 있다. 이는 침대시트와 여러 형태의 수건(hand, wash, bath)이 비치되어 매일 교체되는데, 미사용 물품에는 고객이 표시하여 대폭적 비용절감과 불필요한 오염물을 줄이고 있다.

환경에 대한 관심고조는 지구상의 원자재 부족과 증가되는 에너지비용에 대한 대비책을 마련해야 한다. '수입이 창출되지 않는' 그린 마케팅의 실천이야말로 계속 변화되고 있는 환경하에서 장기적인 성공을 위한 한 부분이며, 필수적인 과제라고 할 수 있다. 특히 호텔기업의 환경경영은 환경보존, 자원절약, 쓰레기 줄이기 등의 효과뿐만 아니라 신문 등의 언론에 공개되어 홍보효과가 높은 Publicity의 역할을 하기도 한다. 또한 국가와 정부는 환경문제에 대한 대비책을 마련하고 환경보호에 대한 정부의 주도적인 역할이 필요하다.

디즈니월드

제주신라호텔

• 사례 •

제주 씨 그랜트 사업단, 국내 최초로 해양생태해설사 양성과정 개설

'제주 씨 그랜트(Sea Grant) 사업단'(단장 이준백)이 국내 최초로 해양생태해설사 양성과정을 개설, 관심을 끌고 있다. 제주 씨 그랜트 사업단은 최근 제주참여환경연대와 공동으로 해양생태해설사 양성과정을 설치하고 지난 6일 제주대학교 해양과학대학에서 오리엔테이션을 시작으로 본격적인 교육에 들어갔다고 7일 밝혔다. 교육은 12월 13일까지 해양관광 및 환경보전, 습지생태, 해양문화, 연안환경, 해양물리학, 해양지질학, 해양기상학, 해조류, 저서동물, 해산어류 등 다양한 주제로 진행된다. 제주 씨 그랜트 사업단은 수강생들이 강의를 통해 배운 내용을 현장견학과 실습을 통해 직접 확인함으로써 참가자들의 이해를 돕고 학습의 효과를 높일 계획이다. 강사로는 제종길 전 의원(현 도시와 자연연구소장), 주강현 한국해양문화재단 이사(제주대 석좌교수), 주기재 람사르동아시아지역센터장, 조광우 국책연구소 팀장을 비롯해 최광식 교수 등 해양분야를 전공한 제주대 교수들이 참여한다. 이와 관련, 제주 씨 그랜트 사업단 관계자는 "해양환경분야에 대한 관심을 높이고 생태관광 활성화를 위해 개설했다"고 말했다. 한편 제주대 해양과학대학과 도 내외 대학, 지자체, 산업체 등으로 구성된 제주 씨 그랜트 사업단은 지난 6월 한국해양수산기술진흥원이 주관한 '2009 해양한국 발전 프로그램사업'에 선정되면서 올해부터 2013년까지 매년 국비 5억 원과 도비 2억 원 등을 지원받아 다양한 교육사업을 벌이고 있다.

자료 제주일보(2009-10-07)

3) 사회문화적 환경

사회문화적 환경이란 인구통계학적 환경을 포함하여 사회의 가치, 지각, 선호, 행위와 관련된 환경을 말한다. 이러한 사회문화적 환경은 사회의 기본적 가치, 문화적 관습, 소비자행동에 영향을 미친다. 또한 사회문화적 환경의 변화는 매우 다양하고 복잡하게 이루어진다. 1970년대 인류 최대의 적은 암cancer, 1980년대에는 공해pollution, 1990년대에는 후천성면역결핍증AIDS, 2000년대에는 조류독감, 신종인플루엔자 등이었다. 최근에는 사회문화적 환경이 급변하고 있기 때문에 마케팅의 의사결정에 중요한 영향을 미치기도 한다.

특히 환대산업은 사람에 관련된 사업이기 때문에 다른 산업보다 사회문화적 환경에 민감하게 반응하고 있다. 맞벌이 부부, 만혼, 높은 이혼율, 자녀수의 감소, 여성 취업의 증가, 건강에 대한 관심 향상, 권태와 단조로움으로부터의 도피, 자연으로의 회귀, 단순화, 쾌락주의 등과 같은 많은 사회적 변화는 환대산업에 적지 않게 영향을 미쳐 왔다. 또한 이미 고령화 사회에 접어든 우리나라의 경우 노인인구의 증가에 따라 향후 실버 마케팅이 더욱 활발하게 전개될 것으로 예상된다.

• 사례 •

오토캠핑, 시장 핵심 트렌드로 부상

경기침체에도 불구하고 아웃도어 시장은 성장을 거듭하고 있다. 대부분의 브랜드가 지난 상반기 두 자릿수의 매출 신장률을 기록하는 등 불황을 비켜가는 모습이다. 아웃도어 인구의 증가에 따른 자연스러운 성장과 이에 따른 아웃도어 시장의 세분화 등 성장의 원인을 여러 가지로 분석할 수 있겠다.특히 등산에 국한되었던 아웃도어시장이 아웃도어 라이프스타일로 확장, 캐주얼에서 캠핑, 사이클, 러닝 등으로 세분화되면서 성장을 거듭하고 있다. 이런 시장의 세분화로 다양한 제품이 출시되는 가운데 지난 1~2년 전부터 캠핑관련 시장이 주목받고 있다. 특히 올해는 많은 브랜드가 관련 제품을 별도 라인으로 분리할 정도로 시장이 크게 성장했다. 경기침체로 소비심리가 위축되면서 해외여행보다는 국내여행으로 눈을 돌리는 실속형 바캉스족이 크게 늘어나면서 오토캠핑장이나 자연휴양림을 찾는 사람들이 많아졌기 때문이다. 이에 따라 아웃도어업체들은 텐트를 비롯한 코펠, 접이식 테이블 등 다양한 캠핑 관련 제품들을 확대하고 있다. 일부 업체들은 작년에 비해 관련 상품들을 2배 이상 늘리기도 했다.

자료 패션채널(2009-09) 발췌

레스토랑의 경우 사회문화적 변화는 메뉴와 콘셉트에 영향을 미친다. 각 지역의 음식은 타 지역의 음식으로 분류가 되어 있으며, 웰빙wellbeing트렌드에 맞춰 패스트음식보다는 건강보양식의 음식과 야채 위주의 음식 등이 인기가 있다. 특히 커피 등은 특정한 나라의 브랜드 있는 상품의 인기로 일회용 인스턴트커피보다 원두커피가 인기를 끌게 되었다. 21세기 테마사업이기도 한 환대산업은 환경과 문화의 중요성이 관광상품에 적용되어 관광개발과 함께 한국의 전통 · 문화적 요소를 강조하여 새로운 한국의 이미지를 심어주어야 할 것이다.

• 사례 •

슬로푸드 운동, 풍요로움의 시작

1986년 이탈리아 로마의 스페인 광장에 맥도날드가 들어섰을 때, 문화 자긍심이 대단했던 이탈리아인들은 큰 충격에 빠질 수밖에 없었다. 오랜 역사를 통해 다양성과 창조성이라는 기반 위에서 문화를 '숙성' 시키는 것에 익숙했던 그들에게 '빠른 속도와 획일성' 을 상징하는 맥도날드의 존재는 위협적이었을 것이다. 대량생산과 맛과 품질의 규격화를 기본으로 하는 패스트푸드는 지역마다 풍토에 맞는 다양하고 건강한 음식을 자랑으로 여기는 이탈리아 음식문화와는 정반대였기 때문이다. 이를 계기로 이탈리아에는 지역의 전통음식을 사수하려는 모임이 곳곳에서 생겨나기 시작했다. 이탈리아 북서부에 위치한 브라(Bra) 출신의 음식, 와인 저널리스트 카를로 페트리니를 비롯한 62명이 슬로푸드 운동의 씨앗을 심었다. 이 운동은 뜻을 함께했던 스위스와 독일 등지로 퍼졌고, 1989년 파리에서는 슬로푸드 인터내셔널 운동으로 발전하여 국제적인 문화운동으로 성장하게 되었다. 그리고 슬로푸드 운동은 올해로 20주년을 맞이했다. 그 시작에서도 볼 수 있듯이 슬로푸드(Slow Food)는 맥도날드를 필두로 하는 패스트푸드(Fast Food)에 대항하여 생겨났다. 어원 역시 영어 문법에는 맞지 않지만 'Fast' 의 반대인 ' Slow' 를 써서 아예 새로운 어휘로 자리 잡았다. 패스트푸드로부터 사수하고 싶었던 것은 일차적으로 그들의 '전통음식' 이었을 것이다. 오랜 시간을 발효해서 그 제조 방법에 따라 수만 가지의 맛을 내는 치즈와 와인 그리고 공들여 천천히 기른 채소와 과일들, 우리 음식으로 비유해 보자면 오랜 시간을 거쳐 수고를 기울여야 하는 '장류' 가 가장 좋은 예일 것이다. 장을 담그는 과정은 그야말로 정성과 노력이 듬뿍 담긴 슬로푸드 정신 그 자체이다. 콩을 수확해서 간장용, 고추장용, 된장용 등 종류에 따라 다른 방법으

Slow Food®
Deutschland e.V.

로 메주를 만든다. 물에 오랜 시간 담그고, 삶고, 찧고, 모양을 만든 뒤 좋은 볕에 말리고 그늘에서 재우기를 반복하는 것이다. 그리고 장이 되기까지는 더 오랜 시간을 숙성시켜야 한다. 우리의 세월과 문화가 한국인에게 가장 적합한 음식을 만들어 낸 것이다.

슬로푸드는 이렇게 '전통음식'과 맞닿아 있다. 그렇다고 슬로푸드가 단순히 전통음식만을 가리키는 것은 아니다. '전통적인 방법'을 가리킨다고 하는 것이 더 적절하겠다. 예전에는 소비자들이 먹는 먹을거리가 거주 지역에서 크게 벗어나지 않는 것이 대부분이었다. 농산물 교역이 확대되고 수입이 개방되면서 어디에서 어떻게 자란 것인지를 제대로 알고 먹는 것이 더욱 중요해진 것이다. 즉 대량생산을 위해 유전자 변형이나, 화학제품을 사용하지 않고 자연 그대로의 방법으로 길러진 것을 먹는다. 천천히 시간을 들여 자연적인 방법으로 소를 길러내는 인내가 있었다면, 한때 전 세계를 공포로 몰아넣었던 '광우병' 사태도 일어나지 않았을 것이다. 이렇듯 슬로푸드 운동은 표면적으로는 건강한 먹을거리로 나타났지만, 더 나아가 여유 있는 삶을 지향하는 의미로도 확대됐다. 음식은 그 문화의 역사가 집적되어 담겨 있다. 그래서 사람들은 음식을 그냥 먹는 것이 아니라, 음식에 의미를 부여하고는 한다. 미국 속담 'We are what we eat(우리가 먹는 것이 우리 자체다)'라는 말처럼 음식에는 우리의 생활양식, 생각, 문화적 의미가 모두 담겨 있다고 말해도 과언이 아니다. 먹을거리를 지키는 슬로푸드 운동이 문화와 가치체계를 지키는 '문화운동'으로 거듭난 것은 어찌 보면 당연한 일일지도 모른다.

슬로푸드 운동은 문화 운동이자, 총체적인 삶의 운동이 되었다. 이탈리아의 작은 마을에서 시작된 이 운동은 1989년 11월 파리에서 15개국이 모여 '슬로푸드 선언'을 채택하면서 조직화됐다. 슬로푸드운동의 국제본부는 이탈리아 북서부에 위치한 피에몬테(Piemonte)주 브라(Bra)에 위치하며, 이제 회원수는 100개국의 8만2천여 명에 이른다. 인구 2만8천 명이 사는 브라에 슬로푸드 운동본부가 들어서면서 주민의 삶은 완전히 바뀌어버렸다. 지역에서 생산된 유기농 식재료로 지중해 전통음식을 즐기는 것은 물론, 대기오염과 소음공해를 줄이기 위해 마을 광장에는 차량을 통제했다. 그들은 속도에 끌려가지 않는 삶을 선택한 것이다. 삶의 기본 단위인 먹을거리가 바뀌면 사람들의 생각이 바뀌고, 말이 바뀌고, 행동이 바뀐다. 이제 그 변화는 그들의 문화와 환경까지 바꾸어놓고 있다.

자료 이마스(2006-11-07)

4) 경제 환경

경제적 환경은 모든 산업에 있어서 가장 넓고 밀접하게 관련되어 있다. 경제적 환경은 기업에 가장 직접적인 영향을 미치는 환경요인으로 경제체제, 경쟁유형, 경제성장, 시장형태, 1인당 국민소득, 인플레이션, 금리, 세금, 이자율 등이 속한다. 환대산업에 있어서 경제적 환경은 매우 중요한 환경이다. 환대산업에 영향을 주는 경제적 환경요인으로는 경기후퇴, 인플레이션, 고용수준, GNP, 통화량, 개인소득, 저축률, 주가지수 등이다.

GNP의 변화에 따라서 여행상품 및 호텔 · 숙박업의 수요도 늘어날 것으로 예상된다. 1997 IMF로 인해서 관광산업은 물론, 환대산업의 대부분이 큰 타격을 입었다. 또한 해외여행이 외화낭비의 주요 이유 중의 하나로 인식이 되어 여행업은 1990년 후반까지 많은 고전을 치르게 되었다. 그러나 2002년 한 · 일 월드컵을 유치하면서 경기가 다시 살아나고 IMF에서 벗어난 한국경제는 관광업은 물론, 많은 기업이 구조조정과 새로운 마케팅을 통해 위기를 극복하게 되었다. 그러나 2008년 이후 미국의 모기지론 파동이 세계경제의 악화로 이어지면서 해외여행자 수가 급감하였으며, 원화가치의 하락으로 일본, 중국 등 인바운드 관광객이 급증하였다. 이렇듯 환율불안정과 고유가시대가 되면서 환대산업은 급변하는 경제적 환경에 신속하게 대처할 수 있어야 하며, 새로운 상품개발로 경제적 위기를 극복해 나가야 할 것이다. 그중에서도 환율은 국제관광에 영향을 크게 미친다. 1970년대 호텔산업이 호황이 되면서 세계적으로 유명한 호텔들은 Rack Rate를 5~10%씩 올려 받기 시작하였으며, 이에 적지 않은 고객들은 급이 낮은 호텔로 발길을 돌리게 되었다. 이 예는 환율이 얼마나 고객에게 영향을 미치는지를 잘 보여 주고 있다.

전 세계 137개국에서 4,000여 개의 호텔 체인을 거느리는 아코르 그룹은 1990년대 Residence Inns을 만듦으로써 특급호텔은 물론, 중저가 호텔에서도 적지 않은 영향을 받게 되었다. 유럽에서는 아코르 그룹이 Ibis라는 경제적인 스타일을 이용하는 고객층보다는 낮은 계층의 고객을 받아들일 수 있는 틈새시장을 만들었다. 아코르 그룹은 기능적이며 저렴한 포뮬 원 Fomule 1의 경우 프런트 데스크 없이 신용카드를 이용한 셀프 체크인 · 체크아웃을 유럽과 남아프리카 지역에 280개 이상 운영함으로써 고객층을 더욱 더 다양하게 보유하는 데 성공하게 되었다.

• 사례 •

호텔업계의 블루오션 토요코인

'토요코인은 모텔과 호텔 사이의 틈새시장을 겨냥한 블루오션이라 할 수 있는데, 이는 호텔업계의 다양성이 부족한 한국 실정에 긴장감을 불러일으키기에 충분하다. 즉 기존의 호텔에서 탈피하여 합리적인 서비스를 제공하고자 하는 토요코인은 출장이나 사업상 늦은 일정으로 숙박하는 고객에게 '집 같은 편안한 공간' '가치 있는 가격'으로 충분한 서비스를 제공하는 '일상형 호텔'이자 일본을 대표하는 '숙박특화형 호텔'이라고 할 수 있다. 쓸데없는 호화 서비스는 없는 대신 모텔보다는 쾌적한 환경에서 하루 편안하게 머물 수 있게끔 선택과 집중을 한 것이다. 이런 형태의 호텔은 객실상품이 주 수입원이 되는데 현재 부산 토요코인은 객실의 80%가 싱글룸으로 운영되고 있고, 고령자나 장애우들을 위한 하트풀룸과 금연 싱글룸의 객실 타입이 있다. 인터넷을 통한 예약은 카드회원고객과 일반회원고객으로 나누어져 있다.

객실요금은 1인용 싱글 경우 부가세 10%를 제외한 금액은 55,000원, 더블/트윈의 경우 75,000원, 디럭스 트윈의 경우 120,000원이다.

객실요금과 관련하여 호화로운 장식, 불필요한 서비스 등의 거품을 뺐다.

토요코인은 호텔의 기본인 객실 서비스를 제외하고는 다른 모든 시설을 최소화하였다. 다른 일반특급 호텔처럼 화려한 장식과 고급 레스토랑 등은 없지만 비즈니스맨들에게 꼭 필요한 IT인프라 시설과 서비스는 강화했다.

식당의 경우 뷔페식이 아니라 카레, 주먹밥과 같은 간단한 메뉴를 제공한다. 또한 호텔 로비를 간단한 회의나 업무를 할 수 있는 형태의 공간으로 만들어 인터넷용 랜 무료 접속, 국내 전화 무료서비스, 팩스, 프린터를 제공해 줌으로써 비즈니스 인들의 실질적인 니즈를 충족시키고 있다. 또한 일부 토요코인에서는 단체 비즈니스 손님들을 위해 무선랜이 깔린 회의실도 제공하고 있다.

자료 이마스(2008-05-23)

• 사례 •

스타벅스는 왜 길목마다 있을까?
노출빈도 높이고 브랜드 중요도를 각인시키는 도시 중심가 선점전략…
경쟁 브랜드가 들어설 틈이 없도록 원천봉쇄

도시 중심가를 걷다 보면 쉴새없이 마주치는 게 커피 전문점 간판이다. 한때 탁구장 간판이 차지하고 있던 그 자리는 언제부턴가 당구장 간판으로 바뀌었고, 이내 PC방 간판이 되더니 이제 커피 전문점이다. 커피 전문점 밀도는 전성기의 당구장 밀도에 못지않아서, 어떤 지역에 가면 정말 심하다 싶을 정도로 많다. 같은 회사 커피 전문점이 같은 블록에 두 개 자리 잡고 있는 게 눈에 띌 정도다. 같은 회사 커피 전문점끼리 같은 손님을 두고 경쟁하게 될 판이다. 경영능력이 떨어져서 매장 위치 선정이 혼선을 빚은 것일까? 물론 아니다. 고도로 설계된 전략적 움직임(strategic move)이다. 선점전략(preemptive strategy)을 사용해 세계 커피시장에 일대 파란을 일으킨 기업, 스타벅스 이야기다.

매장당 수익성 떨어져도 광고비로 충당

스타벅스는 사업 확장기에 미국에서 20여 명의 부동산 전문가를 고용했다. 매장 위치선정을 가장 중요한 사업전략으로 생각했기 때문이다. 20여 명의 부동산 전문가는 다시 미국 전역을 지역별로 맡아 해당지역 부동산 전문가와 네트워크를 구성했다. 목표는 명료했다. 북미지역 모든 주요 도시의 모든 중심가를 스타벅스 간판으로 뒤덮는 것이었다. 위치가 중심가의 핵심적인 곳이라면, 그 매장이 코너이든 삼각형이든 상관하지 않았다. 사람들 눈에 잘 띄는 곳에 간판을 걸 수 있으면 됐다. 지역 부동산 업자가 최적의 입지를 찾아오면, 스타벅스는 그 수수료의 일부를 부담했다. 가장 뛰어난 전문가를 찾아내기 위해, 임대인이 지불하는 수수료에다 웃돈을 얹어준 것이다. 한 도시의 가장 번화한 중심가에 걸려 있는 간판은 제품 마케팅에 세 가지 중요한 역할을 한다. 우선 이 지역에는 매우 많은 사람이 지나다닌다. 노출빈도가 높다는 것이다. 여기다 '중심'이라는 지리적 특성 때문에 '중요하고 고급스러운 상표'라는 이미지를 사람들 머릿속에 각인시킨다. 많은 금융사가 본점 위치로 집세 비싼 서울 명동을 고집하는 이유가 여기에 있다.

마지막으로 이곳을 지나다니는 사람들은 그 도시의 여론주도층이다. 이들의 소비행태가 도시 전체 소비행태를 이끈다. 소비 주도층의 마음을 사로잡는다는 얘기다. 이런 이유 때문에 많은 기업이 적어도 하나 정도의 간판은 중심가에 노출시킨다. 그 매장이 비싼 집세 때문에 돈을 벌지 못하더라도 말이다.
스타벅스는 이 전략을 좀더 밀고 나갔다. 중심가의 간판은 아예 스타벅스가 모두 장악해 버린다는 전략이었다. 아예 다른 브랜드가 소비자들의 머릿속에 들어설 틈조차 없도록 말이다. 매장당 수익성이 떨어지겠지만, 그 손실은 광고비로 충당한다는 계획이었다. 실제로 스타벅스는 대중매체 광고를 거의 하지 않고도 브랜드 인지도를 빠르게 높였다. 한 블록이 멀다 하고 걸려 있는 도시 중심가의 스타벅스 간판은, 이런 선점전략의 결과였다. 이미 스타벅스 간판이 빼곡히 걸려 있으니 다른 커피 회사들은 이제 중심가 매장의 마케팅 효과가 크게 줄어들어 버린 것이다.

자료 한겨레(2006-07-25)

5) 인구통계적 환경

일반적으로 거시 환경에서 하나의 분야로 대분되고 있는 인구통계학적 환경은 사회문화적 환경의 일부분에 속한다. 인종race, 직업, 연령구조, 성별 분포, 인구의 분포 및 이동 등 인구와 관련된 모든 사항이 여기에 속하며, 나아가 가족생활주기Family life cycle까지도 이 범주 내에 포함될 수 있다. 그러므로 인구 통계적 환경은 마케팅의 대상이 되는 소비자들의 가장 기본적인 특성을 말하며, 특히 환대산업의 마케팅을 하기 위해서는 인구통계학적 환경을 모르고는 정확한 표적시장을 알 수가 없으므로 마케팅환경에 가장 기본이 되는 환경이며, 절대 간과해서는 안 된다.

최근 기술의 급진적인 발달로 인간의 수명이 연장되고 여성들의 사회 참여가 점차 확대되며, 인구와 관련된 여러 각도에서의 변화가 이루어지고 있다.

환대산업의 마케팅 시장에서 새롭게 떠오르고 있는 핫 이슈 그룹이 있다. 바로 뉴 시니어New Senior층이다. 단순한 노인계층이 아니라, 자식에게 의탁하지 않고 독립적이며, 축적된 부를 누리다 죽겠다는 소위 3R Riches, Ripeness, Rest을 추구하는 사람들을 말한다. 이런 뉴 시니어층을 겨냥한 다양한 상품이 쏟아지고 있는 가운데, 실버타운은 뉴 시니어 층들에게 가장 필수품일 것이다. 그래서인지 건설경기 침체와 미분양 문제가 여전한 가운데 실버타운은 현재 큰 인기를 얻고 있다고 한다. 이것은 비단 우리나라에만 해당하는 일이 아닐 것이다. 사회적으로 급속한 산업화로 인하여 자식과 독립하여 자신만의 노후생활을 보낼 수 있는 장소를 선호하는 노인들이 점차 증가하는 등 노인들의 의식이 크게 변화하고 있다. 경제성장의 결과 국민의 전반적인 소득이 증대되면서 생활 수준에 대한 욕구도 향상되고 있으며, 특히 노인들의 자산규모가 크게 증가하여 이에 따라 향상된 소비능력으로 인한 실버서비스 수요가 증가하고 있다. 이제 노인들은 단순한 보호의 대상이 아니라 활동적이고 경제력을 갖춘 새로운 소비자로 출현하였으며, 국민연금제도가 시행됨에 따라 교직원, 공무원, 군인에 한정되었던 연금혜택이 전 국민으로 확대됨으로써 경제적으로 자립할 수 있는 노인계층은 계속 증가할 전망이다. 2008년 이후부터는 60세 이상 노인인구가 완전 노령연금의 혜택을 받기 시작함에 따라 연금수급 노인의 비율은 지속적으로 증가하여 2020년에는 20.4%, 2050년에는 40.1%로 증가될 전망이다.

위의 자료를 통해 알 수 있듯이 고령화 속도가 이렇게 빠르니 국내 실버산업은 선진국들처럼 사회 복지적 단계를 거치지 않고 곧바로 산업화되는 특성을 보일 수 밖에 없는 것 같다. 선진국과 달리 국내 실버산업은 중간단계 없이 곧바로 산업화돼 수익 창출모델로 발전하는 경향을 보이고 있다. 이 같은 특징을 환대산업과 연관시킬 수 있는 비즈니스로 발전시킨다면 세계 노령화에 따른 실버시장에서 우리만의 서비스 노하우를 축적해 환대산업의 또 다른 창구로의 수출로 이어지게 할 수 있지 않을까 생각해 본다. 또한 모든 사람에게 기본적으로 가장 중요한 것이 주거라지만 앞으로 실버산업에서 실버타운 외에도 점차 늘고 있는 실버 세대들이 노년을 좀더 편안하게 즐길 수 있는 다양한 Hospitality Industry의 다양한 요소의 개발이 요구된다.

• 사례 •

대한항공 이색 실버여행상품 출시 항공 천혜의 섬 제주서 은빛 · 금빛 결혼식을

대한항공이 가정의 달을 앞두고 실버 마케팅 및 효도 여행의 일환으로 이색 제주여행 상품 '리멤버 허니문'을 출시했다. '리멤버 허니문'은 대한항공이 지난해 첫 선을 보인 노년층 대상의 제주 여행 상품으로 새롭게 결혼의 의미를 되새김은 물론 감동적인 결혼식을 재연할 수 있는 기회를 제공하자는 취지로 마련됐다.

이 상품은 지난해 3월 부모님께 평생 잊지 못할 감동을 선사하고자 하는 자녀들을 비롯하여 은혼식과 금혼식 등 특별한 날을 기념하려는 노부부들로부터 신청이 쇄도해 두 차례 추가 판매를 실시하는 등 높은 인기를 얻은 바 있다. 특히 올해는 기존의 턱시도와 웨딩드레스를 입고 부케를 던지는 감동적인 결혼식 재현 이외에도 제주 민속촌 관람과 생태 투어가 추가되어 보다 다채로운 즐거움을 선사할 예정이다.

가격은 항공료와 서귀포 KAL 호텔 숙박비를 포함하여 김포 출발 기준 1인당 33만5천 원. 가족들도 함께 참여할 수 있으며 자녀와 손자 등 가족들을 동반할 경우 성인, 소아 각각 1인당 6만5천 원, 15만3천 원 할인요금이 적용된다.

자료 대한항공 홈페이지(www.koreanair.com)

• 사례 •

외식업계의 '모닝 마케팅'

통계청 조사결과 2명 중 1명(49.7%)이 아침을 거르는 '아침 사양족(Hungry Morning)' 이라고 한다. 아침을 굶는 사람은 늘고 있지만 건강에 대한 관심은 증가하는 추세여서 아침식사 대용식품에 대한 수요도 점차 증가하고 있다. 이처럼 집 밖에서 아침을 해결해야 하는 직장인이 늘면서 아침메뉴도 점차 다양해지고 있다.

최근 외식업계에 새로운 변화가 불기 시작했다. 아침이 바쁜 직장인이나 맞벌이 부부를 겨냥한 '아침마케팅' 이 활발히 펼쳐지고 있는 것이다. 출근 시 아침을 거르는 경우가 많은 직장인이나 맞벌이 부부의 입맛을 잡기 위해 유통업체가 다양한 이벤트를 벌이며 자사제품을 아침에 제공하면서 소비자들의 입맛을 잡으려 노력하고 있다.

아침식사 메뉴 중 대표적인 것으로 삼각김밥 등 김밥류와 토스트, 샌드위치 등 빵류가 있는데 최근에는 다양한 메뉴의 김밥과 빵이 등장해 소비자들의 입맛을 자극하고 있다. 훼미리마트는 흰쌀밥 대신 녹차, 클로렐라, 발아현미, 흑미, 기장, 수수 등 6종류의 재료를 첨가해 지은 건강밥으로 만든 '웰빙삼각김밥' 을 론칭해 좋은 반응을 얻고 있다. 또한 강남의 테헤란로에 위치한 도넛 전문점에서는 '건강빵' 이라고 불리는 베이글을 론칭시켜 건강과 다이어트에 민감한 신세대 직장인들 사이에서 높은 호응을 얻고 있다.

이 밖에도 유니레버코리아는 이른 아침에 열리는 회의에 참석하기 위해 아침을 거르는 직장인들을 위한 허브티 배달서비스인 '립톤 허브티 모닝티 서비스' 를 펼치고 있는데, 건강에 좋은 허브티 5종을 허브빵과 허브쿠키와 함께 아침회의 시각에 맞춰 배달해 주고 있다.

아침햇살로 유명한 웅진식품도 지하철역에서 출근하는 직장인에게 아침식사 대용음료인 '아침햇살 든든' 을 나누어 주는 판촉을 통해 아침식사 시장에 뛰어들었다.

현재 아침식사 시장은 3,500억~4,000억 원대 규모로 35조 원에 육박하는 전체 외식시장 중에서 1~2%에 불과한 미미한 수준이다. 하지만 웰빙 트렌드와 함께 "아침을 거르면 몸에 좋지 않다"는 인식이 확산되고 '아침형 인간' 에 대한 관심으로 아침식사 시장도 점점 커지고 있다. 메뉴 개발과 체계적인 공급시스템만 갖춘다면 앞으로 전체 외식시장의 10%에 해당하는 거대 시장이 될 것이라는 전망도 나오고 있다.

패스트푸드 업계는 주요 타깃인 20~30대 젊은층들의 심야활동이 짙어짐에 따라 점차 24시 영업매장을 확대하고 있다. 맥도날드는 전 매장을 24시 영업매장으로 전면 교체했고, 롯데리아, 버거킹도 24시 영업매장의 수를 점차 늘려가고 있다. 버거킹의 경우 와퍼세트나 팩이 주요 판매품목인 낮 시간대와는 달리 새벽시간에는 치킨 텐더, 핫치즈볼, 멕시칸 윙 등 간단한 야식거리를 포함해 커피, 팥빙수 등 사이드 메뉴가 주로 판매되고 있다고 한다.

최근에는 호텔들도 아침시장 공략에 발 빠르게 나서고 있다. 호텔메뉴는 비싸다는 인식을 깨기 위해 합리적인 가격마케팅 기법을 도입했는데, 샐러드와 수프는 7천~8천 원대, 샌드위치는 1만 원대로 정해 직장인들의 입맛을 사로잡고 있다. 아침메뉴 이용자들은 호텔에서 판매한다고 해서 비쌀 것이라고 생각했으나 외부의 가격과 비슷하며 무엇보다 음식의 질이 훨씬 좋다는 반응을 보이고 있다.

통계청 결과에 따르면 외식업체 아침메뉴를 이용한 경험이 있는 응답자 가운데 절반 이상인 51.7%가 향후 외식업체 아침메뉴를 재구매할 의사가 있다고 밝혔으며 이들의 78.7%는 가격이나 메뉴, 맛과 품질보다는 시간대비 편리성을 고려해 외식업체를 이용하겠다고 밝히고 있다. 대다수의 아침메뉴가 '잇 인(Eat In)'과 함께 '테이크 아웃(Take Out)'을 겸하고 있는 이유도 소비자들의 이러한 성향을 보여주고 있다고 할 수 있다.

또한 직장인들이 아침식사 비용으로 지출하는 돈은 평균 3천~4천 원대라고 응답하였는데 아침식사로 지불하는 비용은 소득수준에 따라 다소 차이를 보이고 있다. 아침식사 가격으로 적당하다고 응답한 결과를 보면 3천 원이 넘어가면 구입을 망설이는 것으로 나타났는데 3천~5천 원이 아침식사 가격으로는 다소 부담스러운 가격이라고 생각해 볼 수 있다.

소비 주체의 라이프 스타일 변화는 시장 변화로 나타나게 되는데, 소비자 성향에 맞춘 틈새시장은 곧바로 블루오션으로 연결되고 치열한 경쟁과 함께 시장규모를 넓혀가게 된다. 하지만 소비자 또한

이러한 성향에 곧바로 익숙해지는 것이 일반적이다.
현대인은 바쁘다. 이런 현대인에게 있어 아침 일찍 일어나서 저녁 일찍 잠자리에 드는 '바른 생활'은 아주 옛날 이야기가 되어 버렸다. 최근엔 공부하는 직장인인 '셀러던트'의 증가, 아침형 인간, 올빼미형 인간까지 소비자의 라이프 스타일이 더욱 다양해지고 있다. 직장인의 아침식사 패턴을 바꿔놓는 데에 지대한 역할을 한 것이 천원 김밥과 토스트이다. 이삭토스트, 석봉토스트 등 토스트 전문점이 우후죽순 생겨나는가 하면 길거리 포장마차에서도 어김없이 김밥과 토스트를 판매하고 있다. 편의점에서도 기존의 베스트셀러인 삼각김밥을 차별화시키고 있으며, 샌드위치도 종류, 가격, 메뉴를 차별화시켜서 판매하고 있다. 이러한 제품들은 편리성과 저렴한 가격으로 소비자들의 사랑을 받으며 모닝식사 시장의 대부분을 차지하고 있다.
하지만 이러한 시장은 경쟁이 치열한 레드오션으로서 수많은 외식업체가 경쟁에서 밀려나 도태되고 말았다. 이제는 이와 같은 레드오션에서 벗어나 새로운 블루오션을 창출하기 위해 기존의 경쟁패턴을 바꾸어야 한다. 보다 성공적인 모닝 시장을 개척하기 위해 소비자의 건강중시 풍조와 연계하여 고영양 아침식사 상품을 개발해야 한다. 현재 아침식사 시장은 20~30대 젊은층에 포커스를 두고 있으나, 웰빙메뉴로 바꿈으로써 점차 그 연령대를 다양화시키려는 노력이 필요하다.
지금까지 아침식사 메뉴는 편리함이 가장 필수적인 요건이었으나 웰빙 트렌드, 소비자 입맛 변화로 웰빙식품, 차별화된 메뉴가 계속해서 등장하고 있다. 물론 아침식사 시장에서 편리함은 직장인들과 학생들이 주된 고객인 상황에서 중요한 속성임에 분명하다.
하지만 기업들이 편리함에 포커스를 맞추다 보면 품질향상과 서비스에 소홀할 수 있다. 특히 식품업체에서 무엇보다도 강조하고 있는 품질과 안전은 모닝 마케팅에서 POP(Point Of Parity)로서 브랜드의 기본 속성에 해당됨을 명심해야 할 것이다.

자료 이마스(2007-11-08)

6) 정치 · 법률적 환경

기업의 활동은 정부나 공공기관에 법률적인 규제를 받는다. 정치적, 법률적 환경이란 정부의 법률이나 조세제도 및 정치단체나 시민단체와 관련된 환경을 말한다. 환대산업에 대한 법률적, 정치적 환경은 국가와 정부의 관심 여하에 따라 달라진다. 정부의 정책 및 안정성, 지원 및 통제의 정도에 따라 크게 변화된다.

미국의 경우 연방정부 수준에서 관광개발에 대한 관심은 비교적 적은 편이다. 이것은 국제관광을 활성화시키고자 하는 관광산업에는 큰 이점이 된다.

국내 호텔산업은 호화 · 사치와 관련된 산업으로 간주되어 왔다. 1988년 서울 올림픽 이후 관광산업의 중요성이 부각되면서, 1994년 '한국방문의 해'를 계기로 관광산업은 최우선 육성산업으로 자리 잡기 시작하였으며, 2000년도에 와서는 부가가치가 큰 산업으로 급부상하게 되었다. 또한 2002년 월드컵 행사 지원의 일환으로 특별 지원법안(관광호텔 세금 부담을 25~30% 완화, 외국 관광객 부가세 영세율 적용, 등급 외 호텔 기준 설정으로 인한 일반 숙박업의 관광호텔화, 호텔 건설 시 규제의 대폭 완화 등)이 발표되는 등 국내 관광산업은 매우 고무적인 환경을 맞이하게 되었다.

법률적 환경은 특히 대규모의 다국적기업들에 중요하다. 중국의 개방은 호텔, 여행, 외식업 및 프랜차이즈업체에 기회를 제공하였다. 인도의 경우는 외국기업이 49% 이상 지분을 소유할 수 없는 법안이 폐지되면서 미국의 맥도날드가 1990년대에 인도에 진출하게 되었다.

우리나라의 경우 주 5일제가 확산되면서 관광객이 증가하고, 호텔과 외식업들이 호황기를 누리게 되었다. 주 5일제근무제로 환대산업의 수요가 연평균 7% 가량 늘어날 것으로 예상되고 있으며, 2005년에는 40조 원으로 급증할 전망이다. 즉 노동법의 개선과 법률적 환경이 바뀌면서 국민들의 여가시간 활용과 여행이 활성화되기 시작하였다.

이렇듯 환대산업 및 관광산업의 법적, 정치적 환경은 국가와 정부의 관심도에 큰 영향을 받게 된다. 환대산업에서 세계 최고의 호텔협회인 AH&MA American Hotel & Motel Association와 NRA National Restaurant Association가 미국의 수도인 Washington D.C에 위치하고 있는 것이 그러한 이유이다.

• 사례 •

미국, 이젠 무비자
관광 · 사업차 90일까지 항공업계 호재, 운항 스케줄 증편

이제 무비자로 미국을 갈 수 있게 됐다. 지난 17일 한국이 비자면제프로그램(VWP) 신규 가입국에 포함되며 미국 무비자 여행이 가능하게 됐다. 이에 무비자에 필요한 절차를 알아봤다. 무비자 입국은 관광이나 상용(商用) 목적으로 90일 체류를 넘지 않는 경우다. 비자면제는 모든 한국여행자에게 적용되지만 미국 비자가 거절된 적이 있거나 미국에서 추방된 적이 있는 사람은 예외다. 그럴 경우 여행 전에 따로 비자를 받아야 한다. 비자 신청 절차는 예전과 동일하다.

무비자로 미국 여행을 하려면 먼저 전자여권이 필요하다. 전자여권은 개인정보가 전자칩 형태로 내장된 여권을 말하는 것으로 여권 업무기관에서 본인이 직접 발급받아야 한다. 그 다음 미국정부가 지정한 전자여행허가(ESTA:http://esta.cbp.dhs.gov)에 접속해 절차를 밟는다. 이름, 국적, 여권번호 등 신상정보를 입력하면 개인별 신청번호가 나오는데 이 번호를 입력하면 여행 허가 여부를 알 수 있다. 보통은 바로 허가 여부를 알 수 있지만 경우에 따라 72시간 정도 기다릴 수 있으니 미리 신청해 두는 게 좋다. 불편한 점은 ESTA 절차가 영어로 되어 있다는 점. 한국어 서비스는 12월 중순쯤 예정하고 있다. 이미 비자를 가지고 있는 사람들은 기존 비자나 무비자 여행(ESTA 절차 후) 둘 다 가능하다. 항공 · 해상 · 육로로도 무비자 혜택은 가능하지만 항공과 해상 입국 시에도 ESTA 허가는 필수다. 현재 캐나다와 멕시코에서 육로 입국하는 여행객은 예외다. 무비자로 달라진 점은 입국 후 비자 변경이 불가능해졌다는 것. 주한미국대사관 관계자는 "미국 입국 후 체류 자격을 변경하는 경우, 즉 관광에서 유학 비자로의 변경이나 미국 영주권인 그린카드를 신청하는 경우는 비자면제 혜택을 받을 수 없다"며 90일 이상 체류할 계획이 있거나 유학과 일, 사업계획을 위한 여행 등은 따로 비자 신청이 필요하다고 전했다.

미국 무비자로 항공사도 운행을 증편하는 등 그에 맞는 준비 중에 있다. 지금 당장의 효과보다는 앞으로의 기대가 큰 상태다. 아시아나항공 관계자는 이번 무비자 시행으로 연간 미국 방문객 4만5000여 명 증가(약 12%의 수요증가 예상)를 예상한다며 "미국 비자 면제 프로그램의 시행은 항공업계에는 호재로 작용할 가능성이 크다. 이에 대해 지속적으로 준비해 온 만큼, 부응하는 효과를 거둘 수 있을 것으로 전망한다"고 밝혔다. 항공 스케줄에도 변동이 있다. 12월 16일부터 인천-로스앤젤레스 주 11회 운항을 14회로 증편했으며 인천과 시애틀은 11일부터 주 3회에서 4회로, 인천-샌프란시스코는 24일부터 주 4회에서 5회로 증편됐다. 대한항공은 비자 면제에 맞춰 '로드트립 USA'라는 광고를 새로 제작했다. 잘 알려진 미국의 명소 외에 화이트마운틴의 단풍, 레인벡의 경비행장 등 숨겨진 미주 대륙의 매력을 보여주는 광고다. 또 고유가로 잠시 멈췄던 라스베이거스 취항을 12월 16일부터 운항 재개할 예정이다.

자료 중앙일보(2008-11-28)

제2절 미시적 환경 분석

1. 미시적 환경 분석의 개념과 의의

미시적 환경은 기업의 마케팅 활동을 지원하거나 제약하는 환경을 말한다. 즉 기업이 소속된 산업과 관련된 환경요인을 말하며, 기업조직 자체, 경쟁사들, 중개업자들, 재료공급업체, 고객들이 여기에 해당된다. 미시적 환경 분석에는 산업 자체에 얼마나 매력적인지를 파악하는 산업구조분석과 제품수명주기가 실시되어야 하고, 경쟁자의 강점과 약점을 분석하여 자사에 맞는 시장기회를 찾아내고 이에 맞는 상품개발에 주력해야 한다.

2. 미시적 환경 분석의 구성요소

1) 고객

고객은 마케팅 활동의 대상으로 기업의 존속에 결정적인 영향을 주는 가장 중요한 이해집단이다. 따라서 마케터는 표적고객의 욕구를 파악하여 이에 적합한 마케팅 노력을 기울여야 한다.

2) 공급업자

모든 기업들에 원자재나 부품을 공급하는 업체들을 말하며, 기업의 생산에 필요한 원료나 부품 등을 공급해 주는 공급업체는 제품의 가격, 품질 등을 결정하는 데 영향을 준다. 따라서 기업은 원료나 부품의 품질, 반품처리 방법, 배달의 신속성 등을 기준으로 공급업체 선정에 신중을 기해야 한다. 또 공급업체와의 호의적인 관계를 유지함으로써 안정적으로 원료 등을 공급받아 신뢰성 있는 기업으로서 자리매김을 하는 데에도 공급업자는 중요한 이해집단이 된다.

호텔의 경우 고객에게 좋은 서비스를 주기 위해서 원자재도 품질이 좋은 재료를 사용해야 한다. 예를 들어 호텔에 들어오는 스테이크 및 해산물은 좋은 상태로 공급받아야 하며, 신선한 재료들이 변함없이 꾸준히 들어올 수 있는 재료공급업체가 필요하다. 객실의 경우 좋은 품질을 갖춘 비누, 샴푸, 로션 등을 적당한 가격으로 공급할 수 있는 재료공급업체가 필요하다.

항공사의 경우 기내에서 먹는 음식의 경우 고객에게 배탈이나 식중독 등 건강상에 문제를 주는 것은 매우 심각하기 때문에 심사숙고하여 식료품 공급업체를 선별해야 한다. 공급업체와의 가격협상은 공급업체와 기업이 미리 예견하여 교섭을 해야 하며, 호텔, 항공사, 외식업 등에서는 기업담당자의 구매교섭능력이 요구된다.

3) 중간상

도 · 소매상 등의 중간상의 협조는 기업의 판매활동에 중요하다. 중간상이 기업의 마케팅 전략이나 판매 공간 제공, 판촉활동 등에 협조를 하지 않는다면 판매가 어렵게 되고 결국 기업에 타격을 입히게 된다. 따라서 기업은 중간상 마진, 판촉지원 등을 통해 중간상의 적극적인 협조를 이끌어 내야 한다.

환대산업에서 중개업자란 자사의 상품을 홍보하고 판매하며, 마지막까지 최종고객에게 전달하는 과정에 관여하여 고객이 본인이 원하는 상품에 손쉽게 접근할 수 있도록 도와주는 업체로서 흔히 대행사agency라고 불리기도 한다. 여행사와 호텔, 리조트, 펜션 등 숙박업 대행업체와 항공사전문 티켓팅 업체들이 여기에 속한다. 최근에는 이러한 대행사의 업무도 넓은 관광시장을 점유하기 위하여 인터넷을 통한 e-Marketing을 이용, 광범위한 공격적 마케팅으로 무한경쟁이 벌어지고 있다.

4) 경쟁자

대부분의 기업은 다양한 범위에서 경쟁자를 갖게 된다. 좁게는 동종업계에서

넓게는 이종업계에 이르기까지 경쟁자의 폭이 넓고 또 깊다. 따라서 마케터 경쟁자의 규모, 산업에서의 위치 등을 파악하고 경쟁자를 상시적으로 감시 및 감독할 필요가 있으며, 특히 대규모 기업과 경쟁해야 하는 중소기업의 경우 틈새시장 niche market 을 찾아내어 공략하는 것이 효율적이다.

환대산업은 호텔, 여행사, 테마파크, 항공사, 외식업 등의 새로운 상품과 차별화된 서비스들이 각 경쟁업체에 얼마나 위협적인지 각 경쟁업체는 알아야 할 것이며, 이에 맞는 대응방안을 모색하는 것이 필요하다.

• 사례 •

저가항공사 국제노선 확보경쟁 치열

빠른 성장세를 보이고 있는 저가항공사들이 신규 수익 창출을 위해 수익성 높은 국제노선 확보에 열을 올리고 있다. 국토해양부는 최근 김포~오사카 및 김포~나고야 노선의 신규 운수권을 대한항공과 아시아나항공에 각 1회, 그리고 저가항공사인 제주항공에 2회 배분했다. 이들 국제노선은 엔고현상과 신종플루 등 영향으로 이용객이 그리 많지 않지만, 장기적으로는 하네다 노선과 함께 수익성이 높은 노선으로 평가받고 있다. 애초 김포~오사카 노선 배분에는 제주항공은 물론 에어부산과 진에어, 이스타항공 등 국내 저가항공사 4곳이 모두 운수권을 달라며 치열한 경쟁을 벌였다. 저가항공사들은 현재 국내 단거리 노선이 공급과잉 상태로 보고 새로운 수익 창출을 위해 국제노선 확보에 열을 올리고 있다. 저가 항공사들은 이달부터 태국과 일본 등 국제선에도 잇달아 취항할 예정이어서 대형항공사와의 경쟁이 예상된다. 진에어는 10월 29일 방콕과 마카오에 취항하고 12월 중순에는 일본 오사카와 중국 웨이하이에, 내년 1월에는 괌 노선에도 취항하는 등 내년 상반기까지 국제선 5개 노선을 신규로 취항할 계획이다. 후발 저가항공사인 에어부산은 내년 3월 항공기를 추가로 들여와 부산~후쿠오카 노선을 신규 운항할 예정이다.

저가항공사들은 또 내년 하반기 운항 예정인 일본 하네다 노선의 운수권 확보를 위해 항공기 도입 계획을 수립 중이다. 모두 4회의 신규 운수권이 배분되는 하네다 노선은 일본 도쿄와 가까운 거리로 수익성이 높을 것으로 보여 저가항공사는 물론 기존 대형항공사들도 운수권 확보에 적극 나설 것으로 보인다. 국내선 여객 수송 분담률이 30%를 넘어서는 등 약진을 거듭하고 있는 저가항공사들이 국제선 시장에서도 거침없는 성장세를 이어갈지 관심이 모이고 있다.

자료 노컷뉴스(2009-10-10)

• 사례 •

외식업계의 新 경쟁자 편의점 패스트푸드

직장인 문정수(27세)씨에게 편의점은 떼려야 뗄 수 없는 생활의 일부다. 출근 준비로 바쁜 아침시간에 집에서 아침을 먹는다는 것은 생각도 못하다 보니 아침식사는 대부분 회사 근처 편의점에서 삼각김밥이나 샌드위치에 커피 한잔으로 해결한다. 10여 가지가 넘는 다양한 종류의 삼각김밥은 그녀가 가장 즐겨먹는 아침메뉴다. 시간적 여유가 조금 있을 때는 별도 용기에 담아 판매하는 죽이나 수프를 데워 먹기도 한다.

점심시간, 동료들과 함께 인근의 식당을 찾는 것이 보통이지만 밖에 나가 점심을 먹을 수 없을 정도로 업무에 쫓기는 날이면 역시 편의점에서 판매하는 햄버거나 샌드위치, 또는 비빔밥 등으로 끼니를 때우기 일쑤다. 오후 4~5시 배가 출출할 때나 밤 10시 넘어 야식이 생각날 때도 문정수씨는 회사 앞, 혹은 집 앞 편의점으로 달려간다.

가족과 떨어져 혼자 생활하는 그녀에게 있어 편의점은 바로 집 냉장고와 같다. 언제든 편의점 문만 열면 김밥, 샌드위치, 버거, 꼬치, 오뎅, 치킨, 도시락, 디저트에 이르기까지 다양한 먹을거리가 준비돼 있기 때문이다.

편의점 업체들이 패스트푸드 시장 확대에 주력하고 있다. 현대인의 라이프 사이클 변화에 따른 싱글족, 올빼미족 등 기존의 생활 패턴을 깨뜨리는 사람들이 증가함에 따라 편의점들이 매장 내에서 판매하는 패스트푸드 제품을 강화하고 있는 것이다. 국내 최초의 편의점인 세븐일레븐은 계열사인 롯데 후레쉬델리카, 롯데중앙연구소 등과 공동으로 매주 새로운 패스트푸드 제품을 선보이고 있으며 미니스톱은 편의점 중 유일하게 매장 내 조리 패스트푸드 제품을 판매한다는 차별성을 부각하며 버거 및 토스트류, 꼬치류, 프라이드 치킨에 이르기까지 다양한 제품을 제공하고 있다. 바이더웨이 역시 샌드위치 및 매장에서 직접 굽는 고급 베이커리류를 강화하는가 하면 아침시장 공략을 위해 죽이나 수프, 떡류 등을 새롭게 선보일 예정이다.

이처럼 편의점들이 패스트푸드 제품을 강화하고 나서는 것은 현대인의 라이프 사이클 변화와 함께 패스트푸드가 편의점 간의 브랜드를 구별할 수 있는 차별화 상품이기 때문이다.

각종 가공식품부터 과자류, 주류, 잡화, 담배 등의 제품은 어느 편의점에서나 구매할 수 있는 일반적인 제품이다. 우리가 편의점을 갈 때 굳이 특정 브랜드를 찾아가기보다는 가장 가까운 곳, 눈에 띄는 편의점을 가는 것이 바로 어느 편의점에서든 똑같은 제품을 판매하기 때문이다. 그러나 패스트푸드는 다르다. 편의점에서 판매하는 패스트푸드는 안주류, 잡화류 등과 함께 자기상표부착상품인 PB(Private Brand) 상품으로 분류, 편의점마다 직접 개발한 제품을 판매하고 있다. 즉 더욱 치열해지는 편의점 경쟁에서 브랜드를 차별화하는 방법은 PB상품으로 특히 패스트푸드 제품을 다양화 · 차별화하는 전략을 구사하고 있는 것이다.

24시간 영업 · 접근 용이성 등으로 편의점 내 패스트푸드 인기

고객 입장에서 편의점 내 패스트푸드의 가장 큰 메리트는 바로 시간적 제약이 없다는 것과 접근이 용이하다는 것이다. 즉 영업시간이 정해져 있는 일반 식당과 달리 24시간 영업으로 아무 때나 제품을 구매할 수 있으며 또 '우리동네 편의점'이라 할 정도로 곳곳에 매장이 있어 방문이 용이하다. 물론 심야의 경우 야식배달 전문점들이 있기는 하지만 대부분 양이 많고 무거운 음식인 반면 편의점 패스트푸드는 삼각김밥, 샌드위치, 햄버거 등 가벼운 식사 및 간식 메뉴에서부터 소시지류, 꼬치류, 프라이드 치킨 등 안주로 먹을 수 있는 제품까지 다양하다.

'편의점=삼각김밥' 최대 히트상품 자리매김

편의점 패스트푸드의 대표상품은 바로 삼각김밥이다. '편의점=삼각김밥'으로 통할 정도로 삼각김밥은 편의점 패스트푸드의 최대 히트상품으로 자리매김하고 있다. 삼각김밥은 1991년 세븐일레븐이 일본의 오니기리를 본떠 만든 것으로 판매 초기에는 이렇다할 호응을 얻지 못했으나 2001년 4월 탤런트 김용건과 최상학을 앞세워 삼각김밥에 대한 TV광고를 하면서 큰 반향을 불러일으켰다. 사업 초기 점당 일평균 20여 개 남짓 판매되던 삼각김밥이 코믹한 TV광고와 빠르고 간편하게 먹을 수 있다는 개념이 인식되면서 점포 상권에 따라 차이는 있지만 점당 평균 200여 개 이상 판매되기도 했다. 이러한 트렌드는 세븐일레븐뿐 아니라 다른 편의점 역시 판매율이 동반상승하는 효과를 보기도 했다. 이와 함께 그동안 삼구유통을 통해 일정 부분 수작업으로 제품을 생산해 오던 세븐일레븐은 2000년 6월 패스트푸드 공장(롯데 후레쉬델리카)을 준공, 최신 설비를 통한 품질개선 및 제품 종류의 다양화, 대량생산을 통한 원가개선 등을 통해 기존 삼각김밥의 가격을 900원에서 700원으로 인하했다. 이에 다른 편의점들도 가세, 일정 기간 동안 500원에 판매하는 등 그야말로 삼각김밥 판매전쟁을 방불케 했다.

1,000원 김밥 등장으로 삼각김밥 판매감소

최근 삼각김밥의 판매가 예전 같지 않은 편이다. 한국편의점협회의 조사에 따르면 지난 2005년 점포당 일평균 삼각김밥 판매수량은 39개로 2004년(52개)에 비해 25% 가량 줄었다. 물론 한창 붐이 있던 2001~2002년과 비교하면 그 감소세는 더욱 크게 나타난다. 삼각김밥의 판매감소는 전반적인 경기침체뿐 아니라 경쟁 아이템의 출현, 밥에 대한 한국인의 인식 등도 큰 몫을 차지한다. 경쟁 아이템의 대표적인 것이 바로 1,000원 김밥이다. 2003년 말부터 일기 시작해 2004년 붐을 일으켰던 1,000원 김밥으로 인해 삼각김밥의 매출이 떨어지기 시작한 것이다. 공장에서 만들어 냉장 보관된 차가운 삼각김밥보다는 따뜻한 밥으로 방금 만 김밥이 훨씬 매력적이라는 인식 때문이다. 밥은 따뜻해야 한다는 한국인의 식습관이 삼각김밥보다는 1,000원 김밥의 손을 들어준 셈이다. 편의점 업계 관계자는 "1,000원 김밥 전문점들이 유동인구가 많은 편의점 인근에 매장을 오픈하는 전략을 쓰다 보니 필요한 일반 물품은 편의점에서 사고 끼니는 옆에 있는 1,000원 김밥집에서 해결하는 경향이 커졌다"며 "특히 삼각김밥과 1,000원 김밥의 가격 차이가 거의 없다는 것 역시 1,000원 김밥을 선택하는 원인으로 작용했다"고 말했다.

또한 삼각김밥이 붐을 일으키면서 개인 편의점이나 동네 수퍼마켓 등에서도 삼각김밥을 판매하기 시작, '삼각김밥=편의점'이라는 공식이 깨진 것 역시 편의점 삼각김밥의 매출이 감소하는 요인으로 지적되고 있다. 그러나 세븐일레븐의 경우 삼각김밥이 전체 상품 중 판매순위 5위 안에 들며 매장당 일평균 100~150개가 판매되고 있고, 바이더웨이 역시 패스트푸드 판매량의 60~70%를 삼각김밥이 차지하는 등 삼각김밥은 여전히 편의점 패스트푸드 상품 중 판매율 1위를 달리는 효자상품 자리를 차지하고 있다.

이에 편의점들은 보다 다양한 종류와 모양 · 크기를 통해 고객의 선택의 폭을 넓히고 선도관리 등을 통해 맛을 개선하는가 하면 공격적인 마케팅을 진행하는 등 삼각김밥의 판매율을 높이기 위해 박차를 가하고 있다.

식습관, 경쟁업계 출현, 다양성 부재 등 한계

패스트푸드 매출이 전체 매출의 30% 이상을 차지하고 있는 일본의 편의점과 달리 국내는 아직까지 편의점 패스트푸드 시장이 확대되는 데 여러 가지 한계점을 갖고 있다.

가장 큰 부분이 바로 식습관이다. 쌀을 주식으로 하는 식습관에 따라 아직까지 김밥, 덮밥, 비빔밥 등의 라이스 제품이 주를 이루고 있는데 '밥은 따뜻해야 한다'는 우리의 식습관상 공장에서 생산해 냉장상태로 배송 및 보관하는 '차가운 밥'이 메리트가 떨어진다는 것이다. 물론 점포 내에 비치돼 있는 전자레인지를 통해 데워먹을 수 있지만 갓 지은 밥에 대한 욕구를 해소하기에는 역부족이다. 따라서 최근에는 라이스류보다는 샌드위치 등 빵을 이용한 메뉴 개발이 한창이다. 또한 2,000~3,000원이면 한 끼를 해결할 수 있는 분식집이나 저가의 백반집, 체인화되고 있는 꼬치 및 토스트, 김밥 전문점 역시 편의점 패스트푸드 시장이 확대되는 데 있어 장애요소로 작용한다는 것이 업계 관계자들의 설명이다.

뿐만 아니라 편의점 패스트푸드의 경우 유통기한 내 판매되지 않은 제품은 점포에서 자체적으로 폐기토록 하고 있다. 그렇다 보니 점주들이 폐기로 인한 손실을 우려해 발주량을 축소하는 경우가 있는데, 패스트푸드 쇼케이스에 진열돼 있는 제품이 적을 경우 시각적인 영향으로 인해 판매율이 감소하는 결과를 초래하고 있다. 이에 따라 업체마다 점포의 패스트푸드 발주량을 늘리는 동시에 폐기로 인한 점주 손실을 줄이기 위한 다양한 방법을 구사하고 있다. 바이더웨이는 폐기금액의 50%를 본사가 부담하고 있으며 세븐일레븐은 하루 전에 도시락을 예약한 후 당일날 점포를 방문해 찾아가는 도시락 예약제를 실시하고 있다.

한편 패스트푸드 용기에 대한 규제 및 다양성의 문제도 걸림돌이다. 현재 국내의 경우 환경문제로 인해 생분해 용기만을 사용토록 돼 있는데 아직까지 생분해 용기에 대한 기술력이 부족해 다양한 제품 개발이 어렵다는 것이다.

패스트푸드 PB상품, 편의점 新성장 동력

업계 관계자들은 편의점 패스트푸드의 시장 확대를 방해하는 여러 가지 한계점에도 불구하고 향후 국내 편의점 패스트푸드 시장은 더욱 성장할 것이라고 말한다. 즉 편의점 내 패스트푸드 시장은 경기변동 등 내 · 외적 환경요인에 따라 다소의 변동은 있지만 향후 편의점 경쟁의 핵심 동력이 바로 PB상품인 패스트푸드라는 데 의견을 모으고 있다. 한편 최근 편의점 업계에 카페형 편의점이 오픈하면서 편의점 패스트푸드에도 변화가 일고 있다. 지난 2005년 12월 바이더웨이에 이어 최근 세븐일레븐, GS25 등도 시장에 가세하고 있다. 카페형 편의점은 3~4개 테이블을 갖추고 매장에서 베이커리를 구워 판매하는 등 패스트푸드 메뉴를 더욱 강화하고 고객들에게 이용 편의성을 제공한 콘셉트로 일반 편의점에 비해 매출이 20~30% 정도 높게 나타나고 있다. (주)바이더웨이 상품1팀 김주권 과장은 "현재 일본에는 일반 외식업체와 편의점이 제휴해 외식업소의 일부 메뉴를 조리해 판매하는 레스토랑형 편의점이 생기고 있다"며 "국내 역시 일반 편의점에서 카페형 편의점으로, 다시 레스토랑형 편의점으로 업그레이드되다 보면 편의점이 외식업체들의 새로운 경쟁상대로 부상할 수도 있다"고 말했다.

현재 편의점 패스트푸드는 기존 마니아 및 충성고객 위주로 운영되고 있는 실정으로 향후 신규고객 유치와 함께 식문화 및 패스트푸드에 대한 이미지를 개선하는 것이 시장 확대에 중요한 관건이 될 전망이다.

편의점 FF, 매출 상승 지속

한국편의점협회에 따르면 체인화편의점(8대 체인업체)의 2005년 총매출액 규모는 9085개 점포에서 4조6092억원(VAT를 포함한 소비자 판매액 기준)으로 전년 대비 10.7% 신장했다. 상품종류별 매출 구성비를 보면 담배가 42.3%로 가장 높은 비율을 보이고 있으며 가공식품(16.2%), 일배가공식품(12.7%), 주류(7.7%), 과자류(6.2%), 잡화(5.8%), 패스트푸드(5.3%), 복권(1.9%), 일배생식품(0.7%), 서적 · 잡지(0.6%), 문구 · 완구(0.6%) 순으로 나타나고 있다.

반면 PB상품군에서의 패스트푸드 판매율은 현격히 높은 위치를 차지하고 있다. 2005년 현재 PB상품은 편의점 전체 매출액 중 6.2%를 차지하고 있으며 이는 전년도보다 0.8% 증가한 수치다. 이 중 패스트푸드는 품목수 면에서 43%로 PB상품 중 제일 많으며 판매액 또한 PB상품군 중 71% 정도를 차지하고 있다. 패스트푸드의 수익률은 평균 30% 정도로 타 제품에 비해 마진도 높은 편이다.

다양한 상품 개발로 경쟁력 제고

1990년대 편의점 패스트푸드 인기 메뉴가 김밥과 햄버거였다면 2001년 이후 삼각김밥, 그리고 2005년부터는 삼각김밥과 함께 샌드위치류가 선호메뉴로 등극하고 있다. 이에 업체들은 삼각김밥의 뒤를 이을 새로운 핵심상품 개발에 주력하고 있다.

삼각김밥이 아닌 둥근 모양의 옛날 주먹밥, 여성층을 타깃으로 초밥을 응용해 만든 사각모양의 김초밥, 일반 김밥처럼 김밥을 잘라서 캔디모양처럼 포장한 손말이 김밥 등의 김밥류뿐 아니라 다양한 재료를 넣은 덮밥 및 비빔밥류, 보다 고급화 · 다양화한 샌드위치 및 토스트류, 햄버거류, 소시지 및 치킨류, 꼬치류, 만두류, 디저트류 등 다양한 종류의 패스트푸드 제품을 개발하거나 기존 제품을 업그레이드해 출시하고 있다. 또한 최근에는 죽, 수프 등 아침 시장을 겨냥한 메뉴나 웰빙 트렌드를 접목한 메뉴를 선보이기도 한다.

편의점 패스트푸드 개발 담당자들은 "주 단위로 새로운 패스트푸드 메뉴를 출시, 고객 반응을 본 후 가능성이 없는 메뉴는 삭제하고 선호도가 높은 메뉴는 유지하는 방법으로 메뉴 관리를 하고 있다"며 "편의점 패스트푸드는 보통 6~7개 정도의 베스트 메뉴와 신상품으로 구성된다"고 말했다.

자료 월간 식당(2006-12) 발췌

5) 노동조합

최근 환대산업에서도 종업원, 특히 노동조합이 기업에 미치는 영향력은 대단하다. IMF 때 어려움에 처해 있는 기업을 위해 종업원들이 구사대를 결성하고 월급을 일시적으로 포기함으로써 공장 폐쇄를 막은 경우도 있었다. 또한 환대산업에서도 노동조합이 활성화되면서 종업원들의 근무조건도 상당히 개선된 것도 사실이다. 반면 일부 대기업의 노사분쟁에서 볼 수 있는 바와 같이 조업중단 등으로 기업에 막대한 손해를 끼치기도 한다. 또한 과격한 노동조합의 시위는 우리나라에 투자하고자 하는 외국 기업들에 부정적인 국가이미지를 심어주어 외국 기업의 투자유치에 커다란 걸림돌로 작용하기도 한다. 이와 같이 노동조합은 기업의 활동에 이익을 주기도 하고 또 해를 끼치기도 하는 이해집단이다.

• 사례 •

조선호텔 직원들 고용 불안…인천 공항 내 4개 전문식당 폐쇄

- 호텔, 다른 사업장 배치보다 희망퇴직 권유
- 임직원 65명 중 간부 13명은 희망퇴직 신청

경영난으로 인천국제공항에서 철수하는 조선호텔 직원들이 고용 불안에 떨고 있다.
조선호텔은 공항 사업장이 없어짐에 따라 이들 직원들을 다른 사업장에 분산 배치하기보다는 희망퇴직을 권유하고 있기 때문이다.
8일 조선호텔과 노조 등에 따르면 인천공항 여객터미널 4층에서 치도리(일식당), 셔블(한식당), 카페비즈바즈, 푸드파크 등 4개 전문식당을 운영하는 조선호텔이 15일 사업장을 폐쇄한다. 조선호텔은 인천공항 개항 때부터 이곳에서 전문식당을 운영했지만 그동안 누적된 적자 등으로 9년 만에 인천공항 시대를 마감하는 것이다. 조선호텔이 인천공항 사업장을 철수함에 따라 이곳에 종사하는 직원들이 고용 불안에 시달리고 있다. 현재 인천공항 조선호텔에는 임직원 65명이 근무하고 있다. 호텔 측은 사업장이 없어짐에 따라 이곳에 종사하는 직원들을 다른 사업장으로 배치하기보다는 희망 퇴직을 권유하고 있으며 10월 28일 노사는 이들이 희망 퇴직을 신청하면 위로금 30개월치를 지급하기로 합의했다. 이미 13명의 간부들은 희망 퇴직을 신청한 것으로 알려졌다. 하지만 나머지 노조원 52명 중 상당수는 희망 퇴직보다는 고용 보장을 요구하고 있다.
조선호텔 노동조합 관계자는 "희망 퇴직을 신청하지 않은 노조원들에게 해고 통보를 하면 부당 해고로 간주해 소송 등 강력 대응하겠다"고 밝혔다. 이에 대해 호텔 측은 "14일까지 희망 퇴직을 받을 것이며 신청하지 않은 직원들에 대해서는 전문식당을 인수하는 워커힐 등에 일자리를 알선하는 등 적극적으로 구직알선을 위해 노력하겠다"고 말했다. 한편 조선호텔이 철수하는 사업장 중 카페비즈바즈, 푸드파크는 워커힐호텔이 수의 계약을 통해 낙찰자로 선정됐다.
인천국제공항공사는 "두 차례에 걸쳐 운영사업자 모집에 나섰지만 유찰돼 어쩔 수 없이 수의 계약을 할 수밖에 없었다"며 "빠르면 다음달부터 워커힐이 재개장해 운영할 것"이라고 설명했다. 워커힐은 또한 셔블도 당분간 임시적으로 운영한다.
워커힐은 여객터미널 4층에 전문식당가 4곳과 환승호텔까지 운영하고 있는 데다 조선호텔 식당까지 인수해 인천공항은 워키힐 시대를 맞이하게 됐다.

자료 경향신문(2009-11-09)

6) 정부

정부는 정책이나 법을 통해 기업의 활동을 지원해 주기도 하고, 또 규제하는 기능을 담당한다. 공업단지 조성을 통한 저렴한 공장부지 제공, 수출증대를 위한 수출 지원자금 제공 등은 대표적인 지원기능이 된다. 그러나 인플레이션 억제를 위한 가격통제, 공정한 경쟁을 유도하기 위한 독점방지 등은 정부가 기업에 대해 규제하는 기능이다. 우리나라의 경우 환대산업의 법적 제약이 강한 나라 중의 하나이다. 이제는 과소비를 조장하는 산업군이 아니라 진정한 환대산업으로서의 역할을 제대로 인정받고, 행사할 수 있는 정부의 큰 관심과 법 제도가 절실히 요구되는 때이다.

• 사례 •

오바마 시대, 의료관광 '한국 러시' 가능할까

'한국, 의료관광으로 국부를 창출하다(South Korea Joins Lucrative Practice of Inviting Medical Tourists to Its Hospitals)' 뉴욕타임스 16일자 기사 제목이다. 그렇다면 미국의 주요 언론이 주목할 만큼 한국을 찾는 의료관광객이 정말 늘어난 걸까? 한국보건산업진흥원에 따르면 지난해 한국을 찾은 해외환자는 1만6000명에 불과했지만 올 들어서는 11월 현재까지 벌써 4만 명을 넘어섰다. 1년 새 두 배가 훨씬 넘게 증가한 셈이다. 이 같은 증가세는 오바마 정부가 출범하는 내년에는 더욱 확산될 것이란 전망이다. 오바마 당선자는 지난 8월 민주당 대선후보 수락연설에서 "저희 어머니가 암으로 병상에서 죽어가면서도 의료보험 회사와 논쟁을 하는 것을 본 사람…"이라며 미 의료제도의 개혁을 약속하고 있다. 전문가들은 오바마의 의료개혁에 따른 경쟁 · 개방이 미국 환자들의 국제적 이동을 촉진함으로써 가격과 기술 양쪽에서 경쟁력을 갖춘 한국의 의료서비스 시장이 각광받을 것으로 기대하고 있다.

◇ 의료관광 공사중?…지방 정부 "바쁘다, 바빠!"

의료관광 활성화는 중앙정부보다 지방정부가 더 적극적이다. 무주 메디컬센터(웰빙센터), 인천 송도 NYP병원, 제주국제자유도시 선도프로젝트의 하나인 휴양형 주거단지, 부산 웰빙 문화와 관광이 결합된 상품 등이 '환자' 맞이를 위한 준비에 한창이다. 관광을 통해 삶의 질 향상을 추구하는 것이 새로운 트렌드로 자리 잡아가는 것이다. 최근 뉴욕타임즈에 보도된 우리들병원은 2003년 외국인 환자가 192명에 불과했지만 올해는 47개국에서 1000여 명의 환자가 찾아왔으며 그중 3분의 1이 미국 환자인 것으로 알려졌다. 각 지방정부는 부산 암센터 동남권원자력의학원, 원주 양 · 한방 의료관광 단지를 현재계획 중이며 특히 제주특별자치도에서 적극적으로 추진하고 있다. 그러나 의료관광의 활성화를 위해서는 '해외환자 유치 허용' 등 의료법 규제를 과감히 풀고, 3년째 적자를 면치 못하고 있는 의료관광서비스에 대한 과감한 투자가 필요하다고 전문가들은 지적한다. 병원컨설팅과 의료 전문가 양성기관인 미래써어치 이현창 대표이사는 "의료관광을 성공적으로 정착시킨 태국, 싱가포르와 후발주자지만 요가관광으로 상당한 외국인관광객 유치를 하고 있는 인도 등의 경우 정부차원에서 비자나 의료수가, 의료법규제 완화 등의 상당한 지원을 받고 성장한 것과는 달리 현재 우리나라는 과도기에 있다고 볼 수 있다"고 말했다.
실제로 지난해 국내 환자들이 해외에서 지출한 의료비는 1237억 원으로 해외 환자 유치를 통해 벌어들인 수익(572억원)의 두 배가 넘었다.

자료 메디컬투데이(2008-11-22)

제3절 환대산업의 시장분석

1. 시장분석

시장이 변화함에 따라 기업의 사업전략이나 마케팅전략도 변화되어야 한다. 그리고 시장의 변화는 고객욕구의 변화와도 밀접한 관계가 있기 때문에 고객욕구를 충족시킬 수 있는 기업의 전략이 요구된다. 시장분석은 상황분석 중 가장 중요한 시장잠재력을 분석하는 것으로 일반적으로 시장분석을 실시하는 목적 중의 하나는 현재의 경쟁자 및 잠재적 진입자에 대해서 정확히 파악하고, 표적시장이 무엇이고 구매력, 무엇을 제공할 수 있는지를 분석하는 것이다. 시장분석의 조사단계는 다음과 같다.

- 문제제기조사를 통해 해결해야 할 문제들이 야기된 배경에 대한 분석이 병행되어야 한다.
- 시장조사를 위한 설계 · 조사의 목적이 무엇인지, 그리고 봉착한 문제가 무엇인지를 파악하고, 현 시점에서 세울 수 있는 가설은 무엇인지에 대한 검토가 필요하다.
- 1차자료(직접 수집한 자료)와 2차자료(문헌, 신문, 잡지 등을 통해 수집한 자료)를 수집한다.
- 자료의 분석과 해석 및 전략보완과 수정을 통해 만족할 수 있는 시장조사를 한다.

• 사례 •

1인 가구를 겨냥한 소량 판매

통계청이 집계한 1인 가구는 1995년에는 164만 가구였다. 그러나 2007년에는 두 배가 넘는 330만 가구가 되었다. 전체 가구에서 차지하는 비중도 12.7%에서 20.1%로 높아졌다. 통계청은 2030년에는 1인 가구가 471만 가구(23.7%)가 될 것으로 전망했다. 부모에게서 독립한 젊은층처럼 통계에 잡히지 않는 사람을 포함하면 1인 가구는 600만~650만 가구에 달할 것으로 전문가들은 추정하고 있다.
그리고 2030년이 되면 1~2인 가구가 전체 가구에서 차지하는 비중이 51.8%에 달할 전망이다. 더불어 배우자가 있으나 직장, 자녀 유학 등을 이유로 혼자 사는 사람은 36만여 명 정도로 추산된다.
경제 산업 구조에도 변화가 일고 있다. 삼성경제연구소는 1인 가구를 겨냥한 제품을 생산하는 싱글 산업 시장이 2004년 기준으로 6조 원대에 이를 것으로 추정했다. 그리고 실제 애완동물 시장도 2조 원대로 성장했다. 특히 고령화 사회의 그늘인 독거노인은 새로운 시장을 만들고 있다. 노인 돌보미 시장은 올해 8400억 원, 2010년에는 1조6911억 원으로 급증할 전망이다. 업계에서는 전체 1인 가구 관련 시장이 수십조 원에 달할 것으로 추산하고 있다.

자료 HUNET Business Knowledge(2008-12-02) 발췌

2. 공급분석

공급분석은 개발된 상품을 조사하는 일로부터 시작을 한다. 예를 들어 테마파크를 분석한다면 기존 테마파크들을 분석하는 것으로, 미국의 워터파크가 인기가 있다면 국내에서 어떤 워터파크가 인기가 있는지를 분석한다. 다음은 물을 주제로 워터파크들이 주위의 어떤 환경으로 상품이 구성되어 있는지를 파악하고 조사한다. 이후 고객에게 판매되는 원가를 분석하여 경쟁력 있고 구매력이 있는 상품으로 만들기 위해 어느 부분의 원가가 문제가 되는지 세심히 알아보아야 한다.

• 사례 •

레저 업계의 선두 주자인 한화리조트(대표 홍원기)는 지난해 수립한 '비전 2012'를 바탕으로 국내는 물론 해외를 겨냥한 사업 확장에 적극 나서고 있다. 그룹의 중장기 성장 전략의 연장선상에서 수립된 '비전 2012'는 향후 4년 이내 '고객 가치를 존중하는 글로벌 레저 · 푸드 서비스 리더'로 발돋움하겠다는 포부를 담고 있다. 이를 위해 현재 진출해 있는 레저 시장과 푸드 서비스(FS) 시장에서 보다 공격적으로 사업을 확장, 양적인 성장세를 토대로 질적 향상을 꾀한다는 방침이다. 특히 최근 들어 눈에 띄게 성장하고 있는 국내 레저 시장에서 선두 업체로서의 입지를 더욱 굳게 다지는 한편 고객의 눈높이에 맞춘 세심한 서비스를 병행한다는 전략이다.
특히 한화리조트의 전체 매출 가운데 60%가 리조트 사업에서 발생하고 있으며 2007년 매출액 기준으로 상위 10개사 시장 경쟁 현황을 살펴보면 한화리조트가 27.8%의 시장 점유율로 압도적인 1위를 차지하고 있다. 그러나 대명, 용평, 한솔 등 다른 주자들이 적극적인 사업 확대에 나서면서 경쟁은 더욱 치열해지고 있다. (이하 생략)

자료 한국일보(2008-08-20)

3. 수요분석

1) 시장점유율

시장점유율이란 시장 내에서 기업이 점유하고 있는 고객의 비율을 말한다. 예를 들면 서울에 있는 특1급호텔 중에 자사의 호텔에서 숙박을 하는 고객의 비율을 의미한다. 시장점유율이 높다고 해서 무조건 긍정적일 수는 없다. 그 이유는 식음료업장의 좌석회전율을 보면 알 수 있듯이 단체로 고객들이 너무 많이 들어올 경우 개인적으로 그 식음료업장을 찾는 고객들은 업장에 대한 불만족이 높아지게 되며, 불만족스러운 감정을 가지게 된다. 따라서 자사의 숙박시설이 가지고 있는 적정 점유율이 더욱 중요하다고 할 수 있다.

• 사례 •

시장점유율이 아닌 고객점유율을 높여라

기업에서 많이 강조되고 있는 개념 중의 하나가 "20:80"법칙에 이은 "시장점유율이 아닌 고객점유율을 늘려라"라는 개념이다. 이는 한때 고객의 양적인 팽창에 열을 올렸던 기업들이 이제는 효율성 측면에서 우량 고객에게 집중하고자 하는 패러다임의 전환에서 시작된 것이라고 할 수 있다. 그리고 이것은 모든 분야에 적용되고 있으며, 세일즈맨에게 있어서도 중요한 개념으로 부각되고 있다. 이에 여기에서는 세일즈에 있어 시장점유율이 아닌 고객점유율이 중요한 이유를 살펴봄으로써 시사점을 얻고자 한다.

세일즈맨은 회사의 시장점유율을 근거로 자신의 성공수준을 평가하는 경향이 있다. 그러나 시장점유율은 회사의 성공척도로서 중요한 것이지 세일즈맨에게까지 반드시 중요한 척도는 아니다. 오히려 세일즈맨의 성공을 평가하는 진정한 척도는 '고객점유율'이라고 해야 할 것이다. 그렇다면 여기서 강조하고 있는 고객점유율이란 무엇일까? 이는 다음의 예를 통해 이해할 수 있을 것이다.

한 달 동안 100건의 세일즈 기회가 있다고 하자. 자신은 물론이고 경쟁자 역시 기회는 같다. 이 가운데 거래를 5건 성사시켰다면, 시장점유율은 5%이다. 시장점유율을 극대화시키려면 많은 고객에게 많은 물건을 팔아야 한다. 부지런히 뛰어다녀야 한다. 고객 수가 늘어나면 거래 실적도 커진다. 매월 평균 7%의 시장점유율을 확보한다면, 대부분의 세일즈 시장에서 꽤 잘한다는 평가를 받는다. 하지만 이 경우는 더 많은 사람을 상대하느라 고객에게 투자할 시간이 더욱 줄어든다는 문제가 있다. 기본적으로 시장점유율을 늘리려면 더 많은 고객을 확보하느라 시간을 쪼개 살아야 하며, 그에 따라 고객 관계가 튼튼하지 못하게 되고 결국 비즈니스 토대가 매우 불안정하게 된다는 것을 의미한다.

반면 고객점유율을 늘리고자 한다면 소수의 고객과 깊은 관계를 형성하는 데 중점을 두어야 한다. 만약 10건의 거래를 제공할 가능성이 있다고 판단되는 고객 한 사람에게만 집중하고 그 가운데 반을 확보한다면, 고객점유율은 50%가 되는 것이다. 여기에 이 전략의 매력이 있다. 거래 실적 5건은 동일하지만 개선의 여지가 훨씬 많기 때문이며, 한 고객만 상대하면 시간과 노력이 훨씬 적게 들기 때문이다. 그리고 다음달에 같은 고객을 상대로 60%의 고객점유율을 달성하고, 또 다른 고객을 상대로 10건의 거래 가운데 3건을 확보해 30%의 고객점유율을 달성했다고 하자. 이번에는 평균 고객점유율이 45% 감소하지만, 총 9건의 거래를 성사시켜 전달에 비해 생산성이 거의 2배나 증가하게 되는 것이다. 알지도 못하는 고객을 더 많이 상대할 생각으로 거리를 헤매고 전화기를 붙잡고 매달리는 것보다 일부 핵심 고객에만 집중하여 더 적은 시간을 투자하는 방법이 훨씬 생산적이라는 것이다. 고객점유율 개념은 일하는 시간을 늘리지 않고도 각 고객 관계의 '비즈니스 가능성'을 늘릴 수 있다는 것에 그 의미가 있다. 그리고 이러한 고객점유율은 결국 한 고객이 주는 평생가치와도 연결이 된다. 왜냐하면 결국 고객점유율은 가치 있는 평생 고객에게 집중하는 것이며, 그 평생 고객의 평생 가치만큼의 수익을 얻을 수 있기 때문이다. 그리고 이러한 고객의 평생가치는 미루어 계산해 볼 수 있기 때문에 가치 있는 고객을 선별할 때 도움이 되기도 한다.

마지막으로 이러한 고객점유율을 높이기 위해서는 고객을 확보하기 위해 했던 것보다 더 많은 노력을 유지에 투자해야 한다.

자료 HUNET Business Knowledge(2008-06-11) 발췌

2) 시장의 잠재력

시장의 잠재력이란 지금의 자사의 상품을 이용하고 있지는 않지만 미래에 자사의 상품을 이용할 충분한 가능성이 있는 시장을 분석하는 것으로, 지금 당장은 아니지만 앞으로 올 미래시장의 잠재성을 염두에 두고 투자하는 시장을 말한다.

그 예로 맥도날드를 들 수 있으며, 맥도날드가 어린이고객을 미래의 단골고객이라 생각하고 유아와 어린이시장에 마케팅 비중을 높이고 있는 것을 보면 알 수 있다. 또한 대규모 중국 인구를 염두에 두고 많은 나라가 중국인을 유치하기 위한 방안을 지속적으로 강구하고 있다.

• 사례 •

영국 관광업계, 중국관광객 유치방안 강구

중국은 영국 관광업계에서 발전이 가장 빠른 나라 중 하나이며 영국은 더 많은 중국인 관광객을 유치하기 위한 방법을 모색 중이라고 한다. 영국 관광청 관계자는 여행업계 연례회의에서 중국과 비교해 영국이 많이 작지만 독특한 문화와 풍부한 상업, 교육자원을 갖추고 있어 더 많은 중국인 관광객을 유치할 수 있을 것이라고 말했다. 중국 관광객들은 주로 런던을 많이 방문하는데 맨체스터와 리버풀 같은 지역도 볼 것이 많고 그곳에는 오래된 차이나타운도 있다고 관광청은 홍보했다. 그 밖에도 영국의 농촌에서는 특색 있는 영국문화와 아름다운 풍경을 체험해 볼 수 있다.

중국은 경제가 급속도로 발전하고 있으며 일인 평균 수입도 계속 증가하고 있어 많은 유럽국가가 중국시장 개척에 온 힘을 쏟고 있다. 영국은 EU비자를 허가하지 않기 때문에 주변국들과의 경쟁에서 다소 열세에 놓여 있다. 그러나 중국인들의 영국에 대한 인식이 비교적 높다는 것이 그나마 다행한 일이다. 또한 약 1년여 동안 파운드의 하락으로 영국 관광이 상대적으로 저렴해졌다는 것이 호기로 작용할 수 있다.

영국 관광청 중국지역 담당자 치엔강은 중국인 관광객 수, 시장 잠재력과 빠른 성장속도는 영국 관광업계가 중국 시장을 주목하고 있는 이유라고 말했다. 거의 모든 여행사가 어떻게 하면 중국인 관광객들을 더 많이 유치할 수 있을지 고심하고 있다. 중국인 관광객들을 끌어들이기 위해 가장 중요한 것은 어떻게 가격대비 만족스러운 관광상품을 제공할 것인가이다.

영국 관광청의 통계에 따르면 중국인의 영국관광 수가 빠르게 증가하고 있다고 한다. 1993년에는 1만6,000명이었으나 2008년에는 이미 15만 명으로 증가해 아시아 관광객 수의 10%를 차지하고 있다. 영국언론은 중국인 관광객 수가 이미 러시아와 중동 관광객 수를 이미 추월했으며 영국 상인들에게 가장 환영받는 관광객이라고 보도한 바 있다.

자료 내일신문(2009-09-21)

4. SWOT분석

기업의 내부자원에 대한 분석과 시장의 기회 · 위협분석의 결과에 의해 SWOT 분석을 수행하게 된다. 내부적으로는 기업의 재무적 상황, 인적 자원상황, 생산설비상황, 기술적 상황, 점유율상황, 마케팅 믹스상황 등의 차원에서 자사의 강점 Strength과 약점 Weakness을 분석하고, 외부적으로는 고객, 경쟁자, 거시적 환경요인, 기술상황 등에 대한 정보를 체계화하여 환경으로부터 제기되는 마케팅의 기회 Opportunity와 위협 Threat이 되는 시사점들을 찾고 효과적인 전략을 수립하는 데 사용된다.

즉 SWOT분석은 크게 SO(강점과 기회), ST(강점과 위협), WO(약점과 기회), WT(약점과 위협) 등 네 부분으로 구분되는데, 그중 가장 중요한 것은 시장의 기회와 기업의 강점을 어떻게 조화시키느냐에 있다. 각 부분에 있어서 기업은 어떠한 것이 통제가능하고 어떠한 것이 통제 불가능한가를 파악하여, 전략 수행의 초석을 마련하고 그 잠재성을 타진하는 것이 SWOT 분석의 최종 목표이다.

SWOT분석에 의한 마케팅 전략의 특성은 다음과 같다.

① SO전략(강점-기회전략) : 시장의 기회를 활용하기 위해 강점을 사용하는 전략 선택

② ST전략(강점-위협전략) : 시장의 위협을 피하기 위해 강점을 사용하는 전략 선택

③ WO전략(약점-기회전략) : 약점을 극복함으로써 시장의 기회를 활용하는 전략 선택

④ WT전략(약점-위협전략) : 시장의 위협을 피하고 약점을 최소화하는 전략 선택

SWOT분석을 활용하기 위해서는 몇 가지 주의해야 할 점들이 있다. 그 분석의 내용은 아래 표와 같다.

강점 (내부적)		약점 (내부적)	
• 탁월한 능력 • 적절한 재무적 지원 • 경쟁적 기술수준 • 구매자의 호감도 • 시장선도자 • 잘 수행되고 있는 기능별 전략	• 규모의 경제 활용 • 비밀기술 • 원가상의 유리한 점 • 경쟁상의 유리한 점 • 제품혁신능력 • 입증된 경영능력 • 기타	• 불분명한 전략적 방향 • 낙후된 시설 • 쇠퇴해 가고 있는 경쟁적 지위 • 평균 이하의 수익성 • 관리적 깊이와 재질의 결여	• 주요 기술이나 능력의 결여 • 빈약한 전략수혜 • 내부운영상의 문제 • 연구개발투자에서의 열등 • 열등한 제품품질 • 경쟁상 불리점
기회 (외부적)		**위협 (외부적)**	
• 새로운 시장과 세분 시장에의 진입 • 제품계열의 추가 • 관련제품으로의 다각화 • 보완제품의 추가 • 수직적 통합	• 보다 좋은 전략적 집단으로의 이행력 • 경쟁시간의 화목 • 빠른 시장성장	• 새로운 경쟁자의 진입 가능성 • 대체품으로 판매량증가 • 느린 시장성장 • 역행하는 정부의 방침	• 증대되는 경쟁적 압력 • 경기후퇴와 경기변동의 가변성 • 증대되는 고객이나 공급자의 교섭력 • 바뀌는 인구통계 • 기타

• 사례 •

SWOT 분석 사례 : 리츠칼튼 호텔

강점

외국인 비즈니스 고객에게 높은 브랜드인지도(외국 고급 체인 브랜드)로 리츠칼튼을 선택한 고객은 최고라는 포지셔닝 성공이 단순히 '잠자고 가는 곳'이 아니라, 자신의 품위를 대변하는 곳이라는 인상을 주며, 고급 사교클럽의 이미지는 사회적으로 성공한 사람이라는 느낌을 준다.

고객에 대한 차별적인 서비스로 최상의 서비스를 제공하며, Gold Standards를 통한 무결점 서비스의 제공에 노력한다.

전 세계 체인의 데이터를 공유하여 고객의 개인적 요구에 대한 배려와 서비스의 최적화를 위해 고객인지 프로그램 시행 등으로 단골고객을 확보한다. 초고속 인터넷망을 보유하고 호텔 리츠칼튼 서울에 I-Quest Corporation의 월드 룸커넥트(World Room Connect) 서비스를 실시했다. 이것은 각 호텔의 객실이나 비즈니스센터 회의실 환경을 고려한 맞춤접속 서비스이다. 이로써 더욱 안정된 인터넷 접속 서비스를 제공하게 됨으로써 사업상 출장이 잦은 비즈니스 여행객들의 편의에 바짝 다가서게 됐다.

최고의 VIP로 모시는 'Gold Membership 다이너스 카드'는 국내 최초의 다자간 · 다기능 고품위 멤버십 카드로서, 호텔 리츠칼튼 서울의 멤버십 카드의 기능과 재규어의 자동차 할인카드의 기능, 대한항공 또는 아시아나 항공의 마일리지카드의 기능에 다이너스 카드의 고품위 신용카드 서비스를 추가한 세계 최고명품 브랜드만의 Prestige카드로, 최우량회원을 대상으로 최상의 서비스를 제공한다.

직원에게 권한을 부여하여 고객의 불만에 신속한 대처로서 리츠칼튼은 직원들이 소신껏 고객에게 응대할 수 있도록 권한이양 프로세스를 개발하여 시행하고 있다.

약점

입지조건이 불리하여 접근성이 좋지 못함 : 컨벤션 사업이 호텔사업 중 수익사업부문으로 점차 중요한 위치를 차지해 가는데, 리츠칼튼 서울은 컨벤션 사업이 약하다.

고가정책을 펴므로 타깃 고객이 한정되어 있다. 싼 가격으로 많은 고객을 유치하는 것이 아니라 다소 비싼 가격이라도 높은 서비스 수준으로 고객을 유치하겠다는 전략은 편다.

기회

국가적 이미지 상승

국제회의 유치 증가

호텔 웨딩사업 활성화

위협

주변에 위치한 수많은 호텔(인터콘티넨탈호텔, 르네상스호텔, 노보텔 앰버서더 강남 서울 등), 즉 강남에 상권을 가지고 있는 특급호텔들이 많다. 거의가 비즈니스 고객을 타깃으로 하는 호텔들이므로 적절한 마케팅과 최상의 서비스로 고객을 유치하는 것이 관건이 될 것이다.

경기침체에 따른 고객감소

지자체의 컨벤션 센터 건립과 국제회의 유치경쟁 심화

강남지역의 교통 혼잡 : 강남이라는 지리적 위치는 고급스러움을 한층 더 강조해 줄 수 있지만, 대도시의 고질적인 문제인 교통 혼잡이라는 문제가 있다.

• 사례 •

의료관광, 달러 낳는 황금거위를 잡아라

단일 관광 프로그램 대신 기타 산업과 결합된 복 · 융합 관광산업이 크게 성장하고 있다. 대표적인 사례가 바로 의료관광이다.

◇높은 의료비 · 진료대기가 관광의 원인

현재 의료관광은 북미 및 유럽지역 거주 환자들이 주 고객이다. 자국의 높은 진료비용과 장시간 진료대기 문제를 해소하기 위해 임상수준은 높으나 비용은 자국에 비해 상대적으로 저렴한 해외 의료기관에서 진료를 받고 동시에 관광지에서 휴양 및 건강증진 관광을 즐기는 것이다. 한국문화관광연구원의 이성태연구원에 따르면, 미국에서 건강보험을 적용받을 수 없는 인구는 전체 국민의 17%에 해당하는 5,000만 명으로 집계됐다. 치과보험을 보장받을 수 없는 인구는 1억2,000만 명 수준이고, 매년 50만~70만 명의 미국인이 진료비가 상대적으로 저렴한 해외에서 진료를 받고 있는 것으로 파악됐다. 특히 영국의 경우 국민들에 대한 폭넓은 진료 분야를 보장해 주는 국가보건시스템이 확립돼 있지만, 진료 대기 시간이 길다는 이유로 해외 의료관광 수요가 증가하고 있다. 영국의 경우 2006년에 7만 명이던 의료관광객수는 2007년에 10만 명으로 증가했다. 미용 및 성형시술에 대한 욕구도 의료관광을 이끈다. 미국 등 선진국에서 운용 중인 건강보험의 대부분은 중병의 수술부문에 집중돼 있다. 주름제거와 지방흡입, 모발이식 등 미용관리나 성형에 대한 시술의 경우 보험이 적용되지 않아 시술비용이 상당히 비싸다. 따라서 미용관리 및 성형시술을 위한 해외의료관광 수요가 증가하고 있다. 유럽, 호주, 일본인이 미용 및 성형시술을 위한 의료관광의 상당수를 차지한다.

◇유럽 · 호주 · 일본인, 미용 · 성형 증가

임상수준 및 의료설비의 낙후도 의료관광을 부추긴다. 자국의 의료서비스보다 전문화되고 임상수준이 높은 국가에서 진료를 받고자 하는 욕구도 의료관광을 증가시키는 직접적 요인이다. 특히 중동지역에서 수요가 많이 발생하고 있다. 자료에 따르면, 매년 50만 명 이상의 중동인이 해외 의료관광을 하는 것으로 집계됐다. 이들은 심장수술, 불임시술을 받기 위해 의료기술이 상대적으로 발달한 요르단, 사우디아라비아, 바레인의 병원을 방문한다. 방글라데시, 네팔인들의 경우는 인도, 인도네시아는 싱가포르, 말레이시아, 태국 등으로 의료관광을 떠나는 것으로 파악됐다. 나이지리아인의 미국 및 유럽에서의 진료는 10년 전부터 시작됐다. 나이지리아에서는 총 10억 달러가 의료관광비로 지출된 것으로 조사됐다. 지난 3년간 국제의료관광시장은 약 33% 이상 성장했다. 세계 인구의 고령화와 건강에 대한 관심 증대로 향후 의료관광수요증가세는 상당기간 지속될 전망이다. 의료관광객은 일반 관광객에 비해 체류기간은 2배 이상 길다. 지출비용 또한 수백만 원에서 수천만 원에 이른다. 때문에 의료관광의 활성화는 의료 및 관광산업의 발전은 물론, 국가경제에 이바지하는 바가 크다. 이와 같은 이유로 태국, 싱가포르, 인도 등 아시아 주요 의료관광국들은 이미 10여 년 전부터 의료관광을 국가 핵심 전략사업으로 선정하고 정부의 전폭적인 지원과 민간의 적극적인 노력을 통해 의료관광산업을 육성, 발전시켜 왔다. 그 결과 현재 이들 국가들은 의료관광시장으로부터 상당한 수익을 창출해 내고 있다.

이 연구원은 의료관광 활성화 추진 전략을 도출하기 위해 국제의료관광시장의 현황과 동향에 근거해 의료관광 자원에 대한 SWOT(강점, 단점, 외부환경의 기회, 위협)를 종합적으로 분석했다. 그 결과 한국은 세계 최고의 첨단 의료장비를 보유했고, 임상수준은 2005년 기준 미국 대비 76%, 일본의 85%, 유럽의 87%로 나타났다. 세계 의료관광시장에서 주목받는 성형 및 메디컬 스킨케어 기술도 급성장하고 있다.

◇인지도 · 노하우 부족으로 경쟁력 떨어져

그러나 신규 의료관광시장 진입국가로서의 대외 인지도 결여 및 노하우가 부족한 것이 약점으로 드러났다. 아시아 주요 의료관광국과 10~20년 정도의 격차를 보인 것이다. 의료관광에 대한 국내 관련기관의 인식 부족도 지적된다. 병의원 관계자의 외국어 능력 부족도 문제다. 태국 및 인도 등에 비해 3~4배 높은 수준의 진료비도 아시아 주요 경쟁국가와 비교해 가격 경쟁력에서 떨어진다. 의료사고 및 의료분쟁에 대한 대응책도 미흡했다. JCI 등 국제병원인증 획득 병원이 현재 연세대 세브란스 병원 1곳에 불과했다. 아시아 경쟁국에 비해 외국학위, 외국에서 수련한 의사가 절대적으로 부족하다. 병원의 영리법인설립 금지에 따른 부대시설도 턱없이 부족하다.

의료관광객의 입국절차도 복잡하다. 불법체류를 방지하기 위한 검증시스템과 상충되는 부분이다. 태국, 싱가포르, 인도 등 아시아 의료관광국의 지속적 성장 및 인지도 확산에 따른 경쟁심화도 한국의 입지를 약화시킨다. 태국, 싱가포르 등 의료관광 성장기 및 성숙기에 돌입한 아시아 국가들은 의료관광객을 수용하는 인프라가 발달했다. 대다수 병원이 국제병원인증을 획득했고, 의료진 및 관련 직원들의 영어 소통이 원활하다. 병원의 영리법인 허용으로 다양한 부대시설을 운용하고 있으며, 풍부한 휴양 관광자원을 보유하고 있어 치료가 끝나고 관광을 위해 며칠이고 더 머무르곤 했다. 한국은 외국인 환자에 대한 인식이 긍정적이지만은 않다. 외국인 환자가 진료받는 병원을 회피할 가능성도 존재한다. 외국인 환자 수요에 대한 정확한 집계방법의 부재로 인한 통계작성의 어려움도 의료관광 활성화와 정책 수립의 한계로 작용한다. 세계 의료보험회사들은 한국의 병 · 의원에 대해 낮은 등급을 부여했다. 태국 국제병원 등에는 A+ 등급을 부여하고 있으나 한국 병원에 대해서는 C+ 등급을 줬다. 우리나라 임상수준에 대한 국제적 인식부족에 따른 현상으로 판단된다.

미국 오바마 정부는 전 국민에 대한 의료보험 보장 정책을 시행할 예정이다. 미국인의 의료관광에 대한 주요 원인이던 진료비용이 낮아질 경우 미국 시장 수요 상실 가능성이 크다. 세계경제 위기 및 유동성 경색에 따른 실물경기 위축, 세계 금융위기로 촉발될 실물경제위기는 소비위축과 해외여행 감소로 영향을 미친다. 한국 주력 진료 분야인 건강검진 및 피부미용 등에 대한 진료수요 감소 가능성도 있다.

◇의료법 개정 환자 유치 활성화 단비

그럼에도 불구하고 한국의 의료관광 산업 성장의 기회는 있다. 한국의 경우 의료기관의 환자 유인 및 알선을 금지한 의료법 제27조로 인해 자유로운 의료관광객 유치활동이 원천적으로 불가능했었다. 선진국 수준의 임상기술과 최첨단 의료장비를 보유하고 있음에도 불구하고 의료관광활성화에 제약을 받았다. 그러나 의료법 27조가 지난 1월 9일 국회에서 통과돼 4월 중순께부터 해외환자 유치 및 알선이 가능하게 되면서 의료관광 활성화에 박차를 가하게 됐다.

국제 의료관광객은 지속적으로 늘고 있다. 때문에 세계 인구의 고령화 및 수명연장으로 지속적인 검진이 필요하다. 선진국의 경우 한정된 의료 인프라에 비해 의료수요는 증가하므로 진료비용 및 대기시간의 상승은 지속될 것으로 전망된다. 치료를 위해 해외로 눈을 돌릴 수밖에 없는 이유다. 외국환 대비 원화가치는 하락된 상황이다. 원화가치의 하락은 외국인 관광들에게 구매력을 증대시키는 효과를 일으킨다. 지금처럼 태국, 인도 등 경쟁국가의 정치 불안과 자연재해 발생이 지속되면 동남아 국가의 의료관광은 위기를 맞는다. 반사효과로 우리나라의 인바운드 수요가 증대된다. 드라마 '대장금' 등의 아시아 및 중동지역 방영으로 인해 우리나라 한방의 효능은 물론, 정성을 다하는 환자 간호와 같은 긍정적 이미지가 확산돼 있는 상황이다. 중동 지역의 고객들도 기대해 볼 수 있는 상황이다. 서양인들의 관심도가 높은 전통의학인 한방부문이 발달해 양방 및 한방의 병행진료와 약재관광 상품개발의 가능성이 크다. IT 기술 발달로 인터넷을 통한 온라인 홍보 강화, 의료관광시스템 체계화도 강점이다. 검사에서부터 결과통보까지 신속성 및 체계성을 확보할 수 있다.

◇비자발급 간소화 등 제도정비 시급

이 연구원은 이 같은 기회를 이용, 한국의 의료관광 활성화를 위해 의료관광 인프라 구축을 우선으로 꼽았다. 의료관광 활성화를 위한 의료관광비자(G-1)제도가 시행 중이나 관계기관의 협조체계 미흡으로 인해 활성화되지 못하는 실정이다. 여전히 비자발급 절차가 복잡하거나 거부율이 높아 의료관광 비자 대신 대부분 관광비자로 입국하고 있는 것으로 파악되고 있다. 의료관광비자 발급의 신속성과 편의성 제고가 필요하다.

의료관광정책 시행 초기에는 의료사고 대응책 미흡에 따른 위험성을 회피함과 동시에 외국인 환자유치 및 관광상품과의 결합이 용이한 성형, 치과, 건강검진 부문에 집중해야 한다. 또 외국인 의료관광객들은 양의학보다 전통의술 및 대체의술에 관심을 보이는 것으로 파악되고 있으므로 한방협진 체계 활성화가 필요하다는 지적이다. 의료사고 및 의료분쟁에 대한 대응방안도 마련해야 한다. 의료사고에 대한 책임여부는 환자가 적절한 방법과 절차에 따라 진료 및 시술되었는가가 관건이다. 질환별 진료 기준과 절차를 명시한 매뉴얼의 개발과 보급이 시급하다. 의료사고의 발생 시 국가 전체 의료관광 사업을 위축시킬 가능성이 있기 때문에 의료관광 전문코디네이터 교육기관 설립 및 의료관광 전문가 양성도 필요하다. 의료관광의 주무부처인 문화체육관광부 및 보건복지가족부의 역할분담 및 협조체계 확립이 중요하다. 보건복지가족부는 진료 및 의료기관의 수용태세 관리, 문화체육관광부는 홍보, 관광 및 건강 프로그램 관리 등을 분담해 집중적으로 할 필요가 있다. 병·의원, 여행사, 항공사 간 연계를 통해 다양한 의료관광상품 개발 및 홍보에 힘써야 한다. 수요자극을 위한 다각적인 홍보도 중요하다. 한국관광공사는 대규모의 지속적인 해외 로드쇼, 의료관광박람회, 전시회 개최 및 홍보 책자 배포, 웹사이트 배너광고 등을 시행하고 있다. 우리나라 의료 소재 드라마 및 다큐멘터리를 목표시장에 수출해 우리나라의 의료설비 및 응급체계의 우월성 홍보, 목표시장 언론인 및 의료인, 기업인, 에이전시 관계자, 주한 외국 공관 근무자를 대상으로 한 체험의료관광 시행도 요구되고 있다.

자료 뉴시스(2009-02-18)

제4절 시장세분화 전략

1. 시장세분화의 개념

1) 시장세분화의 의의

시장세분화market segmentation란 전체 시장을 마케팅목적에 부합하도록 유사한 필요, 욕구, 선호, 구매행동의 특성을 가진 고객들끼리 군집화하는 과정이다. 즉 전체 시장을 특정한 기준(예 : 인구통계학적 기준, 지리학적 기준 등)에 의해 적절하게끔 동질성을 갖는 하위집단으로 분류하는 것이다. 또한 이렇게 분류된 하위집단을 세분시장이라 한다.

시장세분화의 의의는 기업의 자원과 능력이 한정되어 있다는 점과 이 자원과 능력을 최대한 활용하는 데 있다. 따라서 기업은 시장을 세분화하여 선택과 집중의 원리에 따라 표적시장을 공략함으로써 성공적으로 자사의 마케팅 목표를 달성할 수 있다. 시장 세분화는 전체시장을 일정한 기준으로 나누는 것으로 나눠진 각각의 시장은 마케팅 믹스에 동일한 반응을 나타내게 되는데, 이러한 각각의 시장을 세분시장 또는 부분시장market segment이라고 한다. 따라서 시장세분화가 이루어지면 세분시장 내의 동질성과 세분시장 간의 이질성을 가지게 된다. 즉 동일한 제품도 상이한 시장에 따라 차별화될 수 있다는 것이다.

시장세분화에서 '세분화' 의 의미는 제품차별화에서의 '차별화' 에 해당하며, 시장(고객)을 분류한다는 의미이다. 오늘날의 시장은 동질적인 고객들로 구성되어 있는 것이 아니라 추구편익, 선호, 수요, 가격, 촉진탄력성 등 서로 다른 특성들을 가진 고객들로 구성되어 있으며, 이는 최근 문화적 특성이 다각화되어 사회적 구조가 복잡화됨으로 인해 더욱 심화되어 가고 있다. 이러한 시장의 이질성은 상품 구매뿐만 아니라 기업의 마케팅 프로그램에 대한 반응에도 영향을 미칠 것이며, 이러한 이질적인 시장에 효과적으로 접근함으로써 경쟁우위를 확보하기 위한 방안 중 하나가 시장세분화전략이다. 즉 시장세분화의 목적은 기업의 마케팅 목표달성을 위해 비교적 유사한 욕구를 공유한, 충분한 크고, 측정 가능하고, 접근 가능한 고객집단(세분시장)을 확인하고 도출해내는 것이다.

기업은 세분시장을 창조하지 않는다. 즉 기업의 과업은 세분시장을 확인, 규명하고 또한 표적화할 세분시장을 결정하는 것이다. 기업은 표적시장을 만족시키기 위해 상품구성내용이나 서비스를 더 좋게 하고, 가격을 정하며, 배포하고 전달할 수 있다. 또한 기업은 경쟁사의 마케팅에 보다 잘 대응하기 위해 마케팅 프로그램과 활동을 조정할 수 있다.

예를 들어 호텔의 경우 세분시장을 서울에 사는 비즈니스 여행객으로 정한다면, 이는 전체 여행객을 구성하는 하나의 집단이며, 이 집단의 구성원들은 동일한 특성을 가지게 된다.

• 사례 •

동화적 환상이 살아 있는 아리아우 아마존 타워(ARIAU Amazon Towers) 호텔

브라질의 울창한 밀림 한가운데 아리아우 아마존 타워 호텔은 1987년에 오픈, 250여 개의 다양한 숙박시설을 갖추고 리오 네그로(Rio Negro)강과 아리아우 지류의 합류지점인 브라질의 마누아스(Manuas)로부터 35마일 떨어진 곳에 위치해 있다. 호텔은 숲의 꼭대기에 위치해 있으며 아리아우 호텔 건물은 약 4마일의 튼튼한 나무 복도로 모두 연결되어 있다.

이 건축구조의 특이함은 자연 환경을 오염시키지 않으면서 관광객들에게 다양한 종류의 동식물과의 특별한 교감을 선사한다. 110피트가 넘는 나무들 사이로 곳곳에 밧줄다리가 있어 투숙객은 마치 정글 모험을 하는 듯한 기분을 느낄 수 있어 동화적 판타지가 그대로 실현된 곳이라 할 수 있다. 건물은 원주민의 집과 유사한 형태로 건축되었으며 객실에서 밀림 속의 다양한 종류의 새소리와 동물 소리를 들을 수 있다. 숙박시설과 더불어 수상가옥, 나무 위의 집, 네그로 강가를 따라 난 산책로, 피라니아 낚시, 악어 잡기, 정글 트레킹, 원주민 마을을 체험할 수 있다. 아리아우 호텔에는 이중 데크 캣워크시스템이 있는 7개의 타워와 2개의 목재 관망대(150피트)가 있어 아마존 정글의 360도 전경을 마음껏 관람할 수 있다. 두 개의 헬리콥터 발착소와 포크뮤직과 춤을 관람할 수 있는 150여 명이 착석 가능한 원형극장을 보유하고 있어 세계 각국의 다양한 행사가 유치되고 있다.

아리아우 호텔은 "희망의 새우리(Aviary of Hope)"라는 야생동식물 보호 프로젝트를 통하여 1995년에는 야생동물보호에 크게 기여하고 있는 국제 컨벤션 경영 연구소(International Institute of Convention Management)에서 수여하는 에메랄드 글로브 상(Emerald Glove Award)을 수상하기도 하였다. 이 "희망의 새우리"프로젝트는 아리아우 호텔의 사장인 리타 버나르디노 박사(Dr. Ritta Bernardino)의 후원하에 진행되고 있다. 이 프로젝트는 아마존 지역에서 약용식물로 사용되어 온 식물표본실과 리오 네그로에서는 흔한 브로멜라이드 꽃종을 포함하는 식물들을 포함하고 이곳에서 열대우림의 생태에 관한 세미나를 개최하기도 한다. 지역 원주민들이 애용하고 있는 식물과 나무들의 샘플뿐만 아니라 토속 공예품들이 전시될 박물관은 현재 국립 아마존 연구소(National Institute of Amazonian Research : INPA)의 후원하에 건립되고 있으며 모든 공사는 지역 환경을 해치지 않는 범위 내에서 진행되고 있다.

자료 이마스(2009-03-10)

2) 시장세분화의 중요성

시장세분화는 오늘날 마케팅전략에 가장 핵심적인 개념 중의 하나로 더욱 중요해지고 있다.

첫째, 인구증가가 둔화되고 보다 많은 상품, 시장이 성숙기에 진입하고 있다. 이에 따라 기업들이 시장점유율 획득과 브랜드확장의 확대 등을 통해 성장을 추구하기 때문에 경쟁강도가 격화되고 있다.

둘째, 가처분소득의 확대, 학력수준의 향상, 그리고 세상에 대한 폭넓은 인식 등과 같은 사회경제적인 힘이 커짐에 따라 고객들이 전에 비해 보다 다양하고 섬세한 욕구와 취향 그리고 라이프스타일을 갖게 되었다. 이러한 변화는 기업들에 각 집단의 고객을 만족시킬 수 있는 상품과 서비스를 경쟁적으로 쏟아내게 하고 있다.

셋째, 정보기술에 힘입은 마케팅정보 시스템의 도입으로 매우 작은 규모의 세분화가 가능하게 되었고, 이 같은 세분화전략은 특히 텔레마케팅 등에서 볼 수 있듯이 관계마케팅을 위해 폭넓게 사용되고 있다.

넷째, 많은 마케팅조직이 자사의 서비스를 세분화함으로써 전문화된 마케팅 프로그램을 보다 쉽게 수행할 수 있다. 예를 들면 새로운 광고매체들이 소규모 관심집단에 적합한 소구방법으로 떠오르고 있다. 업종별 전문장비, 라디오 프로그램, 인터넷 커뮤니티, 그리고 케이블 TV 등이 대표적이다. 또한 대중잡지 수의 증가는 광고주들이 정기구독자의 정보를 바탕으로 구체적인 집단을 선정할 수 있는 기회를 제공한다. 이러한 접근은 상당부분 우편번호를 활용하며, 이는 기업이 광고를 위해 특정 지역과 도시뿐만 아니라 선택된 소득계층을 표적화할 수 있도록 해준다.

• 사례 •

모텔의 진화 - 제3의 공간

날로 증가하는 관광수요와 주5일 근무제의 확산으로 숙박시설이 폭발적으로 증가하고 있다. 현재 서울시내에 위치하고 있는 숙박업소의 규모는 관광호텔 137개소 24,000여 실과 일반숙박업소(호텔, 모텔, 여관 등) 4,025개소 200,000여 실 가까이 된다. 이 중 모텔은 일반숙박업소 범주 내의 명확한 구분이 안되어 정확한 수치를 파악할 수는 없지만 대략 전체 규모의 2/3 이상에 해당하는 비중을 차지하고 있는 것으로 추정된다.

모텔은 '쉬었다 가실 건가요?' 라는 말과 함께 칠흑 같이 어두운 복도와 어두컴컴하고 칙칙한 분위기, 그리고 낡은 TV와 냉장고, 각종 요란한 기구와 비치된 객실 등 민망한 분위기의 러브호텔이라는 이미지로 각인되어 있다. 하지만 이러했던 모텔들이 강남, 서초, 여의도 등지를 중심으로 변화하기 시작하였다. 시설 및 장비를 보완, 고급화하고 테마를 부여, 특정화시켜 부티크텔과 비즈니스텔 등의 트렌드를 만들어 내고 있다. 기존의 어두운, 음침한 분위기를 벗어버리고 밝고, 열린 곳으로 바뀌고 있는 것이다. 부티크텔은 부티크호텔(Boutique Hotel)을 기초로 한 형태의 모텔이다. 부티크호텔은 기존의 클래식한 호텔과 달리 모던함과 첨단기기, 그리고 다양한 테마를 보유하고 있다. 대표적인 부티크호텔은 파리 최초의 도심 리조트 콘셉트의 호텔인 '무라노 어번 리조트(Murano Urban Resort)' 로서 객실마다 여덟 색상의 조명과 벽에 걸린 팝 아트(Pop art)적인 화학작품, 뱅앤올룹슨의 첨단 영상 음향시스템 등으로 이루어진 새로운 트렌드의 호텔이다. 이와 함께 미국 마이애미의 딜라노 호텔 등 대형 부티크호텔들이 최근 1~2년 사이에 프랑스, 미국, 유럽 등지에서 급속도로 증가하였고 서울에도 파크하얏트 서울과 6성급의 W호텔이 생겨났다.

위와 같은 부티크호텔의 형태가 모텔에 적용된 것이 바로 부티크텔이다. 서울지역의 부티크텔은 역삼, 서초 등지를 중심으로 급격한 증가 추세에 있으며 그 시설 또한 일반호텔을 능가할 정도다.

대표적인 예로 역삼동에 위치하고 있는 젤리모텔의 경우 다양한 즐길 거리를 객실 내부에 배치하고 있다. 저스트젤리, 스파젤리, 로얄젤리로 구성되어 있는데, 인조이젤리는 포켓당구대가 있는 객실, 대형스크린이 걸려 있는 DVD방과 2인이 사용 가능하도록 컴퓨터가 설치된 멀티룸으로 구성되어 있다. 또한 침대 옆에 거품목욕을 할 수 있도록 거품욕조가 마련된 스파젤리, 미니바가 있어 연인간의 행복한 시간을 가질 수 있도록 꾸며진 로얄젤리 등이 있다. 이렇듯 다양하고 고급스러운 서비스를 제공하고 있음에도 가격은 일반실 6만 원에서 특실 18만 원대로 다른 모텔보다는 약간 비싼 편이지만, 시설 면으로 볼 때 동급의 호텔에 비해 절반수준으로 저렴하다. 이와 함께 또 하나의 트렌드로 각광을 받고 있는 비즈니스텔이 있다. 부티크텔이 연인들을 주 대상으로 한 모텔이라면 비즈니스텔은 비즈니스맨을 위한 모텔이라 할 수 있다. 비즈니스텔은 사업가용으로 특화된 형태의 모텔로서 이용객을 위해 인터넷 DVD, 빔프로젝트 등을 갖추어 놓아 객실에서도 업무를 볼 수 있게 하였다.
서울 여의도에 위치한 벤허호텔은 방문객의 70~80%가 여의도 지역에서의 업무를 위해 찾아온 사업가들이다. 이들은 고객을 상대해야 하는 입장이라 기존의 모텔을 이용할 수 없지만 비용 문제로 일급호텔을 선택하기에도 어려운, 기업의 중간간부들이 KSG다.
벤허호텔의 경우 호텔에서의 비즈니스활동을 돕기 위하여 2층에 따로 커피숍과 프레젠테이션이 가능한 회의실도 운영하고 있다.

날로 증가하는 관광수요와 주5일 근무제의 확산으로 숙박시설이 폭발적으로 증가하고 있다. 현재 서울시내에 위치하고 있는 숙박업소의 규모는 관광호텔 137개소 24,000여 실과 일반숙박업소(호텔, 모텔, 여관 등) 4,025개소 200,000여 실 가까이 된다. 이 중 모텔은 일반숙박업소 범주 내의 명확한 구분이 안되어 정확한 수치를 파악할 수는 없지만 대략 전체 규모의 2/3 이상에 해당하는 비중을 차지하고 있는 것으로 추정된다.
집가 일터에 뒤이어 도시에 연출된 장소나 공간을 '제3의 공간' 이라 한다. 이는 목적 지향적인 여타의 공간과는 달리, 소비자가 공간 본래의 취지 외에 정신적 만족까지 얻을 수 있도록 함으로써 현대생활의 해방구 역할을 수행한다. 이러한 마케팅 개념이 적용된 사례가 바로 숙박업계의 '제3의 공간' 이다.

자료 이마스(2006-01-10)

3) 시장세분화의 어려움

고객의 욕구와 외부적 변수들이 다양화되고 있는 오늘날의 경영환경 속에서 기업은 시장세분화를 통해 세분화 마케팅전략이 가장 효과적인 것이라는 것을 인식할 필요가 있다.

환대 및 여행 조직의 90% 이상이 시장세분화를 하고 있으며, 대부분의 조직은 세분화된 마케팅 전략이 가장 효과적임을 안다. 풀서비스호텔, 테이블서비스 레스토랑, 항공사 그리고 여행사는 다른 욕구와 필요를 가진 고객 집단에 구체적인 프로모션 접근법을 적용시켜야 한다. 이처럼 서비스가 광범위하게 제공되어야 할 때, 다양한 고객집단을 위해 다른 접근법을 사용하는 것이 좋은지 아니면 모두에게 똑같은 방법을 사용하는 것이 좋은지에 대해 살펴보아야 한다.

그러나 시장세분화는 몇 가지 측면에서 한계를 가지고 있다.

- 비세분화 접근법을 이용하는 것보다 비용이 많이 든다.
- 시장을 세분화하기 위한 최적의 근거를 선정하기가 어렵다.
- 시장을 얼마나 정교하게 또는 폭넓게 세분화해야 하는지를 알기 어렵다.
- 비실용적인 세분시장에 주력하는 경향이 있다.

(1) 높은 비용

시장세분화의 가장 분명한 한계점은 추가비용이다. 각각의 표적시장은 독립적인 관심을 제공해야 하며, 이는 보다 광범위한 서비스와 가격구조가 공급되어야 함을 의미한다. 세분시장별 선호도 및 취향에 맞추어 광고와 촉진을 실시해야 하며, 다양한 유통경로를 이용해야 한다. 표적시장을 추가할 때마다 여분의 비용이 들기 때문에 그것을 가치 있는 것으로 보아야 하는지 결정하기 위해서는 마케팅관리자는 그 세분시장의 가치와 추가 여부에 대한 사항을 충분히 검토해야 한다.

(2) 최적의 세분화 근거 선정의 어려움

마케터는 시장을 세분화하기 위해 지리적 위치, 여행목적, 인구통계적 특성, 라이프 스타일, 추구하는 혜택, 이용횟수 등의 많은 세분화 근거를 이용한다. 마케터의 고민은 이 중 어떤 변수가 가장 많은 수익을 얻을 수 있으며, 또한 이것을 단독 혹은 여러 변수를 복합적으로 사용할 것인지를 결정하는 것이다. 그러므로 각각의 상황에 따라 주의 깊은 조사와 계획수립이 필요하다.

(3) 시장세분화의 범위와 수준선정 어려움

시장세분화는 그 세분화기준에 따라 동일한 시장이라도 매우 다양하게 이루어질 수 있다. 몇 개의 시장을 표적으로 해도 되는 것을 지나치게 시장을 세분화하여 많은 표적시장을 대상으로 한다면 이것은 표적시장이 거의 없는 것만큼 마케팅자원의 낭비이며 또한 몇몇 특정한 표적시장에서는 어떤 세분시장에 드는 비용이 추가적인 수익보다 많은 경우가 있다. 또한 시장이 너무 광범위하게 세분화되어 몇 개의 표적시장만을 대상으로 한다면 특정세분시장에 효과적으로 도달하지 못하며 그 시장의 가치와 잠재고객을 잃어버릴 가능성도 가지고 있다. 따라서 마케팅관리자는 시장의 상황과 잠재고객의 특성, 자사의 능력과 제공 상품 · 서비스 등을 고려해 얼마나 광범위하게 혹은 얼마나 세밀하게 할 것인가를 결정해야 한다.

(4) 비실용적인 세분시장

실행이 불가능한 세분시장이 있다. 예를 들어 매력적인 세분시장이나 그 세분시장에 접근할 구체적인 촉진이나 광고수단이 없을 수도 있다. 어떤 집단은 너무 작아서 투자의 정당한 근거를 찾기 어려울 수도 있다. 또 어떤 세분시장은 일시적 유행을 지향하는 경우도 있다. 하나 이상의 큰 회사의 지배를 받는 세분시장의 경우, 이 세분시장에 진입하려는 새로운 회사들은 비용도 많이 들어감으로 인해 그 투자가치가 없게 된다.

2. 시장세분화의 방법

시장을 세분화할 수 있는 방법은 매우 다양하다. 많은 변수가 상품 · 서비스를 구매하는 데 영향을 미친다. 세분화과정의 핵심은 수요측면에서 상품 · 서비스의 잠재구매자들을 상대적으로 동질적인 그룹으로 군집화하는 것이다. 이때 집단 내의 차이는 집단 간 차이에 비해 상대적으로 작아야 한다. 세분화과정은 또한 각 구성원들을 쉽게 식별할 수 있도록 각 집단을 설명해 줄 수 있어야 하고, 각 집단의 규모와 가치를 결정할 수 있어야 하며, 집단들 간의 차이를 기술해 주어야 한다. 세분화를 위해서는 이러한 목적을 충족시켜 줄 수 있는 세분화 변수들의 적절한 사용과 세분화조건이 갖추어져야 한다.

1) 시장세분화의 절차

(1) 세분화변수 선정

첫 번째 단계는 적절한 시장세분화를 위해 적절한 변수를 선정하는 단계로 이전 단계에서 설정된 마케팅목표를 바탕으로 세분화할 전체시장과 세분화변수가 결정된다. 세분화변수의 경우 기업과 시장의 상황에 따라 사전에 미리 선정하거나 자료 분석을 통해 결정한다. 사전선정의 경우 기업이나 마케팅담당자가 시장과 상품에 관한 지식과 경험을 갖추고 있어야 하며, 자료 분석을 통해 사후 결정하는 경우는 1차 자료 분석이나 실증조사를 통해 적절한 변수를 선정한다. 오늘날의 경우 효과적인 시장세분화를 위해 1개 이상의 변수를 결합하여 사용하는 경우가 증가하고 있다.

(2) 세분시장 선정

세분화변수를 통해 정의된 다양한 세분시장 간의 특성을 살펴보고 집단 간 차이정도와 가능성을 평가해 적절한 세분시장의 수를 결정하는 것이다. 먼저 선정된 세분화변수로써 전체시장을 분석하여 각 세분시장의 기회를 확인하고 규명하여 얼마나 많은 세분시장을 마케팅 대상으로 할 것이며, 또 어떤 세분시장을 표적으로 할 것인지를 결정해야 한다. 이를 위해 단순교차분석부터 다변량 통계분석과 같은 다양한 방법이 사용된다. 이 단계에서 가장 중요한 것은 차별적인 마케팅 믹스전략을 수행할 수 있을 정도의 규모와 차이점을 가진 세분시장을 도출하고 적절한 세분시장의 수를 결정하는 것이다.

(3) 세분시장 평가

이 단계에서는 선정된 세분시장의 효과성과 유용성을 평가하는 단계로 세분시장의 전체적인 매력성과 기업의 목표 · 재원을 평가한다. 보다 구체적으로는 세분시장과 아래에 제시되는 시장세분화조건과의 일치 정도를 평가한다. 상품 · 서비스의 특성에 따라 다소의 차이가 있기는 하나, 보통 아래의 여섯 가지 조건으로 세분화 결과와 세분시장을 평가하여 목표로 할 표적시장을 선정한다. 이때 중요한 것은 현재 상황뿐만 아니라 자사의 장기적 목표, 자사와 시장의 성장가능성 또한 고려해야 한다. 표적시장이 선정되면 이 표적시장의 특성 · 구매력 · 성장가능성 등을 세부적으로 파악하고 기술한다.

• 사례 •

(주)캔모아…4계절 생과일전문점 "전국제패"예고

최근 건강에 대한 사람들의 관심이 높아지면서 육식을 기피하는 현상은 늘어난 반면 과일에 대한 호응도는 날로 높아지고 있다. 스트레스를 유발하는 환경에서 살아가는 현대인에게 있어 과일은 반드시 섭취해야 할 '영양의 보고'다. 대표적인 생과일 전문점 프랜차이즈인 (주)캔모아(www.canmore.com)가 창업시장에서 유독 눈길을 끄는 것도 그런 이유에서다. 캔모아는 국내 최초의 생과일 전문점으로, 지금까지 전국 190여 개의 가맹점을 설립하며 톱 브랜드로서의 아성을 이어가고 있다.
1998년 1대 창업주인 공병순 회장의 시작으로 탄생한 캔모아는 대한민국 생과일전문점의 업종을 확산, 지금의 생과일 시장의 붐을 이끌고 있다. (주)캔모아의 메뉴와 인테리어는 건강과 미용에 관심이 많은 젊은 여성들의 차원 높은 니즈에 부응한 것이 캔모아사업의 성공에 주효했다. 특히 과일주스와 스무디, 과일샐러드, 생크림과 생과일을 감각적으로 조화시킨 생과일 메뉴는 식사대용으로도 충분해 날씬한 몸매를 원하는 신세대들에게 좋은 반응을 얻고 있다. 또한 만화에서 쏙 빠져나온 것 같은 아기자기한 흔들의자와 그네의자 등으로 꾸며진 실내는 연인들에게 더욱 인기가 높다. (주)캔모아에서는 "캔모아가 프랜차이즈 사업에서 성공할 수 있었던 비결은 신선한 메뉴와 아기자기한 인테리어도 한몫했지만, 무엇보다 가맹점 물류를 대량 구매 및 운송할 수 있는 물류센터를 가동한 것이 주효했다"고 설명한다.
커피전문점의 음료 한잔 가격이 3,500~5,000원대인 데 비해 생과일이 주류를 이루는 캔모아의 메뉴는 가격이 3.500~4.000원대로 경쟁력을 갖추고 있다. 저렴하게 가격 코스트를 맞출 수 있었던 이유는 바로 이 회사의 물류센터 덕분이다. 전국적인 물류유통시스템을 갖추고 안정적으로 재료를 공급할 수 있는 인프라를 구축한 캔모아가 가격경쟁력을 갖출 수 있는 것은 당연한 일. 캔모아는 철저한 가맹점관리 원칙하에 가맹점을 위해 최고의 서비스를 제공하고 있다. 캔모아 본사는 가맹점의 영업권을 보장해 주기 위해 기존 가맹점의 영업권 경계선에는 철저하게 가맹점을 개설해 주지 않는 원칙을 고수하고 있다. 또한 경쟁력 있는 점포를 만들기 위해 가맹점을 대상으로 전문노하우를 지닌 교육부 직원들을 통해 체계적인 교육도 시행하고 있다. (주)캔모아는 "요즘 같은 불경기일수록 창업을 원하는 사람들은 늘어나기 마련"이라며 "풍부한 노하우와 전문적인 지식을 두루 갖춘 직원들이 성공창업으로 인도하기 위해 만전의 서비스를 제공하고 있다"고 말했다.

자료 한국경제(2005-02-21)

2) 시장세분화의 조건

(1) 측정가능성

측정가능성 Measurability은 각각의 원인으로 구입을 희망하는 세분시장의 유효규모와 구매력 및 특성이 객관적으로 측정될 수 있는 정도를 의미한다. 합리적인 정확도로 측정할 수 없는 표적시장을 선정하는 것은 현명하지 못하다. 만약 마케터가 표적시장의 규모만을 생각한다면, 어느 정도의 투자 수준이 적당한지, 또는 가치 있는 투자라도 그것을 알 수 있는 방법이 없다. 이와 유사하게 성공을 측정하는 근거가 불충분한 경우도 있다.

(2) 동질성

동질성 Homogeneity은 각 세분시장 내의 구성원들이 시장세분화를 위한 변수의 측면에서 가능한 한 서로 비슷한 특성을 가지며 마케팅 믹스와 프로그램에 유사한 반응을 보여야 한다는 것을 의미한다. 조직은 전체 시장을 그것을 구성하고 있는 세분시장으로 나눌 때, 가능한 한 세분시장을 서로 다르거나 이질적으로 해야 한다. 동시에 각각의 세분시장 내의 사람들은 가능한 한 비슷하거나 서로 동질적이어야 한다.

(3) 이질성

이질성 Heterogeneity이란 세분시장의 구성원들 간 서로 다른 특성을 가지고 있어 하나의 세분시장은 다른 시장과 개념적으로 명확하게 구분될 수 있어야 한다. 또한 마케팅변수들에 있어서 집단 간 서로 다른 반응을 보여야 한다.

(4) 규모

선택된 세분시장에 상품 · 서비스를 구매할 의도와 현실적 수요로 이어질 수 있는 구매능력이 있는 충분한 규모의 잠재고객이 존재하여 기업이 독자적인 마케팅 프로그램을 시도했을 때 효과적인 투자수익과 매출액을 획득할 수 있어야 한다. 이는 현재뿐만 아니라 앞으로의 시장의 성장가능성도 고려해야 한다.

(5) 접근가능성

접근가능성 Accessibility은 상품 · 서비스에 대한 기업의 메시지가 세분시장에 효과적으로 도달할 수 있고, 그 시장에서 상품 · 서비스 판매와 마케팅 믹스전략을 수행할 수 있는 정도를 의미한다. 기업의 능력, 지리적 요소, 법적인 규제조건 등도 충분히 고려되어야 하며, 충분한 구매력과 수요가 있는 매력적인 세분시장이 존재하더라도 세분시장을 유인할 수 있는 능력이나 연결매체가 없으면 시장세분화는 성공하기 어렵다. 시장세분화의 본질은 특정 고객 집단을 선정하고 시장진입이 가능하다는 것을 의미한다. 그러나 마케터가 정확하게 도달할 수 없는 표적시장이 있다. 이 경우 이러한 시장과의 접촉이 발생하게 되고, 결과적으로 노력과 비용을 낭비하게 된다.

(6) 실행가능성

실행가능성 Actionability이란 세분시장과 기업의 마케팅 가용자원이 조화될 수 있어야 한다. 기업의 능력이 뒷받침되지 않으면 어떤 매력적인 시장이라도 의미가 없다. 즉 자사의 인력 · 자금 · 마케팅능력 등이 그 시장에서 경쟁사와 충분히 경쟁할 수 있고, 목표성과를 달성할 수 있어야 한다. 이를 위해서는 기업의 내부자원분석과 외부자원분석이 우선되어야 한다. 또한 회사의 기업목표, 이미지, 윤리적 측면도 충분히 고려해야 한다.

• 사례 •

Contiki Holidays는 여행자 범주에 따라 시장을 세분화하고 포지셔닝을 잘한 여행사로 기본적으로 18~35세의 젊은이들을 위한 여행을 위주로 한다. 1961년 유럽에서 처음 시작되어 현재 1년에 8만 명 이상의 단골 고객을 가진 회사로 성장하였다. 유럽, 오스트레일리아, 뉴질랜드에 집중되었던 100가지 이상의 여행이 지금은 미국, 캐나다, 중동 지역까지 확대되었으며 1995년에는 처음으로 아프리카 여행을 선보이기도 했다. 여행 그룹은 대개 20~50명의 오스트레일리아, 캐나다, 독일, 뉴질랜드, 남아프리카, 미국, 영국, 그리고 그 외 유럽 및 아시아 국가와 같은 여러 나라 출신의 젊은이들로 구성된다.

Contiki여행에서는 여행자뿐만 아니라 가이드까지도 모두 18~35세로 평균연령이 24세이며, 여행 참가자들의 약 3분의 1이 미국 출신이다. Contiki는 국내여행의 경우 교통수단으로 버스를 이용하는데, 버스좌석은 비행기 좌석과 같이 등과 발 받침 등을 조절할 수 있으며, 파노라마식의 창문과 VCR, TV스크린, 메가 스테레오 시스템, 그리고 화장실과 같은 현대적인 시설을 갖추고 있다. 야간 엔터테인먼트를 비롯하여 관광 및 버스 안과 밖에서 할 수 있는 여러 활동 프로그램이 포함되어 있으며 여행객들이 이러한 특별활동을 스스로 선택할 수 있다.

Contiki여행에는 최상의 숙박시설을 제공하는 "superior"여행과 저가의 숙박시설을 여러 명이서 이용하는 "Budget"여행이 있으며, 여행경비는 항공료를 제외하고 하루에 $58~100 정도로 저렴한 편이다. 1일 여행경비에는 Modified American Plan(객실료+조 · 석식포함), 버스 교통비, 관광 활동뿐만 아니라 숙박이 모두 포함된다.

Contiki미국사무소는 여행사를 통한 트레이드 촉진에 노력을 기울이고 있으며, 대학생, 젊은 전문직 종사자들, 그리고 대학생의 부모를 대상으로 한 소비자 마케팅에 초점을 맞추고 있다. 모든 Contiki여행은 소매여행사를 통해 예약이 가능하며 매년 Contiki여행프로그램을 알리기 위한 여행사 교육 세미나를 개최하고 있으며, 여행자 수를 기반으로 10~16% 선에서 여행사에 수수료를 지불한다.

Contiki는 전통적으로 유럽, 호주, 뉴질랜드 등의 배낭여행을 하는 젊은 여행객들에게 독보적인 존재가 되고자 하였다. 안전에 대한 관심이 높아지자 40년간의 오랜 경험과 체계적인 여행 스케줄을 기반으로 젊은이들과 부모들에게 믿음을 주고자 하였다. Contiki는 United States Tour Operator Association의 회원으로 1백만 달러의 소비자보호 프로그램에 참가하고 있다. 18~35세를 대상으로 운영하는 12개의 여행사 중에 오직 Contiki만이 전 세계여행을 대상으로 하며, 전 세계 여러 국가에서 출발하는 여행은 Contiki의 강점 중 하나이다.

젊은이들을 위한 여행부분에 있어 독보적인 존재가 되기 위한 노력으로 여행사에 대한 판매촉진과 인적판매에 초점을 두면서 소비자와 인터넷 광고에 중점을 두기 시작하였다. 이러한 변화는 Cosmopolitan, Jane, Maxim 그리고 Men's Journal과 같은 잡지 및 젊은층 위주의 음악방송의 라디오 광고, 대학신문광고에서 찾아볼 수 있다.

Contiki의 웹사이트는 18~35세의 틈새시장에서 매우 인기 있는 사이트로 사이트 내의 메시지보드(message board)를 통해 과거, 현재, 미래의 여행객들이 인터넷을 통해 서로 연결이 가능하며 그 외 안내책자 및 비디오 클립, 전자메일, FAQ란을 통해 Contiki에 대해 알고자 하는 이들에게 많은 정보를 제공하고 있다. Contiki Holidays는 오랜 기간 동안 특정 시장을 대상으로 한 좋은 예가 되며, 재이용률(repeat business)이 30%에 달하고 여행자수도 점차 증가함으로써 여행업분야에서 틈새시장 마케팅을 통해 성공적으로 경쟁우위를 확보하였다.

자료 모리슨(2006) 호텔 · 관광마케팅

3) 시장세분화의 변수

시장세분화변수는 전체시장을 동질적인 부분시장으로 나누는 데 있어서 기준이 되는 변수로서 어떤 시장세분화변수를 택할 것인가는 상품 · 서비스의 성격과 분석의 목적에 따라 달라질 수 있다. 마케팅관리자들은 각각을 검토하여 어느 것이 자사 상품 · 서비스와 시장세분화에 가장 적합하며, 마케팅전략 실행에 실질적인 도움을 줄 수 있는 변수를 선택해야 한다. 세분시장을 결정하는 최선의 방법은 없다. 어떤 경우에는 통계자료가 도움이 되지만, 결국에 필요한 것은 경영진의 판단이다.

(1) 지리적 변수

지리적 변수에 의한 세분화는 가장 용이한 세분화 방법이다. 지리적 변수는 시장을 국가 · 도 · 시 등의 행정구역, 도시와 시골과 같은 지역, 인구밀도 · 기후 등과 같은 지리적 특성을 기준으로 시장을 세분화하는 변수이다.

관광산업에서 가장 널리 사용되는 변수 중 하나이며, 같은 지리적 위치를 공유하는 고객 집단으로 나눈 것을 의미한다. 각 산업과 기업의 특성에 따라 적절한 변수들을 사용하여 하나 또는 몇 개의 지리적 지역에서 영업활동을 하게 되는데, 지역의 특성과 차이에 유의해야 한다.

이와 같이 지리적 세분화가 인기가 있는 이유는 이용하기 쉽기 때문이다. 지리적 시장은 쉽게 측정할 수 있으며, 대개 이 시장에 대한 무수한 인구 통계, 여행, 그리고 다른 이용 가능한 통계자료들이 있다. 또 다른 이유는 대부분의 매체수단(텔레비전, 라디오 방송국, 신문, 전화번호부, 잡지)이 특정 지역에 서비스를 제공하고 있기 때문이다. 표적 고객에게 촉진 메시지를 전달하고자 할 때는 불가피하게 지리적 세분화를 이용하게 된다. 하나 이상의 국가에 시장을 갖고 있는 기업은 행동패턴이 국가 혹은 거주지에 따라 다르다고 느낀다.

General Foods의 Maxwell House 커피는 미국의 각 지역에 따라 그 맛이 다르다. 서부 지역의 커피 맛은 동부 지역보다 진하다. 맥도널드에서는 미국 남부 지역에 Texas버거라고 하는 양이 많은 햄버거를 공급한다. Hyatt호텔은 1992년부터 전 체인 호텔에 Hyatt호텔 고유의 메뉴 70%, 지역별 특선 메뉴 30%의 구성비를 기준으로 메뉴를 작성한다. 한국관광공사에서는 미주, 유럽, 일본, 아시아 등 대륙 및 국가에 따라 외래 관광객을 세분화한다. 이러한 방법이 지리적 세분화이다.

• 사례 •

"세계 어드벤처 투어리즘 수도 퀸스타운"

우리 인간에게는 자신의 한계를 실험해 보고 더 극단적인 모험을 즐기려는 본능이 있다. 이러한 본능 때문에 점점 더 극단적인 스포츠 종목과 극단적인 레저 스포츠가 출현을 하게 되는데 이처럼 극단적인 것을 추구하는 세계 스릴 마니아들이 모여드는 도시가 있다. 그곳은 바로 뉴질랜드 퀸스타운(Queenstown)이다.

일반인들에게는 영화 반지의 제왕(The Lord of the Rings) 촬영지로 잘 알려진 퀸스타운은 관광산업 종사자 및 전 세계 스릴 마니아들에게는 "세계 어드벤처 투어리즘 수도"로 더 잘 알려져 있다.

일상을 탈출하여 자극적인 경험을 해보고 싶은 사람들, 자신의 한계에 도전해 보고 싶은 사람들, 웬만한 자극으로는 만족하지 못하는 사람들이 모두 찾는 도시가 바로 퀸스타운인데, 스키, 스노보드,

사이클링, 산악자전거, 카약, 제트스키, 승마, 요트, 스노클링, 스쿠버다이빙, 서핑 등은 퀸스타운에서는 지극히 평범한 스포츠 부류에 들어간다. 번지점프, 제트보팅, 화이트 워터 래프팅, 스카이다이빙, 행글라이딩, 패러글라이딩, 열기구타기, 루지, 오프로드 오토바이, 오프로드 짚차 등 평범하지 않은 일명 "어드벤처 레저 스포츠"에 치여 명함조차 내밀기 힘들기 때문이다. 2009년 6월 개최된 퀸스랜드 윈터 페스티벌(Winter Festival)에서는 이 정도 자극으로도 만족하지 못하는 사람들을 위하여 산악자전거를 타고 하얀 눈이 덮인 스키 코스를 내려오는 경기 이벤트가 개최되었다.

오늘날 퀸스타운은 세계 어드벤처 투어리즘 수도로 확실히 자리매김을 한 상태인데, 레저 스포츠에 있어 명성이 자자한 다른 세계 도시들이 퀸스타운에 쉽게 도전을 할 수 없는 이유는 대부분의 어드벤처 투어리즘 도시들의 경우, 위에 언급한 레저 스포츠 종목 중에서 일부만 즐길 수가 있는 반면, 퀸스타운에서는 이 종목들을 다 즐길 수 있기 때문이다. 게다가 퀸스타운은 다른 도시들보다 한 발 앞서 이 분야에 발을 들여놓았기 때문에 이 도시 산업체들은 다른 도시 산업체가 보유하지 못한 특별한 전문 노하우, 즉 개척자만이 보유할 수 있는 전문적인 노하우를 보유하고 있다.

자료 이마스(2009-08-31)

(2) 인구통계적 변수

지리적 세분화가 가장 용이한 세분화 방법이라면, 인구통계적 세분화는 가장 많이 사용되는 세분화 방법이다. 인구통계적 변수는 연령, 성별, 소득, 직업, 가족규모, 학력, 직업, 종교 및 결혼 유무 등 사람들의 사회적 특성을 기준으로 세분화하는 것이다. 인구통계적 변수는 비교적 측정하기가 쉬우며, 그 결과가 고객들의 선호도 · 욕구 · 구매행동 등과 밀접한 관계를 가지고 있어 고객들의 분류에 가장 많이 사용되고 있다. 즉 통계자료를 즉시 이용가능하고, 일률적으로 정의되고, 손쉽게 이용할 수 있다는 점에서 보편적으로 사용된다. 그러나 오늘날에는 다양한 개성이 중시되는 의식변화에 따라 최근 설득력이 많이 떨어지고는 있으나 여전히 중요시되고 있는 것은 기본적 고객분석체계이다. 인구통계적 변수는 또한 미래의 기회를 파악하는 데 도움이 되기도 한다. 예를 들어 평균수명이 길어지고 가처분 소득이 점차 증가하고 있는 현 상황에서 55세 이상 집단은 관광기업에 중요한 기회를 제공한다.

① 연령

고객의 욕구와 능력은 연령에 따라 변화한다. 어린이, 청소년, 성인 및 노년층간의 욕구와 능력은 차이가 있으며, 특히 고객의 참여가 필수적인 관광상품의 경우 이는 매우 중요하다. 최근 구매력과 규모가 상승하고 있는 실버시장의 경우 관광산업에 있어 매우 중요한 관심시장이 되고 있다.

맥도날드에서는 'happy meal' 이란 주제하에 장난감을 시리즈로 도입하여 재구매 효과를 극대화시키고 있다. AMEX는 전체 여행 70%를 장 · 노년 시장이 차지하고 있는 것을 발견하고 그들을 여행 시장에 있어서 가장 중요한 세분시장으로 분류하고 있다. 점차 시장이 확대되고 있는 실버시장, 향후 각양각색의 욕구와 필요로 많은 시장의 기회를 제공할 엔젤시장(어린이 시장) 모두 마케터에 있어서 지속적 관심 대상이 되고 있다.

② 성별

남자와 여자는 유전적인 체질과 사회화실행에서 서로 다른 태도와 행위적 지향성을 갖는 경향이 있다. 여자들은 보다 공통적인 기질을 갖는 경향이 있지만, 남자들은 보다 자기표현적이며 목표지향적인 경향이 있다. 그러나 과거에 정 반대의 시장으로 분류되었던 남성, 여성 시장은 점차 합병, 융화되고 있으며 그 결과, 시간이 갈수록 대다수의 산업은 유니섹스 제품을 대량 생산하고 있다. 이와 병행하여 동성연애자들이 늘고 있으며, 이들을 위한 테이블, 바 등의 분야 또한 확대되고 있다.

최근 관광시장에서는 여성의 사회적 지위향상과 의사결정권이 증가함에 따라 점차 여성 고객들을 위한 관광상품 · 서비스가 증가하고 있다. 1970년대 1%에 불과하던 여성비즈니스 FTI 시장이 1990년대에 이르러 40%에 이르고 있어 호텔업에 큰 시장의 기회를 제공하고 있다.

③ 소득

소득은 구매력을 결정하고, 생활방식의 차이를 가져오는 중요한 요인으로, 특히 일등석 항공권, 호텔의 스위트룸 등 고가상품의 경우 소득수준과 상당한 관련이 있다.

Four Seasons호텔은 고소득층 고객만을, 반면에 Motel 6 등과 같은 염가 호텔들은 저소득층 고객만을 표적시장으로 하고 있다. 일본의 주류인 Suntory 및 Johnnie Walker Blue, Valentine 등은 고소득층을, Jim Beam, Jack Daniel 등 미국 위스키는 중하위 소득층을 표적시장으로 하고 있다.

④ 직업

직업은 수입 · 생활유형 · 교육수준과 관련성이 높으며, 또한 전문화된 관광상품 · 서비스에 대한 수요를 창출하고 있다.

현대에 이르러 N세대 중심의 골드 칼라라는 새로운 계층이 형성되었지만 그 전까지는 블루칼라와 화이트칼라로 분류하였다.

⑤ 가족생애주기

가족규모에 따른 결혼상태, 자녀의 수와 연령 등과 관련된다. 가족생애주기는 가족이라는 단위의 형성과 성장 그리고 쇠퇴단계를 반영하며, 각 단계에 따라 소득과 소비형태 및 추구하는 편익 등이 상이하게 나타나게 된다. 이에 따라 상이한 관광상품 · 서비스를 제공할 수 있다.

예를 들어 라스베이거스의 호텔은 가족 단위 고객에 초점을 맞춘 시설을 도입함으로써, 도박보다는 레크리에이션과 관련된 고객의 욕구와 필요 충족에 초점을 맞추고 있다.

• 사례 •

"아이와 함께 즐기세요." 이천 미란다호텔 "아이사랑 패키지"

"아이와 함께 즐기세요" 이천 미란다 패키지 판매 스파로 유명한 이천 미란다호텔 · 스파플러스가 오는 17일부터 다양한 혜택을 제공하는 '아이사랑 패키지 시즌3' 를 선보인다.

아이사랑 패키지는 아이들이 좋아하는 캐릭터로 꾸며진 호텔 방 1박과 조식 3인 이용권, 스파플러스 워터파크 3인 이용권을 엮은 상품으로 자녀를 한 명만 둔 젊은 부부들을 대상으로 하고 있다.

호텔 곳곳에 포토존과 전용 엘리베이터를 갖춰 놓았고, 모든 객실이 캐릭터룸으로 구성된 6층에서는 매일 두 차례 만화 캐릭터인 미키와 미니가 찾아가 장난감 세트를 선물하는 이벤트도 진행된다.

스파플러스 워터파크는 최근 어린이들이 좋아하는 수중 축구장과 수중 트램펄린을 설치했으며, 물 위를 걷는 느낌을 주는 '워터워크' 도 인기가 높다.

자료 매일경제(2009-08-12)

• 사례 •

프리틴(Preteen) 세대의 놀라운 구매파워

어른들의 패션코드를 그대로 반영한 어린이 의류와 화장품들이 인기를 끌고 있다. 씨피컴퍼니 주니어 · 게스 키즈 · 폴로 보이즈 · 빈폴 키즈 등 '프리틴(preteen · 10~13세 어린이들)' 세대를 겨냥한 성인 브랜드의 키즈라인들이 백화점 아동복 매장의 절반 이상을 차지하고 있다. 어린이용 아이섀도나 립스틱 같은 색조 화장품도 높은 판매율을 나타내고 있다. 어른을 따라하려는 어린이의 심리를 겨냥한 마케팅이 적중하고 있는 것이다. 온라인 쇼핑몰 G마켓의 아동복 코너에는 9월 한 달간 트렌치코트 · 재킷류가 4550여 품목, 정장류는 1600여 품목이 각각 출시됐다.

이는 지난해 같은 기간에 비해 각각 38%, 44% 증가한 수치이다.유수경 G마켓 리빙&뷰티 사업실장은 "아동복 업체들이 트렌치코트에서부터 블라우스까지 성인복에서 유행하는 디자인을 그대로 옮겨 사이즈만 줄인 제품들을 위주로 출시하고 있는데 판매도 기대 이상"이라고 말했다. 이들 성인복을 본뜬 아동복은 지난달 판매량이 지난해 같은 기간에 비해 40% 이상 늘었다. 특히 슬림하게 몸에 붙는 재킷은 지난달 주간 평균 3,000벌, 트렌치코트는 주 평균 3,700벌이나 팔려 베스트셀러 품목에 올랐다. 이 같은 현상은 백화점 매장에서도 나타나고 있다. 게스 키즈, 폴로 보이즈, 빈폴 키즈 등 기존 성인 브랜드들의 유행 스타일을 그대로 옮긴 키즈라인 브랜드들이 아동복 매장의 절반 이상을 차지하고 있다. 롯데백화점의 이선신 아동복 담당 MD는 "이 중에서도 폴로티 · 카디건 · 미니스커트 · 부츠처럼 아빠와 엄마들이 자주 입는 친숙한 스타일이 잘 팔린다"고 말했다. 프리틴 세대 아동복 시장의 급성장세에 힘입어 전체 아동복 시장은 2005년 1조5,000억 원 규모에서 지난해 1조8,000억 원으로 20% 성장했으며 올해에도 지난해보다 20% 이상 커질 것으로 패션업계는 보고 있다. 심지어 바비코스메틱 · 미스몰리 · 마크윈 등 어린이 전용 화장품 브랜드까지 생겼다. 파우더, 립글로스, 네일, 팩 등 어른들이 사용하는 화장품 종류의 대부분이 어린이용 제품으로 나온 것이다. 신세계백화점 등 6곳에서 매장을 운영하고 있는 바비코스메틱은 올 상반기 전체 매출이 전년 동기 대비 120% 이상 증가했다.

화장품 업체 '스킨79'가 7월 출시한 어린이 전용 화장품 '드림걸즈비비크림'는 매달 25% 이상 판매량이 늘면서 9월 한 달간 3000여 개나 판매됐다. 이 같은 현상은 디자인이 유치하게 느껴지는 아동복과 사이즈가 맞지 않아 입을 수 없는 성인복 사이의 괴리감을 메울 수 있도록 성인의 트렌드를 모방한 의류나 액세서리, 화장품들을 내놓은 게 적중했기 때문이다. 더데이걸즈의 홍성도 브랜드 매니저는 "아동용품 시장에서 프리틴들의 구매 영향력이 커지고 있기 때문"이라며 "외모와 유행에 관심이 많은 여자아이들은 TV 드라마나 인터넷 등 대중 매체에서 본 연예인들의 패션을 그대로 따르기도 한다"고 말했다.

자료 한국경제(2007-10-12)

(3) 심리적 변수

심리적 변수는 개인적 심리와 특성에 기초하여 분류하는 것으로 개성 · 사회계층 · 라이프스타일 · 태도 등이 대표적 변수이다. 이 중 가장 대표적인 것이 라이프스타일 Life Style로 활동 Activity, 관심 Interest, 의견 Opinion을 기준으로 집단을 분류하기 때문에 영문 머리글자를 따서 AIO분석이라고도 한다. 또한 소비 행태, 생활주기 등 많은 변수가 포함된다. 소비자들의 사고와 생활방식 다양화로 최근 강조되고 있으며, 동일한 인구통계적 집단 내에 속한 사람들도 매우 다른 심리적 특성을 가질 수 있다. 심리적 변수에 의한 세분화는 시장을 보다 효과적으로 세분화할 수 있게 해 주고 생활양식 · 소비행태 · 가치관 · 태도 등 집단의 독특한 생활양식을 제공함으로써 보다 구체적인 정보를 제공해 준다.

그러나 심리적 세분화의 가장 큰 단점은 환경과 소비자가 변함에 따라 분류된 세분시장도 계속 변화하게 되며, 각 세분시장 간에 중복되는 성향이 많아 외적 이질성 기준에 문제가 있다는 것이다. 그리고 지리적 변수나 인구통계적 변수에 비해 정확한 측정이 어렵다.

① 라이프스타일

라이프스타일 Life Style은 사람들이 살아가는 방식으로 각 개인의 활동, 관심사, 의견 등에 따라 구분된다. 관광객의 경우 라이프스타일에 따라 선호하는 목적지와 목적지에서의 관광활동도 다르게 나타난다. 또한 이러한 정보를 통해 그 세분시장에 가장 적합한 상품 · 서비스와 접근방법 역시 발견할 수 있다.

2000년대 소비자 라이프스타일의 키워드는 다음과 같다.

- 즐거움 추구: 일상탈출, 신나고 새로운 삶, 환상체험, 모험
- 가치 추구: 신중구매, 가치구매, 고감각 · 고품질
- 안전 추구: 가정회귀, 쾌적한 자연, 건강장수, 자신만의 안전한 세계에 칩거
- 개성 추구: 자기표현, 남과 다른 색, 다른 나, 개인감성의 고도화
- 디지털 추구: 컴퓨터 · 인터넷의 대중화, 사이버생활 증대

② 사회계층

모든 사회는 소득 · 교육 · 직업의 유사성에 따라 집단화되는 사회적 지위가 있으며, 이들은 문화적 · 정치적 · 경제적 지위나 경험을 공유하는 경우가 많다. 이에 따라 상품 · 서비스구매에 있어 특정한 가치관 · 태도 · 선호도 · 추구편익 · 구매행태를 보이는 경향이 있다. 최근 많은 기업이 특별한 사회계층을 위한 상품 · 서비스를 개발하여 판매하고 있다.

• 사례 •

나홀로도 즐거운 "글루미 제너레이션(Gloomy Generation)"

취업난, 소득 양극화, 경기불황, 자살··· 요즘 우리 사회에서 밝은 면을 찾기가 쉽지 않다. 우울함은 현대사회를 대변하는 상징적 코드가 되었다고 할 수 있으며, 우울증을 겪고 있는 사람들이 늘고 있으며 이것이 자살률의 증가라는 또 다른 연결고리를 낳고 있다. 한편 우울한 세상에 살기 때문에 우울함도 즐길 수 있어야 이 시대를 사는 경쟁력을 갖춘 것이라는 주장도 있다. 글루미 제너레이션(Gloomy Generation)은 바로 이러한 사회현상을 반영한 세대이다.

이들은 우울함의 부정적인 면을 벗어나 우울함 자체를 즐긴다. 하지만 우울함을 부정적으로 보거나, 자학하지 않는다. 대신 고독과 외로움을 세련된 도시인의 이미지로 인식하고 즐긴다는 뜻을 담고 있다. 즉 자신의 자유의사에 따라 혼자 밥 먹고, 혼자 영화 보고, 혼자 노는 걸 건강하게 생각하고, 실천하는 이들이 바로 '글루미 제너레이션' 인 것이다. 이들은 '함께' 보다는 '혼자' 를 선택한다. 그래서 혼자 있는 우울함을 즐기는 상황이 그리 낯설지가 않다. 이런 현상을 두고 사회는 '나 홀로 세대가 증가했다. 또는 '글루미 제너레이션(Gloomy Generation)시대가 도래했다' 라고 말한다.

통계청에 따르면 2006년 전국의 1인 가구는 3백17만75가구로 전체 가구수의 19.8%를 차지했다. 가정집 5곳 가운데 1곳은 혼자 사는 집인 셈이다. 특히 1인 가구 비율은 1995년 12.7%, 2000년 15.5%에 이어 꾸준히 증가하는 추세다. 특히 나홀로 가구의 비율은 남성보다 여성, 중소도시보다는 대도시가 더 높았다. 미래학자들 또한 향후 '나 홀로'의 삶을 선택하는 사람들의 비율은 더욱 증가할 것으로 예견하고 있으며 마스터 카드의 '아시아의 미래 소비자 트렌드' 보고서에 의하면 2014년엔 고소득 전문직종 종사자로 결혼을 하지 않는 20~35세 인구가 6백60만 명에 달할 것이라고 한다. 현대를 살아가고 있는 개인들 또한 과거와 달리 '나홀로' 삶에 대한 거부감이 별로 없다. 한 조사기관의 설문에 의하면 '나홀로 생활의 모습이 긍정적이다'가 '부정적이다'라는 의견보다 2배가량 높았다. 핵가족화 및 80~90년대의 경제적 풍요 속에서 성장한 지금 20~30대들은 가정이나 가족을 위해 자기를 희생하기보다는 자신의 사회적 성취와 여가 생활을 즐기는 데 더 가치를 둔다. 따라서 여성의 사회 진출이 많아지고 있지만, 여전히 가사와 육아에의 부담이 줄어들지 않고 있고, 남자들 또한 IMF 이후 치열한 생존 경쟁 속에서 한 가정을 부양한다는 것이 쉽지 않은 상황에서 결혼보다는 싱글을 선택하는 사람들이 많아지고 있다. 이들은 결혼이 필수가 아니라 선택이며, 나이도 정해져 있는 것이 아니라 자신이 하고 싶을 때가 적령기라고 생각한다. 이러한 가치관의 변화로 자연스럽게 독신기간이 늘어나면서 부모님으로부터 독립하여 생활하는 나홀로족이 증가하고 있다. 한편 나자신을 중시하는 가치관은 이혼 또한 하나의 선택으로 받아들이게 한다. 불합리한 결혼생활을 무조건 참고 견디기보다는 자신의 행복을 위해 기꺼이 이혼을 결정하는 것이다. 이혼이 많아지면서 사회의 부정적인 인식도 조금은 완화되어 있고, 특히 여성들이 경제적 능력을 갖게 됨에 따라 이혼은 훨씬 쉬운 선택이 되고 있으며, 이는 나홀로족 증가의 한 원인이 된다.

자료 이마스(2009-01-22)

(4) 상품관련 세분화

상품관련 세분화는 상품이나 관련특성에 대해 소비자의 태도를 기준으로 시장을 세분화하는 것으로, 세분화 변수로는 추구하는 편익, 상품의 이용 빈도, 상표충성도, 사용계기, 가격민감도, 상품 · 서비스 제공수준 등이 있다. 즉 특정 상품이나 서비스 범주(레스토랑, 호텔, 항공사, 여행사) 또는 특정 브랜드에 대한 고객의 과거, 현재, 잠재 행동과 같은 척도들을 이용한다.

① 추구편익에 따른 세분화

고객이 추구하는 상품편익에 따라 시장을 세분화하는 것으로, 편익이란 소비자들이 상품 · 서비스를 사용하면서 얻고자 하는 가치를 말한다. 소비자들은 동일한 욕구를 갖고 있지 않으며, 각 상품편익에 대해 다른 수준의 중요성과 용도 및 선호도를 부여하고 있다. 즉 같은 상품이라도 고객의 용도에 따라 다양한 구분이 필요하며, 이에 따른 보다 섬세한 서비스가 필요하다.

② 상품의 이용빈도에 따른 세분화

이용빈도 세분화는 서비스가 구매되는 빈도나 전체 시장에 대한 각 세분시장의 점유율을 기반으로 전체 시장을 나누는 것이다. 일반적으로 소량 · 보통 · 다량 사용자로 세분화되며, 소수의 다량고객이 전체이용량의 대부분을 차지하는 경우가 많다. 이에 따라 기업은 많은 소량이용자보다는 소수의 대량이용자들을 유치하려고 노력하는 것이 타당하다.

1970년대 중반까지 관광산업은 이러한 형태의 세분화를 거의 이용하지 않았다. 그러나 항공사 규제가 완화되고 숙박업소가 늘어나면서, 데이터베이스 마케팅이 점점 대중화되면서 이러한 세분화접근법의 사용이 활발해졌다. 기업들은 기존고객 및 재방문고객의 중요성을 인식하기 시작하였으며, 조사를 통해 여행횟수가 높은 고객들이 있다는 것을 알아냈다. 대부분의 주요 항공사와 호텔들은 자주 이용하는 단골 이용고객에 대한 특별 우대 프로그램을 제공하고 있다.

미국에서 가장 처음 시행된 프로그램은 1983년에 처음 시작된 Holiday Inn의 Priority Club이다. American Airline은 항공사들 중에서 이러한 개념을 처음 도입한 항공사로 인정받고 있다.

③ 상표충성도에 따른 세분화

상표충성도란 소비자가 어떤 특정상표를 일관성 있게 선호하는 정도를 말하는데, 상품 · 서비스에 따라 상당한 차이가 있으나 일반적으로 특정상표의 구매나 기업에 대한 선호도는 고객 간 상당한 차이를 보이고 있다. 고객들은 충성도 수준에 따라 4개의 집단으로 나눌 수 있다. 상표충성도는 고충성도 고객 hard-core loyal, 분할충성도 고객 split loyal, 다변충성도 고객 shifting loyal, 그리고 비충성도 고객 switchers으로 세분화된다. 상표충성도는 고객과 관련된 많은 정보를 제공한다. 충성적인 고객특징을 연구함으로써 자사 상품 · 서비스의 강점을 파악하고 경쟁상표 및 자사의 약점 등을 파악할 수 있다. 충성도가 높은 고객들은 기업의 실질적인 수익에 큰 영향을 미치기 때문에 최근 기업에서는 고객의 충성도를 강화하기 위해 특별혜택을 주는 프로그램을 제공하고 있으며, 항공사의 마일리지 제도가 가장 대표적인 사례이다.

④ 상품의 사용계기

사용계기는 생활에서의 어떤 계기로 결정된다. 소비자들은 어떤 기본적인 욕구를 갖거나, 어떤 상품을 구매하거나, 어떤 상품을 사용하는 경우에 따라 구분될 수가 있는데. 예를 들어 수학능력시험이 끝난 후 머리를 식히기 위해 친구들과 여행을 가거나 결혼을 하게 되어 신혼여행상품을 구매하는 경우, 연차 휴가를 받아 여행을 가는 경우가 이에 속한다.

⑤ 가격민감도

최상의 상품 · 서비스를 필요로 하고 그것에 대한 가격을 지불할 용의가 있는 고객들이 하나의 세분시장을 구성할 수 있다. 이와 유사하게 중저가 상품 · 서비스, 초저가 상품 · 서비스에 대한 시장도 존재한다.

⑥ 상품 · 서비스 제공수준

상품 · 서비스 제공수준 또한 시장세분화의 중요한 요소로 각 분야별로 상품 · 서비스 수준이 다른 기업이 존재한다. 고객들은 시간이 경과함에 따라 각 기업의 상품 · 서비스 수준을 파악하게 되며, 원하는 수준에 맞는 기업을 이용하게 된다. 또한 기업 역시 자사를 이용하는 고객들이 어떤 상품 · 서비스를 주로 이용하거나 원하고 있는가를 파악하여 각 집단에 맞는 상품 · 서비스를 제공하게 된다. 이는 고객들을 특정 상품 및 서비스에서 고객들이 찾는 혜택의 유사성에 의해 고객을 그룹화한다.

• 사례 •

호텔의 귀빈층

'호텔 속의 호텔' 또는 '상용고객을 위한 전용 객실'이라고 불리는 귀빈층(executive floor)은 비즈니스 고객을 대상으로 하여 일반 객실보다 고급스럽게 또는 비즈니스 업무에 적합하도록 꾸며져 있고 전용 라운지, 소회의실, 비즈니스 시설을 갖추고 있다. 이 층에 투숙한 고객은 다양한 혜택을 받는데 객실 영업 소속의 전담 직원이 배치되어 도와준다.
귀빈층의 혜택 내용은 호텔마다 차이가 있지만 대부분 다음과 같은 특전을 제공한다.

- 조식제공
- 오후 해피 아워 시간에 칵테일, 음료, 스낵류 제공
- 커피, 티, 음료, 쿠키 제공
- 각종 신문 및 시사잡지 무료이용
- 신속한 체크인, 체크아웃 서비스
- 체크아웃 시간 연장
- 소 회의실 사용
- 컴퓨터 등 각종 사무기기 사용
- 항공 및 호텔예약 서비스

귀빈층에 대한 명칭은 일반적으로 "Executive Floor"라고 하지만 호텔에 따라 고유 명칭을 사용하기도 한다. 예를 들면 하얏트호텔의 경우 'Hyatt Regency Club'이라고 한다.

자료 이정학(2002), 호텔경영의 이해

제5절 표적시장 전략

1. 표적시장 전략의 개념

1) 표적시장의 의의

시장세분화는 표적시장 선정을 위한 준비단계이다. 표적시장 target market은 시장세분화를 통해 나누어진 세분시장 중에서도 마케팅투자에 대한 최대의 이익을 제공하는 하나 또는 그 이상의 시장을 선택하는 것이다. 즉 표적시장이란 기업이 서비스를 제공하려고 결정한 공통적인 욕구와 특성을 지닌 소비집단을 말한다. 표적시장은 시장세분화 과정에서 나타나는 사업적으로 가장 중요한 고객집단으로 기업에서 표적시장을 설정하는 것은 표적시장에 마케팅의 예산과 자원을 집중함으로써 적절한 포지셔닝 구축과 마케팅 믹스 전략을 사용하여 구매자의 소구력을 높이고, 제한된 기업의 자원과 능력을 가장 효율적으로 사용하기 위해서이다. 즉 다른 경쟁업체에 비해 경쟁력의 우위를 가지고 있어야 하고, 현재 매출액과 더불어 미래의 수익가능성이 있어야 하며, 대체재의 정도나 잠재경쟁사의 진출가능성 등에 대한 세분시장의 구조적 매력성이 있어야 한다.

2) 표적시장 선정 기준

(1) 시장규모가 있어야 한다

적정 이상의 시장규모가 있어야 한다. 하지만 잠재력이 있는 시장도 표적시장으로 보고 마케팅활동을 하여 큰 시장이 된 경우도 있다. 예를 들면 과거에는 노인층의 인구가 적어 하나의 관광표적시장으로 간주하기 어려웠으나 최근 환대산업에서 실버산업의 추이가 점차 높아지고 있으며 그 발전속도가 매우 빠르게 진행되고 있다.

(2) 자사의 능력과 조직이 뒷받침되어야 한다

자사의 재무, 관광상품 생산능력, 판매 및 유통조직 등이 표적시장에 접근할 수 있어야 한다. 환대산업은 단독으로 움직일 수 없는 산업의 특성을 가지고 있으므로 자사의 능력과 협력 업체 간의 조화로움이 뒷받침되어야 한다.

(3) 환대산업의 라이프사이클(life cycle: 수명주기)을 고려해야 한다

환대산업의 라이프사이클은 '도입기→성장기→성숙기→쇠퇴기' 로 이어지는데 경쟁사의 환대상품이 이미 성숙기에서 쇠퇴기로 접어들었거나 대체될 가능성이 큰 환대상품을 가지고 표적시장을 설정해서는 안된다. 예를 들어 기차를 이용한 수학여행은 이미 사라졌으며, 온양온천지역의 온천 상품도 쇠퇴기에 있다고 볼 수 있다.

(4) 경쟁사와 차별화되어야 한다

경쟁사와 차별화되지 않는 관광상품을 만들면 표적시장이 겹치게 되므로 경쟁력이 없어진다. 따라서 경쟁사보다 우위에 있는 어떤 요소, 예를 들면 시설, 서비스 등을 차별화하여 표적시장을 공략해야 한다.

(5) 진입장벽을 고려해야 한다

아무리 매력적이고 자사의 강점을 가지고 있다 하여도 법적, 제도적, 진입장벽이 있는 시장을 표적으로 삼을 수는 없다. 예를 들어 한국사람에게 보신탕이 의미 있는 음식이라 해도 보신을 관광상품으로 상품화할 수는 없다. 이정학(2002)

• 사례 •

세계 최고급 리조트 그룹 반얀트리(Banyan Tree)

1995년 싱가포르에서 설립된 반얀트리(Banyan Tree)는 태국, 홍콩, 몰디브, 그리스, 모로코, 이집트, 영국, 호주, 남아프리카공화국 등 전 세계 32개국에 21개 호텔과 리조트, 58개의 스파, 69개 갤러리, 2개의 골프클럽을 운영하고 있는 세계 최고의 호텔&리조트 체인이다. 반얀트리는 세계적 여행전문지 콘데나스트 트래블러(Conde Nast Traveller)가 해마다 세계 유수 호텔을 선정해 발표하는 골드리스트에 여러 차례 이름을 올리며, 각종 수상 경력만 해도 300회가 넘는다. 세계적인 불황 속에서도 흔들리지 않고 세계 최고의 리조트 그룹으로 자리를 잡고 있는 반얀트리. 태국 라구나 푸껫 리조트(Laguna Phuket Resort)를 시작으로 한 싱가포르의 중소기업이 어떻게 해서 세계적인 글로벌 브랜드로 성장할 수 있었을까? 그 성공의 비밀은 바로 상위 1%를 위한 프리미엄 마케팅 전략에 있다.

VVIP를 위한 프리미엄 마케팅

어떤 분야에서든 상위 5위 안에 들지 못하면 승산이 없으며, 넘버원 브랜드가 시장점유율의 40% 이상을 차지한다. 동남아 경제주간지 '파 이스턴 이코노믹 리뷰(Far Eastern Economic Review)기자 출신으로 가업을 이어받아 리조트 사업에 뛰어들어 오늘날의 반얀트리 그룹을 성장시킨 사람은 호권핑 회장이다. 그의 반얀트리 그룹은 힐튼(Hilton), 메리어트(Marriott), 인터컨티넨탈(Intercontinental) 같은 기존의 대형 체인들이 자리 잡고 있는 대형 호텔 사업 대신, 소수의 고객들을 상대로 하는 럭셔리 리조트 산업에 뛰어들었다. 소수를 상대로 하는 대신 상위 1%를 타깃으로 하였다. 이른바 틈새시장을 노린 전략이다.

지친 영혼의 안식처(sanctuary for senses)

'신체와 정신 그리고 영혼의 안식처를 제공한다'는 것이 반얀트리의 철학이다. 반얀트리는 일상생활에 지친 사람들의 신체의 회복과 영혼의 재생을 최고의 가치로 여긴다. 이를 위해 아름다운 자연환경을 살린 친환경적인 공간 창조에 힘쓴다. 반얀트리 리조트들은 개인 프라이버시의 보호를 위해 각 객실들은 다른 객실들과 격리되어 설계되었으며, 24시간 1:1 고객 서비스를 제공해 Quiet&Peaceful 한 환경에서 충분한 휴식할 수 있도록 도와준다. 이를 위해 직원들은 서비스, 위생, 위기상황 등 다양한 분야의 전문교육을 받고 있다. 또한 최소 3개 국어를 구사할 수 있도록 하여

전 세계 고객들이 불편 없이 이용할 수 있도록 하고 있다. 리조트 안의 모든 시설은 고객들이 편안하게 최고의 휴식을 취할 수 있도록 만들어졌고, 고객들은 리조트 안의 최고급 레스토랑에서 세계 각국의 다양한 요리를 맛볼 수 있으며, 카누, 카약, 스노쿨링, 요가 등의 각종 레저도 자유롭게 즐길 수 있다.

또한 고객들은 반얀트리에서 세계 최고 수준의 스파 서비스를 받을 수 있다. 건강 및 아름다움의 유지를 위해 다양한 방법을 접목시킨 열대 정원 콘셉트의 반얀트리 스파는 온전한 치유와 재생을 실천한다는 반얀트리 리조트 특유의 철학을 가장 잘 나타내준다. 반얀트리 스파는 전통적인 동양의 치유요법에 영감을 받은 마사지와 바디 트리트먼트를 철저히 지킴으로써, 고객들의 지친 신체와 마음, 정신을 건강하게 치유하여 모든 감각을 새롭게 깨어나게 한다. 반얀트리 스파는 기계에만 의존하는 의학적인 클리닉은 배제하고 전통적인 동양의 힐링 테라피를 기초로 한 홀리스틱 트리트먼트(Holistic Treatment)를 제공한다. 즉 천연의 허브와 약초를 사용하여 인간의 손길만으로 치유하여 '하이터치, 로테크(High-touch, low tech)'라는 스파 철학을 지켜나가고 있다. 반얀트리에서는 각각의 스파 서비스를 위해 빈탄, 푸껫, 방콕 등지에서 전문적으로 교육을 받은 스파 테라피스트들을 양성하고 있으며, 고객들은 최고의 트레이닝과 터치감각을 익힌 전문 테라피스트들로부터 세계 최고 수준의 스파 서비스를 받을 수 있다.

지역 문화 보존

반얀트리만의 특징 중의 하나는 각 지역의 문화 및 환경에 맞춘 리조트 개발을 한다는 점이다. 반얀트리는 단순하고 획일화된 휴양시설을 제공하는 것이 아니라, 각 지역마다의 색깔을 살린 다양한 리조트 개발을 하고 있다. 태국, 푸껫 라구나 리조트를 시작으로 전 세계 32개국에 진출한 반얀트리는 빈탄, 몰디브와 같은 휴양지 이외에도 방콕, 상하이, 서울 등 대도심에도 반얀트리 리조트의 공간을 새롭게 창조해냈다.

자료 이마스(2009-11-11)

3) 표적시장의 전략 방법

(1) 비차별화 마케팅

기업이 비차별화 마케팅을 채택한다는 것은 세분시장의 차이를 무시하고 하나의 제품과 하나의 마케팅 믹스를 가지고 전체시장에서 영업을 하고자 하는 전략이다. 기업은 소비자의 기본적인 욕구에 있어서 차이점보다는 공통점에 초점을 맞춘다. 가장 많은 수의 구매자에게 소구할 수 있는 제품과 마케팅 프로그램을 설계한다. 그리고 기업의 좋은 이미지를 소비자에게 인식시켜 주기 위한 기본적 수단으로서 대량유통과 대량광고를 이용한다.

이 전략의 장점은 마케팅을 표준화, 대량화함으로써 규모의 경제를 추구할 수 있는 것이다. 좁은 제품계열은 생산 · 재고 · 수송비를 절감시켜 준다. 비차별적 광고프로그램은 광고비를 절감시켜 준다. 세분시장을 무시함으로써 마케팅조사비와 제품개발비용을 낮출 수가 있다. 단점으로는 다양한 고객의 욕구를 충족시켜 주지 못하여 시장기회를 놓치는 경우가 발생할 수 있다는 것이다. 그래서 거의 모든 현대의 마케팅담당자들은 오늘날의 경쟁 환경에 있어서 이러한 전략에 강한 의구심을 품고 있다. 모든 고객 내지 대다수의 고객을 만족시킬 제품 또는 브랜드를 개발한다는 것이 어렵기 때문이다. 예를 들어 대부분의 여행 패키지 상품은 시장을 세분화하지 않고 무차별적인 신문광고를 통해서 모객을 하는 비차별적인 전략을 사용하는데, 상품을 표준화하여 대량판매를 통해서 수익을 창출하고자 하는 것이다. 그러나 패키지에 소개된 이외의 지역을 원하거나 고객이 선택 사양할 수 있는 자유가 없다는 점에서 한계가 있다.

여러 기업이 최대의 세분시장을 표적으로 삼게 되면 치열한 경쟁은 피할 수 없게 된다. 소규모의 기업은 일반적으로 거대기업과 직접 경쟁한다는 것이 곤란하다는 것을 알고 있기 때문에 틈새시장전략을 채택하지 않을 수 없게 된다. 비교적 대규모의 세분시장은 가격인하를 비롯한 가격전쟁의 가능성을 포함하고 있기 때문에 과중한 마케팅비용으로 말미암아 큰 이익을 낳지 않을지도 모른다. 이러한 문제를 인식하여 많은 기업에서는 제품차별화가 가능한 비교적 협소한 세분시장 또는 틈새시장niche market을 표적으로 삼고 있다.

미국의 맥주산업 또한 하나의 사례이다. 비교적 소규모의 양조회사는 버드와이

저와 밀러 및 쿠어스사와 직접 경쟁한다는 것은 불가능하다. 소규모의 회사들은 3대 회사들과 같은 유통력이나 그들의 광고 및 판매홍보예산을 따라갈 수 없다. 대신 소규모 양조회사들의 급속한 확산이 일어나고 있다. 영세한 각 양조회사는 한정된 시장 내에서 제품을 판매하고 있으며, 이 중 다수는 주요 수요자로서 회사 소유의 Pub와 레스토랑에 의존하고 있다.

세계의 상용 항공산업에 있어서도 동일한 현상들이 존재한다. 항공산업은 독과점산업이면서 몇 개의 대형 항공사들로 구성되어 있다. 몇 개의 나라에서는 그 나라의 항공기를 유지할 필요에서 이에 보조금을 지급하고 있으며, 많은 소규모 국산 항공기산업이 존립하고 있다.

북미시장에서는 콜로라도주 덴버 Denver와 네바다주의 엘코 Elko 간을 운항하는 카지노 익스프레스사나 애틀랜틱시를 본거지로 한 스피리드항공과 같은 몇 개의 새로운 틈새시장을 표적으로 한 항공사가 출현하였다. 이러한 항공사는 아메리칸항공, 델타항공, 유나이티드 항공 또는 US항공에 있어서는 직접적인 위협은 되지 않을 것이다. 이러한 위협을 초래한 가장 최근의 경우는 피플스 익스프레스란 항공사였는데, 이 회사는 지역에서 전국을 대상으로 업무확대를 시행했을 때 대형 항공사들과의 치열한 경쟁에서 대항할 수가 없었다.

• 사례 •

"코레일과 함께하는 2010 해돋이 열차"

자료 코레일 홈페이지 이벤트 게시판

(2) 차별화 마케팅

차별화 마케팅전략을 이용하게 되면, 기업은 몇 개의 세분시장을 표적으로 삼게 되고, 각 세분시장마다 별도의 제품을 제공하게 된다. 즉 전체 시장을 세분화하여 각 세분시장을 독립적 표적시장으로 보고, 표적시장별로 마케팅 믹스전략을 차별적으로 구사하는 것을 말한다.

프랑스 기업인 아코르 호텔은 12개의 다른 상표명으로 영업을 하고 있으며, 여러 개의 브랜드로 여러 종류의 호텔을 경영하고 있다. 브랜드에 포함되어 있는 것으로는 세계 최고급 호텔 소피텔 Sofitel, 3성 호텔 Novotel, 2성 호텔 Ibis, 한정 서비스 제공호텔 Formula One, 중년층 이상을 대상으로 한 장기체재호텔 Hotelia 등이 있다. 아코르 호텔은 이러한 세분화에 의하여 프랑스에서만 474개 호텔을 개설할 수 있었다.

차별화 마케팅은 일반적으로 비차별화 마케팅보다는 보다 많은 매출액을 올릴 수 있게 된다. 아코르 호텔은 1개 도시에 1개의 브랜드를 운영하는 경우보다는 3개의 서로 다른 브랜드를 한 도시에 배치하는 쪽이 호텔객실에 대한 시장점유율을 높일 수가 있었다. 소피텔은 상류 상용여행자, 노보텔은 중류여행자, 포뮬러 원과 같은 경우는 가족이나 예산이 제한된 여행자에게 매력이 있다. 아코르 호텔은 각 표적시장에 대하여 각각 상이한 마케팅 믹스를 제공하고 있다. 동시에 그 비용은 상대적으로 높아진다. 그들은 각각의 브랜드에 대해 적합한 마케팅계획, 마케팅조

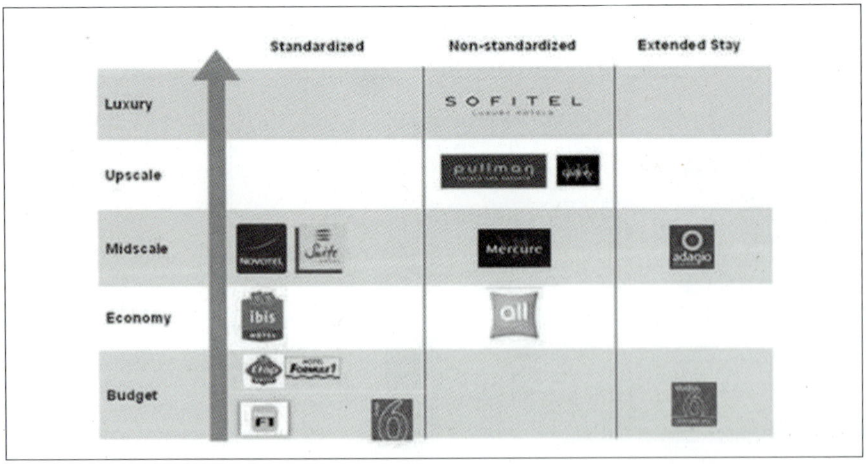

자료 아코르그룹 홈페이지(http://www.accor.com)

사, 판매예측 및 분석, 판매촉진계획 및 광고를 실시해야 한다. 따라서 기업들이 차별화 마케팅전략을 고려할 때에는 비용증가에 대한 매출액의 증가를 고려해야 한다.

(3) 집중화 마케팅

시장 커버리지전략인 집중화 마케팅 concentrated marketing은 특히 자원이 한정되어 있는 기업에 소구할 수 있다. 집중화 마케팅은 여러 세분시장 중에서 하나 또는 몇 개의 시장을 특화하여 여기에 모든 경영자원을 집중하는 마케팅 전략이다. 대규모 시장 가운데서 적은 점유율을 추구하는 대신에 기업은 하나 혹은 몇 개의 소규모 시장에서 높은 점유율을 추구하는 것이다.

집중화 마케팅의 사례로는 여러 개가 있다. 여행사는 여러 가지 상품을 취급할 수 있으나 할인 항공권만 전문적으로 판매하여 성공을 거두는 경우도 있다. 또한 로즈우드호텔 Rosewood Hotel은 고가격의 호텔객실시장에 중점을 두고 있다. 모텔 6은 저가격객실시장에 집중하고 있다. 집중화 마케팅을 시행하는 기업은 영업활동을 하고 있는 세분시장에서 강력한 시장지위를 차지할 수 있는데, 그 이유로는 세분시장의 기본적인 욕구에 대해 잘 알 수 있으며, 그 세분시장에서 특별한 명성을 얻고 있기 때문이다. 기업은 또한 생산 · 유통 · 판매촉진에 있어서의 전문화 때문에 영업활동의 경제성을 크게 얻을 수 있다. 만약 세분시장을 잘 선택한다면 회사는 높은 수익률을 올릴 수 있다.

동시에 집중화 마케팅은 보통 이상의 위험을 내포한다. 특정 세분시장의 사정이 악화될 수도 있다. 예를 들면, 빅토리아 스테이션의 메뉴는 주로 육류제품을 취급하고 있었다. 육류 섭취량이 감소하면서 빅토리아 스테이션 내에 있는 레스토랑의 고객 수는 급속히 감소하였다. 동시에 육류의 가격은 상승했다. 빅토리아 스테이션에서 가장 많은 수익을 올린 제품이 주류였는데, 이 또한 음주운전금지 캠페인과 동시에 매출액이 감소하기 시작하였다. 따라서 그들은 매출액의 감소와 낮은 이익률을 경험하게 되었다. 이러한 이유 때문에 많은 기업이 여러 세분시장으로 다각화하기를 원하는 것이다.

• 사례 •

집중화 전략 - '2009 키즈 코레일 체험행사' 경쟁률 치열(2,700대 1)

토마스와 함께 떠나는 어린이날 이벤트 '인기 짱' 코레일에서 진행하는 어린이날 체험 이벤트 경쟁률이 2,700대 1로, 철도의 미래고객인 어린이들에게 철도체험프로그램이 큰 인기를 끌고 있는 것으로 나타났다.

코레일(한국철도공사)은 지난 16일부터 26일까지 진행된 '토마스와 함께 떠나는 2009 키즈 코레일 체험 이벤트' 접수 결과 23,000여 명이 신청해 초청대상자 850명에 선정되는 확률이 2,700대 1로 경쟁률이 치열했다고 30일 밝혔다. 이번 '2009 키즈 코레일 체험 이벤트' 는 코레일과 IPTV 어린이 채널 Kids1(대표 박영식)이 공동으로 진행하는 체험형 이벤트 프로그램으로 구성됐다. 특히 당첨자들은 5월 1일부터 8일까지 전국 17개 주요역에서 꼬마기관차 토마스와 함께 재미난 이벤트가 열리는 기차여행도 하고, 철도역이나 차량사업소 등 코레일의 주요 시설물 견학과 미래역장 체험행사 등 다양한 프로그램에 참여하게 된다.

특히 참가자 전원에게는 어린이날 특별 기념품도 제공된다. 코레일은 어린이(만4세~12세)와 가족, 어린이 복지시설, 유치원, 초등학교 단체 고객을 대상으로 지난 16일부터 26일까지 코레일 홈페이지와 Kids1 홈페이지에서 신청접수를 받았다. 최종 당첨자 850명의 명단은 지난 28일부터 개별 통보됐다. 이 밖에도 가정의 달 5월 열차 이용객에게는 토마스와 친구들 전 제품 4,000원 특별 할인혜택을 제공한다. 애니키즈 닷컴(www.anikids.com) 회원 가입 시 5월에 이용한 열차티켓의 반환번호를 입력하면, 토마스와 친구들 제품 구입 시 사용할 수 있는 적립금 4,000원을 부여한다. 단, 적립금은 제품가격이 1만원 이상인 제품에 한해 적용 가능하다.

자료 연합뉴스(2009-04-30)

그림 2-2 | 표적시장의 3가지 마케팅 전략

제6절 포지셔닝 전략

1. 포지셔닝의 개념

1) 포지셔닝의 의의

경영환경이 급변하고 복잡 · 다양해지면서 기업이 직면한 최대과제 중 하나가 바로 어떻게 하면 고객들과 효과적으로 커뮤니케이션 활동을 수행하며, 보다 더 효과적으로 마케팅할 수 있을 것이냐의 문제이다. 따라서 어떻게 하면 이처럼 정보홍수의 사회에서 자사제품 및 브랜드를 소비자에게 알리고 그 마음속에 각인시킬 것인가 하는 것이 마케터의 가장 중요한 역할 중의 하나가 되어 버렸다. 일반적으로 마케터가 시장세분화전략을 구사하게 될 때, 먼저 전체 시장 중에서 자사에 적합한 표적시장을 선정하여 그 표적시장 내에서 다른 경쟁사들과 차별적인 우위를 접할 수 있도록 자사제품이나 브랜드를 포지셔닝하게 된다.

포지셔닝이란 고객의 마음속에 자사의 상품이 경쟁사와 차별화되어 경쟁적 위치를 차지할 수 있도록 인지시키는 전략이다. 즉 고객들에게 가장 중요한 혜택을 강조하는 이미지를 그려주고, 타사(또는 상품)와 차별화하고, 광고의 소구력을 높이기 위한 수단이라고 할 수 있다.

포지셔닝은 자사의 상품 · 서비스를 고객들이 어떻게 인식하고 있느냐와 관련된 지각차원으로, 이때 고객들은 일정한 속성을 기준으로 각 기업의 상품 · 서비스를 비교하여 인지하게 된다. 적절한 포지셔닝은 경쟁사와 차별화되어 고객들에게 가장 중요한 혜택을 강조하는 이미지를 그려주고, 타사의 서비스 · 상품과 차별화하고 광고의 소구력을 높이기 위한 수단이라고 할 수 있다. 헤스켓Heskett은 가장 성공한 서비스기업은 경쟁자와 관련하여 독특한 위치를 얻기 위해 그들로부터 자신을 분리해 낼 수 있는 기업이라고 하였다.

이러한 포지셔닝은 진술statement, 즉 기업 또는 상품의 주제, 슬로건, 카피라이터 copy writer 등의 문구로서 구체화된다. 예를 들어 포지셔닝 진술에서 '가장 저렴한' '가장 강한' '가장 작은' '가장 빠른' 등과 같은 문구는 잠재고객들이 다른 경쟁상품과 구별하는 데 유용한 판단의 근거가 되고 그 상품을 오랫 동안 기억하도록 만든다.

2) 포지셔닝의 필요성

포지셔닝은 고객들에 의해 인식되는 방식이다. 포지셔닝을 통한 이미지가 기업에 의해 의도되었든 아니든 간에 고객의 마음속에 자리 잡게 된다. 기업의 상품 · 서비스는 경쟁사나 경쟁사의 서비스와 관련하여 고객의 마음속에 독특하고 고유한 위치를 확보 · 유지하게 된다면 성공적으로 포지셔닝되었다고 할 수 있다. 이렇게 되면 고객의 마음속에 경쟁사의 유사 서비스와 다른 이미지를 확실히 심어 놓게 될 것이다. 포지셔닝은 기존의 서비스를 유지하거나 재포지셔닝하는 것뿐만 아니라 새로운 이미지창조에 유용하다.

(1) 새로운 이미지의 창조와 구축 및 변화

포지셔닝은 새로운 이미지창조가 매우 중요하다. 포지션은 주로 광고를 통해서 설정되는 경향이 있다. 특히 관광상품 · 서비스에서는 마케팅 믹스 요소들이 포지션을 강화시킬 수 있고, 또 그래야 한다. 또한 포지셔닝은 이미 고객의 마음에 구축된 이미지를 유지하고 강화할 때, 혹은 변화 시에도 사용할 수 있는 중요한 수단이다.

(2) 소비자의 지각과정

소비자들은 그들이 접한 이미지를 걸러내고 불필요한 정보를 버리는 지각과정에서 그들이 접한 상업적 광고의 상당부분을 잊어버린다. 이를 막기 위해서는 분명하고 간결하며 단순한 메시지를 이용해야 한다. 이는 상품 · 서비스를 위한 포지셔닝의 필수조건이 되며, 성공적인 포지셔닝의 첫 단계이다.

(3) 경쟁의 심화

관광산업 내에서 기업 간 경쟁이 심화되면서 경쟁사와는 다른 독특한 이미지를 주기 위해 포지셔닝이 사용된다. 예를 들어, Avis렌트카는 Hertz가 렌트카 업계의 선도자라는 것을 인정하면서 업계 2위라는 위치를 성공적으로 굳혔다.

(4) 다량의 상업적 광고

현대는 광고 홍수시대이다. 소비자들은 하루에도 수백 개의 광고에 노출된다. 다량의 광고 메시지로 인해 사람들은 이들 모두를 기억하지 못하며, 이러한 상황에서 사람들의 주목을 끌기 위해서는 효과적인 포지셔닝이 필요하다. 광고는 눈에 띄고 다른 광고와 차별화되어야 하나, 간결하고 정확한 의사전달과 혼란을 주지 않아야 한다.

(5) 시장분석과 시장기회 발견

포지셔닝 맵을 통해 고객의 욕구와 경쟁상황을 분석하여 마케팅 믹스 전략개발과 새로운 상품 · 서비스와 시장을 개척할 수 있다. 시장에서 비슷한 요구를 가진 고객집단이 얼마나 있는지 파악하고 새로운 시장을 개척하는 것은 기업의 수익성 제고에 큰 도움이 된다.

3) 포지셔닝의 조건

치열한 마케팅 시장 속에서 환대산업군의 각 기업들이 고객들에게 전달하고자 하는 포지셔닝이 효력을 발휘하기 위해서는 다음과 같은 조건을 만족시켜야 한다.

(1) 적절한 포지셔닝 표적의 크기 선정

표적이 너무 협소하면 충분한 시장규모를 확보할 수 없고 판매효율이 떨어지며, 표적이 너무 넓으면 커뮤니케이션 효율이 떨어진다.

(2) 의도한 포지셔닝이 관광객에게 정확히 전달

환대산업 공급자가 아무리 매력적인 포지셔닝을 하였더라도 소비자에게 정확하게 전달되지 않으면 소용이 없다. 모든 기업은 자사의 상품과 서비스가 경쟁사와 비교하여 항상 개선가능성을 가지고 있기 때문에 경쟁사와 차별화되는 요인을 전략적으로 부각시켜 정확하게 고객에게 전달하는 커뮤니케이션 노력을 하지 않으면 안 된다. 경쟁사와 자사의 포지션을 파악하기 위한 가장 쉬운 방법은 시장점유율을 확인하는 것이다. 시장점유율은 그 순서에 따라 시장의 리더, 도전자, 추종자 등으로 구분할 수 있다.

(3) 포지셔닝에 대한 소비자들의 공감대 형성

시장에서 소비자들이 기존 제품에 대해 가지고 있는 불만요인을 파악해 포지셔닝에 활용하여 공감하도록 한다. 특히 기업이 자의적으로 포지셔닝을 한다면 성공하지 못한다. 즉 광고의 포지셔닝에 의하여 형성된 이미지와 실제 경험과 다른 경우 오히려 부정적인 구전을 조장하게 된다.

(4) 포지셔닝 확인

자사상품이 일단 시장에서 포지셔닝된 이후에는 정기적인 조사를 통해 목표한 위치에 성공적으로 포지션되고 있는지를 확인하는 데 포지셔닝 맵을 사용한다. 그것은 소비자의 마음속에 있는 자사상품과 경쟁상품의 위치를 2차원 또는 3차원의 도면으로 표현한 것으로, 각 차원은 소비자들이 중요하게 생각하는 욕구를 기준으로 작성된다. 그러나 시장의 환경이 변하면 이에 따라 새롭게 포지션을 확인하는 재포지셔닝을 실시하여 지속적으로 소비자 마음속에 상품이 인지되어야 한다.

4) 포지셔닝 전략 수립과정

(1) 소비자분석

소비자분석은 시장세분화를 거쳐 선정된 표적시장 내의 소비자욕구에 대한 정보수집 및 이해의 과정이라고 할 수 있다. 포지셔닝 전략은 표적시장의 소비자들이 추구하는 편익과 불만족을 해결하려는 과정이기 때문에 소비자의 욕구를 정확히 이해하여야 하고, 구매의사결정요소와 평가기준 등이 인구통계적 특성이나 라이프스타일, 혹은 구매태도 등에 대한 교차분석을 통해서 명확하게 파악되어야만 한다. 이러한 소비자에 대한 분석은 모든 마케팅 전략의 필수조건이며 시발점이다.

(2) 경쟁자분석

포지셔닝은 기본적으로 경쟁사에 비해서 자사의 상품 · 서비스가 우위를 점할 수 있는 포지션을 결정하는 과정이기 때문에 경쟁자가 누구이며, 어떤 상품 · 서비스, 브랜드, 이미지 등을 가지고 있는가에 대한 철저한 분석이 필요하다. 포지셔닝의 유형에 따라 소비자의 고려 상표군이 이에 들어오는 경쟁제품이나 서비스가 달라질 수 있기 때문에 상이한 속성을 지닌 상품 · 서비스도 경쟁자가 될 수 있다.

예를 들어 햄버거 시장의 선두주자인 McDonald's는 "You deserve a break today" 캠페인을 통해 전체 식음료산업을 대상으로 포지셔닝한 적이 있으며, Wendy's는 "Where is the beef" 캠페인을 통해 McDonald's와 Burger King을 대상으로 포지셔닝한 사례가 있다. 즉 같은 경쟁 기업들이지만 어떤 기업은 전체 산업을, 어떤 기업은 특정 브랜드를 경쟁 대상으로 선정하고 있다.

(3) 경쟁제품의 분석과 경쟁적 강점 파악

표적시장 내에서 경쟁상품 · 서비스가 구체적으로 결정되면 이러한 상품 · 서비스가 어떻게 인식되고, 평가 · 구매되는지에 대한 명확한 분석이 이루어져야 한다. 소비자들은 일반적으로 가장 높은 가치와 만족을 제공할 수 있는 상품 · 서비스를 선택한다. 그러나 무수한 제품과 브랜드가 범람하는 광고 홍수시대에서 많은 혜택을 모두 알리고, 동시에 소비자의 마음속에 침투시키기는 어렵다. 따라서 중요한 혜택을 집중적으로 부각시켜야 한다. 즉 기업은 상품차별화, 서비스차별화, 이미지차별화, 인적차별화 등을 통해 경쟁우위를 확보해야 한다. 이를 위해 자사와 경쟁사에 대한 소비자의 인식을 파악할 수 있는 포지셔닝 맵이 작성된다.

(4) 적절한 경쟁우위선택

전 단계에서 수행된 경쟁제품의 분석과 경쟁적 강점 파악을 바탕으로 어떤 경쟁우위점을 선택하며 몇 개의 경쟁우위점으로 포지셔닝할 것인지를 결정해야 한다. 최근 기업들은 보다 많은 세분시장에 소구하기 위해 자사의 다양한 차별점을 포지셔닝에 이용하고 있으나, 소비자의 신뢰도 구축과 확실한 포지셔닝을 위해서는 보다 신중한 선택이 필요하다. 성공적 차별화를 위한 고려요소는 다음과 같다.

- 중요성: 표적시장의 소비자들에게 확실히 가치가 있는 편익 제공
- 차별성: 경쟁자들이 동일한 차별점을 제공할 수 없도록 보다 확실히 차별된 방법으로 제공

- 우수성: 동일한 편익을 얻을 수 있는 다른 방법들보다 확실히 뛰어나야 함
- 전달성: 소비자들에게 전달할 수 있어야 하고, 보여줄 수 있어야 함
- 선점성: 경쟁자들이 쉽게 모방할 수 없어야 함
- 가격 적절성: 구입을 꺼릴 정도로 가격인상을 초래하지 않아야 함
- 수익성: 기업에 이익을 제공할 수 있어야 함

(5) 포지셔닝 개발

서비스 · 상품의 포지션은 경쟁사의 서비스 · 상품과 비교해서 소비자들이 자사가 제공하는 서비스에 대해서 어떻게 인식하고 어떤 연상을 갖게 할 것이냐의 결정에 좌우된다. 이 단계는 소비자분석과 경쟁자분석을 통해서 소비자가 욕구충족의 핵심요소는 무엇이며, 경쟁자들의 강 · 약점은 무엇인가를 파악하고, 이러한 정보를 토대로 자사가 경쟁사에 비해 경쟁적 우위를 확보할 수 있는 포지션을 개발하는 것이다.

(6) 선택한 포지션 전달

일단 포지셔닝에 사용할 차별점이 선택되고 나면, 기업은 표적소비자들에게 바람직한 포지션이 될 수 있도록 차별점을 전달해야 한다. 이 때 모든 기업은 마케팅 믹스의 노력은 포지션이 전략을 뒷받침해야 하며, 포지셔닝을 위해서는 기업의 실질적인 행동이 요구되는데, 만약 기업이 좋은 제품의 질과 서비스로 포지셔닝을 시도한다면 우선 자사의 상품 · 서비스의 품질을 높여서 소비자들에게 전달해야 한다. 즉 기업은 포지셔닝전략에 맞는 제품 · 가격 · 유통 · 촉진의 마케팅 믹스를 기획하여야 한다.

(7) 평가 및 재포지셔닝

포지셔닝이 실행된 후 기업은 목표한 위치에 자사의 상품 · 서비스가 제대로 포지셔닝되었는지의 여부를 확인하고, 주기적인 모니터링을 통해서 이를 지속적으로 유지할 수 있도록 노력해야 한다. 또한 경쟁사의 경쟁전략과 경쟁구조 및 소비자의 욕구는 시장과 경영환경변화에 따라 역동적으로 달라지기 때문에 전략적으로 포지션을 다시 설정하고 그 방향으로 기존의 포지션을 변화시키는 재포지셔닝

이 필요하다.

재포지셔닝은 다음과 같은 시기에 시행하게 된다.

① 기존의 포지션이 성공적이지 못하거나 최상의 위치를 점유하지 못했을 때

② 기존의 포지션에 경쟁 기업이 너무 많거나 강력한 경쟁사가 나타났을 때

③ 시장성이 좋은 새로운 틈새시장이나 기회를 발견했을 때

④ 기존의 포지셔닝이 진부해져 매력성이 상실되었을 때

한편 기업이 재포지셔닝을 하려면 다음의 계획 · 실행 · 통제 과정을 거쳐야 한다.

① 현재의 위치를 정확히 파악한다.

② 새롭게 추구하고자 하는 목표 포지션을 결정한다.

③ 서비스상품의 속성을 목표 포지션에 맞게 변경한다.

④ 재포지션된 서비스 상품의 내용을 고객에게 커뮤니케이션한다.

⑤ 의도된 방향으로 재포지셔닝이 되고 있는지 확인한다.

재포지셔닝을 시장에서 꾸준히 하면 기업이나 상품의 긍정적인 이미지를 지속시킬 수 있다. 재포지셔닝을 위해서는 현재의 위치를 우선 파악하여 재목표의 위치를 설정하고, 상품 · 서비스의 속성을 목표위치에 맞게 변경시킨 후, 고객과의 커뮤니케이션을 통해 변화를 점검하고 성공 여부를 확인한다.

5) 포지셔닝 맵

포지셔닝 맵 Positioning Map은 여러 가지 평가할 수 있는 차원에 따라 기업과 상품 · 서비스의 위치를 나타내는 것이다. 즉 상품 · 서비스의 심리적 포지셔닝을 위한 하나의 강력한 도구로 사용되는 기법으로, 소비자가 상품 · 기업 등에 대한 신념과 선호도를 형성하는 데 고려하는 여러 가지 속성을 2~3개의 차원으로 압축하여 차원들 사이의 지각공간을 형성한 다음, 제품들의 전반적인 유사성이나 선호도에 대한 소비자조사를 근거로 각 제품 브랜드 등을 기하학적인 거리로 환산하여 공간상에 표시하는 것이다. 이 지도를 통해서 자사와 경쟁사의 시장상황을 쉽게 이해할 수 있고, 고객들의 상품 · 서비스 평가, 마케팅 믹스, 전략효과, 이상점을 파악하여 기업으로 하여금 기회를 포착할 수 있게 한다.

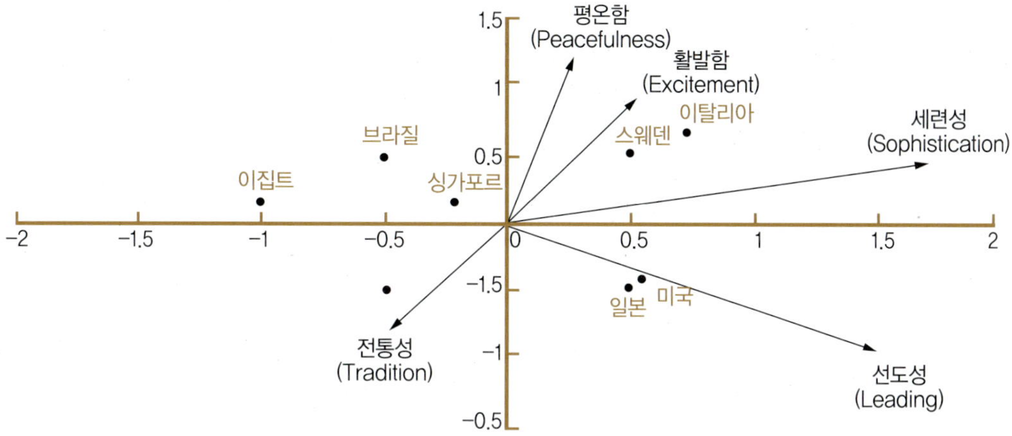

그림 2-3 | 포지셔닝 맵의 예

6) 포지셔닝의 방법

고객의 마음속에 독특한 이미지를 심어주기 위한 포지셔닝은 정보와 이미지를 이용한 방법과 일반적 포지셔닝 방법들이 있다.

(1) 고객 중심의 포지셔닝

이 접근법은 특정집단의 고객을 규명하고 참가시키기 위한 것으로 시장을 세분화하고 각 세분시장별로 포지션을 달리함으로써 소구력을 향상시킬 수 있다. 이것은 고객계층을 먼저 선택하는 방식으로 틈새시장을 개발하거나 기존고객의 충성도를 높이는 전략이다. 사회적 변화, 라이프스타일의 변화, 또는 법규의 변화에 따라 새로운 욕구나 불만을 갖고 있는 고객들을 파악하여 그들의 욕구를 충족시킬 수 있도록 포지셔닝하는 것이다. 예를 들면 비즈니스 호텔과 리조트 호텔의 경우 포지셔닝은 다르게 구사되어야 하는데, 리조트 호텔의 경우 휴양의 편리함과 즐거움을 포지셔닝하는 것이다.

(2) 서비스개념 중심의 포지셔닝

경쟁기업과는 다른 특별한 서비스개념을 창출하고 이를 원하는 고객계층을 대상으로 포지셔닝하는 전략이다. 주로 하나의 개념(혜택)을 선정하여 집중하면서 서비스품질과 가치를 전달한다. 그러나 이러한 전략이 성공하기 위해서는 경쟁기업의 모방이 쉽지 않아야 하고, 선택된 서비스 개념을 선호하는 고객들이 충분히 있어야 한다. 가격대비 서비스품질을 포지셔닝하는 경우는 환대시장에서 많이 사용하는 방법이다. 각 표적시장의 특성에 따라 가격과 품질을 조정하는 경우이다. 또 특정한 상품을 구매하면 얻게 되는 편리성이나 규모의 이익 등 혜택을 강조하여 포지셔닝하는 경우가 있는데, 대부분의 관광패키지 상품은 이러한 각종 혜택을 강조하는 포지셔닝방법을 가장 많이 쓰고 있다. 이 밖에 리조트 스파와 같이 고객계층과 서비스개념을 동시에 고려하여 틈새시장에 독특한 서비스를 제공하는 사례도 있다.

(3) 이미지 중심 포지셔닝

이미지 포지셔닝은 서비스의 등급이나 명성 등의 이미지를 포지션하는 방법이다. 서비스 자체는 무형적이므로 특징을 설명하기가 곤란하고, 제품과는 달리 구매 전에 테스트가 안되므로 서비스를 이미지로서 유형화시켜야 한다. 예를 들면 '특급 호텔', '서비스품질 대상 수상' 등은 서비스의 이미지를 고객에게 포지셔닝해 줄 수 있다. 피자헛의 경우 패스트푸드 레스토랑이 아니라 정통 레스토랑으로 포지셔닝하여 패스트푸드 레스토랑보다는 서비스 품질의 우위성을 이미지로서 강조하고 있다. 기업은 특히 경쟁사와 차별화된 강력한 이미지를 확립해야 하는데, 그것은 매우 창조적이고 장기적인 노력이 필요하다.

(4) 경쟁기업 중심의 포지셔닝

경쟁자 포지셔닝은 경쟁기업(또는 상품)에 대응하여 차별화할 수 있는 것을 강조하여 포지셔닝하는 방법이다. 이 접근법은 비교 또는 경쟁의 광고가 사용되며, 이러한 경우는 특히 '가장 우수한' 또는 '최고의' 등과 같은 비교우위를 강조한다. 경쟁기업중심의 포지셔닝에서는 기업은 어떤 차이를 부각시킬 것인지 신중하게 고려해야 한다. 따라서 너무 사소한 것이나 개발하는 데 지나치게 비용이 많은 경우, 또는 기업의 특징과 거리가 먼 경쟁요소들은 배제하는 것이 좋다. 또한 소비자가 자사와 경쟁사를 유사하게 지각할 수 있다는 문제점도 가지고 있다.

예를 들어 아비스Avis 렌터카의 경우 "우리는 2등입니다. 그래서 더욱 노력하겠습니다"라는 문구로 허츠Hertz렌터카에 대항하는 포지셔닝을 통하여 표적시장의 관심을 끌었다.

경쟁기업 중심의 포지셔닝 유형으로는 다음의 3가지가 존재한다.

- 직접경쟁기업 대응 포지셔닝: 유사상품 · 서비스 간의 경쟁기업으로 시장점유율을 높이기 위한 대응 포지셔닝
- 간접경쟁기업 대응 포지셔닝: 유사성은 적으나 다소 비슷한 욕구를 충족시키는 상품 사이에 나타나는 포지셔닝
- 고객경쟁기업 대응 포지셔닝: 고객에게 직접 자사의 명확한 이미지를 창출하는 포지셔닝

7) 포지셔닝 전략 사례

• 사례 •

튀니지 관광 포지셔닝

튀니지는 로마 역사에서 그 유명한 포에니 전쟁의 주역인 카르타고가 있던 지역이다. 한니발 장군의 후예라고 할까? 포에니 전쟁으로 치를 떨었던 로마가 그 지역을 완전히 폐허로 만들고 카르타고 주민들을 이주시킨 것까지는 알고 있었는데, 그 지역에 이렇게 국가가 형성된 것은 미처 모르고 있었다. 그 후예인지 주위에서 온 주민들인지는 잘 모르겠지만 1,000만 정도의 적은 국민으로 아프리카 지역에서 확고한 포지셔닝을 점하고 있다고 한다. 튀니지는 바로 그 IT를 아프리카 지역에 공급하는 허브 역할을 하고 있다. 이를 테면 IT 컨퍼런스나 교육, 서비스는 튀니지에서 많이 거행된다. 남아프리카(South Africa)에서 거행되는 월드컵 행사도 튀니지 기업들이 IT 부문 사업에 많이 참여한다고 한다. 튀니지는 오랜 기간 프랑스의 식민지를 거쳐서 교육 체계가 프랑스화되어 있다. 실제로 아랍어와 프랑스어 두 가지를 사용하고 있다. 아프리카는 가난과 독재에 허덕이는 나라가 많다. 고대 문명의 발상지 이집트에 가 본 사람들이 생각보다 못 사는 모습을 보고 놀랐다고 한다. 이번에 참석한 이들에게 물어 보니 "이집트는 관광과 수에즈 운하가 전통적인 수익인데, 너무 여기에 의존했던 까닭에 구태여 차세대 먹을거리에 대해서 심각하게 생각하지 않았던 것 같다"고 한다. "기존 사업이 너무 수익성이 좋으면 신규 사업을 하기 어렵고, 이것이 기업의 미래를 발목 잡게 된다"는 경험적 진리는 국가에도 적용되나 보다.

작지만 전략적 포지셔닝을 하고 있는 튀니지

튀니지의 주 산업은 관광인데 그것도 이탈리아에 가지 못하는 젊은이들을 타깃으로 한 2급(2nd tier) 관광지라고 한다. 아주 전략적인 포지셔닝이다. 이러한 서비스 기반과 프랑스와의 긴밀한 교육체계를 발판으로 IT의 중심 국가로 발전하려는 그들의 열정과 의지는 인상적이었다. 영어와 불어, 아랍어를 유창하게 구사하는 관료들은 IT가 국가 발전의 핵심이고 이를 기반으로 어떻게 발전해야 한다는 확신과 통찰력을 가지고 있었다.

자료 김홍선의 IT와 세상 일부 내용 발췌(2009-10-14)

• 사례 •

사우스웨스트 항공(Southwest Airlines)

댈러스에 근거를 두고 있는 이 항공사는 가격, 믿을 만한 서비스, 그리고 건전한 유머감각을 갖추면서 단거리 비행시장에서 자사의 위치를 확보하였다. 장거리 노선과 국제선 서비스를 제공하지 않음으로써 최신형의 대형 비행기 도입과 운행이 필요 없으며, 승무원 체재비용이 들지 않는다. 사우스웨스트는 기본적인 기내 서비스(식사도 없고, 영화도 없음)만 제공하고, 또한 자사 비행기를 계속 운항하기 위해 신속하게 회항함으로써 낮은 원가를 유지하고 있다. 운항시간이나 공항 활주로가 지연되는 복잡한 대형공항보다는 소규모 공항을 이용하기 때문에 정시에 출발가능하다. 경쟁사들이 더 저렴한 형태로 그 시장에 침투하려 하기 때문에 사우스웨스트항공은 가격만으로 차별화할 수 없다는 사실을 알고 있다. 사우스웨스트항공은 자신을 '재미있는' 항공사로 차별화하고 있는데, 조종사들과 기내 승무원들의 익살스러운 설명으로 유명하다. 사우스웨스트항공의 또 다른 인기 있는 특성은 먼저 오는 승객이 먼저 자리를 잡을 수 있는 것으로, 승객들은 비행기에 탑승했을 때 좌석표를 받게 된다. 결과적으로 절차가 단순화되고 창구에서 보다 빠른 서비스를 제공할 수 있으므로 비용을 줄일 수 있다. 현재 사우스웨스트는 수익면에서 여섯 번째로 큰 항공사이며, 수하물 처리, 고객 서비스, 정시성 등 세 가지 부문에서 5년 연속 최고의 성적을 올렸으며, 또한 장기적인 성공을 달성하기 위해 저가격과 친절하고 재미있는 항공사라는 특성을 고수하고 있다.

자료 Brooker, 2001을 바탕으로 각색

• 사례 •

시간에 따른 리포지셔닝(Club Med)

2000년에 50해를 맞이한 세계 선두 리조트 체인 중 하나인 Club Med가 괄목할 만한 성장을 이룰 수 있었던 것은 all-inclusive의 혁신적인 여행 패키지 덕분이라 할 수 있다. 다른 산업의 선두기업들처럼 사회 및 여행 트렌드를 예측하고 가장 적절한 시기에 가장 적합한 상품을 경쟁사보다 먼저 선보였던 것이다.

1980년대 후반, Club Med는 체인의 리포지션과 함께 보다 넓은 개별 표적시장에 어필하기 위한 노력을 시작하였다. 소비자 조사 결과 일반적으로는 사람들이 Club Med에 대해 긍정적인 이미지를 가지고 있는 반면 Club Med의 여행은 매우 제한적이어서 여행객들이 강제로 빌리지의 활동에 참여해야 한다는 식의 부정적인 이미지와 다소 비싸고 젊은 독신 여행자들 위주의 리조트라고 인식하고 있었다.

Club Med의 여행 상품에는 Club Med빌리지, 숙박, 식사, 엔터테인먼트, 다양한 레크리에이션 활동 및 강습, 점심과 저녁식사 시 무료 와인 및 맥주, 항공요금, 지상 교통비 등 모든 여행비용이 포함되어 있으며, 오직 스쿠버 다이빙, 골프장 및 바 이용, 빌리지나 그 외의 장소에서의 의류 및 기념품 구매의 경우에만 추가 비용이 든다. Club Med가 이러한 혁신적인 all-inclusive 패키지를 선보인 이래로, 다른 많은 리조트 특히 캐리비안의 리조트들이 이러한 아이디어를 모방해 왔다. Club Med의 또 다른 특징 중의 하나가 여행객들이 팁을 주어서는 안되며, Club Med용어로 GM(gentiles members 혹은 nice members를 의미)으로 불리는 여행객들은 오직 자신들의 휴가를 즐기는 데만 전념해야 한다. GO(gentle organizer)로 알려진 직원들은 잘 짜인 교육 및 레크리에이션 프로그램을 운영하며, 모든 GO는 낮에는 스포츠 강사, 요리사 등으로 일하다가도 야간에는 프로답게 나이트 쇼를 진행한다. Club Med 빌리지에는 80개국에서 온 다양한 국적의 GO들이 활약하고 있다.

Club Med 고객 구성

- 중간연령 41.8세
- 남성 45%, 여성 55%
- 평균수입 71,500달러
- 91%가 대학학력
- 28%가 대학원학력
- 68%가 전문직 혹은 관리직
- 63%가 기혼
- 34%가 독신, 이혼 혹은 편부모
- 44%가 가족
- 51%가 자녀동반
- 15%가 어린이

체인(chain)이라는 용어는 Club Med에 적합하지 않은 용어일 수 있다. 비록 기본적인 패키징과 프로그래밍 개념은 모든 빌리지에서 동일하지만 빌리지마다 독특한 기획력과 건축물, 그리고 레크리에이션 활동을 선보이고 있다. 패키지 자체와 같이 Club Med 빌리지는 완전한 자기충족이 가능하며 1~2주간의 휴가를 보내기에 필요한 모든 시설을 갖추고 있다. 숙박시설은 위치에 따라 다양하며 그 지역의 특성을 잘 반영하도록 건축되었으며, 최근에는 빌리지를 4 Trident village, 3 Trident Village, 2 Trident Village, Straw hut village로 나눈 Trident(삼지창 표시) 등급 시스템을 도입하였다. Club Med는 비슷한 객실을 갖춘 전형적인 고층빌딩보다는 작은 마을을 이루는 방갈로 스타일이며, 대부분의 빌리지는 테니스코트, 실외수영장, 레스토랑, 댄스를 즐길 수 있는 오픈 바, 부티크, 윈드서핑, 스쿠버 다이빙, 스노클링, 피크닉, 보트 타기 등이 가능한 시설을 갖추고 있다.

Club Med 역시 성공한 다른 기업들처럼 변화를 예측하고 그에 따라 서비스 및 시설을 변화시키는데 있어서 탁월한 능력을 보였다. 1980년대 이전 Club Med는 리포지션의 일환으로 가족여행객들에게 어필하기 위해 광고뿐만 아니라 여러 빌리지를 변화시켰으며, 광고와 브로슈어에서 가족 및 어린이 여행객들의 포지션이 두드러졌다. 일부 빌리지는 2세에서 4세까지의 유아들을 위한 Baby Club 등을 운영하기도 한다. Club Med는 독창적인 프로그래밍과 패키징을 통해 베이비붐을 마케팅 기회로 삼았다. Mini Club Medrosua는 특히 어린이를 위한 프로그래밍의 좋은 예이며, 헌신적인 GO들과 극장, 놀이방, 예술전시품센터, 피크닉, 요트시설 등을 갖추고 있으며, 그중 23개의 빌리지에는 Mini Med 회원들이 외바퀴 자전거, 저글링, 어릿광대, 줄타기 곡예, 공중그네 등을 배울 수 있는 서커스 학교도 있다.

Club Med 역시 리조트를 이용한 회의 및 인센티브 여행에 대한 관심이 증가하고 있음을 인식하고, 빌리지 대여(Rent-A-Village)라고 배너(banner) 아래 회사에 빌리지 전체를 대여하기도 하며, Club Med Group & Incentive Guide를 출판하고, Club Med 비즈니스 부서에 그룹의 욕구를 잘 다루는 트레이닝 전문가를 두고 있다. 39개의 빌리지가 회의실을 제공하고 있다.

Club Med는 주말 및 미니여행 추세에 따라 지상교통 부문은 Club Med가 제공하고 항공 요금은 여행객들이 부담하는 여행객 자신만의 패키지를 즐길 수 있는 기회를 제공하며, 크루즈 부문의 괄목할 만한 성장을 보고 크루즈 자체를 비즈니스로 이끌어 왔다. Club Med 3라는 크루즈 선박은 캐러비안에서 겨울을 보내고 지중해와 노르웨이에서 여름을 보낸다. 1992년에 소개된 Club Med2는 200명의 승무원들과 394명의 승객을 태울수 있는 5개의 돛과 컴퓨터 통제시스템을 갖춘 항해선이다.

Club Med는 뉴 밀레니엄이 시작되고 나서 매년 110개 이상의 빌리지에서 약 157만 명의 GM을 유치하고 있으며, 40개국에서 연간 15억 달러에 달하는 판매성과를 올리고 있다.

자료 모리슨(2006), 호텔·관광마케팅

• 사례 •

쪼끼쪼끼

포지셔닝은 고객의 머릿속에 새로운 공간을 창출하여 자사의 무형적 개념을 확실하게 고착화시키는 모든 활동을 포함하는 것이다. 이를 잘 구현하고 있는 외식기업 중 하나가 쪼끼쪼끼이다. 이들의 핵심 포지셔닝 개념은 바로 "H.Q.P(High Quality Position)개념의 외식문화"이다. 현대인들의 주거지와 가까운 편안한 곳에서 지중해풍의 모던한 분위기로 편안한 휴식공간을 제공하는 것을 포지셔닝 개념으로 삼고 있는 것이다.

"쪼끼"에 갈까? = 생맥주 한잔 할까?

쪼끼쪼끼의 "쪼끼(JJOKKI)"란 주식회사 태창가족에서 재미있으면서도 쉽게 발음할 수 있고 단번에 "생맥주" 혹은 "생맥주 전문점"을 연상할 수 있도록 만들어낸 신조어이다. 이웃처럼 가까운 사랑방 "쪼끼쪼끼"는 (주)태창가족의 대표브랜드로 다양하고 변화에 민감한 소비자의 입맛에 맞는 차별화된 생맥주 맛과 체계화된 시스템, 입지의 차별화 등으로 소비자에게 사랑받고 있으며, 주류 프렌차이즈업계의 리딩 브랜드로서 입지를 굳혀가고 있다. 가족문화 중심의 생맥주전문브랜드라는 점에서 여타 동종업계와는 다른 차별점을 갖는 쪼끼쪼끼는 맥주의 시원하고 깨끗한 맛을 유지하기 위해 영하 20℃에서 꽁꽁 얼린 잔과 비어클리너로 하루 두 번씩 맥주관을 세척, 냉동처리하여 100% 생맥주의 깔끔한 원맛을 그대로 살린 신개념 생맥주 전문점인 것이다.

쪼끼성공 포인트

- **대한민국 대표생맥주 브랜드는 "쪼끼쪼끼"뿐이다.** 일반적으로 접할 수 있는 맥주가 아닌 색다른 맛의 생맥주(그린생맥주, 커피생맥주, 오미생맥주, 복분자생맥주 등)를 자체 개발하여 공급함으로써 맛의 차별화에 성공하였으며, 영하 20℃에서 꽁꽁 얼린 맥주잔과 비어클리너로 하루 두 번 자동 세척한 맥주관을 통해 언제나 100% 신선한 맥주맛을 즐길 수 있다.
- **가족을 위한 새로운 감각의 외식공간입니다.** 가족이 한자리에 모일 수 있는 밝고 쾌적한 분위기 창출, 어설픈 개성과 특화보다는 편안함과 보편성 속의 독특함을 테마로 하는 "H.Q.P(High Quality Position)개념의 외식문화를 전략적으로 수립, 현대인들의 주거지와 가까운 편안한 곳에서 지중해풍의 모던한 분위기로 편안한 휴식공간을 제공한다.

쪼끼의 시사점

쪼끼쪼끼는 일반적인 맥주집이 유명 브랜드의 대량 맥주를 받아 공급하던 우리나라의 생맥주 시장에서 직접 담근 색다른 맛의 생맥주를 자체 개발하여 공급함과 동시에 독특함을 적절히 포지셔닝한 것이다. 즉 기업 특유의 개념을 개발하여 전달하는 것이다. 이런 점에서 쪼끼쪼끼는 탁월한 역량을 보이는 곳 중 하나이다.

자료 김성일 외(2009) 외식마케팅관리

Chapter 3 마케팅믹스 전략

제1절 상품 전략

1. 상품의 개념 및 분류

1) 상품의 개념

일반적으로 우리가 마케팅에서 이야기하는 상품 product이란 재화 goods와 용역 services을 의미한다. 이번 절에서는 간단하게 재화, 즉 상품의 국한된 내용만을 살펴보도록 하겠다. 기본적인 마케팅의 개념에서 상품은, 그 자체로는 아무런 가치 value가 없다. 소비자들이 얻게 되는 혜택 benefit만이 있을 뿐이다. 즉 소비자들은 상품에 대한 혜택을 구입하는 것이다. 사람들은 물리적인 화장품을 구입하는 것뿐만이 아니라, 아름다움, 미용, 자기만족, 이미지 등 수많은 혜택을 제공하기 때문에 화장품을 구매한다. 시장이 세분화되면 세분화될수록 구매의 이유와 구매의 형태도 달라지게 마련이다. 우리가 매일 접하는 TV, 라디오의 광고 등에서 반복적으로 말하는 상품에 대한 여러 가지 다른 범주의 혜택들이 바로 그것이다.

그럼 환대산업 속의 상품이란 무엇일까?

환대산업의 상품이란 고객이 환대산업군의 제품을 이용하면서 유·무상으로 구매하는 물리적인 상품과 서비스뿐만 아니라 기획 및 개발, 브랜딩 branding, 패키징 packaging하는 것을 포함한다. 특히 관광상품은 유형의 상품보다 정신적·관념적·추상적인 무형의 상품이 더 많은 것이 특징이며, 단일요소의 상품으로 생산되고 판매되기도 하지만 대부분 이질적인 여러 요소가 결합되는 조립상품으로 판매된다. 따라서 관광공급자는 관광상품들이 상호 보완재의 역할을 하므로 관광객 유치라는 공동 목표에 따른 공동 마케팅을 추구할 수 있다.

관광상품은 서비스상품으로서 그 구성은 핵심서비스 core service와 부가서비스 supplementary service로 되어 있다.

핵심서비스란 서비스상품에서 주가 되는 서비스를 말하며, 부가서비스란 주된 서비스를 팔기 위한 부수적 또는 보조적 서비스를 말한다.

서비스 공급이 부족한 과거에는 환대산업기업이 핵심서비스에만 초점을 맞추면 되었지만 환대산업의 공급이 늘어나고 경쟁이 심화되고 있는 오늘날에는 핵심서비스의 품질과 가격이 비슷하므로 핵심서비스만으로는 차별화하기 어렵다. 따라서 부가서비스는 경쟁사와 차별화되고 경쟁의 원동력이 된다는 점에서 환대산업의 상품 믹스 전략의 유용한 수단이라고 할 수 있다.

예를 들어 항공사의 핵심서비스는 목적지까지 안전하게 운항하는 것이며 부가서비스는 건강한 기내식, 최신 영화 상영, 마일리지 서비스 등을 들 수 있다.

환대산업의 상품은 다음과 같은 요건을 충족시켜야 한다.

① 환대산업기업에 이익을 가져다줄 만큼 수요가 충분해야 한다.
② 환대산업기업의 전체적인 이미지와 사명에 적합해야 한다.
③ 인적서비스 능력이 확보되어야 한다.
④ 환대산업조직 및 환대산업기업의 이익 또는 성장에 공헌해야 한다.

2) 상품의 분류

시장에 많은 상품이 존재하는 이유는 사람들의 끝없는 필요와 욕구를 충족시켜 주기 위해서이다. 이런 상품들을 세 가지 분류로 나누어 설명해 볼 수 있는데, 첫째는 상품이 주는 무형의 성질인 혜택에 해당하는 부분인 핵심상품 core product이다. 즉 위에서 언급했듯이 사람들이 구입하는 것은 상품이긴 하지만 소비자가 간접적으로 얻고자 하는 것은 구입한 제품에 대한 혜택 및 가치라는 것이다. 두 번째는 유형상품 tangible product이다. 즉 비물리적인 가치나 혜택이 아닌 눈으로 보고, 손으로 직접 만질 수 있는 제품의 유형적 특징을 말하는 것이다. 여기에는 상품의 디자인, 품질, 포장, 상품의 재질 등이 포함된다. 세 번째로는 핵심상품과 유형상품의 가치를 확장하는 확장상품 augmented product이다. 단순히 '고급 레스토랑에서 맛있는 음식을 먹는다' 의 개념이 아니라 "최고의 셰프가 나 한 사람을 위해 만든 음식을 최고의 서비스를 받으면서 먹는다"와 같은 가치의 확장을 말하는 것이다.

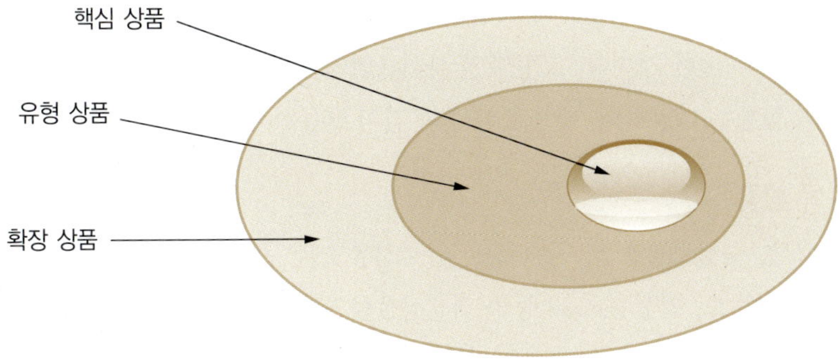

그림 3-1 | 상품의 분류

• 사례 •

한국 최고의 미용실을 꿈꾼다.

"사업은 아트! 새로움 없이 안주하면 그대로 죽어버리죠." 최소한 대한민국 안에 이런 미용실은 없을 것이다. 모든 손님에게 12가지 풀코스 서비스와 전문 요리사가 만든 음식이 무제한 제공된다.
이미 강남역 명소로 자리 잡은 '리챠드 프로헤어'의 차별된 전략이다. 고급 샹들리에로 장식된 인테리어가 호텔 로비와 같다. 마이크를 단 제복 차림의 여성들이 손님을 안내한다. 자신의 모발 상태와 원하는 스타일을 전문가와 상담하며 그 내용은 전속 디자이너들에게 전달된다. 잠시 기다려야 한다면 샐러드 바를 이용하자. 전문 요리사가 준비한 피자, 케이크와 다양한 음료수가 구비되어 있다. 강남역 부근에 위치한 미용실 '리챠드 프로헤어'의 모습이다. 여기서 주의할 점은 화려한 인테리어 때문에 위화감 생겨 들어가지 못하는 불상사는 없어야겠다. 모든 시술 가격은 강남에 위치한 어떤 미용실보다 저렴하게 책정되었다는 것이 관계자의 귀띔이다. 396m²(120평)가 넘는 미용실 중앙에 무제한으로 이용할 수 있는 뷔페 BAR가 마련되어 있다. 그저 보이기 위한 시늉이 아니라 전문 요리사까지 갖춘 본격 뷔페 Bar다.

앞에서 제시한 상품의 분류에 대한 내용은 일반적인 마케팅에서의 상품의 개념을 간단하게 서술한 것이다. 그렇다면 환대산업에서 말하는 상품은 무엇일까? 관광상품의 종류는 다양한데, 대체로 다음과 같이 분류할 수 있다.

(1) 숙박 상품

관광호텔, 수상관광호텔, 가족호텔, 한국전통호텔, 콘도미니엄, 모텔, 여관, 유스호스텔, 방갈로, 펜션 pension 등의 객실상품을 말한다.

(2) 식음료 상품

호텔 레스토랑 및 관광식당, 일반 음식점, 유흥 음식점, 간이음식점 등에서 제공하는 음식과 음료 등의 상품을 말한다.

(3) 교통 상품

항공기 · 선박(유람선 포함) · 버스 · 기차의 객석 및 렌터카 등의 상품을 말한다.

(4) 관광 편의품

관광활동에 필요한 물품, 즉 모자, 의복, 선글라스 등의 상품을 말한다.

(5) 쇼핑 상품

기념품, 토산품, 특산품 등의 상품이 있다.

(6) 관광 명소 상품

박물관, 전시관, 기념관, 문화유적지, 명승지, 휴양지, 민속촌, 테마파크, 공원, 생태관광지, 재래시장, 건축물, 자연 그 자체 및 형상물 등을 이용한 상품을 말한다.

(7) 관광 활동 상품

온천, 스포츠활동, 전통체험(김치, 도자기 등), 카지노 등의 체험상품을 말한다.

(8) 관광 이벤트 상품

축제, 공연, 스포츠경기, 박람회 등 이벤트성의 상품을 말한다.

(9) 기타

기후, 친절성, 이미지, 민족성, 신기성 등을 관광상품화한 것도 있다. 예를 들어 동남아시아 관광객에게는 우리나라의 눈과 단풍은 기후를 이용한 좋은 관광상품이다.

• 사례 •

비싼 만큼 제값을 합니다. - 뮤지컬 〈오페라의 유령〉 배짱 마케팅

경제 부문에서 세계 10위를 바라보는 우리나라에도 이제 그에 걸맞은 문화산업이 본격적으로 형성되고 있다. 그동안 IT산업에만 벤처 캐피털의 돈이 몰리더니, IT 열기가 식자 이번에는 문화산업인 영화에 한창 투자 붐이 일었다. 그 투자 열풍이 이제 뮤지컬로 옮아가고 있는 중이다. 뮤지컬도 확실한 투자처가 될 수 있다는 것을 보여준 사례가 바로 〈오페라의 유령(The Phantom of the Opera)〉이다.

그동안 우리나라의 연간 공연예술 시장은 1,300억 원이었고, 그중 뮤지컬 시장은 10분의 1인 140억 원에 불과했다. 그러나 2001년 12월에 시작하여 2002년 6월에 막을 내린 이 〈오페라의 유령〉의 매출은 160억 원에 이른다. 이런 상황이니 벤처 캐피털이 문화산업에 관심을 가지지 않을 수 없다. 국내 최장기 공연(32주 대관), 최고 제작비(110억 원) 등의 기록과 함께 막을 내린 〈오페라의 유령〉은 그 밖에도 '1개월 공연 전회 매진', '7주 만에 10만 관객 최단기 돌파' 등의 숱한 화젯거리를 제공했다. 기존의 공연 관행과는 달리 명품 전략식 배짱 마케팅으로 초대권이나 할인권을 일절 제공하지 않았음에도 90%가 넘는 좌석 점유율을 보였다. 네티즌을 대상으로 한 네티즌 펀드도 공모 첫날 5초 만에 2억5천만 원이라는 경이적인 금액이 모여 화제가 되기도 했다. 이렇게 한국 뮤지컬 시장의 새로운 붐을 일으킨 〈오페라의 유령〉이 어떻게 관객들을 홀렸는지 확인해 보자

한국 공연의 성공 요인

외국에서 〈오페라의 유령〉이 성공을 거두었다고 해서 우리나라에서도 성공을 한다는 보장은 없다. 왜냐하면 외국에서 장기공연을 했던 〈캣츠〉가 우리나라에서는 매출이 기대에 못 미쳤기 때문이다.

그렇다면 유독 〈오페라의 유령〉이 대히트를 치게 된 원인은 무엇이었을까?
먼저, 탄탄한 작품성과 외국에서의 장기 공연으로 확실하게 검증된 작품을 채택하여 공연 라이선스를 가진 외국 업체로부터 다양한 노하우를 성공적으로 전수받았다는 점이다.
원작의 후광을 입었다 하더라도 한국 뮤지컬 시장의 특색을 무시하고는 성공할 수 없는 법. (주)제미로는 다음과 같은 마케팅 전략으로 관객홀리기에 전력투구를 한다.

1년 전부터 철저한 시장조사

개막 9개월 전부터 전문 리서치 기관에 의뢰, 시장 상황을 분석하고 공연 상품에 대한 리서치 조사를 3차례나 실시했다. 소득, 학력, 직업에 기초한 기본적인 인구통계학적 자료는 물론 공연 티켓 구매 빈도, 구매 수량 등 판매와 공연물 정보를 입수하는 채널도 꼼꼼히 체크했다. 또한 인지도나 호감에 대한 꾸준한 조사자료를 기초로 언론 플레이를 하며 홍보전을 펼치기도 했으며, 제작 발표회 등을 통해 프로모션하기도 했다.

다양한 홍보 전략

광고 계약이 체결된 2001년 4월부터 계획된 스케줄에 따른 행사나 이벤트, 홍보가 진행되었다. 제작 발표회를 시작으로 9차례에 걸친 오디션, 프레스 투어, 공연 4개월 전부터 실시한 티켓 예매, 네티즌 펀드, 계열사프로모션 등 다양한 방법이 동원되었다.

배짱 마케팅

배짱 마케팅은 〈오페라의 유령〉이 기존 뮤지컬의 마케팅과 가장 차별화되는 부분이다. 한 일간지에서는 이를 명품 전략이라 일컫기도 했는데 관객에게 할인권이나 초대권을 일절 제공하지 않은 것이다. 얼마나 철저하게 이 전략을 구사했는지 (주)제미로의 모 기업인 동양제과의 임원에게는 물론 기자들도 공짜 티켓을 받아 볼 수 없을 정도였다. 관련 홈페이지에는 제작자가 이런 좋은 공연을 보는 것에 표 값을 아끼지 말라고 언급까지 하고 있는데, 그만큼 작품에 대한 자신감을 가지고 뮤지컬 마니아나 고소득 계층을 겨냥하고 있다는 뜻이다. 특히 공연사업에서 할인을 하지 않을 경우, 수익 증가는 물론 상품 자체는 고급 이미지를 심는 효과가 있다. 또한 할인을 하거나 초대권을 뿌리는 등의 제살깍기 식의 마케팅은 수익에도 큰 도움이 되지 않는다. 값어치를 하는 뮤지컬이니만큼 제값을 지불한 관객들에게만 보여주겠다는 배짱 마케팅이 오히려 호응을 받았다.

공동 마케팅

동양제과 계열사인 패밀리 레스토랑, 베니건스를 찾은 사람들은 누구나 레스토랑 벽을 장식하고 있는 〈오페라의 유령〉 포스터를 보게 되었다. 베니건스의 상무인 문영주 씨가 바로 (주)제미로의 공동대표를 맡고 있었기 때문이다. 베니건스 정도의 패밀리 레스토랑에서 외식을 즐기는 사람들이라면 비싼 값의 뮤지컬이 그렇게 부담스럽지 않을 수도 있다. 그리고 값을 떠나 그 문화권에 소속되어 있다는 느낌이 이들에게는 중요한 것이다.

자료 김민주(2004) 마케팅 어드벤처

2. 상품의 수명 주기와 전략

마케팅에서 빈번하게 언급되는 일반적인 용어 가운데 하나가 바로 상품수명주기 Product Life Cycle이다. 호텔이든, 레스토랑이든, 여행사든, 항공사이든 모든 제품은 수명주기가 존재한다. 이는 사람의 삶과 동일하게 生과 死가 있다는 것을 의미한다. 정도의 차이는 보이겠지만, 이 수명주기는 마케터들이 반드시 알고 있어야 하는 상품판매의 공통적인 패턴이다. 그리고 이러한 패턴은 기업에 유용한 통찰력을 제공한다. 산업혁명 당시 최고의 신기술을 자랑하던 증기기관차업자들은 그들이 생산하는 제품의 수명이 영원할 거라 생각했다. 그 후로, 증기기관사업이 사양길로 접어들었지만, 그들은 그들의 사업에 마지막이 올 거라는 것을 믿지 않았다.

일반적으로 우리 사회 전반의 정치, 경제, 외교, 과학, 기술의 변화는 제품의 수명주기에 영향을 미친다. 트렌드의 변화와 산업의 형태에 따라 다르겠지만 그 패턴은 동일하다. 전형적으로 기업에서 신제품을 출시한 후 시간의 경과에 따라 도입기, 성장기, 성숙기, 쇠퇴기의 4단계를 거치면서 S자형 커브를 그린다는 것이 상품수명주기 PLC : Product Life Cycle이다. 환대산업에 대한 상품의 수명주기도 예외는 아니어서, 각 단계별로 적절한 마케팅이 요구된다.

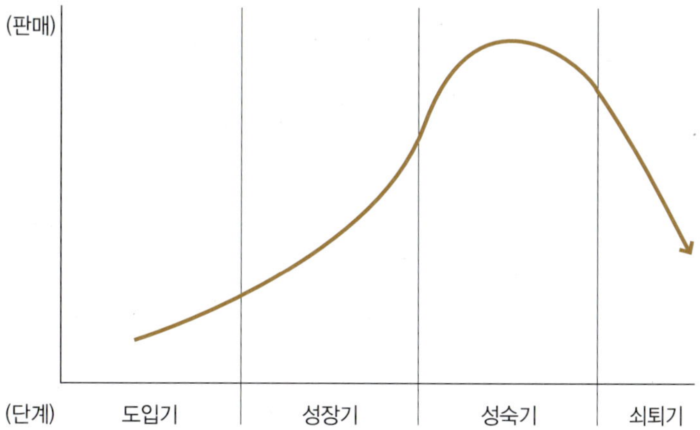

그림 3-2 | 상품수명주기

1) 도입기

(1) 도입기의 특징

기업에서 신제품이 출시되면, 고객에게 신제품에 대한 최초의 서비스가 제공되는데 이때부터 도입기가 시작된다. 도입기는 시장 진입단계로서 도입기에 하는 마케팅은 제품에 대한 시장의 기반을 제대로 다지기 위한 방법이 강구된다. 도입기에는 수요가 적고 매출은 낮아 이익이 발생하지 않거나 아주 낮은 편이지만 많은 투자비용이 산출되는 시기이다. 또한 새로운 상품에 대한 구매자의 수가 아주 적고, 경쟁기업이 없거나 극소수인 것이 특징이다. 그러나 종종 서비스와 제품은 높게 평가되어, 보다 모험적인 고소득 고객과 다른 혁신자 innovators들에게 매력을 준다. 이 단계는 계속적인 환경 모니터링과 시장조사를 통해 고객취향의 변화추이가 면밀히 분석되어야 하며, 이것이 상품개발에 피드백되어야 한다.

(2) 도입기의 마케팅 전략

① 시장세분화의 불필요성

도입기에는 시장규모가 작고 고객들의 요구나 욕구가 다양하지 못하다.
따라서 시장세분화에 대한 필요성은 낮은 편이다.

② 고가와 저가전략의 선택

요즘 시장의 가장 큰 특징은 고가와 저가 시장의 확실한 구분을 들 수 있다. 제품이 주는 효용가치가 큰 상품에 대해서는 고객들은 아무리 비싼 가격도 서슴없이 지불할 의사가 있고, 당분간 잠재경쟁자의 진입이 없다고 판단되면 고가격에 의하여 단위당 높은 마진을 실현시킬 수 있는 상품을 도입할 수 있다.

반대로 저가격은 신속하게 시장침투를 하는 것이 목적인데 잠재시장이 비교적 크고, 가격민감도가 높으며 경쟁자가 쉽게 진입할 수 있는 경우에 적합하다.

이와 같이 도입기에는 고가전략과 저가전략 중 하나를 선택해야 하는데 일반적으로 신제품일수록 고가를 선택하는 경우가 많다. 왜냐하면 경쟁자가 없고, 경쟁자가 모방상품으로 따라오면 경쟁자보다 낮은 가격으로 대응하는 전략을 구사할 수 있기 때문이다.

• 사례 •

'親환경 레스토랑' 전도사 된 미디어 황제 CNN설립자 '테드터너', 美에 50곳 개점

"만약 전체 레스토랑 산업을 그린(환경)레스토랑 산업으로 바꿀 수 있다면 지구온난화 현상을 예방할 수 있다." 미국 시카고에서 열리는 세계레스토랑협회 연례회의에서 CNN설립자이자 지금은 환경운동과 대규모 토지지주회사를 운영하고 있는 '미디어의 황제' 테드터너(Ted Turner)가 한 연설의 한 대목이다. 미디어의 황제가 뜻밖에도 94만5000의 회원을 보유하고 있는 세계레스토랑협회를 찾은 이유는 그 자신이 레스토랑 체인사업가이기도 하기 때문이다.

그는 2002년 '들소고기'를 특화시켜 오하이오에 레스토랑 '테즈 몬타나 그릴(Ted's Montana Grill)' 제1호점을 연 이후 지금까지 18개 주에 50개의 레스토랑을 열어 'TMG' 선풍을 일으켰다.

그 이유는 들소고기보다는 이 레스토랑이 기치로 내세운 '환경 친화(Eco-Friendly)' 때문이다. 식당의 목표가 특이하게도 99% 플라스틱에서 해방되자! 이다. 실제로 모든 TMG레스토랑들에서는 플라스틱컵과 빨대를 볼 수 없다. 컵은 옥수수 녹말로, 빨대는 미생물에 의해 분해되는 종이로 만들었다. 음식 포장용기도 같은 재질의 종이이며, 메뉴판은 100% 재생지다. 플로리다에 있는 TMG 레스토랑의 지붕은 태양열 난방이다. 이런 시설도 계속 늘려간다는 방침이다. 또 한 가지, 모든 TMG 레스토랑에서는 당연히 금연이다.

테드터너는 이번 연례회의에서 자신의 취지에 공감해 그린 레스토랑을 개업하는 회원식당들에는 대규모 자본 지원을 하겠다는 구상도 밝혔다. 터너의 제안은 결코 엉뚱하지 않다. 식당은 다른 산업 시설에 비해 더 많은 환경 피해를 가져온다. 퍼시픽가스앤드일렉트릭(PG&E)에 따르면 식당은 다른 상업시설에 비해 같은 공간당 5배의 에너지를 사용하고 있다. PG&E는 1년에 한 식당당 50만KW의 전력과 2,000만kcal의 천연가스, 303만2000L의 물이 사용된다고 발표했다. 또한 미국 환경보호청은 한 식당당 490t의 이산화탄소를 배출하고 있다고 발표했으며, 그린 레스토랑 연합은 한 식당당 4만5,300kg의 쓰레기를 배출하고 있다고 했다. 실생활을 파고드는 테드 터너의 환경운동은 이미 미국언론으로부터 큰 주목을 받기 시작했다.

19일 미국 주간지 뉴요커(The New Yorker)는 테드 터너를 지구를 파괴하려는 악당들과 맞서 싸우는 이들의 이야기를 담은 1990년대 인기 애니메이션 '출동 지구특공대'의 영웅 '캡틴 플래닛'에 비유했다.

자료 조선일보(2008-05-20)

2) 성장기

(1) 성장기의 특징

성장기에는 수요가 급속도로 커지고 매출도 급성장하여 이익이 점점 증가하는 단계이다. 이 시기에는 경쟁기업이 등장하게 되는데 시장 자체가 성장하는 단계이다. 성장기에는 경쟁업자들이 다같이 성장을 누릴 수 있지만, 기업의 유지 차원에서 경쟁기업들보다 더 많은 시장 확대가 요구된다.

• 사례 •

Culb Med

1980년대와 90년대 후반 북미의 Club Med는 해마다 15%에서 25%의 판매가 증가하였다. 이들은 이러한 성장을 지속시키기 위해 여러 가지 전략을 이용하였으며, 성장에 따른 충분한 수용력을 갖추기 위해 새로운 리조트를 열었다. 기업고객, 자녀를 동반한 가족, 신혼부부 그리고 스쿠버 다이버와 테니스 선수 같은 스포츠마니아들, 테마 주일과 같은 새로운 표적시장과 각각의 표적시장이 Club Med에서 할 수 있는 것이 무엇인지를 정확히 보여주는 것으로 전환했다. 노년층, 재혼부부, 독신, 커플 그리고 가족과 같은 다양한 세분시장에는 가격에 민감한 환경에서의 접근이 이루어졌다. 또한 Club Med는 북미시장에 주말 패키지를 제공하기 시작했다. 기존의 리조트와 새로운 리조트에 어린이들과 유아를 위한 시설과 개인 컴퓨터 교육 등과 같은 부가서비스를 추가하였다. 고객에게 직접 판매하는 전통적인 접근법에서 여행사를 통한 판매에 보다 중점을 두게 되었다.

자료 제주일보(2009-10-07)

(2) 성장기의 마케팅 전략

① 상품 생산의 확대

시장을 확대하여 상품 생산을 확대하는 데 초점을 두어야 한다.

② 상품의 차별화

다양한 소비자의 욕구를 충족시키고, 경쟁에 대응하기 위하여 기업은 자신의 기업의 상품에 차별화를 시도해야 한다.

③ 상표선호도 향상을 위한 촉진전략

도입기에서는 상표인지도 제고가 전략이었다면, 성장기에는 상표선호도 향상 전략으로 전환이 필요하다. 예를 들어 대한항공이 독과점을 하던 시기에는 대한항공 자체만 소비자들에게 인식시키면 되었다. 가격과 서비스에 관계없이 소비자는 대한항공을 이용하였다. 하지만 아시아나항공의 등장으로 인지의 문제가 아니라, 자사를 소비자가 선택할 수 있도록 경험과 노하우, 운항노선 등의 노하우를 강조하는 촉진전략, 즉 상표선호도 전략으로 바뀌게 되었다.

3) 성숙기

(1) 성숙기의 특징

성숙기에는 성장기에 비하여 시장수요대비 기업들의 공급능력이 큰 반면에, 경쟁은 치열하다. 따라서 매출증가율이 저하되고 시장점유율을 유지하기 위한 마케팅 비용의 증가와 함께 이익은 감소한다. 시장에 새로이 진입하는 서비스 기업의 수와 이미 관련업종을 운영하고 있는 점포의 수가 감소하며 기업의 수익은 정체하든지 아니면 줄어든다. 이러한 경향은 시장의 인구통계적 변화, 소비자의 욕구의 변화, 경쟁의 격화 그리고 신제품 서비스의 등장에 따른 구서비스의 수요 감퇴, 즉 제살 깎아 먹기에 의해 촉발된다.

(2) 성숙기의 마케팅 전략

① 수요확대와 경쟁자 고객의 흡수

기존의 상품으로 새로운 세분시장에 진출하거나 경쟁자의 고객을 흡수하여야 한다.

② 시장점유율 유지

한정된 시장을 놓고 경쟁에서 살아남아야 하므로 마케팅지출을 줄여 가격을 낮추거나 상품을 차별화하여 최소한 시장점유율을 유지해야 한다.

• 사례 •

밤을 사랑하는 '올빼미 족'을 잡아라

매장에 있던 50여 명의 손님의 시선이 한순간 이 '수상한' 일행에게 꽂혔다. 이들은 맥도날드가 섭외한 전문 힙합 댄서들로, 한밤중에 매장을 찾은 손님들에게 두 시간 동안 현란한 브레이크 댄스를 선보였다. 맥도날드는 새벽잠을 잃은 '올빼미족'을 겨냥해 전국 각지 매장에서 이런 심야 깜짝 이벤트를 펼칠 예정이다. 비슷한 시각, 서울 한남동 그랜드 하얏트 호텔에서는 '봄 이야기'를 주제로 한 심야 파티가 열렸다. 새벽 3시까지 이어진 이 파티는 3만 원의 입장료를 받았는데도 3300여 명이 몰렸다. 자동차 기업부터 의류업체까지 기업들의 스폰서 경쟁도 치열했다. 메르세데스 벤츠, 아사히 맥주 등은 따로 안내부스를 설치해 홍보활동을 벌였다. 하얏트 호텔 구유회 부장은 "새벽에 활동하는 사람들이 늘면서 심야 파티를 계속 늘릴 계획"이라고 밝혔다. 호텔 측이 정기적으로 아카데미 시상식을 연상시키는 '스타의 밤' 파티, 매장 내부를 비행기 기내로 변신시킨 '항공사의 밤' 등 수많은 테마파티를 심야에 개최하는 것도 바로 이 때문이다.

심야에 햄버거를 먹는 올빼미족

최근 홈쇼핑, 대형마트, 음식점들이 이처럼 심야시간대 고객 유치를 위해 치열한 경쟁을 벌이고 있다. 과거 열대야 현상으로 밤잠을 설치고 거리로 나서는 사람들을 잡기 위한 한여름 심야 마케팅이 간간이 있었지만 요즘은 심야 마케팅이 '1년 365일'로 확대되고 있다. '늦은 밤 기피 메뉴'였던 햄버거와 커피를 팔기 위한 업체 간 경쟁도 치열하다. 롯데리아, 버거킹 등 패스트푸드 업체들은 24시간 영업 점포를 늘려가고 있다. 2005년 업계 최초로 24시간 영업을 시작한 맥도날드도 전체 매장 수의 70%(163개)까지 24시간 영업점을 늘렸다. 밤 12시부터 새벽 6시까지의 매출도 2008년 1분기 전년 같은 기간에 비해 68% 이상 늘었다. 커피 전문점 탐앤탐스도 서울 청담동, 압구정동, 홍대 등 번화가를 중심으로 24시간 매장을 운영하고 있다.

컨설팅회사 액센츄어의 박종성 전무는 "야근이 잦아지고 밤에 돌아다니는 유동인구가 많아지는 등 사람들의 라이프스타일 자체가 변하면서, 기존 시간대 영업만으론 한계를 느낀 기업들이 24시간 체제를 구축하고 있다"고 설명했다.

뜨거운 쇼핑의 밤

심야 쇼핑족을 잡기 위해 할인점에 이어 홈쇼핑 업체까지 24시간 영업에 도전하고 있다. 전통적으로 홈쇼핑 업계에서 매일 자정부터 오전 6시까지의 시청률은 인기시간대의 10분의 1에도 못 미쳤다. 하지만 요즘은 자정부터 오전 2시까지 시청률이 폭발적으로 증가, 일일 평균시청률을 웃도는 '프라임 타임'으로 대접받는다. 일부 패션, 란제리 업체들은 일부러 이 시간대에 신상품 출시 방송을 하기도 한다. GS홈쇼핑 신진호 차장은 "4월 들어 오전 1시대 시청률이 전년 대비 5% 상승했다"며 "이러한 추세에 따라 매주 토요일 새벽 0시40분부터 1시간 동안 여행상품을 고정 편성하는 등 '고급화 전략'을 펼치고 있다"고 말했다. 지난 19일 새벽엔 사이판 여행상품 650개를 팔아 5억 원의 매출을 올렸다. 대신 오전 2시20분부터 내보내던 상품 재방송은 오전 2시40분으로 20분 늦췄다.

홈플러스는 전국 20여 매장에서 24시간 영업을 하고 있다. 전자 양판점 하이마트는 24시간 배송시스템을 강화했다.

자료 조선일보(2008-04-30)

4) 쇠퇴기

(1) 쇠퇴기의 특징

쇠퇴기에는 매출은 하락하고, 이익도 점점 발생하지 않는다. 일반적인 기업들은 자기만족에 빠지고 새로운 콘셉트나 미충족의 신시장을 개발하지 못하면, 결국 쇠퇴해 사라지게 된다. 그러므로 더 이상 마케팅 비용의 지출은 무의미하므로 철수전략과 수확전략의 선택이 요구된다.

(2) 쇠퇴기 마케팅 전략

① 철수 divest 전략

철수전략은 가능한 한 쇠퇴기에 해야 하는 가장 중요한 결정일 것이다. 기업의 상품주기가 쇠퇴기의 징후가 보이기 시작할 때나, 성숙기가 끝나는 시점에서 철수전략을 실행하는 것이 가장 좋다. 그러나 성급한 철수를 단행하게 되면, 혹시 생길지 모르는 극적인 반전을 놓칠 수 있다는 것도 염두에 두어야 한다.

② 수확 harvest **전략**

자사의 구매 수요가 계속적으로 감소한다고 인식되는 시점에 지출을 줄이고, 가능한 한 최대의 수익을 얻도록 하는 전략이다. 하지만 인적의존도가 아주 큰 서비스 관련 산업에서는 잘 사용하지 않는다.

③ 제거 pruning **전략**

불필요하게 제공되고 있는 추가서비스의 수는 제거하고, 기업의 기본 서비스 상품 중에서 이윤을 많이 내는 서비스 부분만을 선택적으로 유지하는 전략이다.

④ 비용절감 retrenchment **전략**

기업에 이익을 계속 유지하고 확장하는 상품에 대해서는 유지하고, 반면에 투자하고 기획하는 금액에 비해 큰 이익을 얻기 어려운 영역의 지출되는 비용을 과감히 줄이는 전략이다.

⑤ 재활성화 rejuvenation **전략**

기존 상품시장의 다른 루트를 겨냥하거나, 새로운 타깃시장을 찾는 전략을 말한다. 하지만 위의 전략을 실현시키기 위해서는 도입기와 유사한 정도의 비용 지출이 필요하기 때문에 매우 위험하다. 재활성화 전략의 주된 목적은 상품의 수명주기를 되돌려 다시 성숙기로 돌아가자는 취지이다.

• 사례 •

창조적 사고로 위기를 극복한 '아사히야마 동물원'

1967년 개장 이후 아사히야마 동물원은 놀이시설을 확충하는 등 동물원의 원래 취지를 벗어났으며, 1980년대에는 테마파크가 들어서면서 관람객이 감소하는 시련을 겪게 된다. 하지만 고스케 마사오 원장이 취임하면서 아사히야마 동물원에도 변화와 창조의 바람이 불기 시작하게 된다. 기적의 비결은 첫째로 그의 리더십을 들 수 있으며, 둘째로는 동물의 자연스러운 모습을 관람객들에게 보여주는 행동전시를 들 수 있다. 아사히야마 동물원은 겨울이면 눈밭으로 변하는 동물원 광장에 펭귄을 산책시키고 수조에 유리터널을 만들어 펭귄이 헤엄치는 생생한 모습을 보여주는 등 관람객 중심으로 전시방법을 바꿨다. 사육사들은 자발적인 학습조직을 통해 다양한 아이디어를 내놓고 이를 실천하였다. 마지막으로는 언론과 시민이 아사히야마 동물원을 적극적으로 홍보하도록 만듦으로써 많은 사람이 이 동물원을 찾게 만들었다.

아사히야마 동물원이 처음부터 성공적인 변신을 꾀한 것은 아니었다. 사육사들은 끊임없는 토론을 통해 동물원의 존재 이유와 변화 등을 공유하였다. 동물원이 유지되어야 한다는 입장을 보인 사육사들은 그 근거로 다음을 들고 있다. 첫째, 동물원은 야생동물을 보호할 수 있는 공간이며, 동물보호에 대해 새삼 느낄 수 있는 공간이다. 둘째, 동물원은 사람들에게 휴식 공간을 제공하며, 어른들에게는 추억을, 아이들에게는 꿈과 희망을 준다. 이러한 사육사들의 학습 연구 모임은 1975년부터 구성되었으며, 동물에 관한 특이사항이나 전시방법에 관한 생각과 의견 등 가장 관심을 갖는 연구 테마에 관한 의견을 자유롭게 발표하고 이를 동물원에 적용시켜 나갔다. 당시 아사히야마 동물원 사육사들은 '동물들이 움직이지 않고 자기만 해서 시시하다' 라고 한 관람객의 말을 듣고 '자신들이 알고 있는 동물들의 경이로움을 모두에게 전달하고 싶다' 는 생각에서 1986년 사육사들이 손님들 앞에서 동물들의 매력을 설명하는 원 포인트 가이드를 실시하였다. 따라서 비 오는 날에도 관람객들을 모아서 묵묵히 가이드를 계속해 나갔다.

또한 학습조직에 근간을 둔 사육사들의 브레인스토밍은 '펭귄이 하늘을 날다' 는 창조적인 발상을 이끌어냈다.

자료 이마스(2009-10-26)

• 사례 •

우리나라의 스테디셀러 식품 브랜드, 초코파이

우리나라 내에서 길고 긴 제품수명주기를 가진 장수 브랜드, 국민브랜드를 꼽으라면 무엇이 있을까? 대표적으로 농심 신라면이 있다. 1986년에 출시된 신라면은 라면 업계에서 가장 선두자리를 지키고 있으면서, 20년이 지난 지금까지 라면 대표 브랜드로 손꼽힌다. 즉 국민브랜드라는 이름에 걸맞는다. 그리고 스낵, 케이크에서는 오리온 초코파이 '情' 이 단연 돋보인다. '말하지 않아도 알아요~' 라는 익숙한 멜로디, 한국인들의 감정을 살려낼 수 있는 단어 '정' 과 함께 1974년 출시 이래로 국민들에게 꾸준한 사랑을 받고 있는 국민브랜드이자 스테디셀러 식품 브랜드이다. 수많은 경쟁상품이 있음에도 불구하고, 우리는 이 케이크, 스낵류 시장에서 스테디셀러로 가장 먼저 오리온 초코파이를 떠올리게 된다. 이렇게 35년째, 장수브랜드로서의 명성을 유지할 수 있는 이유와 해외시장 진출에서의 성공요인 등을 분석해 보자.

과자와 음료 시장에서는 '30-30 클럽' 이라는 것이 있다. 30년 이상 된 제품으로 매월 30억 원의 매출을 올리는 스테디셀러 제품으로 우리나라에는 8개 브랜드가 있다고 한다. 이 제품들에는 빙그레 바나나맛 우유(1974년 출시), 오리온 제과 초코파이(1974년), 동서식품 프리마(1974년), 해태제과 맛동산(1975년)과 에이스(1974년), 브라보콘(1970년), 농심 새우깡(1971년), 한국 야쿠르트(1971년)가 포함된다.

이렇게 꾸준하게 국민들에게 사랑받는 스테디 브랜드, 즉 국민 브랜드로 자리 잡은 상품들은 판매량 또한 엄청나다. 오리온 초코파이는 올해 약 4억 개가 팔릴 것으로 예상된다. 초당 약 12개가 팔린 셈이다.

특히 오리온(주)은 세계 주요 국가 11개국에서 판매되는 초코파이 가격(12개들이 한 상자)을 미국 달러로 환산한 '초코파이 지수' 를 발표했다. 초코파이는 세계적으로 품질과 크기, 재료 등이 표준화되어 있다는 점에서 '초코파이 지수' 로 각국의 물가 수준을 가늠할 수 있다.

이는 초코파이가 국내 스테디셀러를 넘어서, 세계적 표준이 되어 간다 라고도 말할 수 있다는 것을 나타낸다.

이들 장수브랜드들은 출시된 지 적게는 수년에서 많게는 수십 년이 지났음에도 불구하고, 지속적인 제품 리뉴얼과 고객 지향적인 마케팅으로 소비자들의 욕구를 충족시키고 있다.

오리온 초코파이의 탄생은 정말 우연한 기회로 이루어졌다. 지난 1970년대 초 한국식품공업협회 주관으로 식품기술자 3명과 함께 구미선진국을 순회하던 기술개발연구소 소속 한 연구원은 친구와 함께 들른 카페테리아에서 우유와 함께 초콜릿으로 코팅된 과자를 맛보던 중 신제품에 대한 아이디어를 얻었다고 한다. 약 2년여에 걸친 실험과 개발을 통해 수많은 시제품을 만들어 실패에 실패를 거듭한 끝에 지난 1974년 4월 드디어 오늘날과 같은 초코파이가 개발되었다. 비스킷과 초콜릿, 빵이 혼합된 전혀 새로운 형태의 과자가 탄생된 것이다. 초코파이는 출시되자마자 우유 한 잔에 곁들인 주식대용으로서, 고단백, 고칼로리를 가진 영양식 및 건강식품으로서, 어린이에서부터 노인층에 이르기까지 폭발적인 인기를 끌기 시작했으며, 상류층을 주 타깃으로 고급스러운 이미지에 주력하였다. 이것이 큰 인기를 얻자, 1979년에는 롯데제과, 1986년 해태제과, 1989년 크라운제과에서 각각 "초코파이"를 생산하였다.

이때부터 제품 출시부터 줄곧 고성장을 기록해 오던 오리온 초코파이는 몇 가지 위기에 직면하게 된다. 경쟁사들의 제품출시에 따른 매출액의 역 신장 및 성장세가 둔화되기 시작하였으며, 장수제품이 갖는 소비자의 식상 정도 등도 매출액의 하락 요인으로 작용하였다.

바로 이러한 절박한 상황에서 오리온 초코파이 '情' 캠페인은 시작하게 된다. 한국의, 한국인의 보편적이고도 누구나 공감할 수 있는 휴머니즘을 바탕으로 한, '情' 콘셉트는 경쟁사와 차별화를 이끌어내는 동시에, 오리온 초코파이가 한 단계 도약하는 기회가 되었다. 동양제과는 경쟁사에 초코파이라는 상표등록 취소를 요구하는 소송을 제기하였지만, 법원은 "초코파이라는 이름은 빵과자에 마시멜로를 넣고 초콜릿을 바른 과자류를 뜻하는 보통명칭이다"면서 소송을 기각하였다. 이에 따라 1989년 동양제과는 기존의 자사 초코파이를 "초코파이 情"이라는 이름으로 변경하였고, 상표등록을 하였다.

그리하여 오리온 초코파이는 '情' 이라는 콘셉트하에, 변화하는 소비자의 니즈를 수용하고, 선두 브랜드로서 지속적인 발전을 꾀하기 위해서, 패키지 디자인부터 미래지향적인 모습을 나타내기 위해 변화시킨다. 또한 오리온이라는 기업 브랜드를 부각시킴으로써, 오리온의 브랜드 Identity도 확고하기 위한 노력을 꾀한다. 그리고 1995년 이후, 초코파이의 글로벌 전략의 일환으로 러시아와 중국을 비롯한 해외로의 본격적인 수출을 시작하였다. 현지인의 정서를 고려한 시장조사의 결과에 따라, 각각에 맞는 현지화 전략을 취하게 된다. 이후 2002년에는 월드컵 문화에 맞춰, 'Be the reds'를 공식후원하면서, 컬러마케팅을 펼치기 시작하였고, 더 나아가 글로벌 맵을 구축하면서, 중국의 랑팡 · 상하이, 러시아, 베트남 등에 전략적 생산기지를 확장해 나가고 있다.

오리온 초코파이 '情' 은 제품의 글로벌화에 발맞추어, 중국에서는 Good Friends, 베트남에서는 情感, 러시아에서는 Cool guy 등 현지 문화에 융합될 수 있는 브랜드 콘셉트를 구축하였다. 그리고 오리온 초코파이는 2003년 제과업계 최초, 단일 품목 매출 1조 원 돌파라는 역사를 쓰게 된다. 또한 산업자원부 지원하에, 세계 100대 일류상품에 선정되었다.

- 중략 -

오리온 초코파이 情 캠페인의 성공요인은 몇 가지로 요약된다. 우선 가장 한국적인 점을 광고콘셉트로 잡아 제품이 주는 포만감과 따뜻함을 절묘하게 일치시킨 점이다. 또한 시대별 상황에 따라 표현방법은 달랐지만, 일관된 콘셉트를 유지했다는 점에서 누적적인 커뮤니케이션 효과를 배가시켰다. 한편 '情' 이라는 콘셉트 자체를 브랜드화해 유사제품과 철저한 차별화를 달성했을 뿐만 아니라 자칫 식상할 수 있는 표현소재의 한계를 시대와 절묘하게 조화시켜 성공적으로 확장시킨 점을 들 수 있다. 명멸하는 수많은 브랜드 속에 더욱 가치를 더하는 '초코파이 情 캠페인' 은 효과적인 광고나 프로모션을 어떻게 개발할 것인가가 아닌 강력하고 사랑받는 브랜드를 어떻게 구축할 것인가라는 과제에 대한 해답을 던져주는 듯하다.

오리온 초코파이가 국내에서 장수 제품으로 사랑받아 온 것은 30년 동안 변함없는 품질을 유지하면서도 끊임없는 연구와 테스트를 통해 소비자 입맛에 맞춰왔기 때문이다. 초코파이 개발에 참여하고 있는 관계자들은 "소비자가 눈치채지 못하는 사이 초코파이 맛도 조금씩 더 부드럽고 촉촉해졌다"고 말한다. 초코파이는 비스킷 사이에 마시멜로를 얹고 초콜릿을 입힌 다음 2~3일 동안 숙성해야 하는데 이 부분은 모방하기 어려운 오리온만의 노하우다. 또한 국가와 지역에 따라 서로 다른 온도와 습도에서도 똑같은 맛을 유지할 수 있는 세계적 수준의 제조 기술을 갖고 있다. 중국 허페이성 제1공장에선 현지의 밀가루를 혼합해 제품 생산에 적합한 반죽을 만들고, 상하이 제2공장에서는 높은 온도에 견디면서도 입에서는 잘 녹도록 초콜릿을 배합한다.

또한 앞에서도 언급했듯이 오리온은 닥터유 프로젝트로 새로운 제과문화를 선도해 나갈 것이라는 입장이다. 멜라민 파동으로 인한 제과 시장의 침체와 소비자들의 건강 추구 경향에 따른 품질 개선 프로젝트로 생각하면 될 것이다.

자료 이마스(2009-08-19)

3. 신제품 개발

1) 신제품 개발의 정의

지금의 시장은 "빛의 속도로 변화하는 흐름을 가지고 있다"는 표현으로 설명될 만큼 빠른 변화의 소용돌이의 한가운데 놓여 있다. 시장에 나와 있는 무수한 상품은 출시와 동시에 빠른 쇠퇴의 길을 걷는다. 기존 상품들의 빠른 쇠퇴와 시장에서의 극심한 경쟁은 바로 상품의 빠른 진부화 현상을 초래하여 도태를 가져오게 할 뿐만 아니라, 그에 대한 대응으로 신제품개발 New Product Development을 촉진하는 계기가 된다. 이에 기업들은 사업체가 계속 성장 · 발전할 수 있으려면 계속적인 기술혁신을 통한 신상품개발을 지속적으로 수행하는 것이 무엇보다 중요한 일이다.

즉 계속적인 기술혁신을 통하여 신상품을 개발하고 출시하여야만 비로소 질적인 전환과 성장, 발전을 기대할 수 있다는 뜻이다. 신상품 개발의 중요한 이유는 신제품 개발에 의해 기업의 경쟁력을 계속 유지할 수 있고, 이로 말미암아 높은 이윤을 기대할 수 있기 때문이다. 신제품을 통해 보다 높은 판매고와 레드오션의 시장이 아닌 블루오션을 계속적으로 창출해내야만이 시장점유율을 확보할 수 있기 때문이기도 하다.

또한 기업은 변화하는 소비자의 니즈에 부합하기 위해, 매일 시장으로 레이더를 세우고 고객의 요구 조건의 변화를 주시하여 신상품을 출시해야 한다. 가끔은 기존의 상품에 대한 규제완화 등에 의해 새로운 기회시장이 대두되기도 하는데, 이러한 경우에는 새로운 기회시장에 적극 대응할 무기가 필요하다. 그러므로 기업들은 기존의 상품이나 신상품을 출시할 때 언제나 촉각의 더듬이를 시장에 세우고, 시시각각 변화하는 고객의 니즈의 변화를 읽어내는 노력을 게을리해서는 안된다. 환대산업의 기업에서도 새로운 제품개발에 대한 노력과 그 제품에 부가 되는 서비스의 개발을 조직적이고 지속적으로 추진해 나가야 한다.

2) 신제품 개발 과정

새로운 상품을 시장에 내놓기에 앞서 신상품 개발을 추진하는 경우에는 몇 가지 단계를 거치게 되는데, 이 단계에 대해 이야기 해보기로 하자.

(1) 시장조사

시장에 무언가 새로운 상품을 내놓으려고 준비를 한다면, 반드시 그 첫 번째 과정으로 시장조사를 실시하는 것이다. 이 과정에서는 소비자나 고객이 어떠한 욕구를 지니고 있는지, 그리고 이들이 서비스제품에서 어떠한 편익을 얻고자 기대하는지 등을 명확히 밝혀내게 된다.

(2) 아이디어 창출

두 번째 과정은 아이디어의 창출로서 서비스기업 내외의 다양한 부분에서 아이디어의 근원이 되는 것을 탐색하고, 여기서 얻어진 것을 근거로 몇 가지의 새로운 서비스제품에 대한 아이디어가 창출된다.

(3) 스크리닝

세 번째 과정은 스크리닝 작업으로서, 앞서 창출된 아이디어들을 평가하고, 좋은 아이디어와 그렇지 못한 아이디어로 분류하여 아이디어를 더욱 정교화하는 작업이다.

(4) 콘셉트개발

이 과정에서는 새로운 서비스제품의 콘셉트를 개발하게 된다. 여기서는 우선 정교화된 아이디어가 몇 가지 새로운 서비스제품의 콘셉트로 전환되게 된다. 즉 이러한 제품 콘셉트에서는 어떠한 소비자나 고객 층을 표적으로 삼아 어떠한 가치나 편익을 어떠한 서비스제품의 제공이나 전달을 통해 달성할 것인가를 정하게 된다.

(5) 사업분석

다섯 번째 과정은 사업분석으로서 여기서는 창출된 몇 가지의 제품 콘셉트가 실제로 개발될 수 있는지, 또한 그로부터 예상되는 수익이나 매상고가 어느 정도인지 등을 평가하는 것이다. 그리고 이러한 평가과정을 거쳐 제품화의 가능성이 있는 것만이 다음 과정으로 이어지게 된다.

(6) 디자인 및 개발

이 과정에서는 제품 콘셉트에 기초하여 실제의 서비스제품이 디자인되어 개발되게 된다. 서비스제품의 디자인이나 개발은 유형재의 디자인이나 개발과는 다음과 같은 두 가지 측면에서 차이를 보이게 된다. 첫째로 서비스는 주로 무형적인 것이므로 눈에 보이는 구체적인 형태로 디자인되거나 개발될 수가 없다는 점이다. 둘째로 다양한 논자가 지적하고 있듯이 서비스제품의 디자인이나 개발은 제품이 전달되는 순서나 시스템을 고려하여 이루어져야만 한다는 점이다. 이러한 점들에 서비스제품의 디자인이나 개발의 특수성이 있다고 할 수 있다.

(7) 테스트

이 단계에서는 개발된 서비스제품을 전면적으로 시장에 도입하기 이전에 그 서비스제품에 대한 소비자나 고객의 반응을 점검하기 위해 일부 시장에서 시험하는 것이다. 다만, 이에 대해서는 코웰이 지적하듯이 반드시 모든 서비스기업에서 이러한 테스트를 수행할 수 없다는 문제점이 있다.

(8) 시장도입

이 단계에서는 서비스제품을 어떠한 시장에 언제, 어떠한 형태로 도입할 것인지를 결정하게 된다.

3) 신제품 개발 성공 및 실패 사례

• 사례 •

Miller Lite

기존제품의 리포지셔닝에 의한 신제품 개발의 성공사례로 Miller Lite이다. 미국 맥주 시장에서 시장점유율 8위에 불과했던 Miller가 Philip Morris, Inc.의 뛰어난 마케팅 능력에 의하여 2위로 부상하게 된 과정이다. 담배가 주종 제품이었던 Philip Morris, Inc.(이상 PM)은 1969년과 1970년에 걸쳐 Miller맥주회사를 인수하였는데, PM은 Miller의 경영층을 PM의 간부직원들로 대체하여 Miller가 처한 당시 상황과 맥주산업 및 시장을 수년 동안에 걸쳐 파악한 후, 대대적 리포지셔닝 전략을 수립하였다.
PM이 Miller를 인수하던 1969년과 1970년 당시, Miller의 대표적 상표인 Miller High Life는 병맥주의 샴페인으로서 광고되었는데, 이에 의하여 Miller High Life는 비록 고급 맥주의 이미지는 있었으나, 상류층 소비자들이 파티에서 분위기에 맞추어 마시는 맥주, 여성이 마시는 맥주로서 포지션되어 있어 자연히 시장점유율이 저조하였다.
PM에서 파견된 경영진은 Miller의 주요 표적시장을 노동자층과 젊은층으로 정하고 기존의 이미지를 새로이 포지션하는 광고를 개발하였다. 따라서 선원들이 파도를 헤치고 항해하는 장면, 소방수들이 화재 현장에서 용감히 불을 끄는 장면, 젊은이들이 모험을 즐기는 장면을 연출하는 광고 등을 개발하고, 이들 광고에 'Now, it' s Miller time' 혹은 'If you have the time, we have the beer' 와 같은 문구를 사용, 대대적인 광고비를 투입함으로써, 맥주의 대량 소비층인 노동자층과 젊은층에 소구하였다. 이와 같은 리포지셔닝 노력의 성공에 의하여 1978년 Miller High Life는

Anheuser-Busch의 Budweiser에 이어 제2위의 시장점유율을 기록하게 되었다.

Miller가 취한 두 번째 전략은 7온스 소형 병맥주의 개발이었다. 이 제품은 맥주의 양이 한 컵 정도에 불과하여 특히 더운 여름에 딱 한 잔 마시고 싶은 소비자들에게 적합하였고, 특히 소량이기 때문에 마시는 동안 시원함이 그대로 유지된다는 것이 특징이었다. 또한 소량의 맥주를 원하는 여성 소비자들과 노인들에게 인기가 있었으며, 처음으로 그 맥주를 시음하기를 원하는 소비자들에게 가격이나 양이 적절하였다.

Miller의 또 다른 전략은 신제품 개발이었다. Miller는 소비자들을 대상으로 저칼로리 맥주의 잠재 시장에 대한 광범위한 조사에 의하여, 소비자들이 저칼로리 맥주에 상당한 흥미를 갖는다는 사실을 발견하였다. 기존의 Meister Brau Lite와 Gablinger와 같은 저칼로리 맥주들이 다이어트를 의식하는 소비자들을 표적시장으로 하였지만, 그들은 사실상 맥주를 별로 마시지 않기 때문에 실패하였다는 사실을 또한 발견하였다. 따라서 저칼로리, 저 탄수화물의 특징을 지니면서도 풍부한 맛과 적절한 알코올량을 지닌 신제품 Lite를 개발하였다. 또한 Walter Lander & Associates에 의뢰하여 Lite맥주의 병과 캔을 디자인하도록 하였으며, 네 개의 지역에서 테스트 마케팅을 한 후, 그 결과를 TV, 라디오, 신문 등을 통하여 광고하였다. 그 후 1974년까지 다른 도시에서의 테스트 마케팅을 거쳐 1975년 1월 Miller는 대대적인 광고와 함께 전국 시장에 Lite를 도입하였다. 'Everything you wanted in a beer. and less' 라는 Lite광고의 주된 소구점은 칼로리가 낮기 때문에 많이 마시더라도 별로 포만감을 느끼지 않는다는 점에 두었으며, 특히 대량 음주가들을 표적시장으로 하였다. 그 결과는 실로 기대 이상이었는데, 판매량은 그해 2백만 배럴, 1976년에 5백만 배럴, 그리고 1979년에는 1천1백만 배럴로 급성장하였으며, 1980년에 이르러서는 상호별 시장점유율에 있어서 Budweiser와 Miller High Life에 이어 전국에서 세 번째의 시장점유율을 기록하게 되었다.

이와 같은 Miller의 Lite의 개발은 소비자의 맥주 기호에 대한 커다란 변화를 가져와, 많은 경쟁기업이 저칼로리 맥주를 생산하게 되었으며, 1990년 초 저칼로리 맥주의 전체 판매량은 미국 내 전체 맥주 시장의 33%에 이르게 되었다. 이와 같은 Miller의 Lite맥주 신제품 개발은 시장의 실체성까지 확대시킨 대성공 사례라고 할 수 있다. 위에서 살펴본 Miller의 마케팅 전략은 PM의 소비자 마케팅 테크닉을 그대로 적용한 것으로, 이를 요약하면 맥주 시장을 여러 개의 세분시장으로 구성된 것으로 보고 세분시장마다 다른 제품과 용기를 개발, 투입하며, 특히 초기에는 대대적인 광고를 하는 것이다. 이러한 전략은 맥주 시장을 비교적 동질적인 것으로 보던 당시까지의 맥주 업계의 전략과는 판이한 것이었다.

자료 정규엽(2001), Hotel Hospitality Marketing

• 사례 •

Coca-Cola

1985년, Coca-Cola는 99년간 고수해 온 전통적인 맛의 콜라 생산을 중지하고 새로운 맛의 콜라로 대체한다는 뉴스를 발표하여, 많은 미국 시민과 경쟁 음료회사들에 커다란 충격을 주었다. New Coke이라는 상호의 새로운 맛의 콜라는 기존의 코카콜라와 비교하여 비교적 달고 부드러운 것으로, 대대적인 광고와 홍보와 함께 시장에 출시되었다.

처음 몇 주간 New Coke의 판매 실적은 어느 정도 양호한 편이었으나, 곧 부진한 판매와 함께 수많은 소비자의 불평과 항의가 뒤따랐다. Coca-Cola는 화가 난 소비자들로부터 수많은 항의 전화와 편지를 받았으며, Seattle에서는 'Old Coke Drinkers of America'라는 한 단체가 이전의 코카콜라를 생산하지 않으면 집단 소송을 제기하겠다고 협박까지 하였다. 뿐만 아니라 마케팅 전문가들은 New Coke를 1950년대에 Ford Mator에서 개발하였다가 크게 실패한 승용차 모델인 Edsel에 비유하기까지 하였다.

두 달 후 Coca-Cola는 부득이 이전 맛의 콜라는 Coca-Cola Classic이라는 상호로 다시 생산하여 New Coke와 함께 시판하기 시작하였다. Coca-Cola에서는 New Coke상호가 회사의 대표 상호가 될 것으로 기대하였으나, 새로운 맛의 도입 후 8개월이 지난 1986년 초 Classic이 대부분의 시장에서 New Coke보다 5~6배 많이 판매되었다. 또한 1987년에 이르러 Classic은 다시 단일 상표로서 청량 음료 시장점유율 1위를 차지하였다.

거의 1세기 동안 미국 청량음료 시장에서 수위를 누려왔던 코카콜라는 1980년대에도 여전히 수위를 차지하고 있었으나, 'Pepsi Challenge' 이후 Pepsi에 서서히 시장을 빼앗기고 있었다. 1970년대 중반부터 실시된 'Pepsi Challenge' 전략에 따라 수행된 Blind test 결과, 대체로 3:2의 비율로 코카콜라보다 펩시콜라를 선호하는 것으로 나타났으며, Pepsi는 그 결과를 TV를 이용하여 대대적으로 광고하였던 것이다.

그리하여 Coca-Cola는 무엇인가 변혁을 가져와야 한다고 판단하였고, 그 해결책으로서 전통적인 맛의 변화를 시도하게 된 것이다. Coca-Cola는 2년 동안 약 4백만 달러를 들여 신제품 개발 연구 프로젝트를 수행하였는데. 약 200,000명의 소비자들을 대상으로 맛 테스트를 실시하였다. 이 blind test 결과, 기존의 맛보다 새로운 맛을 선호하는 소비자들이 약 60%, 그리고 펩시콜라의 맛보다 새로운 콜라의 맛을 선호하는 소비자들이 52%로 나타나 자신 있게 새로운 맛의 콜라를 출시하였던 것이다.

이와 같은 시장 테스트를 거쳐 출시된 신제품이 시장에서 호평을 받지 못하고 소비자들로부터 불평과 항의를 받게 된 보다 근본적인 이유는 어디에서 찾을 수 있을까? 그 이유는 바로 Coca-Cola의 마케팅 조사가 단지 맛에만 국한하였다는 사실이다. 소비자들의 테스트에서 좋아하던 맛도 그것이 Coca-Cola상표를 달고 기존의 코카콜라를 대체할 때에는 수용될 수 없다는 사실을 예측하지 못하였던 것이다.
수많은 미국인은 자라면서 코카콜라를 마셨고 성인이 되어서도 마시고 있다. 코카콜라는 야구와 미식축구를 관람할 때, TV를 시청할 때, 핫도그와 햄버거를 먹을 때, 늘 함께하던 그들 일상생활의 일부였다. Coca-Cola의 마케팅 조사는 기존 코카콜라의 상징적 의미가 그 맛보다도 더욱 중요하다는 것. 다시 말하여 수많은 미국 소비자가 기존의 코카콜라에 강한 감정적 관여를 갖고 있다는 사실을 간과하였던 것이다. 소비자들의 지각 속에서 New Coke는 이미 진짜 코카콜라가 아니었다. 그들은 New Coke의 등장으로 그들의 진짜 코카콜라에 대한 강한 향수를 느끼게 되었고, 그들 생활의 일부가 훼손되었다고까지 생각하였던 것이다.
Coca-Cola는 처음부터 전국적인 시판을 하기보다 일정 기간 동안 일정 지역에서 시험 마케팅을 실시했어야 했다. 혹은 처음부터 기존의 코카콜라 생산을 중단하는 대신, 브랜드 확장 전략으로서 Classic에 New Coke을 추가하는 다중 브랜드를 사용했어야 했다. Coca-Cola는 소비자들의 불평과 항의에 즉각적으로 반응하여 큰 실패를 방지할 수 있긴 하였지만 값비싼 대가를 치르고서 '제품은 소비자들에게 물질적 특성 이상의 무엇인가를 의미한다' 는 교훈을 얻었다.
즉 신제품 개발 전략의 궁극적 실패는 마케팅의 모든 영역과 관련되어 있다.

자료 정규엽(2001), Hotel Hospitality Marketing

제2절 가격 전략

1. 가격전략의 개념과 중요성

점점 심화되어 가는 업체 간 경쟁 속에서 가격이라는 요소는 굉장한 경쟁우위의 원천이 된다. 따라서 고객이 구매의사결정을 할 때 가격이 가장 민감하게 반응하는 부분이 되기도 하며, 기업의 이미지와 고객 믹스를 결정하는 핵심요인이기도 하다.

가격은 상품의 가치를 표시하고 이익을 직접 창출하는 기능을 가지고 있다. 종사원의 월급, 시설 재투자, 주주들에 대한 이익 배당 등과 기업이 지속적인 유지를 하기 위한 일련의 기업 활동은 가격을 통해서 실현이 가능하다.

환대산업의 가격은 일반 제조가격과는 상이한 특성을 가지고 있다.

첫째, 성수기와 비수기에 따라 가격이 다르고, 둘째, 수요의 높은 탄력성과 공급의 비탄력성에 의하여 가격이 형성된다. 또한 환대산업의 가격은 다른 마케팅 믹스들과는 달리 비용이 수반되지 않는 유일한 요소이며, 가장 쉽게 변화시킬 수 있고, 가장 쉽게 변화의 결과를 얻을 수 있어서 기업의 수익을 실현시키는 데 매우 결정적인 마케팅요소이다.

환대산업의 가격은 다음과 같이 특성들을 갖는다.

첫째, 환대산업은 소멸성을 갖고 있기 때문에 가격을 조작함으로써 수요와 공급의 조화를 이루는 것이 매우 중요하다. 예를 들면 대부분의 레스토랑은 점심시간에 수요량이 적다. 수요량을 증가시키기 위하여 레스토랑에서는 고객이용이 드문 점심시간 때에 가격을 할인하기도 한다. 이와 마찬가지로 항공사나 관광지에서도 비수기에 할인을 적용하여 고객들을 유인한다. 반면 주말 저녁시간대의 레스토랑이나 성수기의 관광기업에서는 수요량이 많아 오히려 공급량이 부족하게 된다. 이러한 때에 높은 요금을 적용하는 것은 수요를 분산하는 역할을 하여 피크일 때의 수요를 감소시키고 고객을 한산한 비수기 때로 이동시키는 역할을 한다.

둘째, 환대산업은 무형성을 갖고 있기 때문에 호텔 · 관광 서비스의 품질을 평가함에 있어 가격에 대한 의존도가 높다. 예를 들면 고객이 호텔객실을 이용하려고 하거나 그밖에 호텔 서비스상품을 이용하려고 할 때 경험하기 전에는 그 상품이 어떠한지 알 수 있는 근거가 거의 없다. 따라서 호텔 · 관광 서비스가격은 유형상품의 가격보다 고객의 품질연상에 더욱 큰 영향을 미친다.

셋째, 환대산업에 대해 고객들이 갖고 있는 준거가격은 개인별로 큰 폭의 차이를 보인다. 그 가치를 형성하는 요소가 시간 · 상징성 · 편리성 등 주관성이 높으며, 고객이 제한적인 정보만을 갖고 있기 때문에 준거가격을 부정확하게 알기 쉽고, 개인에 따라 가치평가기준이 다르게 나타난다.

• 사례 •

상품 자체를 바꾸지 않고 가치를 올릴 수 있다

모든 기업이나 자영업자들 그리고 마케터들이 고민하는 것 중의 하나가 어떻게 하면 큰 비용을 들이지 않고 제품을 더 팔 수 있느냐? 일 것이다. 특히 지금처럼 경기가 어려운 상황에서는 더욱더 이러한 생각을 많이 하게 될 것이다. 그리고 이러한 고민에서 가장 먼저 떠오르는 생각이 가격을 낮추는 방법일 것이다. 그러나 이러한 가격경쟁은 결국 기업과 자영업자들에게 손실을 가져오는 판매가 될 위험이 있다. 그렇다면 과연 어떻게 가격인하나 제품개발 또는 마케팅에 대한 큰 비용의 지불 없이 판매를 늘릴 수 있을까? 필립 코틀러의 제품에 대한 정의를 바탕으로 제품의 외적인 가치를 올려 판매를 늘릴 수 있는 방법을 살펴보자. 필립 코틀러 박사에 의하면, 제품은 제품의 핵심, 제품의 실체, 제품의 부가기능의 3가지로 분류할 수 있다. 우선, '제품의 핵심' 이란, 제품을 구입함으로써 얻을 수 있는 '구매자 측의 이익' 을 말한다. 에어컨을 예로 들면, 고객은 에어컨이라는 기기를 사고 싶은 게 아니라, 방안의 쾌적한 온도를 사고자 하는 것이다. 다음으로 '제품의 실체' 란 실제로 팔리고 있는 상품 자체를 말하는 것으로, 에어컨의 경우라면 에어컨 자체를 말한다. 마지막으로 '제품의 부가기능' 이란 상품에 붙어 있는 서비스 등에 관한 것을 말한다. 부가기능은 없다고 해서 제품 자체에 문제가 있는 것은 아니지만, 없으면 판매하는 데에 상당한 애로사항으로 작용하는 부분들이다. 이것을 바탕으로 고객의 구매흐름을 만들어 보면 다음과 같다. 우선, 고객이 상품을 구입할 때는 '제품의 핵심' 을 충족시키고 있는지를 확인해야 한다. 에어컨의 경우는 '자기 방의 온도조절에 가장 좋은 크기인가' 를 기준으로 선택 상품이 달라질 수 있다. 다음으로 '제품의 실체' 는 회사 브랜드에 대한 선호도 또는 디자인의 차이가 기준이 될 수 있을 것이다. 마지막으로 제품 A와 제품 B 중 어느 쪽을 선택할지 망설여질 때 판단을 좌우하는 결정적인 요소는 '제품의 부가기능' 이다. 할부가 되는지, 애프터 서비스는 되는지, 설치 공사는 당장 가능한지 등과 같은 부가기능을 보고 최종적으로 결정하게 된다. 이처럼 넓은 의미에서 제품이란 이 세 가지 조건을 모두 포함한 것을 가리킨다.

자료 휴넷(2008-11-24) 발췌

2. 가격 결정 요인

1) 내부 요인

(1) 마케팅 목표

환대산업의 대부분의 기업은 어떠한 목표를 지향하느냐에 따라 가격결정이 달라지는데 일반적으로 이윤극대화, 매출극대화, 시장점유율 극대화 등의 목표에 따라 달라진다.

① 이윤극대화

판매량은 줄더라도 마진을 가능한 한 높게 책정하여 가격을 결정하는 것이다.

② 매출극대화

마진은 적더라도 판매량을 늘려 매출증대에 초점을 두고 가격을 결정하는 것이다. 경주의 H호텔은 연간 디너쇼를 자주 개최하는데 매출극대화를 위한 전략이다.

③ 시장점유율 극대화

마진을 고려하지 않고 시장의 점유율을 확보하는 차원에서 가격을 결정하는 것이다.

(2) 마케팅 믹스

마케팅 믹스요소는 서로 상호작용을 한다. 예를 들면 여행사를 통하여 모든 객실을 판매하려는 리조트는 여행사에 높은 할인가격을 주어야 하므로 숙박료를 설정할 때 충분한 이윤을 부가해야 한다.

또한 외국고객들을 대상으로 하는 시내관광, 여행사, 찜질방, 에스테틱, 레스토랑, 공연, 쇼핑관광업체 등은 일반 관광업체들과는 달리 단골 비즈니스가 적으므로, 이들 각 업체 중 취급하는 상품의 특성이 다른 업체와 외국관광객들이 많은 호텔 등에 관련 안내 브로슈어를 비치하거나 관련 관광안내종사원에게 쿠폰지급 등 홍보 · 광고를 해야 한다.

이처럼 어떠한 마케팅전략을 채택하느냐에 따라 가격결정은 영향을 받을 수밖에 없으므로 비용을 고려하지 않고 가격결정을 하는 것은 수입과 비용의 문제가 된다.

(3) 원가

원가에 의한 가격결정은 가장 일반적인 방법으로서 생산 및 마케팅 비용 등을 포함한 총원가에 이윤을 붙이는 방법이다. 원가지향 가격결정은 일정한 이윤확보 측면에서는 장점은 있으나 시장점유율을 확보하고 수요변동과 경쟁상황을 대처하는 측면에서는 유연성이 문제가 된다.

호텔상품의 원가는 재료비의 비중은 낮은 편이고, 노무비가 전체 매출의 30~40%를 차지하는 것이 특징이다. 노무비가 높은 것은 호텔상품은 인적 서비스의 의존도가 높기 때문이다.

여행상품의 원가는 항공요금, 현지에서의 숙박 · 음식 · 관광과 관련된 지상비, 여권 · 비자 · 공항세 등의 기타요금, 인솔자(T/C)의 경비로 구성되는데 통상적으로 원가에 10%의 수수료(이윤)를 붙여 판매하고 있다.

• 사례 •

커피 가격의 모든 것

2006년과 2007년에 걸쳐 인터넷에서 '된장녀'라는 말이 크게 유행한 적이 있다. 한 끼 식사값보다 더 비싼 스타벅스 커피를 즐겨 마시는 여성을 비난하는 말이었다. 물론 이런 비난은 '스타벅스 커피 가격'이 커피의 명품처럼 '사치스러울 정도로 비싸다'는 인식을 깔고 있었다. 실제로 스타벅스 같은 해외 커피 전문점들의 가격에 대한 언론 및 시민단체들의 시선은 그다지 곱지 않다. 하지만 어느새 우리나라 토종 커피 전문점의 커피 가격도 외국 전문점의 커피 가격과 거의 비슷해져 버렸다.
반면 어떤 식당은 식사를 마친 고객에게 서비스 차원에서 인스턴트 커피를 무료로 제공하고 있다. 물론 커피 비용은 식사 가격에 암묵적으로 포함되어 있지만 이럴 경우 커피의 명목 가격은 '0' 원이다. 고객들은 이런 서비스를 받으면서 그다지 고마워하지 않는다. 카페인은 들어 있지만 커피의 품질이 그다지 좋지 않아 금전적 가치가 별로 없는 서비스라는 것을 잘 알고 있기 때문이다. 이처럼 외견상 같은 커피라고는 하지만 둘 사이에는 비교할 수 없는 큰 차이가 있다. 굳이 이런 극단적인 예를 들지 않아도 편의점에 가면 캔에 담긴 커피와 컵에 담긴 커피의 가격 차이는 두 배가 훌쩍 넘어간다. 같은 장소에서 판매되고 있는 동종 상품인데도 말이다. 이렇듯 '커피'라는 동일한 상품군 안에서도 다양한 가격이 존재한다.

- 중간 생략 -

커피 가격에 대한 논쟁은 최근의 일이 아니다. 근대화를 이루면서 우리 것은 업신여기고 서양 것은 좋은 것이라는 인식이 확산되었고, 서양의 음료인 커피 역시 당연히 '좋고 귀한 것'으로 인식되어 어떤 가격을 매겨도 당연함으로 다가왔다. 산업화를 추진함에 있어 국산품에 대한 맹목적인 애정을 강요했던 시기에 이렇게 비싼 커피를 마시는 것에 대한 사회적 지탄이 잇따른 적도 있었다. 지금보다 경제적으로 어려웠던 70년대에도 원가 6원의 커피를 50원에 팔아도 전국적으로 다방이 성행했다는 것을 보면 그때도 지금처럼 커피가 주는 가치가 '커피 용액 한잔' 그 이상이었음을 짐작할 수 있다.

최근의 커피 가격과 일명 '된장녀'에 관한 이야기는 소모적인 논쟁이다. 어느 상품과 서비스에 대해 느끼는 것은 개인적이며 개인이 느끼는 가치만큼 상품의 가격이 결정되기 때문이다. 그것보다 커피 가격에 대해 무비판적인 수용, 비난에 앞서 가격의 결정요소와 구성에 대해 냉정하게 생각해 보고 자신이 지불한 가격이 어떤 가치를 창출하는지 명확히 인지하는 것이 중요할 것이다. 이런 것이 바탕이 됨으로써 자신이 원하는 가치에 맞는 가격의 커피를 찾을 수 있기 때문이다.

자료 이마스(2008-01-21)

2) 외부 요인

(1) 제품 수요

가격은 다음과 같은 수요와 공급의 법칙에 의하여 결정된다.

- 법칙1: 공급은 일정하고 수요가 증가하면 가격은 상승한다.
- 법칙2: 공급은 일정하고 수요가 감소하면 가격은 하락한다.
- 법칙3: 수요는 일정하고 공급이 증가하면 가격은 하락한다.
- 법칙4: 수요는 일정하고 공급이 감소하면 가격은 상승한다.

환대산업의 공급과 수요의 특징은 공급은 비탄력적인 데 반하여 수요는 탄력적이다. 즉 호텔의 객실과 항공사의 좌석은 공급이 일정한 반면에 수요는 성수기와 비수기에 따라 증감의 폭이 크다. 따라서 관광가격은 앞의 수요 · 공급의 4법칙 중에서 법칙 1과 법칙 2에 의해서 결정되며 성수기와 비수기, 주중과 주말 등 수요의 증감에 따라 가격을 탄력적으로 운용할 수 있는 특성을 가지고 있다.

(2) 경쟁제품의 가격

시장의 일정 부분을 점유하고 생존하기 위해서는 경쟁자의 가격을 고려하지 않을 수 없다. 특히 관광기업 중에서 신생 호텔의 경우 투자비와 원가 등을 계산하여 독자적으로 가격을 결정하는 것이 아니라 주변 경쟁업체의 가격을 고려하여 가격을 결정한다.

경쟁에는 동일 업종 간의 직접 경쟁도 있지만 유사한 업종과의 간접 경쟁도 있다. 즉 호텔과 항공사는 각각 동종업체 간의 직접 경쟁을 하고 있지만 호텔의 경우 유사한 숙박시설인 모텔, 콘도미니엄 등과 항공사의 경우 유사한 교통업종인 철도, 고속버스와 간접적으로 가격경쟁을 하고 있다.

(3) 그 밖의 외부요인

환대산업 분야의 기업들의 가격결정 시 다음과 같은 외부환경요인도 고려해야 한다. 즉 인플레이션 · 호경기 · 불황기 · 금리 등의 경제적 요인과 공정거래법 · 할부거래에 관한 법률, 할인판매에 관한 법률, 가격담합에 관한 법률 등 법적 규제, 그리고 호텔 · 관광 서비스상품을 사회적 위화감을 조성하는 사치성 상품으로 보는 등의 사회적 시각은 가격결정에 부담요인으로 작용한다.

• 사례 •

항공사의 가격에 미치는 요소

항공산업은 일반적으로 항공운송을 비롯하여 항공기 제조, 항공우주관련 산업까지를 포괄하는 개념이다. 따라서 이 글에서 다루게 되는 항공산업은 엄밀하게는 항공운송산업을 말한다. 항공운송산업은 일정한 요건을 갖춘 항공사가 여객과 화물을 국내외에 운송하는 활동으로 구성되며, 항공사의 활동이 대부분 국제시

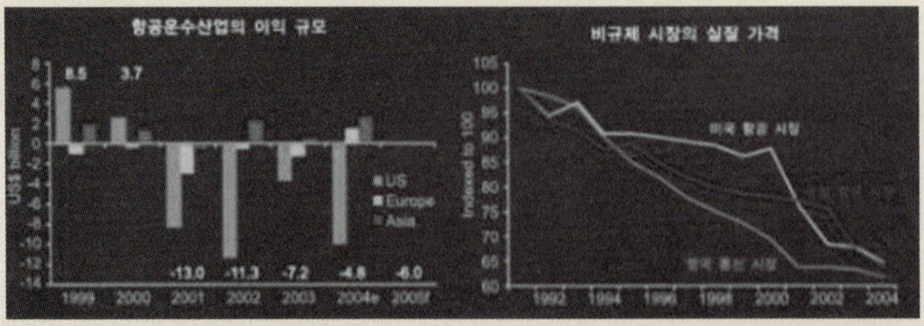

전세계적인 항공사 수익 악화 경향 – International Air Transport Association : IATA 자료

장에서 전개되기 때문에 각국의 정부와 항공운송기업 상호간에 합의된 협약과 협정, 그리고 이를 조정하는 국제기구에 의해 엄격한 질서를 형성하며 발전해 왔다. 또한 항공편은 각국의 중요한 운송수단으로서 공공사업의 성격을 일부 띠고 있기 때문에 상당한 법적인 의무사항이 부과된다.

이와 같은 특수한 성격 때문에 항공운송산업은 대표적인 정부 규제 산업 중의 하나로 꼽힌다. 정부는 항공산업의 시장진입, 안전성, 운항 스케줄 등에 대해 직간접적으로 규제해 왔는데, 1980년대 이후 시장이 크게 확대되면서 미국을 중심으로 각국의 항공산업 규제는 지속적으로 완화되고 있다.

규제 완화와 국제적 경쟁

미국에서 시작된 각국 정부의 항공산업 규제 완화 바람은 노선 확장의 제약을 해제했을 뿐만 아니라, 신규 사업자에 대한 진입 장벽도 크게 낮추는 결과를 낳았다. 기존에 정부에 의해 고시되었던 항공편 요금은 자율화되어 항공사들은 가격 경쟁에 돌입했고, 가격에 민감한 소비자들을 공략하는 저가 항공사들도 등장하기 시작했다. 또한 국가 간 규제도 점차 완화되어 이제 국적 항공사와 해외 항공사들 간에 장벽 없는 경쟁이 벌어지고 있다. 이에 따라 규제가 풀린 다른 산업에서와 마찬가지로 항공사들의 수익성도 날로 악화되어가고 있다. 아래의 이익 규모 그래프에서 볼 수 있듯이, 이미 미국의 항공사들은 2001년 이후 대규모 적자에 시달리고 있고, 유럽 역시 적자와 소규모 흑자를 반복하고 있다. 경쟁이 격화되면서 미국 항공 시장의 실질 운임은 규제 완화 이전의 60% 수준까지 떨어져 버렸다. 다만, 아시아 지역은 중국의 항공운송 수요가 확대되고 있고, 신규 항공사 설립에 따르는 대규모 투자의 부담 때문에 항공사 숫자가 눈에 띄게 늘지 않아 플러스 이익을 내고 있지만, 이 지역 역시 저가 항공사들이 등장함에 따라 치열한 경쟁 상황을 피하기는 어려울 것으로 보인다.

유가 변동에 의해 영향을 많이 받는 산업

최근 항공 운송산업계의 가장 큰 위협은 끝을 모르는 원유가의 상승세이다. 올해 배럴당 40달러 중반대(WTI 기준)로 점쳐지던 국제유가는 연일 급격하게 상승하여 60달러를 돌파하더니 이제는 배럴당 70달러에 육박하고 있다. 이에 따라 연료비 비중이 매출 원가의 20%에 육박하는 국내 항공사들은 원유를 전량 수입에 의존하고 있는 현실에서 원유가의 상승에 비상경영체제에 돌입하고 있다.

고유가에 따른 위기는 국내 항공사들의 이야기만은 아니다. 전 세계적으로 대부분의 항공사들이 연료비의 압박에 시달리며 지속적인 적자를 기록하고 있다. 국제항공운송협회(International Air Transport Association : IATA)에 따르면 전 세계 항공사들의 평균 경상이익률은 2000년 이후 매년 마이너스를 기록하고 있으며, 이러한 현상의 원인은 상당부분 고유가에 따른 매출원가 상승에 따른 것이다. 이러한 위협에 대처하고자 항공사들은 수익성을 중심으로 노선을 개편하고, 기업 간 동맹을 통해 연료를 공동 구입하여 구매력을 증대시키는 노력을 기울이고 있다.

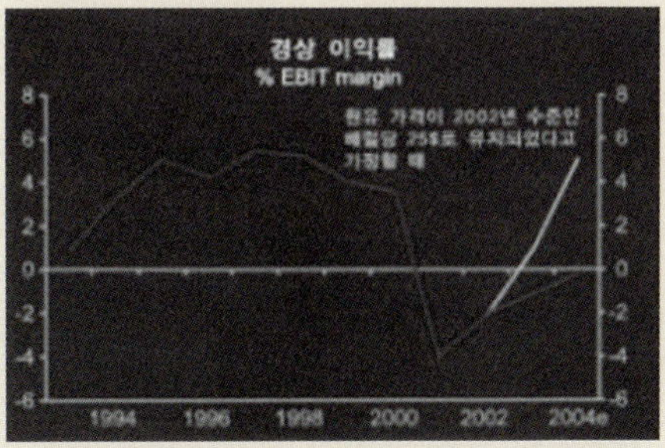

전세계적인 항공사 경상이익율 추이 – IATA

자료 이마스(2005-09-01)

3. 가격결정 방법

1) 원가 중심 가격결정

원가는 기업의 이익을 산출하는 기준이 되는 것으로 생산 및 운영에 소요되는 제 비용이 포함된다. 기본적으로 원가를 중심으로 가격을 결정하는 방법에는 원가 가산 결정방법과 투자수익률 기준 가격결정 방법이 있다.

(1) 원가가산 가격결정 방법(Cost-plus or Mark-up Pricing)

일반적으로 가장 많이 사용되는 방법으로 제품원가에 적정이익을 가산하여 가격을 결정하는 것이다. 원가가산가격결정법이 사용되는 이유는 기업 내부 자료만을 사용하여 상품의 가격을 결정할 수 있을 만큼 가격결정이 매우 간단하기 때문이다. 동일한 상품을 생산하는 모든 기업이 이 가격결정법을 사용한다면, 상품의 판매가격이 비슷해서 기업 간의 가격경쟁이 최소화된다. 따라서 상품의 수요가 한정되어 있어 탄력성이 낮거나 경쟁자가 없어 두 요소를 고려할 필요가 없는 경우에 사용된다. 그러나 단위 원가는 판매량에 따라 달라져서 원가를 정확하게 계산하기 어려워 장래 원가에 대한 예측이 반영되지 않고, 판매량은 판매가격에 따라 달라지기 때문에, 상품에 대한 수요의 변화를 무시하고 있다는 문제점이 있으며, 시장에서 경쟁 상태를 전혀 고려하지 않고 있어서 전략적인 가격결정에는 부적합하다.

(2) 투자수익률(ROI: Return on Investment) 기준 가격 결정방법

목표로 정한 수익을 확보할 수 있는 수준에서 가격을 결정하는 방법이다. 그러나 이 가격결정 방법은 먼저 원가와 목표이익 수준을 결정하는 데 필요한 예상 판매량을 사전에 예측할 수 있어야 한다. 그러나 실제로 판매량을 예측하는 것은 쉽지 않다. 따라서 마케터는 먼저 책정 가능한 가격들을 찾아내고 각 가격별로 손익분기점에 도달할 수 있는 판매량과 목표이익을 실현할 수 있는 판매량을 알아내야 하며, 이러한 판매량이 성취될 확률이 어느 정도인가를 파악함으로써 가능해진다.

한편 이 방법은 수요가 감소하거나 상품의 예상 판매량을 달성하지 못하였을 경우 목표수익을 달성하기 위해 상품의 가격을 높여야 하며, 이 역시 원가가산 가격결정 방법과 같이 수요탄력성과 경쟁자로의 가격을 고려하지 못하는 단점이 있다.

2) 수요 중심 가격결정

수요중심가격결정은 소요된 원가가 아니라, 시장에서 고객이 지각하는 상품의 가치와 수요의 크기에 따라 상품의 판매가격을 결정하는 것이다.

시장요인으로서 시장수요, 즉 수요의 변화와 수요의 탄력성을 구하여 상품의 가격을 결정한다. 탄력적일 때에는 가격이 높아지면 시장수요는 감소하고, 가격이 낮아지며 시장수요는 증대한다. 비탄력적일 때에는 가격의 변화가 수요에 대하여 영향을 미치지 않는다.

(1) 고객지각 가치가격결정(Perceived Value Pricing)

고객지각 가치결정은 마케팅 믹스 변수 중 품질이나 광고와 같은 비가격변수의 사용으로 시장에서 고객들에게 지각되고 있는 자사상품의 상대적 가치를 파악하고, 이에 알맞은 상품의 가격을 결정하는 방법이다. 자사상품을 준거상품으로 선정하여 사용함으로써 고객이 얻게 될 경제적인 편익의 증가분을 화폐단위로 계산하고, 이 값이 '0' 보다 크다는 것을 전제로 적절한 가격수준을 결정하는 것이다.

호텔 · 관광상품과 같이 원가계산에는 명확히 표현되지 않으나, 서비스의 상품성에는 분명한 영향을 미치는 상징성 · 분위기요인 · 편리성 · 명성 등의 무형적 가치는 고객의 가치판단에 의존할 수 있다.

(2) 수요조정 손익분기분석(Demand-modified Break-even Analysis)

수요조정 손익분기분석은 다양한 가격대 안에 따른 수요량의 변화를 분석하여 가장 높은 이윤을 창출하는 최적가격을 선택하는 방법이다. 과거의 경험과 자료에 근거하여 다양한 가격수준에서의 손익분기점을 분석하여 수익이 최대화되는 가격 · 수량 믹스를 도출하는 것이다. 이 방법은 가격대별 시장반응과 수요예측이 정확히 이루어져야 실효성이 있다.

3) 경쟁 중심 가격결정

경쟁상품과 자사상품의 품질수준이 동일한 경우나 비슷한 경우 사용된다. 특히 관광기업에서는 항공기업이 대표적인 예로, 지나치게 경쟁사를 의식한 가격결정을 한다. 원가구조나 수요보다는 경쟁상품의 가격수준을 고려하여 자사상품의 가격을 결정하는 방법으로, 대개 후불업체가 경쟁적인 시장에 진입할 경우나 경쟁기업에 비하여 원가우위를 지니고 있는 기업의 경우, 또는 시장구조가 과점적인 성격과 특별한 지위를 확보하지 못한 중소기업이 선도기업의 가격수준을 따라 자사의 상품을 결정하는 경우에 사용되고 있다. 그러나 경쟁중심가격결정은 일관된 마케팅전략의 실행이 어렵다는 단점이 있다.

(1) 상대적 고가격전략

상품의 품질수준은 비슷하나 시장에서 자사상품의 명성 및 상표인지도가 높은 경우 사용되는 전략이다. 고객이 상품의 가격에 의하여 상품의 품질을 평가하는 경향이 강하며, 개인의 사회적 지위나 명예 및 건강 등의 상징적인 의미를 포함하고 있는 호텔 · 관광상품의 경우에 주로 사용된다. 상대적 고가격전략은 이용객의 수가 충분히 많아야 하며, 상품의 이미지가 우수하여야 효과가 있다.

(2) 대등가격전략

상품가격과 같거나 거의 비슷한 수준에서 상품의 가격을 결정하는 전략이다. 경쟁적인 시장에서 처음으로 상품의 가격을 결정하는 기업을 가격선도자라고 하며, 선도가격에 추종하는 가격을 추종가격 또는 모방가격이라고 한다. 시장에서 상품의 수요가 가격에 비해 비탄력적이고 경쟁기업이 가격변화에 언제라도 대처할 수 있는 준비를 갖추고 있어서 특정기업이 가격인하효과를 누릴 수 없을 경우 나타나며, 다른 마케팅믹스요소들의 역할이 상대적으로 중요한 역할을 한다.

(3) 상대적 저가가격전략

경쟁기업보다 상품의 가격을 저렴하게 결정하는 전략이다. 따라서 상대적으로 원가구조상의 우위를 가져야 한다. 상대적 저가격전략은 판매량 증대, 시장점유율 확대, 과잉재고정리, 경쟁상품의 차별화에의 대응, 경쟁기업에 의한 시장침투방지 등의 목적이 있다. 그러나 다시 가격을 올리기는 어렵다는 단점이 있고, 경쟁기업이 저가격전략으로 대응하면 가격차별에 의한 우위를 지속하기 어렵다.

4. 가격결정 전략

1) 가격차별화 전략

가격차별은 기본적으로 동일한 상품에 대해서 세분시장마다 다른 가격을 받는 것이다. 상품에 대해 유보가격이나 가치가 높은 집단은 높은 가격을 받고, 이에 대해 낮은 집단은 낮은 가격을 받으며, 반대로 가격민감도가 높은 집단에는 낮은 가격을 받고, 낮은 집단에는 높은 가격을 받는다.

소득이 다르면 소비수준이 달라지는 것과 마찬가지로 동일상품에 대해 각각의 고객이 필요로 하는 정도가 다른 것은 당연하다. 또한 같은 고객이라 하더라도 상황에 의해 상품을 필요로 하는 정도가 달라져서 환경에 따라 고객의 인지가치와 최대지불의사는 다양하게 변화하게 된다. 호텔 · 관광기업은 고객마다 다른 최대지불의사를 간파하고 이에 따른 가격차별화를 통해 지불의사가 높은 사람에게는 더 높은 가격으로 판매하여 더 큰 이익을 얻고자 노력하게 된다. 더운 여름날 놀이공원에서의 아이스크림 가격이 평소 집 근처에서 살 수 있는 동일한 상품과 차이가 나는 것은 당연한 현상이다. 이와 같이 코카콜라에서는 날씨가 더울수록, 고객이 몰리는 시간일수록 음료의 가격을 올려 표시하도록 하는 자동판매기를 설치하여 운영한 바 있다. 또한 비행기 티켓가격도 수요 · 판매시점과 유통경로 등에 따른 많은 변수가 가격결정요소에 반영되는 시스템이 적용되어 같은 비행기편을 타고 가는 승객들 간 운임이 같지 않은 경우가 많다.

(1) 시기에 따른 가격 차별화

환대산업의 대부분의 기업은 성수기와 비수기, 주중과 주말에 따라 수요의 변화가 심한 특성을 가지고 있다. 즉 성수기와 주말에는 관광수요가 관광공급을 초과하고 비수기와 주중에는 관광공급이 관광수요를 초과한다. 특히 호텔의 객실, 항공사의 좌석과 같은 관광상품은 공급의 조정이 힘들므로 성수기 및 주말의 과잉수요를 비수기 및 주중으로 이동시킬 필요성이 있는데 가격차별화로써 가능하다.

따라서 환대산업의 기업들은 성수기와 주말에는 가격을 올리고 비수기와 주중에는 가격을 저렴하게 하는 시기에 따른 가격 차별화 전략이 요구된다. 또한 하루 중에도 수요가 적은 시간대에 가격을 저렴하게 하여 수요를 창출하는 해피아워 happy hour 전략도 시기에 의한 가격차별화라고 할 수 있다.

(2) 구매자에 따른 가격차별화

환대산업의 서비스 · 상품에 대한 가격민감도는 소득수준 · 연령 · 구매목적 · 구매량 등에 따라 다르게 나타난다. 우리나라 특1급 호텔들은 고객의 유형에 따라 세분시장별 가격차별화를 실시하고 있다. 예를 들면 고객이 호텔과 계약을 맺은 단체여행사나 항공사승무원 등 단체고객인 GIT Group Inclusive Tour의 기업할인요금 corporate rate과 일반개별고객인 FIT Foreign Independent Tour의 객실요금이 몇 배가 차이 날 수 있다. 구매량이 많은 단골 고객이나 앞서 언급한 단체고객에게는 특별할인요금이 적용되는 것과 같이 고객에 따른 가격차별화는 구매량을 기준으로 이루어지기도 하고, 쿠폰고객에게도 특별한 할인요금을 적용한다.

(3) 구매방법에 따른 가격차별화

환대산업의 가격들은 어떠한 유통경로를 이용해 예약이 이루어지느냐에 따라 가격이 차별화되기도 한다. 여행사나 예약대행업체를 통해 항공좌석이나 호텔객실을 예약하는 경우 개인이 직접 예약하는 것과 가격수준이 다르다. 유통업체에는 계약에 의해 특별할인가가 제공되기 때문이다.

또한 직접예약을 하더라도 인터넷을 통해서 한다면 예약직원을 거치지 않기 때문에 기업에서는 비용을 절감할 수 있고, 이 혜택의 일부를 고개에게 되돌려 준다.

인터넷 가격을 낮게 책정하는 또 다른 이유는 인터넷을 사용하는 고객은 다양한 경쟁사 요금정보에 손쉽게 접근할 수 있으므로 가격민감성이 일반적으로 높다. 따라서 기업의 입장에서는 온라인상의 가격경쟁력을 확보하기 위해 가격을 낮게 책정한다.

(4) 상품등급에 따른 가격차별화

일반적으로 제품은 표준화하여 대량생산하므로 한 기업에서 제품을 가격대별로 다양하게 생산하기는 어렵다. 그러나 환대산업의 상품은 동일 시설 내에서도 등급 수준이 세분화되어 있고 가격도 차별화되어 있다. 즉 호텔의 객실은 스탠더드 룸standard room, 디럭스 룸deluxe room, 스위트 룸suite room, 항공기는 이코노미 클래스economy class, 비즈니스 클래스business class, 퍼스트 클래스first class로 구성되어 있고 가격도 각각 차별화되어 있다.

표 3-1 | 호텔과 항공사의 상품등급

구분	호텔(객실)	항공사(좌석)
특급	스위트 룸(suite room)	퍼스트 클래스(first class)
고급	디럭스 룸(deluxe room)	비즈니스 클래스(business class)
보통 · 일반	스탠더드 룸(standard room)	이코노미 클래스(economy class)

• 사례 •

Four Seasons 호텔의 고급 브랜드 전략

지난 몇십 년간 호텔 산업은 단순한 숙박시설에서 관광상품 그리고 비즈니스 서비스까지 제공하는 큰 산업으로 발전해 왔다. 이러한 변화의 선두에는 캐나다에서 처음 시작된 '포시즌스 호텔'(Four Seasons Hotel)이 있다. 현재 세계 최고급 서비스를 제공하며 호텔 브랜드들보다 많은 경쟁력을 지니고 있는 포시즌스 호텔은 세계 최초로 24시간 룸서비스, 목욕가운, 화장, 거울, 헤어드라이어, 세탁 서비스 등을 제공한 호텔로도 유명하다. 높은 프리미엄의 브랜드를 만들어 내기 위한 전혀 다른 차원의 서비스를 제공한 것이다.

고정관념에서 벗어나 생각의 틀을 바꾼 아이디어로 새로운 시장을 개척한 포시즌스의 성공 전략은 호텔 산업뿐만 아니라 모든 비즈니스 분야에 적용될 수 있는 하나의 대의를 제시하고 있다.

서비스의 고급화

창업자인 이사도어 샤프 회장은 포시즌스의 전략을 수립할 당시 경쟁사보다 월등히 우월한 서비스를 제공하고 더 높은 가격을 측정한다면 객실당 이익률이 높아지고 그 결과 최고의 시설을 갖춘 호텔로 차별화할 수 있을 것이라고 생각했다. 경쟁사들과 비즈니스 고객들을 분석한 결과 찾아낸 특징은 바로 '고급스러움의 정의를 더욱 인간적인 면으로 바라봐야 한다'는 것이었다. 당시 호텔 업계에서 '럭셔리 또는 고급스러움'의 의미는 화려하고 사치스러운 건물과 인테리어 디자인이었다. 하지만 샤프 회장은 기존의 의미를 뒤집어 서비스 차원에서의 고급스러움이 고객들이 원하는 진정

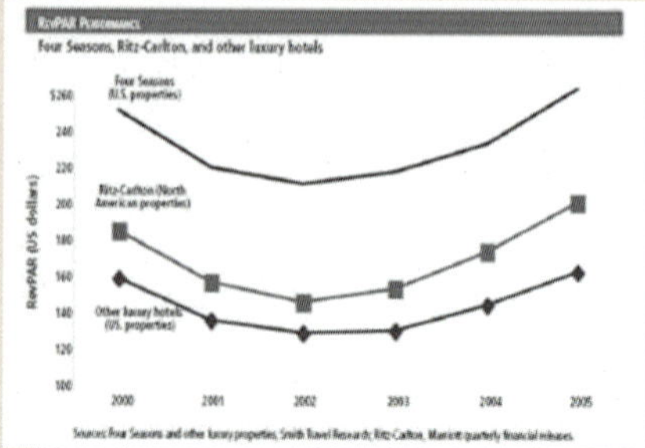

한 호텔의 모습이라고 정의했다. 철저히 개인만을 위한 서비스를 제공하는 것이야말로 최고급 호텔의 초석이 될 것이라는 샤프 회장의 생각은 적중했다. 물질적인 고급스러움과 달리 사람, 문화, 시스템 등에서 창출되는 인간적인 고급스러움은 고객들에게 보다 깊은 인상을 심어줄 수 있었다.

개인 맞춤형 서비스는 산업에 관계없이 전 세계적인 트렌드로 자리 잡고 있다. 그 어떤 가치보다도 더욱 중요하게 여겨지며 최고의 부가가치를 창출하는 전략으로 각광받고 있으며 빠르게 변화하는 시장의 수요에 효과적으로 반응할 수 있는 전략인 것이다. 포시즌스의 전략으로 각광받고 있으며 빠르게 변화하는 시장의 수요에 효과적으로 반응할 수 있는 전략인 것이다. 포시즌스의 전략이 만들어질 당시 개인의 수입과 부는 그 어느 때보다 빠르게 증가하고 있었으며 소비력을 증진시켰다. 고객들은 자신들의 만족과 행복을 위해 기꺼이 지갑을 열었다. 포시즌스는 이러한 소비 패턴의 변화를 정확히 파악하고 자신들의 사업에 접목시켰다. 고객들이 생각하는 가장 고급스러운 가치는 바로 '시간'이었다. 사람들의 일하는 시간이 수입의 증가와 함께 늘어나면서 자연스럽게 '시간은 곧 돈'이라는 개념이 사람들의 생각에 자리 잡았다. 시간을 아껴줄 수 있는 서비스는 소비를 이끌어 낼 수 있는 것이었다. 그리고 그러한 시간의 가치를 제공하기 위해 포시즌스 호텔은 철저히 개인 맞춤형 서비스를 제공했고 결과는 대성공이었다.

서비스 차원에서의 경쟁력은 직원들과 고객의 경험에 대한 투자였다. 가격이 높은 만큼 고객들이 기대하는 서비스의 질이나 혜택도 그만큼 증가하기 때문이다. 24시간 동안 서비스를 제공하고 직원들을 교육하고 더욱 많은 객실 내의 시설을 제공해야 했다. 고객들이 가장 중요시 여기는 가치 중 하나인 시간을 소중히 여기는 서비스가 바로 핵심이었다. 그리고 지난 오랜 시간 동안 투자에 대한 이익률은 포시즌스의 높은 수익과 명성 그리고 성장으로 나타났다. 개인 맞춤형 고급 서비스는 매우 강력한 경쟁 우위 요소가 되었다. 특히 다른 고급 호텔과 직접적으로 비교했을 때 수익성이나 고객 만족도 면에서도 우월한 결과를 가져왔다. 고객들이 중요시 여기는 대부분의 가치, 예를 들어 고객의 이름을 불러주며 서비스를 제공하는 것이나 고객의 과거 방문기록과 취향 등을 기록한 데이터베이스, 포시즌스의 고급스러운 이미지는 비용이 들지 않는 최고의 상품이기 때문이다.

자료 이마스(2009-05-08)

2) 묶음가격전략

묶음가격전략이란 둘 이상의 상품 · 서비스를 특가 패키지의 형태로 하나로 묶어 고객에게 제공하는 전략이다. 호텔 · 여행사의 패키지상품 · 스키캠프 등은 이러한 묶음가격전략의 예이다. 묶음가격은 때때로 인기 있는 상품과 수요가 떨어지는 상품을 하나로 묶어 제공한다. 이러한 패키지상품의 가격은 그 안에 포함된 상품을 구매했을 때의 총액보다 훨씬 저렴하므로, 고객은 종종 이 특별묶음가격에 유인된다. 묶음가격은 고객의 대량구매를 촉진하기 위하여, 그리고 고객의 이용률이 떨어지는 호텔 · 관광기업과 고객 모두에게 이득이 돌아가는 Win-Win전략이라고 할 수 있다.

3) 유인가격전략

원가에 가까운 저가격을 책정하여 고객들의 관심을 자극하고 구매동기를 상승시킨 후, 고객을 매장으로 유인하여 이윤이 많이 남는 다른 상품들의 구매도 함께 기대하는 전략이다. 상품의 조건은 자주 구매하는 상품이나 잘 알려진 상품이어야 한다.

유인가격전략에는 종종 특별 세일과 손실유도품이 사용된다. 손실유도품이란 원가 이하로 가격이 설정되어 판매할수록 손실이 발생하는 희생상품으로 고객을 유인하는 주도적 역할을 하는 상품을 말한다. 이 전략은 주로 매장에서 유인된 고객이 다른 상품을 상당히 많이 구입할 수 있는 시점과 상황에서 종종 시행된다. 예를 들어 대형 할인점에서는 개업식을 할 때 잘 알려진 브랜드의 음료수나 라면을 원가 이하로 판매하기도 하고, 복날이 되면 닭고기를 원가 이하로 판매하여 고객을 유인하기도 한다.

4) 심리적 가격전략

(1) 단수가격

화폐단위 이하 혹은 천단위 · 백단위로 정확히 끝나는 것보다 특정 숫자로 끝나는 가격이다. 단수가격을 사용하면 가격상의 큰 차이가 없음에도 불구하고 고객은 훨씬 저렴하게 느낀다. 10,000원과 9,990원은 10원 차이임에도 불구하고 심리적으로 느끼는 정도가 달라 990원 차이가 나는 9,000원 쪽으로 마음이 움직여서 더 호의적이다.

단수가격은 고객이 가격을 어떻게 인지하느냐에 따른 사실에 기초하며, 상품가격이 정확한 계산에 의해 가격이 책정되었다는 느낌과 최하의 가능선에서 결정되었다는 인상을 주어 판매량을 증가한다.

(2) 명성가격

가격과 품질 간의 연상이나 서비스 질을 평가하기 어려운 경우 가격과 품질의 상관관계가 매우 높게 인지된다. 고급호텔 서비스상품이나 모피 · 위스키 · 향수 · 귀중품 등 브랜드명에 의해 높은 품격을 호소하는 가격결정법으로, 그것을 사용하는 고객의 지위도 높게 보는 경향이 있다. 따라서 고객이 일반적으로 높은 가격을 지불하는 상품일수록 고품질의 상품으로 평가하여 가격이 상승하면 수요가 줄어든다는 합리적 가격 · 수용공식과 달리 가격을 높게 책정하는 것이 낮게 책정하는 것보다 상품의 판매량을 증대시킨다. 이처럼 가격이 높은 경우에 고품질을 기대하며 오히려 구매욕구가 생기는 고객심리를 이용하는 가격전략이다.

(3) 특별홍보가격전략

특별홍보가격전략은 특정계절이나 휴일에 수요극대화 및 신규고객 창출을 목적으로 한시적으로 채택되며, 촉진전략과 연계하여 수행된다. 특별홍보가격전략은 비고객이 시험 구매하도록 만들고, 경쟁사고객이 자사의 브랜드를 사용하게 유도하여 브랜드전환을 하게 하며, 구매 시기를 앞당기거나 구매량을 늘리는 등 고객의 구매가속화의 긍정적인 효과들을 들 수 있다. 그러나 브랜드 중심의 구매성향을 저하시켜 브랜드에 대한 장기적인 애호도 감소되고, 고품질에 대한 브랜드 이미지 저하, 단기실적 위주의 임시방편적 경영관점을 유도할 수 있다. 12개월 중 9개월이 세일인 국내면세점 같이 무분별하게 사용하는 경우, 가격민감성을 초래하여 판촉 없이는 구매하지 않는 태도를 형성하는 부정적인 효과를 간과할 수 없다.

5) 관광가격전략

(1) 저가전략

저가전략(시장침투가격전략)은 관광상품의 수준을 경쟁사와 동일하게 하거나 그 이상으로 높이면서 가격을 더 저렴하게 하고자 할 때 또는 비용을 줄여 원가 절감을 통하여 가격을 낮추고 핵심서비스에 치중하고자 할 때 가능하다.

특히 관광상품이 잠재시장의 규모가 크고, 가격민감도가 높으며, 경쟁자가 쉽게 진입할 수 있는 도입기에 있다면 저가격은 신속하게 시장침투를 하는 데 적합하다.

(2) 고가전략

고가전략(스키밍: skimming가격전략)은 고객이 고가를 지불할 만큼의 관광상품이 차별화되어 있어야 하고, 품질 수준과 보장성을 높여줄 때 가능하다.

특히 관광객이 고가를 지불할 의사가 있고, 잠재경쟁자의 진입이 당분간 없다고 판단되는 도입기에는 고가전략으로 단위당 높은 마진을 실현시킬 수 있다.

(3) 패키지가격 전략

관광상품은 특성상 단일 품목으로만 상품구성을 하기 힘들다. 즉 관광상품은 이동을 위한 교통수단, 숙박 및 식음료 시설, 관광 및 레저시설 등의 품목들이 패키지화되어 있는데 패키지가격은 고객으로 하여금 하나하나의 품목을 개별로 구별하는 것보다 일괄 구매하도록 하여 가격을 싸게 구성함으로써 고객들의 구매를 유도하는 전략이다.

(4) 심리지향적 가격

고객은 가격에 대한 심리적인 부담을 가지고 있다. 비록 미미한 가격차이지만 고객이 심리적으로 싸게 느껴지도록 가격을 설정하는 것이 심리지향적 가격이다. 예를 들어 태국 4박5일 허니문 패키지요금을 1,000,000원으로 하는 것보다 999,000원으로 설정하면 가격은 1,000원 차이지만 고객의 심리적인 가격은 그보다 훨씬 더 싸게 느껴진다. 이러한 마케팅을 '99마케팅' 이라고 한다.

• 사례 •

놀이공원 에버랜드의 가격구조

청룡열차가 달리는 놀이공원은 아이들에게 단지 즐거움을 제공하는 공간일 뿐이지만, 마케터에게는 가격구조에 대한 살아 있는 사례가 된다.

에버랜드는 자유이용권이라는 이름의 묶음가격과 함께 개별시설에 대한 가격을 함께 갖고 있다. 우리나라의 놀이공원은 이러한 2중가격구조를 취하는 것이 일반적인 추세이기도 하다. 에버랜드는 어른의 경우, 입장료 11,000원을 내고 들어가서 아마존과 같은 4,000원짜리 놀이시설을 두 번, 제트열차와 같은 3,500원짜리 놀이시설을 한 번만 이용하면 벌써 21,500원이 되어 자유이용권 22,000원에 근접하게 된다. 결국 놀이시설을 많이 이용할 사람들은 자유이용권을 사는 것이 결과적으로 더 싼 가격에 에버랜드를 즐기는 것이 된다. 반면 놀이시설에 큰 관심이 없는 경우에는 단일가격으로는 가장 비싼 수준인 '입장료' 를 내고 에버랜드를 관람할 수밖에 없다. 즉 에버랜드는 높은 수준의 개별가격을 통하여 소비자잉여를 자신의 것으로 하고, 상대적으로 저렴한 자유이용권은 또 다른 측면에서 소비자잉여를 기업의 것으로 바꾸어 주는 역할을 하고 있다. 그것은 다양한 놀이시설에 대한 고객의 수요차이를 자유이용권이 흡수하고 있다는 점이다. 즉 아마존과 바이킹에 대한 가치수준이 다른 사람이라고 해도 두 놀이시설과 함께 이용하는 것에 대해서는 가치수준이 비슷할 수 있기 때문이다.

자료 한국여행발전연구회(2008), 호텔관광마케팅

• 사례 •

제주 KAL호텔 가격전략

제주KAL호텔, 서귀포KAL호텔(총지배인 홍성균)이 로맨틱한 제주의 가을을 만끽할 수 있도록 제주여행 고객대상 실속패키지와 친환경 제주산 명품한우인 '제동한우' 메뉴 프로모션을 다양하게 선보인다. 한라산의 오색단풍과 푸른 바다를 동시에 감상할 수 있는 실속패키지(스탠더드룸)는 주중 16만5천 원, 주말 22만 원이며, 허니문 패키지(디럭스 룸)는 주중 21만 원, 주말 26만 원으로, 오리털 이불과 따뜻한 차를 제공하며, 특별히 허니문 패키지 이용고객님께는 오는 11월 30일까지 고급와인과 과일, 치즈 안주를 무료로 제공한다.

패키지 이용특전으로 대한항공 제주국내 왕복노선 25% 할인(일부기간 제외), 객실1박당 미네랄 워터 1병 무료제공, 1회 투숙당 대한항공 500마일리지를 제공한다.

가을 미각을 살려주는 특별 프로모션으로 맛, 가격, 영양, 신선도면에서 최고의 등급을 자랑하는 청정 제주산 제동한우의 참 맛을 제공한다. 투숙객을 위한 특별 메뉴로 '제동한우 모둠구이 정식' (4만7백원)과, 뚝배기 불고기, 돌솥 육회 비빔밥 외 다양한 일품요리를 선보이며 Open기념 특전으로 〈모둠구이 정식〉 주문 시 12월 31일까지 한시적으로 30%할인, 육회 특별서비스가 제공된다.

제3절 유통 전략

1. 유통의 개념과 이해

1) 유통경로의 개념

유통경로 Distribution channels란 생산자로부터 소비자와 이용자에게 제품과 서비스를 이용하게 하는 과정에서 포함되는 모든 조직의 집합을 말한다. 유통경로는 생산자 · 중간상 · 최종소비자를 포함하고 있다. 실제로 음식점과 같은 서비스기업에서는 택배 서비스와 같은 것을 제외하고는 물리적 유통단계는 없다. 서비스는 무형적이므로 그것을 어떤 지점에서 다른 지점으로 옮길 수 없다. 회사나 다른 조직에서 고객에게 바로 제공하거나 혹은 1~2개의 중간상을 통해 간접적으로 제공한다.

유통의 기본적인 기능은 판매자의 상품을 효율적으로 시장에 전달하고 또한 시장에서 얻은 정보를 수집하여 판매자에게 전달해 주는 역할을 하는 것이다. 일반적으로 관광유통은 관광공급자와 소비자인 관광객 사이에 여행사와 같은 알선업체가 유통을 담당한다. 즉 관광유통은 관광공급자가 관광객을 위한 시설, 호텔, 항공사, 테마파크, 리조트, 렌터카 등의 관광상품을 여행사에 제공하고 여행사는 관광공급자의 관광상품을 받아 관광객에게 판매하는 유통구조를 가지고 있다.

2) 유통경로의 기능

유통경로 구성원들은 소비자의 욕구를 충족시키는 다양한 효용을 창출하여 소비자에게 제공한다. 형태효용이란 상품과 서비스를 고객에게 좀더 매력적으로 보이게 하기 위해서 그 형태 및 모양을 변경시키는 모든 활동을 말한다. 시간효용이란 소비자가 제품이나 서비스를 구매하기 원하는 시간에 구매할 수 있도록 제품이나 서비스가 전달될 때 창출되는 효용으로서, 언제든지 소비자가 원하는 때 상품을 구매할 수 있는 편의를 제공하는 것을 말하며, 장소효용이란 소비자가 제품이나 서비스를 구매하기에 용이한 장소로 제품이나 서비스가 전달될 때 창출되는 효용으로 소비자가 어디서나 원하는 장소에서 상품이나 서비스를 구입할 수 있게 해주는 것이다. 또한 소유효용은 제품이나 서비스가 제조업자로부터 소비자로 이전되어 소비자가 제품이나 서비스를 사용하고 소비할 수 있는 권한을 갖도록 도움으로써 발생하는 효용으로 소비자로 하여금 상품과 서비스를 소유할 수 있도록 도와주는 활동을 말한다.

- 시간효용 time utility: 소비자가 원하는 시간에 언제든지 제품이나 서비스를 구매할 수 있는 편의를 제공해 준다.
- 장소효용 place utility: 소비자가 어디에서나 원하는 장소에서 제품이나 서비스를 구매할 수 있도록 편의를 제공해 준다.
- 소유효용 possession utility: 생산자나 중간상으로부터 제품이나 서비스가 거래되어 소유권이 이전되는 편의를 제공해 준다.
- 형태효용 form utility: 제품과 서비스를 고객에게 좀더 매력적으로 보이기 위하여 형태나 모양을 변경시켜 편의를 제공해 준다.

유통경로는 제품을 생산자로부터 소비자에게 이전시키는 과정에서 이러한 네 가지 효용을 제공하기 위하여 여러 가지 기능을 수행하고 있는데, 그 기능을 크게 나누면 다음과 같다.

- 정보 information 기능: 마케팅환경에 대한 마케팅조사와 전략에 필요한 정보를 수집하고 제공해 주는 기능을 한다.
- 촉진 promotion 기능: 제공물에 대해 설득력 있는 커뮤니케이션을 개발하고 확산시키는 기능을 한다.
- 접촉 contact 기능: 잠재구매자를 발견하고 커뮤니케이션을 하는 기능을 한다.
- 조합 matching 기능: 제조 · 규격 · 집하 · 포장 등의 작업을 포함하여 구매자의 욕구를 충족시킬 제품을 조합하는 것이다.
- 교섭 negotiation 기능: 소유권을 이전할 수 있게 가격과 제품 및 그 밖의 조

건에 동의하게 하는 기능을 한다.

- 물적유통 physical distribution 기능: 상품의 운송 및 보관을 하는 기능을 한다.

유통경로의 기능 중 정보 · 촉진 · 접촉 · 조합 · 교섭의 기능은 거래를 성취하는 데 기여한다. 그리고 물적유통과 재무 및 위험부담의 기능은 완성된 거래를 실현하는 데 기여한다.

• 사례 •

동양 최대의 백화점, 신세계 센텀시티점을 가다

'개점일(앞선 개점 1~2일 매출액 1억5천만원 포함) 붉은 속옷의 매출액만 8억 원을 넘겼다' 라는 신문기사가 흥미를 끌었던 신세계 센텀시티가 2009년 3월 3일 개점했다. '백화점이나 속옷 가게가 개업하는 날, 붉은 속옷을 구입하면 재운(財運)과 행운(幸運)이 깃든다' 는 영남지방의 속설에 기인한 결과라고 한다.

주말 기준 하루 내점 고객 수만 15만 명, 매출액은 29억 원, 개점일로부터 2주 동안 누적 고객 300만 명, 총 매출액 760억 원을 기록한 신세계 센텀시티는 온라인을 통한 관련 뉴스만 해도 수백 건이다. 각종 커뮤니티 사이트나 블로그 포스티 역시 헤아릴 수 없을 정도의 많은 정보를 제공함으로써 모든 이의 이목을 집중시키고 있다.

'동양 최대의 복합 엔터테인먼트 쇼핑 공간' 이라는 거대한 수식어를 등에 업고, 앞으로 동 아시아 전체의 쇼핑, 유통의 허브로 거듭나기 위해 첫발을 내디딘 신세계 센텀시티.

신세계 센텀시티점은 이미 다양한 매체에서 개점 이전부터 여러 가지 의미에서 이목을 끌었다. 대외적으로는 삼성동의 코엑스 몰이나 용산 아이파크 몰 등과 같이 하지만, 규모 면에서 그들을 압도해 소비자들의 호기심을 자극하였고, 스파, 아이스링크 등 다양한 엔터테인먼트를 즐기고 이용할 수 있다는 점은 하나의 관광지로써 어필할 수 있는 부분도 있었다. 이처럼 신세계 센텀시티점은 유통업은 물론이고 우리나라 소비성향, 관광산업에서도 영향이 지대할 것을 예상된다.

자료 /이마스(2009-06-18)

3) 유통경로의 유형

유통경로는 경로수준의 수에 의해 설명할 수 있다. 경로수준은 제품 및 서비스의 소유권을 최종소비자에게 더욱 가까이 이동시키기 위해 각종의 다양한 일을 담당하고 있는 각 계층을 말한다. 보통 경로수준은 경로의 길이를 나타내는 자료로 이용되고 있다. 경로의 길이는 중개자의 수에 따라 여러 유형으로 달라질 수 있다.

경로의 길이는 중개자 수준을 통해 보여줄 수 있는데, 아래의 그림에 제시되어 있다.

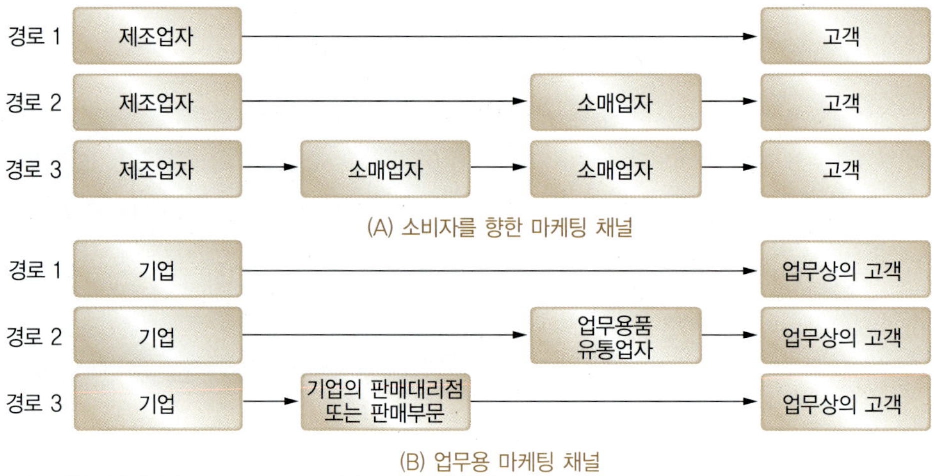

자료 한국여행발전연구회, 호텔관광마케팅

그림 3-3 | 서비스유통경로

경로 1은 다이렉트 마케팅경로로 불리고 있는데, 중개수준은 존재하지 않으며, 소비자와 직접 판매하는 제조업자로 구성되어 있다. 레스토랑 경영자가 농산물시장에서 재배자로부터 직접 구매하는 경로이다.

경로 2는 1개의 중개자수준을 포함하고 있다. 소비자시장에 있어서 이 수준은 일반적으로 소매업자이다. 레스토랑경영자는 요리에 필요한 생선을 가까운 수산업협동조합에서 구입하는 경우이다.

경로 3은 2개의 수준을 포함하고 있다. 소비자시장에 있어서 이들은 일반적으로 도매업자와 소매업자이다. 이런 종류의 경로는 소규모 제조업에서 이용되고 있다.

경로상의 모든 조직은 몇 가지 형태의 흐름에 의해 연결되어 있다. 이 흐름은 제품의 물리적 흐름, 소유권의 흐름, 지불의 흐름, 정보의 흐름, 그리고 촉진의 흐름 등이다. 이러한 흐름은 단 한 가지 경로 또는 소수경로를 복잡하게 만들고 있다.

유통경로가 길어질수록, 즉 상품이 제조업자로부터 소비자에게 전달되는 동안 거쳐야 할 유통단계가 많을수록 유통단계에서 수행하는 마케팅 기능은 전문화된다. 각 중간상들은 자신이 잘할 수 있는 유통기능만을 수행하기 때문에 이로 인해 얻어지는 효율성의 증대는 제조업자가 모든 유통기능을 직접 수행할 경우와 비교하여 최종 소비자가격을 더 낮출 수 있는 것이다. 그러나 제조업자와 소비자 사이에 보다 많은 중간상이 개입되면 제조업자의 통제력은 약해진다.

4) 유통 시스템의 중요성

기업이 소비자가 원하는 제품을 만드는 것도 중요하지만 제품이 소비자에게 적절한 시간에, 접근이 용이한 위치에, 적절한 수량으로 제공될 수 있어야만 이 제품이나 서비스가 소비자에게 의미를 갖게 된다.

따라서 오늘날의 경쟁환경에 있어서 기업은 중앙의 독자적인 판매력에만 의존할 수가 없다. 기업은 복잡한 유통망의 개발필요성에 점차 절박한 상황에 놓이게 되었다. 또한 경쟁사, 세계화, 전자유통기술 및 제품의 소멸성은 유통의 중요성을 한층 증대시키고 있다. 신시장과 기존시장에 접근하는 혁신적 방법이 강구되고 있다.

세계화는 많은 서비스기업의 제품의 시장개척과 유통에 큰 변혁을 가져다 주었다. 지리적 · 문화적 거리에 따른 제트기, 팩시밀리, 컴퓨터 네트워크, 국제전화의 중계, 전 세계 위성방송, 그 밖의 기술진보의 출현이 그것이다. 이들의 출현에 의하여 기업은 지리적 시장범위와 구매 및 제조를 크게 확대하는 것이 가능해졌다. 그 결과 기업에 있어서나 소비자에 있어서 훨씬 복잡한 마케팅환경이 조성되었다. 국내기업은 해외로 진출하는 한편, 그들의 국내시장은 국제기업에 의하여 잠식당하고 있고, 비즈니스시장은 국제화되고 있다.

국내의 고객만으로는 그들의 제품을 충분히 소화해낼 수 없다. 많은 기업은 외국의 협력업체가 전략적인 제휴를 실시하여 자기들이 외국시장에 접근하는 것을 가능하게 하고 있다. 그리하여 협력할 외국의 협력기업을 선택할 필요성이 있다는 것을 의미한다. 국제화와 더불어 새로운 전자유통기술인 Holidax 등의 국제예약시스템의 발전을 가져오고 있다.

끝으로 서비스상품은 소멸되기 쉬우므로 재고를 이월할 수 없기 때문에 수용능력과 수요의 적절한 관리를 위한 유통의 중요성이 한층 증대되고 있다.

2. 유통 경로의 설계

1) 유통경로에 대한 고객의 욕구분석

대부분의 마케팅의 의사결정과 같이 유통경로를 설계하는 것도 고객으로부터 출발한다. 유통경로는 각 경로구성원들이 고객을 위하여 가치를 추가하는 대고객 가치전달 시스템 customer value delivery system으로 생각할 수 있다. 앞에서도 설명한 바와 같이 어떤 기업의 성공 여부는 자신의 행동에서만 달려 있는 것이 아니라, 전체의 유통경로가 다른 경쟁기업의 유통경로와 어떻게 효과적으로 경쟁할 수 있느냐에 달려 있다. 예를 들면 포드사는 수천 명의 자동차판매상을 포함하고 있는 대고객 가치전달 시스템을 이루고 있는 하나의 연결고리에 불과하다. 만일 포드사가 전 세계에서 가장 좋은 자동차를 생산할지라도 도요타나 GM이 보다 우세한 딜러망을 확보하고 있다면 고전을 겪게 될 것이다. 따라서 기업은 고객에게 보다 우수한 가치를 전달해 줄 수 있는 통합된 마케팅 시스템을 설계하기 위하여 노력한다.

- 소비자들은 가까운 상점에서 구매하기를 원하는가. 그렇지 않으면 중심상업지까지 보다 먼 거리를 가서도 구매하기를 원하는가?
- 소비자들은 전화주문이나 우편주문을 통해서도 기꺼이 구매하려고 하는가?
- 소비자들은 즉시 구매를 원하는가, 그렇지 않으면 기꺼이 구매를 기다려 줄 수 있는가?
- 소비자들은 다양한 제품구색을 원하는가, 그렇지 않으면 전문성을 원하는가?
- 배달 · 신용제공 · 수선 · 설치 등의 많은 종류의 부가서비스를 원하는가, 그렇지 않으면 이러한 서비스는 다른 곳에서 확보하기를 원하는가?

따라서 유통경로의 설계는 여러 표적시장에 있는 소비자들이 유통경로가 제공해 주기를 바라는 가치가 무엇인지를 확인하는 것으로부터 출발하여야 한다. 소비자가 원하는 유통경로의 서비스에는 다음과 같은 것들이 있다.

유통경로가 보다 분산되어서 소비자의 접근이 용이할수록, 배달기간이 짧을수록, 제품의 구색이 다양할수록, 더 많은 부가서비스가 제공될수록 유통경로의 서비스수준은 높아진다. 그러나 소비자가 원하는 모든 서비스를 제공하는 것이 불가능하거나 비현실적인 경우가 있다. 즉 기업이나 경로구성원들이 이러한 서비스를 제공할 수 있는 자원이나 기술을 보유하지 않을 수도 있다. 또한 높은 수준의 서비스는 높은 유통비용을 가져오고, 그것이 제품가격을 인상하는 요인으로 작용한다. 따라서 기업은 소비자의 욕구와 이를 충족시킬 수 있는 비용 그리고 소비자가 원하는 가격대 등을 대비하여 제공할 서비스의 수준을 결정하여야 한다. 가격파괴점이나 할인점 등의 성공은 소비자들이 보다 낮은 수준의 서비스를 수용할 수 있다는 사실을 보여주고 있다.

유통경로 설계과정에서 가장 먼저 해야 하는 것은 표적시장의 고객이 원하는 서비스와 이를 충족시키기 위해 각 경로구성원들이 제공해야 할 서비스가 무엇인지를 파악하는 것이다. 유통경로 구성원들이 고객에게 제공해야 할 서비스는 크게 4가지로 입지의 편의성, 최소, 구매단위, 대기시간, 제품의 다양성으로 나누어진다.

(1) 입지의 편의성

도 · 소매업체들이 시장 내 분산되어 있는 정도를 말하며, 입지가 편리할수록 고객의 제품탐색비용(시간, 교통비) 등 감소하게 되므로 고객만족이 증가된다.

(2) 최소 구매단위

고객이 구매할 수 있는 가장 작은 제품단위를 의미하며, 소비자들이 원하는 최소 구매단위를 충족시켜 줄 때 고객만족이 증가된다. 만약 소비자들이 소량으로 제품을 구매하고자 한다면 제조업자와 소비자 사이에 많은 도 · 소매상이 개입되며, 이들은 소비자가 원하는 수준의 구매단위로 제품을 분류하는 기능을 수행해야 할 것이다.

(3) 대기시간

주문한 제품을 인도받을 때까지의 기간을 의미한다. 대기시간이 길수록 소비자의 불편과 불만족은 증가하게 될 것이다. 만약 소비자들이 제품인도까지의 대기시간을 중요하게 생각한다면 제품인도가 용이한 위치에 점포가 입지해야 하므로 기업은 많은 중간상을 이용해야 할 것이다.

(4) 제품의 다양성

하나의 유통경로가 갖추고 있는 제품의 구색이 다양할수록 그 경로가 제공하는 서비스의 수준은 높다고 말할 수 있다. 이는 일괄구매 one-stop shopping를 가능하게 하므로 소비자의 정보탐색 노력과 비용을 절감할 수 있고 이에 따른 고객들의 만족도를 증가시켜 줄 수 있다.

• 사례 •

세계의 먹을거리가 한 장소에, 독일 카데베(KaDeWe)백화점

독일의 수도인 베를린은 박물관을 비롯한 콘서트 홀, 미술관 등의 문화시설과 백화점, 여러 부티크와 숍들이 밀집해 있는, 그야말로 문화와 쇼핑이 공존해 있는 보물 같은 도시이다. 이 중에서도 독일을 방문하는 여행객들이 필단을 떠올리게 하는 독일에서 세계적인 음식 백화점이라니, 이런 아이러니가 카데베 백화점을 더욱 유명하게 만들었을까? 세계적인 웰빙과 로하스의 열풍으로 식생활과 건강에 민감해져 있는 현재, 카데베 백화점은 어떠한 변화를 겪으며 독일인들은 물론, 세계인들의 이목을 집중시키고 있는지 살펴보자.

카데베 백화점은 '서쪽에 있는 가게'를 뜻하는 카우프하우스 데스 베스텐스(Kaufhaus des Westerns,KaDeWe)의 약칭이다.

파리의 갤러리 라파예트(Galeries Lafayette)나 런던의 해롯(Harrods)백화점과 함께 유럽의 대표 백화점 중 하나이자, 유럽에서 가장 규모가 큰 백화점이다. 층별 구조로는 우리나라 백화점과 크게 차이 나지 않는다. 이런 카데베 백화점을 전 세계적으로 알리는 계기가 된 곳은 바로 6층이다. 이곳은 식품(Gourmet Floor)코너로 흔히 알려진 것처럼 초대형 식품 매장이라고 할 수 있다. 1,000여 종의 차(茶)와 2,400여 가지의 포도주, 그 밖의 다양한 먹을거리가 한자리에 펼쳐져 있어 방문객들이 이 층만 둘러보는 데도 반나절이 걸릴 정도라 한다. 100년의 역사를 자랑하는 백화점답게 그 역사 속으로 거슬러 올라가 보면, 1956년 식재료 판매를 개시했을 당시에는 다양한 상품을 판매하기보다는 많은 고객이 이용할 수 있도록 대량의 상품을 판매했다. 전쟁 이후라는 시기적 특이성과 넓은 면적의 백화점이라는 환경을 고려해 보았을 때 그 당시 지금 만큼의 다양한 식재료를 취급하기에는 다소 무리가 따를 것이라고 추측된다. 하지만 점차 독일의 산업이 부흥하게 되고, 독일 경제가 호황을 이루면서 백화점 역시 그에 맞게 변화했다고 생각한다. 이를테면, 양적인 면에서 중시되던 것들이 질적인 면에서 중시되기 시작하고, 그중에서도 좀더 다양한 선택을 할 수 있는 곳으로 탈바꿈하게 되는 것이다. 카데베 백화점의 모든 식재료는 독일 전역에서뿐만 아니라 전 세계를 통해서 수입되어 판매되고 있다. 이곳은 아시아의 음식 코너도 따로 마련되어 있을 정도로 개방적인 쇼핑 공간이다. 또한 세계 각국의 대표 음식들을 맛볼 수 있는 재미와 더불어 처음 접하는 식재료들이 넘쳐나는 곳 역시 이곳 카데베이다. 예를 들어, 남아프리카산 얼룩영양을 가공하여 만든 쿠두 햄(Kudu Ham), 모로코에서 직접 공수해 온 Chanterelle(살구버섯-살구 맛이 나는 식용 버섯), 세네갈에서 수입된 콩 등, 어디에서도 쉽게 볼 수 없었던 식재료들을 보는 것만으로도 흥미롭다. 다채로운 식재료들은 주로 프랑스 파리의 도매상에서 매일 20톤의 트럭으로 운반되고 있다. 이곳에서 미처 구비되지 못한 식재료들이나 고객이 특별히 원하는 상품이 있으면, 유명한 요리사를 통해서라도 재료를 구비할 만큼 적극적이다. 덕분에 다양한 가공 식품이나 발효 식품 이외, 신선도를 최우선으로 고려해야 하는 해산물 역시 여러 국가 출신들로 다양하게 이용할 수 있다. 식재료 섹션을 관리하는 매니저는 하루에도 몇 번씩 둘러보며 여러 식품의 신선도가 잘 유지되고 있는지, 매장 내 위생관리는 철저히 이루어지고 있는지 매장 내 위생관리는 철저히 이루어지고 있는지, 고객들이 이용하는 데 불편함은 없

는지 체크한다고 한다. 그 밖에 이곳 카데베 백화점은 6층에만 150여 명의 요리사와 500여 명의 직원을 배치함으로써 식품 매장 자체에 얼마나 많은 투자를 하고 있는지 알 수 있다. 이렇게 운영되는 백화점이다 보니, 식품 위생에 관한 고객들의 신뢰도는 높은 편이다. 세계에서 가장 다양하고 많은 수의 먹을거리를 제공하면서 위생에 관한 신뢰도를 유지한다는 것. 이 점만으로도 카데베는 그 명성을 충분히 유지해 나갈 수 있을 것 같다.

독일인들의 합리적인 소비문화는 세계적으로 익히 알려져 있다. 단적으로 그들의 명품소비는 과시를 위하기보다는 오랫동안 변질 없이 쓸 수 있는 데 맞춰져 있다는 연구 결과를 봐도 알 수 있다. 또한 물건을 구매하기 전 10번 이상 생각한다는 것이 생활화되어 있다고 한다. 거의 대부분의 가게들이 저녁 일찍 영업을 끝내지만, 가게 쇼윈도의 불은 꺼지지 않은 채, 주요 물품들의 가격표를 비추고 있다는 것을 보면 짐작할 수 있다. 가게를 지나치는 사람들에게 물건을 살펴보고 구매를 결정할 수 있도록 시간을 준다는 것이다. 다소 과장된 예시가 될 수도 있겠지만, 독일인들이 소비활동에 얼마나 민감한지를 보여주는 대목이라고 할 수 있다.

이러한 독일인들이 여타의 할인 유통 업체들이 성업하고 있는 동안에도 다소 고가의 백화점인 카데베를 자주 방문한다는 것은 그들이 생각했을 때, 그만한 구매 가치가 있는 상품들이 판매되고 있다는 것을 짐작하게 해준다.

최근 독일인의 소비 성향을 조목하면 식품시장의 트렌드 역시 짐작할 수 있다. 세계적인 열풍이었던 웰빙 바람으로 독일인들 역시 신체적-정신적 풍요로움을 지향하고 있으며, 더불어 날씬하고 건강하게 살기 위해 먹을거리에 대한 민감도가 높아진 상황이다.

또한 독일 다이어트 식품 시장도 상당한 위치를 차지하고 있다. 독일 18세 이상 성인 남자는 70%, 여성은 50% 이상이 체중과다이며, 과체중인구가 차지하는 비율은 전체 인구의 약 20%인 1,600만 명 정도이다. 특히, 소아비만이 급속하게 증가하는 추세이며, 비만으로부터 발생하는 각종 질병 치료를 위해 건강 보험에서 지급하는 비용이 연간 550억 유로에 다다를 만큼 사회적인 이슈가 되고 있다.

건강에 대한 관심도가 높아지면서 슬로 푸드(Slow Food)에 대한 관심도 역시 높아지고 있다. 따라서 슬로 푸드의 대명사 격인 아시아 식품 및 음식에 대한 독일인들의 관심도 또한 증가하고 있는 추세이다. 아시아 음식들은 채소를 많이 사용하고 저지방 및 저칼로리로 건강에 이로울 것이라는 지배적인 생각과 비교적 '간편하다'는 인식이 자리 잡고 있는 것이다. 일본의 생선초밥, 중국의 만두, 베트남의 국수요리 등이 독일 시장에서 대중화에 성공한 대표적인 음식이 된 것은 이미 오래전 일이다. 또한 건강에 이로운 식재료를 골라 오늘 하루만 특별히 취급하는 식의 프로모션으로 방문 고객들의 눈길을 끌고 있다.

이처럼 웰빙 바람과 더불어 슬로 푸드의 열풍이 가세한 식품시장에서 카데베 백화점은 음식 시장으로서 독일인들의 이런 니즈를 충족시켜 주기에 모자람이 없다. 지금은 워낙 보편화되었기 때문에 예전보다는 비교적 손쉽게 구할 수 있는 건강 식재료들이자 카데베 백화점은 그 제품들을 독일 전역에서 최초로 취급한 유일한 업체였으며, 주로 인스턴트와 냉동식품 위주인 주변의 할인 마트와 비교해 매일 다양하고 신선한 식품들을 구입할 수 있다는 것 자체로 큰 메리트가 되었을 것이다. 처음 식품 매장을 오픈 했을 당시 전쟁으로 어려워진 민심을 위로했던 카데베 백화점은 경제 부흥의 시기에는 호황의 상징으로 인식되었다. 그리고 이제는 세계 최초의, 세계 최고의, 세계의 거의 모든 식품을 판매하는 곳이라는 수식어로 전 세계의 이목을 끌고 있다. 카데베 백화점은 단순히 백화점이라는 업체가 아니라 그 유구한 역사만큼이나 앞으로도 독일의 역사를 만들어 나가는 데 영향력을 미칠 것이다.

자료 이마스(2009-04-23)

2) 유통경로의 목표 설정

유통경로 서비스에 대한 고객의 욕구를 분석한 후에는 유통경로의 목표를 설정하여야 한다. 유통경로의 목표를 정할 때에는 표적시장에 대한 바람직한 서비스수준을 결정하여야 한다. 일반적으로 어떤 기업은 여러 개의 세분시장이 각기 다른 수준의 경로 서비스를 원하고 있음을 알 수 있다. 따라서 기업은 어떤 세분시장에 서브할 것이며, 각 세분시장에 어떠한 경로가 최적인가를 결정하여야 한다. 기업은 각 세분시장에서 총경로비용을 최소로 하면서 고객이 원하는 서비스수준을 충족시킬 수 있는 방안을 찾을 것이다.

또한 기업이 유통경로를 목표로 설정할 때에는 제품의 특성, 기업의 특성, 중간상의 특성, 경쟁기업의 경로 그리고 환경적 요소 등을 고려하여야 한다.

첫째, 제품의 특성은 경로설계에 가장 큰 영향을 미친다. 예를 들면 파손되기 쉬운 제품은 배달지연과 여러 사람의 손을 거치는 것을 피하기 위하여 직접유통이 효과적이다. 또한 건축자재나 청량음료와 같은 부피가 큰 제품의 경우도 여러 사람의 손을 거치지 않고 운송거리를 최소화할 수 있는 경로가 필요하다. 양질의 애프터 서비스가 필요한 제품, 고가의 제품, 복잡한 제조기술이 필요한 제품 등은 일반적으로 수직적 통합의 정도가 높은 유통경로를 선택하게 된다.

둘째, 기업특성도 경로목표를 설정하는 데 중요한 역할을 담당한다. 즉 기업의 인적 · 물적 · 재무적 자원이 풍부하다면 보다 강력한 유통경로의 통제를 위하여 수직적 마케팅 시스템을 설계하는 것이 유리하지만, 반대의 경우에는 독립적인 중간상을 활용할 수밖에 없을 것이다.

셋째, 중간상의 특성 또한 경로설계에 영향을 미친다. 기업은 필요로 하는 기능을 수행할 의지와 능력이 있는 중간상을 찾아야 한다. 일반적으로 중간상은 촉진 · 고객접촉 · 보관 · 신용제공 등의 능력면에서 각기 다르다. 예를 들면 몇 개의 기업에 의하여 고용된 제조업체 대리상의 경우 몇 개의 기업들이 총비용을 분담하기 때문에 고객 1인당 접촉비를 절감할 수 있다. 그러나 기업의 판매원들이 경주하는 판매노력의 강도에 비하여 보다 낮은 수준의 노력을 보일 것이다.

넷째, 경로를 설계할 때에는 경쟁기업의 경로를 고려해야 한다. 어떤 경우에 기업은 경쟁사의 제품을 취급하고 있는 유통경로와 인접하고 경쟁하기를 원할 수도 있다. 예를 들면 식품기업은 자사상표 옆에 진열하여 서로 경쟁하기를 원한다. 버거킹은 맥도날드 옆에 위치하기를 원한다. 어떤 경우에는 경쟁기업이 이용하고 있는 유통경로를 피할 수도 있다. 예를 들면 에리본은 소매상의 좁은 진열대를 차지하기 위하여 다른 화장품 메이커와 경쟁하기보다는 이익이 많은 가가호호 방문판매경로를 구축하였다.

다섯째, 경제적 조건 및 법률적 제약과 같은 환경적 요인이 경로설계에 영향을 미치고 있다. 예를 들면 불경기에는 제조업체들이 보다 단축된 유통경로를 이용하고, 최종가격을 인하시키기 위하여 불필요한 기능을 축소하는 등의 가장 경제적인 유통경로를 설계하기를 원한다. 또한 법률적으로는 실질적으로 경쟁을 제한하거나 독점을 조장하는 유통경로의 설계를 금지하고 있다.

3) 유통경로 전략 결정

마케팅관리자는 유통경로의 목표를 달성하기 위해 얼마나 많은 점포가 필요하며, 각 점포는 어느 정도의 경로 서비스를 제공해야 하는지를 결정하여야 한다. 이러한 유통경로전략을 선택할 때에는 시장규모, 제품 및 서비스의 특징, 소비자의 구입편리성, 유통경로의 관리 및 통제수준 등을 고려하여 종합적으로 고려해야 한다.

(1) 개방적 유통경로

자사제품을 누구나 취급할 수 있도록 개방하는 전략으로서, 고객들이 자주 구매하며, 구매 시 최소의 노력을 원하는 편의품들은 이 전략을 선택하는 경우가 많다. 소매점의 수가 많기 때문에 소비자들에게 구입의 편리성을 제공하여 매출증대를 도모할 수 있으나, 유통비용이 많이 들고, 통제가 어렵다는 단점이 있다. 주로 식료품 · 세제 · 문구류 등이 그 예이다.

(2) 전속적 유통경로

자사제품만을 취급하는 도매상 또는 소매상을 갖는 전략으로서, 전속적 유통전략을 택하는 경우가 많다. 자동차 · 주요내구재 · 패션의류 · 가구 등의 제품을 생산하는 기업들은 전속적 유통전략을 택하고 있다. 이 전략은 이들 도소매상에 대하여 제조업체의 통제가 가능하므로 긴밀한 협조체제를 형성할 수 있고, 제품 이미지 제고 및 유지가 가능하다는 장점이 있다.

(3) 선택적 유통경로

개방적 유통경로와 전속적 유통경로의 중간형태로 일정지역에서 일정수준 이상의 자격요건을 갖는 소매점을 선별하여 자사제품을 취급하도록 하는 전략으로서, 소형 가전제품과 내의류 · TV · 화장품 등의 유통에 자주 이용되고 있다.

전속적 유통경로와 다른 점은 이들 소매상이 다른 회사의 제품도 취급할 수 있다는 점이다. 개방적 유통경로에 비해 소매상의 수가 적어 유통비용의 절감효과가 있고, 전속적 유통경로에 비해서는 제품 노출을 확대할 수 있다는 장점이 있다.

• 사례 •

한국시장 실패를 거울 삼아 중국 진출을 하는 까르푸

까르푸는 아시아 및 신흥국가에서 경쟁적 우위를 확보하여 세계 1위의 자리를 차지하려고 막대한 자본을 무기로 시장을 선점하여 공격적인 마케팅을 하고 있으나 한국시장에서의 선전에도 불구하고 이마트에 밀려 한국에 진출한 지(1996년 진출) 10년 만에 철수를 결정하였다. 더구나 까르푸는 해외시장에서 월마트(미국), 데스코(영국) 등 경쟁사들에 밀려 실적 부진을 면치 못하고 있다. 그러나 한국시장에서의 실패를 거울 삼아 중국 등 신흥 잠재시장에서의 선점을 위하여 다시 일어날 준비를 하고 있다.

까르푸는 2000년도 말까지만 하더라도 국내에서 이마트와 나란히 경쟁하며 조만간 1위 탈환을 목표로 안간힘을 쓰고 있었다. 그러나 2003년 이후의 실적은 도리어 홈플러스나 롯데마트에 뒤지는 등 문제점들이 드러나기 시작하였다. 월마트와 함께 세계 유통시장을 선도하고 있는 까르푸가 이처럼 한국에서 초라한 성적을 거두고 떠나게 된 이유는 무엇일까? 그 이유는 바로 현지화의 실패에 있다. 까르푸는 한국 유통업과 소비자들의 특성을 무시하고 글로벌 스탠더드만 강조하며 전 세계에서 사용되는 글로벌 전략을 동일하게 한국에서도 끼워 맞춰 적용했다. 그리하여 까르푸는 국내 할인점 시장에 선두로 진출했으나, 시장점유율은 경쟁사들보다 한참 뒤처진 신세가 되어 버렸다.

구체적으로 까르푸가 한국 시장에서 실패한 요인들을 살펴보면 다음과 같다.

첫째, 까르푸는 최소한의 직원 및 서비스로 비용을 줄이고 많은 물건을 싼 가격에 공급하는 가격경쟁력 중심의 글로벌 경영전략을 한국시장에도 그대로 적용했다. 그러나 한국의 소비자들은 단순히 저가의 상품을 전시한 쇼핑매장이 아닌 고객들의 다양한 가치를 충족시켜 줄 수 있는 복합 쇼핑 공간을 원하였다. 즉 할인점에서도 백화점과 같이 쇼핑과 함께 식사나 오락을 한꺼번에 해결해 줄 수 있는 '원스톱 서비스'를 갖추어지기를 원했다. 하지만 까르푸는 한국 소비자들의 할인점에 대한 욕구를 읽지 못하고 다른 나라와 마찬가지로 편의시설을 최소화한 단순한 창고형 체제로 매장을 운영하였다.

둘째, 국내 소비자들은 가끔 한 번 할인점에 들러서 한 번에 많은 제품을 구매하기보다는 필요할 때마다 소량의 제품을 구입하기 때문에 주택에 가까운 할인점을 선호한다. 하지만 까르푸는 주로 자가용으로 이동해야 하는 도심 외곽지역에 위치했고, 고객이 알아서 찾아오게 만드는 소극적인 마케팅 전략으로 일관해 왔다. 주택가 근처에 입점한 국내 할인점들이 경쟁적으로 셔틀버스를 운영하면서 소비자들의 편의를 도모하였지만 까르푸는 지켜만 보고 있었다. 까르푸의 촉진활동은 주로 현수막이나 DM(Diret Mail)광고에만 의존하며 까르푸를 알리는 활동에 소홀했다. 그러나 경쟁 할인점들은 DM, 현수막뿐만 아니라 TV, 전단광고 등의 각종 매체를 활용하여 적극적으로 촉진활동을 했다.

셋째, 까르푸는 국내 할인점 중에서 가장 늦게 신용카드 결제를 도입하였다. 이유는 카드수수료로 인한 이윤감소 때문이었다. 그러나 국내 할인점의 전체 매출 중 카드 결제 비중은 60% 이상을 차지하고 있었다. 다른 경쟁사들이 앞다투어 제휴카드와 마일리지 포인트를 개발하여 고객의 편의성을 높이고 고객 충성도를 향상시키기 위해 노력했지만, 까르푸는 소소한 이윤만을 좇다가 더 큰 이윤을 얻을 기회를 놓치고 나서야 뒤늦게 카드결제시스템을 도입했다. 경쟁사들은 앞다투어 촉진활동과 결제시스템을 소비자들의 눈높이에 맞추어 적극적으로 마케팅 전략을 추구했지만 까르푸는 본사의 전략에 따라 최소한의 마케팅 활동만을 실시하여 한국 소비자들로부터 소외당할 수밖에 없었다.

이처럼 까르푸가 한국 시장에 대한 이해가 부족했고, 본사의 경영전략을 한국에 그대로 적용했던 이유는 한국진출 당시 한국 법인장과 지점장들이 대부분 한국사정에 대해 모르는 프랑스인들이었고, 현지사정을 잘 아는 전략적 파트너를 두지 않고 단독으로 사업을 추진했기 때문이다. 또한 한국에서 주요경영 사안을 결정할 때 한국법인이 아닌 프랑스 본사의 결재를 받아야 하는 결재체제 때문에 까르푸는 경쟁사보다 항상 느리게 움직일 수밖에 없었다. 산업 분야 중에서도 가장 국제화되기 어렵고 현지의 특성에 맞추어야 하는 분야가 바로 유통이지만 까르푸는 이러한 산업적 특성을 무시하고 유럽식 매뉴얼대로 밀어붙여 시장규모 23조 원의 한국 시장을 떠날 수밖에 없었다

자료 이마스(2007-01-04)

3. 유통경로의 계열화

1) 유통경로의 갈등 관리

이해관계가 다른 유통경로 구성원들 간에는 크고 작은 갈등이 생기기 마련이며, 이러한 갈등을 어떻게 관리할 수 있는지는 유통분야의 중요한 이슈가 되어 왔다. 유통경로는 서로 다른 목표를 가진 경로구성원들로 구성되어 있으며, 개별 구성원들은 자신의 목표를 달성하기 위하여 다른 경로구성원들의 노력을 필요로 한다. 이와 같이 경로구성원들은 상호의존적 관계이지만 실제로는 자신의 경영에 다른 구성원들이 간섭하는 것을 배제하려고 한다. 즉 경로구성원은 자신의 이익을 극대화하고자 하며 경로상에서 자신과 직접 거래되는 경로구성원들과의 관계에만 주로 관심을 가진다. 그러므로 경로구성원들 간의 상호의존성이 커질수록 특정 경로구성원이 다른 경로구성원들의 목표와 마케팅 활동에 관여할 가능성이 크며, 그 결과 경로구성원들 간의 갈등도 커질 것이다.

2) 수직적 마케팅 시스템

최근에 와서 유통경로의 가장 최대의 발전 가운데 하나는 전통적 마케팅 시스템을 대신하여 수직적 마케팅 시스템이 급격히 발전하고 있다. [그림 3-4]에서 보이는 바와 같이 수직적 마케팅 시스템도 전통적 마케팅 시스템과 마찬가지로 생산자와 도매상 그리고 소매상으로 구성되어 있다. 그러나 전통적 마케팅 시스템은 각 경로구성원들이 자사의 이익을 극대화하기 위하여 독립적으로 행동한 데 비하여, 수직적 마케팅 시스템은 각 경로구성원들이 경로 전체의 목적달성을 위하여 통합된 시스템을 이루고 있다는 점에 차이가 있다. 즉 수직적 마케팅 시스템은 최대한의 마케팅 영향력을 행사하기 위하여 중앙집권적으로 관리되고 설계된 유통경로를 말한다. 다시 말하면 수직적 마케팅 시스템은 독립적이던 몇 개의 중개구를 중앙 관리하는 하나의 시스템으로 통합함으로써 중복을 피하여 효율성을 극대화할 수 있는 유통경로이다. 몇 개의 조직을 통합하여 규모가 커지기 때문에 시장에서 보다 큰 마케팅 영향력을 발휘할 수 있게 되어 다른 제품의 유통경로에 비하여 경쟁력이 강화된다.

이러한 시스템으로서의 통합은 [그림 3-5]에서 볼 수 있는 바와 같이 관리와 소

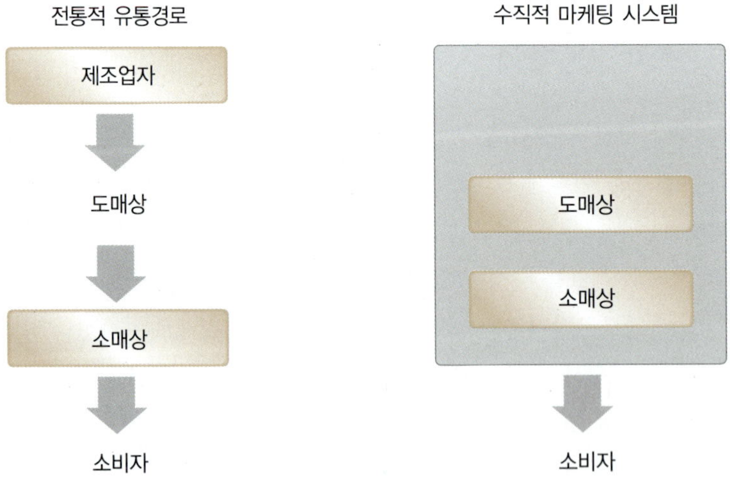

자료 한국여행발전연구회, 호텔관광마케팅

그림 3-4 | 전통적 유통경로와 수직적 유통경로

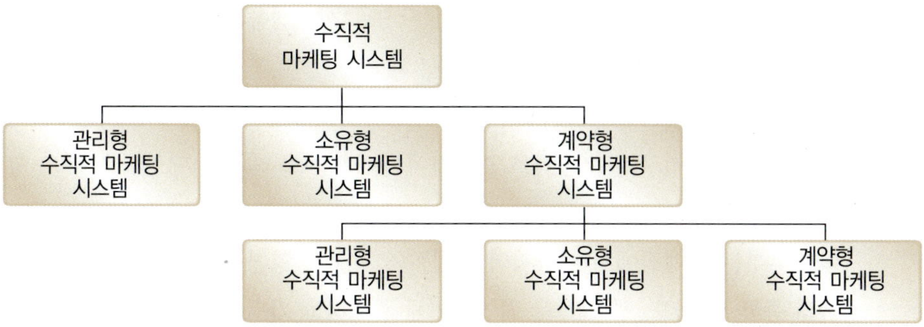

자료 한국여행발전연구회, 호텔관광마케팅

그림 3-5 | 수직적 마케팅 시스템의 주요 형태

유 그리고 계약의 세 가지 형태로 이루어지고 있다.

① 관리형 수직적 마케팅 시스템

경로구성원 중에서 한 기업이 나머지 경로를 법적으로 소유하여 관리하는 경로 형태를 말한다. 이러한 기업형 시스템의 전형적인 형태는 어떤 기업이 생산시설과 도매업 및 소매상을 모두 소유하고 관리하는 것을 말한다. 따라서 기업형 수직적 마케팅 시스템은 협조와 갈등의 관리도 경로 내의 각 단계에서 공통의 소유권을 통하여 이루어지고, 지도력은 1개 또는 소수의 지배적 경로구성원에 의하여 발휘된다.

② 관리형 수직적 마케팅 시스템

관리형 수직적 마케팅 시스템은 경로구성원 간에 협조와 구성원 간의 갈등조정이 지배적인 경로구성원의 규모와 경로 파워에 의해서 관리되는 시스템을 말한다. 즉 지배적인 경로구성원이 권한을 행사하여 수직적 마케팅 시스템을 관리함으로써 경로 전체의 이익을 고려하는 의사결정이 이루어지도록 하는 시스템을 말한다.

③ 계약형 수직적 마케팅 시스템

계약형 수직적 마케팅 시스템은 각 경로구성원들이 단독으로 달성하기 어려운 경제성이나 판매영향력을 확보하기 위하여 생산에서 유통에 이르는 각기 다른 경로수준에 종사하는 독립적인 기업들이 각자가 수행하여야 할 기능들을 계약에 합의함으로써 공식적인 경로관계를 형성하는 경로 시스템을 말한다. 프랜차이즈도 계약형 수직적 마케팅 시스템에 해당된다.

프랜차이즈는 상품을 제조하고 판매하는 메이커 또는 판매업자가 프랜차이저(체인본부)가 되어서 독립소매점을 프랜차이지(가맹점)로 해서 소매영업을 하는 형태라고 할 수 있다.

체인본부는 가맹점에서 일정지역 내에서의 독점적 영업권을 주는 대신에 판매상품의 종류 및 점포, 광고 등을 직영점처럼 관리하고 가맹점에 경영지도 및 판촉지원을 제공하는 대신에 가맹점은 이에 대한 대가로 일정액의 로열티를 체인본부에 지급하는 업태라고 할 수 있다.

체인본부의 입장에서 보면 유통에 관련된 고정비의 투자를 가맹점이 대부분 부담하기 때문에 자기자본을 많이 투자하지 않고도 점포망을 확충할 수 있다. 한편 자기사업을 하고 싶지만 자본과 경험이 부족한 사람은 체인본부가 쌓아 놓은 명성과 노하우를 그대로 활용함으로써 사업위험의 부담을 줄일 수 있다.

3) 수평적 마케팅 시스템

수평적 마케팅 시스템은 동일한 경로수준에 있는 2개 이상의 기업이 자본, 생산능력, 마케팅 자원을 결합하여 새로운 마케팅 기회를 창출할 목적으로 결합하는 형태를 말한다. 이 시스템은 자사의 경쟁우위 분야와 타사의 경쟁우위 분야를 결합하여 시너지효과를 얻는 것이 목적이기 때문에 이러한 결합형태를 공생적 마케팅이라고도 한다. 기업은 경쟁기업과 결합할 수도 있고, 비경쟁기업과도 결합할 수 있다. 또한 일시적일 수도 있으며, 영구적으로 결합할 수 있다.

수평적 마케팅 시스템은 경로단계에 있는 둘 이상의 기업이 새로운 마케팅 기회를 이용하기 위해 함께 협력하는 것을 의미한다. 두 개 이상의 독립된 각 조직의 마케팅이 잠재력을 개선시킬 의도로 자원 또는 프로그램을 결합하는 것이다. 수평적 통합을 하는 이유는 각 기업이 단독으로 효과적인 마케팅 활동을 수행하는 데 필요한 자본, 노하우, 마케팅 자원 등을 보유하고 있지 않을 때, 수평적 통합을 통해 시너지효과를 얻을 수 있기 때문이다. 새로 개발한 신제품이 적절한 유통경로가 없거나, 판로가 없는 중소기업의 경우는 다른 기업의 유통경로를 이용해야 할 때, 다른 기업과 협력하여 새로운 유통경로를 개발함으로써 안정적인 시장개척을 이룰 수 있다. 또한 기업들 간 업무제휴를 통해 자본 생산능력, 마케팅자원에서의 경쟁우위를 공유함으로써 기업들은 독자적 마케팅 노력과 비교하여 더 높은 경로 성과를 성취할 수 있고, 경쟁사 혹은 비경쟁사와 협력할 수도 있으며, 일시적 혹은 지속적인 협력관계를 유지할 수도 있다. 수평적 통합은 각 기업이 힘을 합쳐 서로의 이익을 증대시킬 수 있기 때문에 공동 마케팅이라고도 한다.

수평적 마케팅의 핵심은 기업들이 공동 마케팅을 통해서 고객을 공유하는 점이

• 사례 •

저비용항공사-모기업 협력마케팅

디지털 미디어시장 주도권을 선점하기 위한 위성방송과 HDTV제조사 간 전략적 파트너십 체결, 대형할인점과 제휴해 매장에 전시공간과 상담부스를 마련하고 쇼핑객에게 신차를 경품으로 제공하는 자동차 회사.

이처럼 시장 확대를 위해 다른 영역 간 다양한 공동마케팅이 전개되고 있지만 최근 우리나라 항공시장을 빠른 속도로 재편하고 있는 제주항공과 진에어, 에어부산 등 국내 LCC(Low Cost Carrier, 저비용항공사)들이 모기업 또는 계열사 간 그룹 내 공동마케팅을 활발히 펼치며 시너지 효과를 노리고 있다. 이들의 협력방식은 계열사 간 공동이벤트는 물론 고객유치를 위해서는 사실상 경쟁관계에 있는 자회사의 배너를 모기업 홈페이지에 띄우는 등 방식도 다양하다.

제주항공, 애경 신제품 증정 제품 홍보 · 이미지 제고 '일석이조' 계열사 간 공동마케팅이 두드러진 곳은 애경그룹 계열의 제주항공. 애경그룹과 제주항공은 전혀 다른 업종으로 사업 연계가 어려울 것으로 보였지만, 오히려 이를 역으로 이용하여 가장 활발한 공동마케팅을 펼치고 있다.

유통과 생활용품을 주력으로 하고 있는 애경그룹 계열사인 제주항공은 지난달 23일부터 이달 초까지 김포와 부산, 청주를 출발해 제주로 가는 모든 승객에게 아웃도어 세제와 샴푸, 치약 등이 담긴 조그마한 선물꾸러미 4만 개를 무료 증정하는 파격적인 이벤트를 펼쳤다. 애경은 제주항공 탑승객 상당수가 가을철 한라산 등산과 오름이나 올레 트레킹 등 야외활동을 위한 여행객임에 착안해 직접 구매로 이어질 수 있는 타깃 소비자를 상대로 신제품에 대한 효과적인 홍보활동을 펼친 것이다.

제주항공으로서도 탑승객에게 프리미엄급 생활용품을 무료로 나눠줌으로써 고개 사은행사 등 마케팅 비용을 절감하고, 동시에 항공사에 대한 호감도를 높일 수 있어 일석이조의 효과를 거두었다는 평가를 받고 있다. 이는 비용절감과 홍보효과 극대화를 위해 실수요자를 상대로 제품을 알리는 이른바 '핀셋마케팅'의 전형이다.

자료 모모뉴스(2009-11-03)

다. 항공사가 카드사와 제휴하여 마일리지를 제공하던 방식에서 21세기에 들어오면서 같은 업종인 항공사끼리의 제휴가 활발해지고 있다. 델타항공과 대한항공은 좌석공유 항공편을 확대하여 미국 내에서 승객이 훨씬 다양한 비행편을 이용하여 목적지까지 갈 수 있도록 돕고 있는 등 서로 가지지 못한 부분을 공유, 필요한 사업파트너를 찾아 경쟁우위를 지켜나가며 시너지 효과를 창출하고 있다.

• 사례 •

수평적마케팅 시스템

모두투어네트워크(사장 홍성근, www. modetour.co.kr)가 하이마트 여행사(대표 차달, www.e-hmtour.co.kr)와 상품판매 단독 제휴를 맺었다. 하이마트 여행사는 2008년 1월 1일부터 사이트 내에서 모두투어 여행상품을 판매 중에 있으며, 전국 250개의 직영 지점과 5,000여 명의 직원을 보유하고 있는 하이마트의 계열사와의 제휴인 만큼 모두투어의 매출 신장과 홍보에 큰 효과를 줄 것으로 예상하고 있다.

모두투어 강남지점의 제안과 하이마트 여행사의 영업전략이 부합되면서 체결된 이번 제휴는 각 지점별 마케팅 활동이 얼마나 효과적으로 작용할 수 있는지를 보여주는 좋은 사례로 평가받고 있다. 모두투어는 추후에도 지점별 차별화된 전략과 마케팅으로 보다 다양한 판매 유통경로를 찾겠다는 계획이다. 현재 하이마트 각 지점의 직원들의 여행 및 내방객에 대한 오프라인 판매가 진행되고 있으며 하이마트 여행사 홈페이지 개편에 따른 온라인 판매 활성화에 모두투어의 적극적인 협조가 이루어질 예정이다.

자료 연합뉴스(2008-01-18)

제4절

촉진 전략

1. 관광촉진

1) 관광촉진의 의의

촉진이란 특정 기업의 제품이나 서비스를 주어진 가격에 구매하거나 구매를 계속하도록 유도할 목적으로 해당 제품이나 서비스의 효능에 대해서 실제 및 잠재 고객을 대상으로 정보를 제공하거나 설득하는 일체의 마케팅 노력을 말한다.

촉진이란 '밀어붙이다'의 뜻인데, 이는 과거 생산자 지배의 시대를 반영한 어휘로서 생산자보다는 소비자가 지배력을 행사하는 오늘날에도 이를 대체할 만한 어휘가 없기 때문에 계속해서 쓰이고 있다. 물론 일부에서는 촉진이란 용어 대신에 '마케팅커뮤니케이션'이란 용어를 쓰기도 하지만 이 책에서는 촉진이라는 전통적 용어를 쓰기로 한다. 관광촉진은 관광객에게 유용한 정보를 제공하여 관광상품을 알게 하고 호의적인 태도를 갖게 하여 궁극적으로는 구매행동을 유발시키는 커뮤니케이션 활동이다. 구체적인 방법으로는 광고, 판매촉진, 인적판매, 홍보 등이 있다.

2) 관광촉진의 목표

관광상품의 구매과정은 '관광욕구의 인식-관광정보의 수집 및 탐색-관광상품 구매의사 결정-관광준비-관광경험 후 평가'의 5단계로 되어 있다. 따라서 현재의 예상 관광객이 어떤 구매과정 단계에 있느냐에 따라서 촉진의 목표와 수단을 달리 적용해야 한다.

(1) 인지도 향상

관광객이 관광에 대한 욕구의 인지단계에 있을 때는 자사의 고객으로 유인하기 위하여 대중 매체를 통한 인지도 향상에 촉진을 주력해야 한다.

(2) 정보제공

관광객이 관광정보의 수집 및 탐색을 하는 과정에 있다면 구체적인 관광정보를 제공하는 촉진전략이 필요하다.

(3) 설득 및 구매의욕 고취

관광객이 관광상품 구매의사 결정단계에 있다면 판매촉진, 인적판매 등을 통하여 설득 및 구매의욕을 불러일으키는 촉진전략이 필요하다.

(4) 선택에 대한 확신

관광객이 구매의사 결정을 하고 관광을 떠나기 전에는 여러 변수에 의하여 확신을 하지 못하거나 변경을 요구하기도 한다. 따라서 구매선택에 대한 확신을 줄 수 있는 촉진 노력이 필요하다.

(5) 재구매에 대한 리마인드 주입

관광객이 관광을 경험을 하고 돌아오면 한 번의 고객으로 끝내서는 안되고 사

자료 이정학, 관광마케팅

그림 3-6 | 관광상품 구매과정에 따른 관광촉진의 목표

후관리 등 재구매에 대한 리마인드가 주입되도록 촉진활동이 계속되어야 한다.

이상에서 살펴본 관광상품 구매과정에 따른 촉진목표는 반드시 한 단계에 하나의 촉진 목표가 수립되는 것이 아니라 복합적으로 작용하기도 한다. 예를 들어 인지도 향상을 위하여 대중 매체를 통한 광고를 하였다면 그것은 구매의사 결정단계에서도 영향을 미칠 수 있다는 것이다.

2. 광고

1) 광고의 개념

광고 advertising란 광고주가 자사 상품의 판매를 촉진하기 위하여 유료로 TV, 라디오, 신문, 잡지, 옥외광고, 우편발송 D.M : Direct Mail 등의 매체를 통하여 널리 알리는 커뮤니케이션의 수단이다. 옥외광고란 빌딩 옥상의 광고탑을 비롯하여 고속도로 주변 선간판, 지하철, 터미널, 역구내의 포스터, 지하철, 버스, 택시 내부 부착물 광고 등을 포함한다.

미국마케팅협회 AMA는 "광고란 확인할 수 있는 광고주가 광고대금을 지불하고 그들의 아이디어 제품 또는 서비스에 관한 메시지를 비인적으로 구두나 시청각을 통하여 제시하는 모든 활동이다"라고 정의하고 있다.

이 정의에는 다음과 같은 몇 가지 특기할 사항이 있다.

- 광고는 광고주에게 광고대금을 지불하는 유료형식을 채택하고 있어 PR Public Relation과는 다르다.
- 반드시 매체를 통해 이루어짐을 나타내므로 광고는 인적 판매와는 다르다.
- 광고는 상품을 생산하는 기업의 제품판매를 촉진하는 데만 이용하는 것이 아니라 서비스업은 물론, 사회목적이나 공공목적을 위해서도 활동되므로 판매촉진과는 다르다.
- 광고된 내용을 보낸 사람이 누구인지를 알지 못한다면 그 메시지를 받은 사람은 광고내용을 평가하고 신뢰할 수 없다. 따라서 광고는 광고주가 명시된다는 점에서 선전과는 다른 특성이 있다.

광고의 기능과 목적은 정보제공, 상품에 대한 호감도 창조, 판매에 대한 자극 등을 제공하여 자사의 상품을 인지시키는 것으로서 대량 마케팅차원에서 유효한 수단이다. 예를 들어 여행사의 패키지 광고는 전적으로 신문광고에 의한 대량 마케팅에 의존하고 있다.

2) 광고의 분류

(1) 광고내용에 따른 분류

광고의 형태란 기업의 광고 프로그램의 목적에 의존하게 되는 것이므로 광고분류방법을 이해하는 것은 경영자에게 필수적인 것이다. 모든 광고란 그 내용에 따라 상품광고와 기업광고로 분류할 수 있다.

① 상품광고

상품광고product advertising란 광고주가 그들의 상품이나 서비스에 관한 정보를 시장에 제공하거나 자극하는 것을 말한다. 이 상품광고는 광고의 주제에 따라서 직접행동광고와 간접행동광고로 분류한다. 직접행동광고란 광고주가 광고에 대하여 신속한 반응을 추구하는 광고이며, 간접행동광고란 장기간에 거쳐서 수요를 자극하는 데 목적이 있는 것으로 제품의 구매의욕을 북돋우며, 아울러 광고주의 상표를 좋게 보도록 하는 것이다.

② 기업광고

기업광고institutional advertising란 특정상품이나 서비스를 판매할 목적이 아니라 소비자나 사회 대중으로 하여금 기업 또는 판매업자에 대하여 호의적인 태도를 갖거나 좋은 이미지를 갖도록 하는 광고를 말하는 것이다. 이 기업광고는 다시 그 목적에 따라 다음과 같이 분류할 수 있다.

가. 애고기업광고(Patronage institutional advertising)

소비자 또는 고객의 애고동기를 자극하기 위하여 하고 있는 일이나 그 밖의 사회적 책임을 수행하기 위하여 전개하고 있는 기업의 정책이나 사업을 알림으로써 대중과의 우호적 관계를 형성 · 유지 · 발전시키기 위한 목적으로 수행되는 광고를 말한다.

나. 공중관계 기업광고(Public Relations institutional advertising)

기업이 대기오염방지를 위해서 하고 있는 일이나 그 밖의 사회적 책임을 수행하기 위하여 전개하고 있는 기업의 정책이나 사업을 알림으로써 대중과의 우호적 관계를 형성 · 유지 · 발전시키기 위한 목적으로 수행되는 광고를 말한다.

다. 공공서비스 기업광고(Public Service institutional advertising)

소비자나 대중에게 기업의 사회성이나 공공성을 저버리지 않고 사회에 봉사하고 있음을 알리는 광고로, 예컨대 적집자사의 캠페인을 지원하고 있거나 수재민을 위한 모금운동에 적극 협력하고 있음을 널리 알리는 광고를 말한다.

(2) 표적시장에 따른 분류

광고는 광고가 목표로 하는 표적시장에 따라 소비자광고, 중간상광고, 산업재사용자광고, 전문적 사용자광고로 구분할 수 있으며, 표적시장에 따라서 메시지의 내용도 달라진다. 표적시장별 광고와 메시지 내용은 다음과 같다.

시장	메시지
소비자	"당신의 알뜰한 만족을 위하여 이 제품을 구입하세요"
중간상	"당신의 상점에서 이익을 올리기 위하여 이 제품을 구입하세요"
산업재 사용자	"당신의 기업에서 좋은 제품을 사용하기 위하여 이 제품을 구입하세요"
전문적 사용자	"당신의 고객이나 환자를 위하여 이 제품을 선택해 주세요"

자료 한국여행발전연구회, 호텔관광마케팅

• 사례 •

영화 상영 전 극장 광고 효과

멀티플렉스 영화관이라고도 불리는 복합상영관 시장이 성장하면서 상영관 내에서 이루어지는 영화 상영 전 극장광고 시장이 함께 성장하고 있다. 과거 단관 상영관 시절 상영관이 위치한 지역 소매업종에 대한 광고나 상영관 내 에티켓 캠페인이 대부분이었던 영화 상영 전 극장광고가 복합상영관의 성장과 맞물려 진화를 거듭하고 있다.

복합상영관 시장이 성장하면서 많은 광고인의 관심이 쏠리는 것은 당연하다고 볼 수 있다. 치열해지는 광고 시장에서 자사의 제품을 노출시킴으로써 소비자들의 주의를 끌어야만 하는 광고주의 입장에서 복합상영관은 타깃 마케팅이 가능한 신시장으로 판단할 수 있다.

어두운 상영관 내에서 자사 브랜드 광고에 대한 관람객 몰입을 실현시킬 수 있을 뿐만 아니라 TV나 인터넷 매체보다는 상대적으로 적은 광고가 집행이 되기 때문이다. 또한 영화 속 제품배치를 통한 간접 광고도 TV드라마보다 자유롭기 때문에 영화 상영이 이루어지는 약 120여 분의 시간은 광고인들에게는 매우 매력적인 광고 공간이 될 수 있다.

복합상영관 시장은 극장관객 수의 증가로 수익률 향상으로도 이어지고 있어서 CGV, 롯데 시네마의 스크린 수의 증가 추세는 앞으로도 지속되리라 전망할 수 있다. 복합상영관은 단순히 스크린 수 증가 이상의 의미를 가지고 있다. 기존 유통 영화관 시절과는 다르게 흥행 성공 가능성이 큰 영화 위주로 영화 상영이 가능하며 관객 입장 수에 따라서 영화 교체를 재빠르게 진행할 수 있다. 따라서 과거 단관 개봉 시절과는 다르게 복합상영과 시장의 시장력이 가능하게 되었다. - 중략 -

국내의 경우 2005년 말 기준으로 1인당 연평균 관람횟수가 3회이며 전체 광고시장 대비 극장광고 비율은 0.75%를 기록하고 있다. 하지만 국내 극장광고 시장의 예측성장률은 매우 높으리라 전망할 수 있다. 첫 번째 이유는 기존의 아날로그 방식에서 디지털 방식으로 스크린이 전환되면서 디지털 스크린 광고가 가능해졌다는 점. 두 번째는 복합 상영관을 찾는 관람객들의 수가 지속적으로 증가함으로써 광고 노출 가능성이 커진다는 점. 마지막으로는 국내의 TV광고 단가 규제로 인해 전체 광고시장에서의 광고규제로부터 상대적으로 극장광고가 자유로워졌다는 점을 들 수 있다. 이러한 배경을 바탕으로 국내 극장광고 시장은 2004년 520억 원을 기록하였으며 2006년에는 700억 원을 돌파하며 전년대비 40%에 달하는 성장세를 기록하기도 하였다. 국내 스크린 광고 시장의 CAGR를 봤을 때 복합상영관 내에서 이루어지는 극장광고는 앞으로도 지속적으로 성장하리라 예상할 수 있으며, 복합상영관을 찾는 관람객의 꾸준한 증가는 극장광고 시장을 성장시킬 수 있는 촉매제가 되리라 예상할 수 있다.

자료 이마스(2008-08-07)

3) 광고의 의사결정 과정

(1) 광고의 목적과 목표의 설정

광고의 목적은 광고예산과 광고실행계획을 작성하는 데 바탕이 되므로 광고목적의 설정은 매우 중요하다. 그러나 광고목적은 목표시장, 시장에서의 위치, 마케팅 믹스 등을 고려하여 설정하게 된다.

일반적으로 광고의 목적은 다음과 같이 네 가지로 요약할 수 있다.

첫째, 정보제공이다. 신제품이나 제품의 신용도, 가격변경, 제품의 성능, 제공되는 여러 가지 서비스 등의 내용을 알리거나, 기업이나 제품에 대한 잘못된 인상을 수정하고, 소비자의 제품에 대한 우려를 줄이며, 좋은 기업 이미지를 형성하려는 의도에서 시행되는 것은 정보제공광고이다.

둘째, 설득이다. 상표선호를 생기게 하고, 경쟁사의 제품을 사용하는 소비자가 인식하고 있는 제품의 어떤 속성의 중요성에 대한 지각을 변경시키거나 지금 곧 구매를 하도록 권유하는 것과 같은 광고는 설득목적의 광고이다.

셋째, 상기이다. 소비자로 하여금 가까운 시일 내에 제품이 필요하게 되리라는 것이나, 어디서 구매할 수 있는가 하는 것을 상기시키거나, 비수기 동안 마음속에 제품을 기억하고 있게 하거나, 혹은 최상위의 인지를 유지하게 하기 위한 광고는 이러한 목적의 광고이다.

광고목표는 광고주가 문안작성, 매체선정, 성과측정 등의 지침을 제공하기 위하여 되도록 구체적으로 설정되지 않으면 안된다. '상표선호를 창출한다는 목표는 내년도까지 500만 주부 중에서 A상표의 선호자 30%를 형성한다' 는 것에 비하여 너무 애매모호한 것이다.

(2) 광고예산설정

광고목적이 설정되면 각 제품별 및 전체 광고활동과 관련하여 광고예산을 설정하여야 한다. 엄밀한 의미에서 커뮤니케이션 목표와 판매목표를 달성하기 위해 가능한 한 최소의 비용을 투입하려 한다. 그러나 사실상 얼마를 광고비로 투입할 것인가 하는 것은 결정하기 어렵다. 따라서 광고비예산은 촉진예산설정법과 동일한 방법으로 설정되는 경향이 있다.

그러나 예산을 설정할 때에는 중요한 몇 가지 요인을 고려하여야 하는데 다음과 같다.

- 제품 라이프사이클 단계
- 시장점유율
- 경쟁제품의 동향
- 광고빈도
- 제품차별화
- 유통경로의 강약

(3) 메시지 결정

광고예산의 크기가 광고의 성공을 보증하지 못한다. 동일한 광고예산을 가지고 큰 효과를 낼 수도 있는 반면에, 효과를 거두지 못하는 경우도 많다. 이러한 문제는 메시지의 내용과 표현의 차이로 기인하고 있다.

따라서 광고주는 다음과 같은 메시지에 대한 3단계의 의사결정이 필요하게 된다.

① 메시지 작성

이는 제품이 시장에서 바라는 지위, 즉 포지션을 차지하는 데 도움이 되는 여러 개의 대체적인 메시지를 작성하는 것이다.

메시지는 전달내용이라고도 하고, 이는 문안과 도안으로 구성되며, 광고목표에 따라 작성된다. 그런데 광고효과는 비단 광고비가 많이 든다고 효과가 커지는 것은 아니며, 어느 정도로 메시지에 창조성이 발휘되었느냐에 따라 달라진다.

창조성을 발휘해야 할 광고주가 처음으로 수행하게 되는 활동은 제품에 줄 이미지 내지 주제를 어떻게 할 것인가를 결정하는 것인데, 이를 선택할 수 있는 가능성은 얼마든지 있다. 이러한 주제를 발견할 때에는 브레인스토밍 등과 같은 방법을 활용하는 것도 좋은 방법이 된다.

제품에 대한 주장을 많이 하면 소비자가 제대로 기억을 하지 못할 뿐만 아니라 잘 믿지 않을 수 있기 때문에 무의미할 수 있다. 그러므로 대중이 그 주장을 상기하기 쉽고 이에 대한 신뢰도를 높이려면 1~2개의 주장을 소구하는 것이 효과적일 수 있다.

이러한 주제를 파악하려면 먼저 대중을 확인하여야 하는데, 이들은 커뮤니케이션 과정에서 최종적으로 메시지를 전달받는 사람이다. 따라서 이들이 제품에 대해 가지고 있는 근원적 욕구가 무엇인지를 확인하고, 이에 따라 그들이 호의적인 태도를 갖거나 행동을 하게 하려면 제품에 관해 무엇을 말해야만 할 것인가를 결정해야 한다. 그러므로 메시지를 결정하기 위해서는 소비자의 구매행동과정은 물론, 그들이 갖고 있는 구매동기, 태도 등을 마케팅조사를 통해 파악하는 활동부터 시작해야 한다.

② 메시지의 평가와 선정

마케팅조사나 브레인스토밍 등을 통해 여러 메시지의 대안이 만들어졌다면, 메시지의 대안 중에서 가장 좋은 것을 선정하여 하는데, 이때 이들 대안을 선정하기 위한 기준이 마련되어야 한다. 이때 일반적으로 이들 대안을 평가하는 기준은 다음과 같이 세 가지가 있다.

- 소망성 desirability
- 독특성 exclusiveness
- 신뢰성 believability

이 세 가지 중 하나라도 그 평가순위가 높지 못하다면 그 메시지의 커뮤니케이션 가능성은 매우 작아지게 된다.

그러므로 메시지는 제품에 관해 먼저 바람직하고 관심 있는 그 무엇을 충분히 전달해야 한다. 그러나 여러 상표는 동일한 주장을 하므로 이것만으로는 충분하지 않다. 따라서 메시지는 다른 광고에는 없는 독특하고 명확히 구별되는 어떤 것을 담고 있어야만 하며, 끝으로 메시지는 믿을 수 있어야 한다.

③ 메시지연출

메시지의 효과는 그 내용에 의존할 뿐만 아니라 그것이 제시되는 방식에 따라서도 달라진다. 따라서 메시지의 연출은 특히 실질적으로 제품 자체가 추구하는 편익이 거의 같은 제품인 경우, 예컨대 호텔, 패밀리 레스토랑, 신혼여행상품 등의 경우에는 아주 중요하다. 예를 들면 패밀리 레스토랑은 저마다 가족끼리의 즐거운 시간을 위한 공간을 강조하는데, 그 까닭은 이들 기업이 동일한 시장을 대상으로 하고 있고, 또한 동기조사와 같은 마케팅조사를 통해 주제를 발견하고 있으므로 주제가 같아질 수밖에 없기 때문이다. 이 때문에 오늘날 광고에 있어서 창조력이 발휘되는 것은 주제를 발견하는 분야에서가 아니라, 오히려 메시지를 어떻게 제시하느냐 하는 분야에서라고 한다. 이는 곧 우수한 광고인의 창조성은 무엇을 말하느냐가 아니라 어떻게 그것을 말하느냐 하는 방법과 관련되어 발휘되어야 함을 뜻하는 것이다.

광고 주제가 구체적으로 구상화되어 전달내용인 메시지가 작성되는 것은 앞에서 본 바와 같이 문안과 도안의 두 요소로 구성된다. 문안은 언어와 같은 의미를 전달해 주는 요소이며, 도안은 그림과 같이 시각적으로 전달되는 요소이다. 이러한 요소는 대조성 · 비례성 · 강조성 등과 같은 원칙에 따라 메시지 내지 광고물 내에 적절한 크기와 모양으로 배치되는데, 이를 배안이라 한다.

그러므로 창조성을 발휘해야 할 광고조직의 해당자는 마케팅 조사부문과 협동하여 선정된 주제를 어떻게 나타낼 것인가 하는 제시방향 내지 아이디어를 먼저 탐색해야 한다. 이는 기업의 심벌 내지 상징이나 제품의 특성 또는 동기 등을 조사한 결과를 통해 파악할 수도 있으나, 어떻든 창조성이 발휘된 영감적인 것이어야 한다. 이와 아울러 선정한 용어 · 그림 · 심벌 · 상징 · 색채 등을 활용해 앞에서 도안 등을 작성하여 그것을 구상함으로써 최종적으로 광고문 내지 메시지가 작성된다.

④ 매체결정

광고 메시지 작성과 동시에 그것을 전달할 능률적인 광고매체를 선정하는데, 이와 관련된 결정은 다음과 같은 과정을 밟아 이루어진다.

가. 도달과 빈도 및 영향의 결정

광고매체를 선정하기 위해서는 이에 앞서서 광고의 목적달성에 필요한 희망하는 도달과 빈도 및 영향을 결정하여야 한다. 이들 개념은 다음과 같다.

- 도달: 이는 매체가 도달하는 인원수를 말한다.
- 빈도: 이는 특정기간 동안에 메시지에 목표 대중이 노출된 평균횟수를 말한다.
- 영향: 광고 메시지에 노출됨으로써 목표 대중이 받게 되는 영향을 말한다.

나. 매체유형의 선택

광고 캠페인에 활용할 광고매체를 선정하는 과정에서 마케팅 담당경영자는 신문과 잡지 및 그 밖의 주요 매체의 특성을 충분히 고려하지 않으면 안된다. 각 매체는 나름 장점과 약점을 가지고 있기 때문에 매체의 특성, 목표 대중의 매체접촉 습관, 제품의 특성, 메시지의 성격, 비용 등을 고려하여 매체유형을 선택하지 않으면 안된다.

다. 매체기관 선정

희구하는 반응을 가장 적은 비용으로 능률적으로 달성해 줄 수 있다. 광고매체 유형 중에서 특정의 방송국이나 신문사와 같은 매체기관을 선정한다. 이때에는 광고의 크기, 색도, 게재되는 위치 및 게재횟수 등에 따른 배포수와 비용을 검토하고, 나아가서 신뢰성이나 권위 등과 같은 각 매체기관의 질적 특성도 고려한 다음 어느 매체기관이 동일한 광고요금으로 가장 많은 도달과 빈도 및 영향을 가져다 줄 것인지 최종적으로 결정을 해야 한다.

라. 매체 타이밍(Media Timing) 결정

다음으로는 선정된 매체기관과 어떠한 일정계획에 따라 광고를 게재할 것인지를 결정해야 하는데, 이에는 일반적으로 두 가지의 결정이 포함된다.

- 거시적 일정계획: 이는 1년 동안 걸쳐 어떠한 일정에 따라 광고비를 지출할 것인지 결정하는 것인데, 이때에는 판매에 대한 계절적 패턴과 경쟁업자의 광고계획 등과 같은 요인을 고려하여야만 한다.
- 미시적 일정계획: 이는 최대의 영향을 얻기 위하여, 예컨대 월별과 같은 보다 짧은 기간 동안에 광고를 어떻게 할 것인가 결정하는 것이다.

마. 광고 캠페인의 평가

광고의 효과란 광고가 대중에게 ①제시되기 전, ②제시되는 동안, ③제시된 후에 측정할 수 있는 것이다. 판매성과를 테스트한 광고나 일련의 시험 중에 있는 광고에서 직접적으로 파생되는 판매량을 측정하고자 시도하는 것이다.

그 밖에 대부분의 테스트는 광고효과를 간접적으로 측정하는 것이다. 그중 한 가지 방법은 독자수조사와 인지조사 또는 상기테스트라고 부르는 것으로, 광고에

• 사례 •

"北 대동강맥주, TV 광고 후 판매 급증"

북한이 자랑하는 대표적 맥주 브랜드인 '대동강 맥주'가 지난달 초 북한의 TV에 광고를 낸 뒤 수요가 급증했다고 북한 주간지 통일신보가 최근호(8.8)에서 전했다.

9일 북한 온라인매체 우리민족끼리에 따르면 이 신문에 실린 '뜨거운 맥주'라는 제목의 '수필'은 "TV에서 대동강 흰쌀맥주에 대한 광고 편집물이 방영되더니 그 수요가 부쩍 늘어나 어느 맥주집이나 '초만원'이라고 한다"고 밝혔다. 대동강 맥주를 소개하는 TV 광고는 지난달 2일 저녁 북한의 조선중앙TV를 통해 처음 방송됐으며 딱딱한 느낌을 주던 이제까지의 북한 TV 광고들과는 판이하게 전형적인 상업광고식으로 눈길을 끌었다. 약 3분 분량의 이 광고는 "국제규격화기구의 품질인증(ISO 9001) 획득", "품질 및 위생 안전성 담보"라며 품질과 위생을 강조하고 "탄수화물, 단백질, 비타민B_2, 광물질" 등의 영양성분으로 "스트레스 해소, 이뇨 작용"에도 좋다고 기능성도 소개했다. 이러한 광고 문구를 그대로 받아 통일신보에 실린 수필은 "단백질과 비타민이 많이 함유돼 있어 품질과 영양가가 높아 스트레스 해소와 건강에 좋은 대동강흰쌀맥주이니 왜 그렇지(수요 급증) 않으랴"라고 말했다.

신문은 또 "공장이 조업한 때로부터 '대동강맥주'라는 푸른색 글발을 단 은백색의 대형 냉동차들이 인민들이 즐겨 찾는 맥주집들을 찾아 달리고 있다"며 대동강맥주가 "오늘 수도의 곳곳에서 눅은(저렴한) 값으로 봉사"하고 있다고 말했다. 한편 신문은 지난 2000년 8월 대동강맥주 공장의 구상과 착공으로부터 완공은 김정일 국방위원장의 "각별한 관심"에 따른 것이라며 김 위원장이 2001년 러시아 방문 중에도 '빨찌까'라는 맥주회사를 시찰하면서 공정 하나하나를 참조했다고 말했다.

평양에는 생맥주 판매점인 '대동강 맥주집'이 200여 곳 성업 중이며, 북한에는 대동강맥주공장 외에도 평양맥주공장과 룡성맥주공장 등 4~5곳에서 맥주를 생산하고 있다.

자료 연합뉴스(2009-08-09)

서 제시하였던 내용의 일부나 전부를 응답자에게 보여주고 그 내용을 응답자가 읽었는지 또는 어느 부분을 기억하고 있는지, 또는 광고주를 기억하고 있는지 등을 알아내는 것이다. 또 한 가지 방법은 광고에 포함되어 있는 경품권이나 광고에 관련된 문의건수를 측정하는 것이다.

때로는 소비자 패널을 이용하여 광고를 평가하는 방법도 있다. 라디오와 텔레비전 광고에 관하여 프로그램 시청자나 청취자의 질과 수를 측정하는 몇 가지 기법이 있다. 그 이론은 광고주의 제품을 구매할 고객의 수는 그 광고주의 프로그램을 청취하거나 시청하는 사람의 수와 정비례한다는 것이다.

그러나 광고의 기본적 목표란 무엇인가를 설득하고 소비자의 태도나 행동을 수정하는 데 있음을 유의하여야 한다. 그러므로 광고효과를 측정할 때는 소비자가 특정광고를 기억하고 있는 정도보다는 광고가 소비자의 행동이나 태도를 수정할 수 있는 능력이 어떠한가에 더욱 관심을 가져야 하는 것이다.

3. PR

1) PR의 개념

홍보에 대한 영어표현은 PR Public Relations이며, 또는 퍼블릭시티 Publicity로도 쓰인다.

PR Public Relations은 '기업이 공중과의 이상적인 관계를 정립하기 위해 벌이는 여러 가지 활동'이라 할 수 있다. 이를 기업의 관점에서 다시 표현하면, PR은 기업이 다양한 이해관계자로 하여금 긍정적 이미지를 갖도록 하고, 나아가 고객에게 선호를 창출하는 것이라 할 수 있다.

PR은 중요한 마케팅수단임에도 불구하고 최근까지 마케팅관리자들에게 촉진수단으로서 소홀히 다루어져 왔다.

그러나 최근에 와서 이미 대중마케팅이 그들의 커뮤니케이션 욕구에 부응하지 못하고 있다는 사실의 인식이 팽배해지고 있다. 또한 광고업계에서는 광고비가 계속적으로 상승하고 있음에도 불구하고 대중에 대한 도달이 계속 감소하고 있다.

또한 광고의 혼란은 광고의 영향력을 약화시키고 있다. 경로 내의 중간업자는 가격인하와 수수료인하 등의 유리한 거래를 요구하고, 판매촉진비용도 증대되고 있다. 이러한 환경하에서 마케팅관리자들은 가장 효율적인 촉진수단으로 PR의 중요성을 인식하고, PR이 다른 촉진 믹스요소와 통합되어야 하는 필요성을 느끼게 되었다. 따라서 많은 기업은 PR을 통합적 마케팅 프로그램의 한 구성요소로서 관리하고 있다.

이러한 관점에서 해리스Thomas L.Harris는 마케팅목표를 지원하기 위하여 설계된 기업의 PR활동을 마케팅 PR MPR: Marketing Public Relations이라고 하였다. 마케팅 PR활동은 기업에 상표인지도의 제고, 소비자에 대한 정보제공 및 교육, 기업 및 제품에 대한 이해증진, 신뢰의 구축, 소비자에 대한 구매동기의 부여 등의 이점을 제공할 수 있다.

관광기업의 홍보자료는 언론매체의 입장에서는 기사화할 수 있는 좋은 소재가 될 수 있으므로 최대한 활용할 필요성이 있으며, 관광객에게 정보를 전달하는 프로모션 전략상 매우 유익한 요소라고 할 수 있다.

(1) 홍보

홍보PR란 기업이 직 · 간접으로 관련이 있는 여러 집단과 좋은 관계를 구축하고 유지함으로써 기업 이미지를 높이고 구매를 촉진하기 위하여 벌이는 활동 또는 직접적인 언론경비의 지출 없이 대중에게 메시지를 전달하여 개인이나 상품 또는 단체에 대한 대중의 견해를 분석하고 그 견해에 좋은 영향을 미치려고 하는 경영진의 노력이라고 할 수 있다.

(2) 퍼블릭시티

퍼블릭시티Publicity란 뉴스가치가 있는 사항을 무료로 신문 등의 매체에 소개하면서 자연스럽게 상품을 알리는 효과를 얻는 방법이다. PR과 퍼블릭시티는 유사한 내용이지만 PR이 여러 집단과 관계를 구축하고 유지한다는 점에서 퍼블릭시티보다는 넓은 개념이라고 할 수 있다. 또한 광고는 명백한 상업적 목적, 즉 제품이나 서비스를 판매하는 데 직접적인 목적을 가지는 반면 퍼블릭시티와 PR은 조직의 우호적 평판 확보라는 장기적이고 간접적인 목적을 가진다.

2) PR의 수단

많은 마케팅관리자가 PR과 홍보를 동일한 개념으로 사용하고 있는데, 이는 PR 활동의 많은 부분을 언론매체를 통한 메시지의 전달이 차지하기 때문이다. 사실 홍보는 기업 PR의 한 부분이라고 볼 수 있으며, PR은 그보다 훨씬 더 넓은 영역에서 이루어지고 매우 다양하다.

(1) 간행물

기업의 기사나 팸플릿 · 연차보고서 · 시청각 등의 간행물들은 PR수단으로서 가장 오래된 역사를 가지고 가장 널리 이용되고 있다.

(2) 행사

PR담당자가 특별행사를 이용하여 기업이나 제품에 대한 공중의 주의를 끌 수 있다. 예컨대, 취업희망자를 대상으로 한 취업박람회, 투자자를 대상으로 투자설명회, 외국대학의 유학설명회 등이 이에 해당된다. 기업의 PR은 PR활동으로서 특별 행사를 직접 기획하지 않고 후원하는 방법도 빈번히 활용된다. 예를 들어 문화관광부가 진행하는 음악회 · 전시회 · 공연 등의 후원을 통해서도 효과적인 PR이 가능하다.

(3) 언론보도

언론매체에 기삿거리를 제공하여 제공된 정보가 기사화됨으로써 노출된 소비자에게 기업과 제품에 대한 신뢰성 증대는 높은 PR효과가 된다. 이런 이유로 많은 기업은 자사와 자사제품에 대한 정보를 여러 경로를 통해 언론사에 제공하고 있다.

(4) 회견

기업이 기업 자체나 제품에 대한 정보를 알리기 위해 기자회견을 통해 공중에게 알리는 것이다. 즉 획기적인 신제품이나 신기술의 개발 및 기업제휴 · 합병 등을 알리기 위해 많은 기업들은 이 방법을 사용하고 있다.

(5) 공공캠페인 활동

기업이 건전한 사회운동과 관련된 캠페인을 주도하거나 후원하는 방법에 의해 호의적인 이미지를 구축할 수 있다. 패스트푸드점이나 유통업계에서 결식아동돕기와 심장병어린이돕기 등의 사회운동을 직·간접으로 후원하여 호의적인 기업 이미지의 형성 및 확대를 추구하고 있다.

3) PR의 홍보전략 과정

홍보는 다음과 같은 4단계의 과정을 통해서 완성된다.

(1) 1단계 : 목적 설정

홍보를 하기 위해서는 구체적인 목적이 있어야 하는데 일반적으로 다음과 같은 목적으로 홍보를 한다.

- 뉴스가치가 있는 사실을 널리 알리고자 할 때
- 회사 및 상품의 신뢰성을 확보하고 상품의 지명도를 높이고자 할 때
- 회사 및 상품에 대한 나쁜 지각을 변화시키고자 할 때

• 사례 •

진에어, UN환경계획(UNEP)과 협약 체결

진에어가 유엔산하 환경전문기구인 UN환경계획(UNEP) 한국위원회에 가입하는 등 본격적인 환경캠페인 전개에 나선다고 21일 밝혔다. 진에어의 UNEP 한국위원회 가입은 국내 기업으로는 최초로 법인회원으로 등록한 것으로 매달 일정액의 회비를 납부하게 되는데, 진에어는 이에 더해 환경기금 조성을 위해 여러 활동을 펼치고 그 수익금까지 UNEP에 기부하는 확장된 후원사의 역할을 수행해 나갈 계획이다. 이와 관련 진에어는 친환경 캠페인으로 전개하고 있는 '세이브 디 에어(Save the Air)' 동참 확산을 위해 오는 9월 말부터 슬로건인 '세이브 디 에어'가 새겨진 패션 티셔츠를 판매하는 활동을 시작한다. 판매된 수익금은 'UNEP 한국위원회'에 기부된다. 진에어 김재건 대표는 "이번 UNEP 한국위원회와의 공식적인 환경기부금 조성 활동을 시작으로 진에어 직원뿐 아니라 많은 사람이 환경에 더 많은 관심을 가져주길 바란다"고 전했다. 한편 진에어는 티셔츠 판매를 통한 환경 운동 외에도 기내 엔터테인먼트를 위해 고객들에게 빌려주고 있는 소니 PSP의 대여 수익금을 UNEP 한국위원회에 기부하는 활동도 진행하고 있다.

자료 뉴스핌(2009-09-21)

• 판촉사원의 동기를 유발하고 자극하고자 할 때

(2) 2단계 : 계획

홍보전략은 바람직한 결과를 산출하도록 고안하는 것인데 이를 위해서는 전략계획을 세워야 한다. 즉 홍보목적의 설정에 따라 홍보를 언제(홍보시기), 누구에게(홍보대상자), 무엇을(홍보내용), 어디에(홍보매체), 어떻게(홍보방법) 할 것인지 체계적인 계획을 수립해야 한다.

(3) 3단계 : 실행

실행은 계획된 홍보전략을 수행하는 것이다. 효율적인 수행을 위해서는 매체의 편집자와 좋은 관계를 유지하고 그들이 무엇을 원하는지 알고 그에 알맞은 기사를 마련해야 한다.

(4) 4단계 : 측정 및 평가

홍보효과의 측정 및 평가는 상품에 대한 인지, 이해, 태도에 어떠한 변화가 이루어졌는지 조사하는 것이다. 이를 통하여 홍보 캠페인의 결과가 바람직하게 전개되었는지 파악할 수 있고, 향후 상품계획 및 홍보전략에 대한 대안을 마련할 수 있다.

4. 판매촉진

1) 판매촉진의 개념

판매촉진 sales promotion은 "단기적으로 고객들의 구매행동에 직접적인 영향을 주기 위한 기업중심의 마케팅 이벤트"라고 할 수 있으며 구체적인 수단으로는 할인, 쿠폰, 경품제공, 마일리지, 관광전, 팸 투어, 이벤트 등을 들 수 있다. 팸 투어 Fam Tour : Familiarization Tour란 관광상품을 직접 판매하는 거래선의 직원을 초청하여 자사의 관광상품을 설명하고 접대하여 친밀감을 느끼게 만드는 일종의 상품설명회 및 접대성의 여행으로서 비용은 대부분 무료이거나 저렴하게 실비만 받는 경우도 있다.

따라서 관광목적지의 마케터들은 자사의 상품을 판매촉진하는 목적으로 할인, 쿠폰, 이벤트의 기획은 물론 관광전에 참가하거나 팸투어를 통하여 거래선인 여행 알선업체에 인쇄 홍보물, 비디오 자료 등을 제공하는 등 일련의 촉진활동을 전개해야 한다.

2) 판매촉진의 장점과 단점

판매촉진은 그 운용에 따라서 기업의 매출량을 극대화할 수 있다. 즉 판매촉진은 만약 그것을 실행하지 않았다면 얻지 못했을 매출을 만든다. 또 이미 매출이 증가하고 있는 제품이나 서비스는 판매촉진을 통해 더 높은 수준의 매출에 도달할 수 있다. 그리고 소비자들이 다 같아 보이는 상표들 중 어느 하나를 선택하도록 동기부여하는 데는 판매촉진이 광고보다 더 효과적이다.

이상과 같은 장점과 함께 단점도 있다. 우선 기본적인 단점으로 그 촉진이 끝나면 반복구매를 자극하기 어렵다는 것이다. 두 번째는 판매촉진에 드는 비용이다. 그리고 마지막으로는 적극적인 판매촉진이 치열한 경쟁을 유발할 수도 있다는 것이다. 즉 경쟁자들이 서로 상대방의 판매촉진을 능가하려 한다면 그 결과 모두의 매출은 둔화되고 결국에는 이익감소로 이어질 수 있다. 최근 주유소들의 경품이나 무료세차 서비스와 같은 출혈적인 판매촉진은 좋은 예가 될 수 있다.

3) 판매촉진의 종류

판매촉진은 누구를 대상으로 수행되느냐에 따라 다음과 같이 세 가지로 나누어진다.

(1) 사내판매촉진

판매부문 내의 각 부문 간의 활동이 서로 조정되어 통일적으로 수행되도록 각 부문과 긴밀한 연락을 가져 다른 부문의 활동을 지원 내지 협조하는 활동이다. 예를 들면 레스토랑의 조리실에서 요리의 특성을 접객종사원들에게 알려줌으로써 고객에게 어울리는 맛있는 음식을 추천할 수 있도록 하는 것이다.

(2) 판매점 원조

판매점인 도매상이나 소매상에 대해 판매나 경영상의 여러 가지 원조 내지 지도를 하는 판매촉진활동으로서 이와 같은 활동을 통해 판매경로상에 있는 판매점의 동기를 유발하고, 아울러 그들의 협조를 얻을 수 있게 된다. 이에는 다음과 같은 여러 활동이 있다.

- 점포설계, 시설의 제공, 대여 및 이용 등과 같은 시설의 원조
- 점포경영지도, 경영진단, 장부정리 및 회계처리 등의 지도
- 진열창 · 판매대 등에의 구매시점 진열물의 원조 · 지도
- 신제품과 광고 및 판매경진대회의 개최 등을 알려주기 위한 판매업자의 모임이나 연구회 등의 개최와 원조 및 지도
- 판매업자의 광고에 대한 조언과 선진재료의 지원 및 공조광고의 실시와 그 비용분담
- 판매점의 판매원의 모집과 선발 및 훈련 등의 지도와 원조
- 개축이나 배달원용 자동차입시의 소요자금의 융자나 지원 및 장기판매융자의 지원

• 사례 •

새로운 프로모션 채널, 한정판

세상에는 수많은 기업이 있고, 이들은 다양한 제품을 판매하고 있다. 거대한 빌딩에서 컴퓨터, 책상 위에 놓여 있는 펜을 거쳐 소프트웨어와 서비스에 이르기까지 다양하다. 하지만 이들은 모두 한 가지 목적을 가지고 있다. 바로 '고객'에게 다가가는 것이다. 그 어떠한 상품도 고객에게 다가가고 고객의 사랑을 받을 수 없다면 의미가 없다. 따라서 프로모션은 상품이 고객의 마음속으로 다가가는 것을 목표로 한다.

사람들은 한정판을 사기 위하여 밤을 새고, 웃돈을 얹기도 한다. 경우에 따라서는 한정판을 사는 데에 우선권을 갖기 위하여 텐트를 치고 잠을 사는 사람들이 나타나기도 한다. 나이키의 스케이트보드용 운동화인 '티파니덩크 로우'는 이러한 좋은 예이다. 이 운동화는 국내에는 116족만이 들어와 서울과 부산 두 곳에서만 판매하였다.

이처럼 극소량만이 들어왔기 때문에 이를 사고자 하는 사람들은 발매일 전에 매장 앞에서 밤을 새는 것은 물론, 지방에서 서울 또는 부산까지 원정을 간 사람까지 있었다. 그 결과 아침에 줄을 서 기다린 사람의 수가 이미 신발의 수를 넘어서 발매를 시작하자마자 매진이 되었다.

한정판(limited edition)의 인기는 날이 갈수록 높아지고 있다. 한정판에 열광하는 사람들의 층은 점차 넓어져 현재는 10대에서 30대를 아우르고 있으며, 이제 한정판의 발매 전날 밤을 새는 것은 자연스러운 일이 되었다고 한다. 사람들은 왜 이처럼 한정판에 열광하는 것일까?

한정판에는 다른 어떤 물건도 줄 수 없는 특별함이 있다. '아무나 가질 수 없는 특별한 무엇'을 가진다는 것은 일반적인 구매와는 다르다. 한정판에만 들어 있는 특별한 선물이나 서비스, 아무나 가질 수 없는 점은 구매자에게 특별한 만족감을 준다. 또한 한정되어 있다는 점은 구매 전에는 '당신이 조금이라도 늦는다면 가질 수 없다'는 무언의 압력, 그리고 구매 후에는 이 제품을 가진 소수에 속한다는 만족감을 준다. 한정판은 이러한 '만족감의 제공'을 통하여 사람들의 열광적인 구매의지를 이끌어낸다.

상품을 향한 이와 같은 열정은 모든 마케팅 담당자가 목표하는 바이다. 하지만 이러한 효과를 얻기 위하여 모든 제품을 한정판으로 발매할 수는 없다. 한 기업의 마케팅 담당자로서 그 기업의 다양한 상품이 이러한 효과를 얻도록 하기 위해서는 '한정품'에서 한 단계 더 발전한, 새로운 방법이 필요하다.

자료 이마스(2007-04-02)

(3) 소비자판매촉진

직접 소비자에게 상품지식을 제공하거나 그들의 호의를 획득하여 이들의 구매의욕이 환기되고, 또한 판매저항이 줄어들게 하기 위해 수행되는 판매촉진활동으로는 다음과 같은 것들이 있다.

① 쿠폰

쿠폰이란 구매되는 제품에 적용될 할인액과 할인조건 및 유효기간 등을 명시한 증서이다. 쿠폰은 소비자의 시용구매와 반복구매를 유도하고 소매업자의 협조 없이 가격할인의 효과가 직접적으로 소비자에게 전달되는 장점이 있다.

② 사은품의 제공

사은품은 제공 구매 시 무료로 제공되는 일종의 선물이라 할 수 있는데, 패스트푸드업계에서 어린이날에 어린이를 대상으로 주는 장난감이 이에 해당한다. 사은품은 충동구매를 유발할 만큼의 가치를 제공할 수 있어야 효과적이기 때문에 독특함과 유인가치가 매우 중요하다.

③ 경연과 추첨

경연이나 추첨은 소비자에게 소정의 상금이나 상품을 제공하는 판매촉진의 도구로서 최근에 들어 와서 백화점업계에서 많이 사용하고 있다. 경연은 소비자의 노력과 지식이 요구되는 데 비해, 추첨은 순전히 운에 의해 결정된다는 것이 차이점이다. 경연이나 추첨은 상표에 대한 소비자의 관여도를 높임과 동시에 기억하게 하는 장점이 있다. 예를 들면 소비자에게 상표명이나 제품사용방법 등의 지식에 대해 경연을 한다든가, 혹은 제출해서 추첨을 한다든가 소비자의 관여도를 높일 수 있을 것이다.

④ 견본제시

소비자에게 샘플을 무료로 제공하여 사용을 유도하는 목적으로 활용되는 판매촉진의 도구로서 신제품의 도입 시 주로 사용된다. 식품이나 화장품 등의 패키지용품과 같이 샘플제작원가가 낮고 소량의 제품사용만으로 상표의 특성과 편익을 소비자에게 전달할 수 있는 제품군에는 매우 효과가 크다.

⑤ 가격할인

가격할인은 일시적으로 제품가격을 인하시켜 소비자를 유인하는 촉진도구이다. 가격할인은 기업판매촉진도구 중에서 소비자에게 가장 명백하게 가치가 전달되기 때문에 기업들이 가장 흔하게 쓰는 도구이다.

• 사례 •

'롯데멤버스 페스티벌' 열고 경품 추첨

아파트와 오피스텔, 심지어 우주여행을 경품으로 내걸었던 롯데가 이번엔 커피숍과 편의점을 경품으로 내걸었다.

롯데그룹 계열사인 온라인쇼핑몰 롯데닷컴(lotte.com)은 다음달 31일까지 '롯데멤버스 페스티벌'을 열고, 응모 고객 중 추첨을 통해 1등 1명에게 2억 원 상당의 '엔제리너스 커피' 창업지원을, 2등 2명에게는 9,000만 원 상당의 '세븐일레븐' 창업지원을 한다고 18일 밝혔다. 엔제리너스커피와 세븐일레븐은 모두 롯데그룹 계열사다.

롯데닷컴은 올 3월 1억 원 상당의 오피스텔(39.6696㎡) 1채를 경품으로 내걸었고, 최근엔 롯데백화점이 창립 30주년을 맞아 롯데캐슬 아파트(분양가 약 5억8,000만원)와 3억 원 상당의 '우주여행'을 경품으로 내놓기도 했다. 경품 효과 덕분에 롯데닷컴과 롯데백화점 등은 방문자수와 매출이 늘었다는 후문. 그러나 업계에선 "계속되는 거액 경품이 공정한 경쟁질서를 어지럽히고 있다"고 불만이다.

자료 한국일보(2009-11-18)

5. 인적판매

1) 인적판매의 개념

인적판매 personal selling는 세일즈퍼슨 sales person과 예상고객 사이에 전화 또는 직접 얼굴을 맞대고 대화로서 판매를 촉진시키는 활동을 말한다. 인적판매는 프로모션 활동 중에서 광고, 판매촉진, 홍보와는 달리 자사의 상품에 대하여 소비자에게 직접 찾아가 설명하고 듣는 쌍방향의 커뮤니케이션이 가능한 수단으로서 예상고객을 설득하고 계약(판매)체결을 목적으로 한다.

인적판매는 광고, 판매촉진, 홍보의 대안으로서 사용해서는 안되고 서로 조화를 이루어야 한다. 즉 광고, 판매촉진, 홍보와 같은 프로모션 활동 없이 인적판매를 한다면 시간과 비용이 많이 소요될 뿐만 아니라 신뢰를 얻기 힘들다. 그러나 광고, 판매촉진, 홍보와 같은 프로모션 실시 후 인적 판매를 한다면 판매에 훨씬 효과적이다.

2) 인적판매의 장점과 단점

인적판매는 촉진 믹스를 구성하는 다른 촉진 도구에 비해 다음과 같은 장점이 있다.

- 융통성: 다른 촉진 수단과는 달리 인적판매는 판매원이 고객의 욕구와 표정 및 행동에 맞추어서 즉석에서 촉진 방법을 달리하는 융통성을 발휘할 수 있다.
- 집중성: 진실로 고객이 될 만한 사람에게만 초점을 맞추어 접근할 수 있다. 이로 인하여 촉진 자원의 낭비를 최소화할 수 있다.
- 판매의 완결성: 다른 촉진 수단들이 판매를 완결한다기보다는 잠재고객들로 하여금 구매하도록 영향을 주는 역할을 하는 데 비해 인적판매는 판매행위를 그 자리에서 완결하도록 만드는 장점이 있다.
- 관계 강화: 고객과의 빈번하고 지속적인 인적 만남은 서비스 조직과 고객과의 관계를 더욱 강화시킬 수 있는 기회를 제공한다.
- 교차판매: 인적 접촉은 특정 서비스의 판매뿐만 아니라 다른 서비스의 교차 판매도 가능케 한다.

이상과 같은 장점과 함께 다음과 같은 단점도 있다.

- 유능한 인적판매원을 확보 유지하기 위해서는 많은 비용이 들어간다.
- 우수한 인적 자원 확보에 어려움이 있다.
- 인적판매에는 시간적 제약이 따른다.

3) 인적판매의 과정

마케팅관리자가 판매원의 기본적 역할을 이해한다면 아마 그는 판매원이 수행해야 할 효과적인 판매절차를 보다 더 합리적으로 설정할 수 있을 것이다. 인적판매의 과정은 크게 준비단계와 설득단계 및 사후관리 단계로 구성된다.

(1) 판매직 준비

인적판매를 위한 첫 단계는 판매원의 준비가 되었는가를 확인하는 일이다. 이것은 판매원이 제품과 시장 그리고 판매기법을 철저히 통달하고 있느냐를 뜻하는 것이다. 판매원은 고객을 처음으로 방문하기 전에 그들의 시장표적의 동기유발과 구매행동에 관하여 잘 알고 있어야 하며, 경쟁의 성격과 그 지역의 기업환경 등을 이해하고 있어야 한다.

(2) 잠재고객의 예측 및 파악

잠재고객을 예측하고 파악해야 할 두 번째 단계는 이상적인 고객의 인적사항을 파악하는 것으로, 우선 고객을 예측하기 위하여 과거와 현재의 고객기록을 검토하는 일이 수행된다. 이 인적사항을 검토해서 적당한 고객의 명단이나 회사명을 작성한다.

다른 방법으로 고객의 명단을 얻는 데는 판매관리자의 도움을 필요로 한다. 현재의 고객이 다른 잠재고객을 소개할 때도 있고, 현재의 사용자가 새로운 모델이나 다른 상품을 구매할 뜻을 밝힐 수도 있다. 판매원은 경쟁기업의 고객명단을 작성해서 그 가운데서 표적을 선정할 수도 있다. 보험회사 · 가구상 · 전화설비상 등은 건축허가공고를 보고 고객의 후보를 포함하는 예도 있다.

(3) 접근 이전단계

잠재고객을 방문하기 전에 판매량은 판매전을 전개하고 싶은 대상자나 회사들에 관하여 알아낼 수 있는 모든 것을 익히도록 해야 한다. 이를테면 그들이 현재 사용하고 있는 상표는 무엇이며, 그 상표에 대한 반응은 어떠한가를 탐지하는 것도 필요하다. 잠재고객의 습관 · 개성 · 기호 등에 관한 모든 정보를 입수하여 그의 판매제시를 개별적 고객에 알맞도록 준비를 할 수 있는 것이다.

(4) 판매제시

실제적인 판매제시는 잠재고객의 주의를 환기시키는 일에서 시작된다. 그러고 나서 고객의 관심을 유지시키면서, 다른 한편 욕구를 형성시키게 된다. 다음에는 판매에 관한 계약을 체결하도록 노력을 경주하게 된다. 즉 구체적 행동을 유발하는 것이다. 이때 판매제시의 절차를 주의, 관심, 욕구, 행동의 머리글자를 따서 AIDAS기법이라고 할 수 있는 바, S는 구매 후의 고객의 만족을 보장한다는 뜻이다. 판매제시과정을 통해서 판매원은 고객의 명시적 또는 묵시적 반대의사에 직면할 마음의 준비를 하고 있어야 한다.

• 사례 •

사고파는 관계, 친구가 되다. 퍼스널 쇼퍼

최근 국내 대형 백화점에는 일반 소비자가 알지 못하는 특별하고 은밀한 서비스가 이루어지고 있다. 롯데백화점의 경우 일부 상위 계층 고객들에게 전용 주차장과 Valet주차 서비스는 물론 전용 라운지와 포터 서비스, 쇼핑 가이드 전담제 등의 서비스를 제공하고 있다. 명품관인 에비뉴엘 고객들에게는 더욱 차별화된 서비스를 제공한다. 이를 위해 롯데백화점 측은 기존의 MVG(Most Valuable Guests)고객을 프레스티지(Prestige) 1,600명, 크라운(C개주) 5,000명, MVG 2만3,400명의 3등급으로 세분화하였고 에비뉴엘 고객은 '에비뉴엘 VIP', '에비뉴엘 VVIP'로 구분하여 별도로 관리하고 있다. 등급에 따라 차별화된 특별 서비스를 제공하는 것이다.

다른 백화점들도 VIP 고객들에게 이에 못지않은 특별 서비스를 제공하고 있다. 이들이 부자들의 지갑에 이처럼 목을 매는 이유는 무엇일까?

우선 지속되는 경기 침체 속에서 살아남는 가장 효과적인 방법이기 때문이다. 경제 전망이 불투명해지면서 소비심리가 위축되어 상대적으로 지갑을 쉽게 열 수 있는 소비층을 찾아 나선 것이다. 물론 부자들의 소비심리도 크게 위축되고 있으나 이들의 소비 여력은 중산층에 비해 건재한 편이다. 롯데백화점에서 특별 서비스 하는 최상위 고객은 전체 고객의 1%에 해당하지만 이들이 구매하는 양은 전체 매출의 23%를 차지한다. 갤러리아 백화점은 상위 7% 고객들이 전체 매출의 50%를 차지한다고 밝히고 있다. 백화점이 최상위 고객에 대한 마케팅을 강화할 수밖에 없는 이유이다.

국내 대형 백화점 VIP 고객 서비스는 이미 호텔 수준에 버금간다. 이들의 섬세하고 고급화된 서비스는 해외에서도 각광받을 정도여서 2007년 9월 모스크바에 진출한 롯데백화점의 차별화된 서비스에 현지인들의 찬사가 이어지기도 하였다. 이러한 백화점 서비스 진화의 하이라이트는 역시 퍼스널 쇼퍼이다. 최근 젊은 소비층의 관심을 얻고 있는 퍼스널 쇼퍼는 그 자체로 매우 흥미로운 직업인 동시

에 현재 국내 백화점이 나아가고 있는 방향을 가장 정확히 설명하고 있는 서비스 사례라 할 수 있다.

TV 드라마 '태양의 여자'의 여주인공 윤사월은 퍼스널 쇼퍼로 능력을 발휘한다. 명품을 한아름 들고 다니며 소위 '사모님'이나 '교수님'에게 옷을 추천한다. 직업의 특성상 방송 내내 화려한 패션이 선보인 것은 두말할 나위 없다. 2007년 8월에 개봉된 영화 '지금 사랑하는 사람과 살고 있습니까?'의 여주인공 유나의 직업 역시 퍼스널 쇼퍼이다. 화려한 명품과 상류층에 둘러싸인 이 이색직업에 여성들의 관심이 쏠리고 있다.

퍼스널 쇼퍼의 사전적 의미는 물품 구매의 상담원이다. 쉽게 말해 고객의 쇼핑을 대신해 주는 사람으로 국내에는 아직 생소한 직업이다. 국내의 경우 2004년 갤러리아 백화점에 처음 등장해 그 역사가 짧은 편이나 미국에서는 이미 1980년대부터 시작되었으니 국내 유통의 선진화를 상징하는 서비스라고도 할 수 있다. 퍼스널 쇼퍼 서비스는 국내 대형 백화점을 중심으로 확산되어 현재 롯데, 신세계, 현대, 갤러리아 백화점 등에 각각 1~2명 정도 상주하고 있으며 대개 VIP 고객들을 대상으로 서비스하고 있다. 현재 국내 첫 퍼스널 쇼퍼인 롯데백화점 에비뉴엘의 양유진 매니저를 포함하여 십여 명이 활동 중이다.

2004년 갤러리아 백화점의 퍼스널 쇼퍼 룸 첫 도입 당시 퍼스널 쇼퍼로 일을 시작한 양유진 매니저는 현재 명실공히 국내 첫 퍼스널 쇼퍼이다. 그녀는 현재 롯데백화점 명품관인 에비뉴엘로 자리를 옮겨 연간 구매액이 10억 원이 넘는 VVIP고객 250명 중 50여 명의 쇼핑을 돕고 있다. 양유진 매니저는 다른 퍼스널 쇼퍼와 마찬가지로 백화점 평품관에 자리 잡은 퍼스널 쇼퍼 룸에 상주한다. 그녀는 TPO가 정해진 주요 고객의 연락을 받고 일을 시작한다. 대부분 40~50대의 고소득 전문직 종사자이거나 그 배우자인 경우가 많다. 이들은 중요한 사교모임 등에 착용할 의상을 준비하기 위해 퍼스널 쇼퍼에게 연락한다. 대부분 단골 고객의 주문 전화이므로 퍼스널 쇼퍼는 고객의 스타일, 색상, 브랜드 취향을 모두 간파하고 있다.

즉시 퍼스널 쇼퍼는 매장을 돌며 고객에게 맞는 제품을 고르고 이를 퍼스널 쇼퍼 룸에 진열한다. 약속한 시각에 도착한 고객에게 제품을 선보이고 각종 스타일링 조언을 하며 제품 선택을 돕는다. 고객이 직접 매장 쇼핑을 원한다면 함께 동행한다. 특히 수십억 원을 호가하는 보석류의 경우 직접 매장에 동행한다. 쇼핑이 끝난 소비자의 결제를 돕고 상품권과 사은품 등을 챙겨 준 후 요청이 있을 시에는 백화점이 준비한 벤츠 차량으로 직접 배달한다. 바깥 출입을 자제하는 일부 고객에게는 퍼스널 쇼퍼 룸에 진열할 물건 모두를 벤츠 차량에 실어 이동한 후 고객이 집에서 쇼핑할 수 있도록 돕기도 한다.

최근에는 일반 고객에게도 퍼스널 쇼퍼 서비스를 제공하는 매장이 생겨나고 있다. 현대백화점 무역센터점은 VVIP 고객에게만 제공되던 서비스를 모든 서비스층으로 확대하기 위해 '코디바 서비스'를 시작했다. 코디바에 상주하는 전문 스타일리스트가 소비자와 동행하여 상품을 제안하고 스타일링을 조언한다. 현대백화점 무역센터점은 2006년에 시간이 없고, 쇼핑을 어려워하는 남성고객들을 위한 남성 전문 퍼스널 쇼퍼 서비스를 제공한 바 있다. 퍼스널 쇼퍼 서비스가 이미 안정화된 미국의 경우에도 일부 매장은 일반 고객을 대상으로 퍼스널 쇼퍼 서비스를 제공하고 있다.

퍼스널 쇼퍼의 영역은 인터넷으로도 확장되고 있다. 인터넷에 공개되는 제품의 수가 모래알만큼이나 늘어나고 있는 요즘, 인터넷 쇼핑은 더 이상 시간을 절약하는 쇼핑법이 아니다. 소비자들은 수많은 제품 가운데 최적의 제품과 최적의 가격을 대신 찾아주는 서비스가 간절하다.

미국에는 프리랜서 퍼스널 쇼퍼가 각자의 홈페이지를 개설해 활동하고 있으며 'ClayValet'는 기업 차원에서 인터넷 퍼스널 쇼퍼의 역할을 하고 있다. ClayValet.com에 자신의 나이와 취향, 원하는 제품과 가격대를 입력하면 24시간 내에 검색 및 분석한 내용을 받아볼 수 있다. 국내에는 상품선택의 가이드라인을 제공하는 전문 패션 큐레이터 및 아마추어 큐레이터가 블로그 등을 중심으로 활동하고 있으나 상업적 퍼스널 쇼퍼는 아직 등장하지 않고 있어 귀추가 주목된다.

판매자와 구매자의 관계만큼 분명하고도 애매한 관계를 찾아보기가 힘들다. 시장에서 판매자와 구매자는 가장 분명히 구분되는 존재이며 대부분의 사람이 판매자와 구매자의 입장을 경험한다. 가장 간단히 설명하면 이들은 같은 상품을 놓고 더 많은 돈을 벌고 싶은 측과 더 적은 돈을 내고 싶은 측의 철저한 대립관계이다. 간혹 적대적인 관계로 발전하기도 한다. 각자 자신의 이익을 최우선하므로 이들의 관계에는 적대감, 불안감, 위험의식, 불신이 항상 존재한다. 그러나 시장에서 이 둘은 떼려야 뗄 수 없는 관계이기도 하다. 따라서 이 둘의 상호작용을 원활하게 수행하고 판매자와 구매자를 동반자의 관계로 만들어 줄 커뮤니케이터가 필요하기 마련이다. - 중략 -

그렇기에 관계를 지향하는 대표적 서비스인 퍼스널 쇼퍼는 향후로도 계속 확산될 것이다. 기업은 퍼스널 쇼퍼가 왜 중요하며 어떤 이유로 성공한 것인지 늘 기억해야 한다. 소비자와 한번 쌓은 신뢰가 쉽게 무너지지 않도록 현직 퍼스널 쇼퍼는 물론 그 지망생에 대한 교육을 더욱 활성화해야 할 것이다. 또한 퍼스널 쇼퍼는 1:1 관계라는 점을 늘 명심해야 한다. 고객들에게는 친구와 같은 친근하고 믿을 수 있는 쇼핑버디가 필요하다. 이익을 추구하는 사이가 친구처럼 믿을 수 있는 동반자가 되는 것, 멋지지 않은가?

자료 이마스(2008-11-25)

(5) 판매 후 활동

효과적인 판매직무란 주문서가 작성되었다고 완수되는 것은 아니다. 판매의 성공이란 반복구매에 좌우되는 것이다. 뿐만 아니라 만족한 고객은 꼬리를 물고 올 다른 고객의 호의를 형성하고 장기간에 걸친 거래관계의 기반을 구축하는 일련의 판매 후 서비스로 이어지는 것이다.

Chapter 4

새로운 이슈마케팅 전략

제1절 관계마케팅 전략

1. 관계마케팅의 정의

1) 관계마케팅의 등장 배경

하루가 다르게 신종 마케팅이 등장하고 있다. 그중 선두주자는 단연 관계마케팅이다.이 개념은 조직에서 마케팅의 역할에 대한 새로운 개념 정립을 야기하고 있다.

마케팅이 단순히 구매만을 유도하는 작업이 아니라, 고객의 생애 전체에 오래도록 좋은 관계를 유지하는 것만이 마케팅의 진정한 역할이 된 지금, 관계마케팅이란 기업에서 고객과의 커뮤니케이션을 유지하는 중요한 수단인 것이다.

Levitt은 고객과 기업이 만나서 관계를 형성하는 과정을 연애와 결혼에 비유하여 설명하였다. 기업은 제품, 가격, 광고 등을 사용해 먼저 소비자에게 데이트를 신청한다. 소비자는 데이트를 한 기업 중에서 제일 괜찮다고 생각되는 기업의 제품을 구매하는 것으로 애정을 표현하고, 이렇게 시작된 관계가 발전하여 연애과정으로 이어지게 된다.

그렇게 지속적인 거래관계를 통해 기업과 고객과의 관계가 보다 돈독해지면 관계는 더욱 발전하여 종국에는 결혼으로 이어진다는 것이다.

하지만 그동안 대부분의 기업은 연애에서 결혼까지의 전 과정 중에서 데이트를 신청하는 앞부분에 대해서만 관심을 두었다. 다시 말해 기업의 목적달성인 이윤추구를 위한 신규고객 창출에만 연연했던 것이다.

소비자가 진화했다. 기업의 입장에서도 이제 일시적인 소비자 선호를 획득하는 것보다 고객과의 장기적인 우호관계의 확립이 매우 중요한 화두가 되었다.

'고객과의 지속적인 관계'를 이끌어내는 것, 즉 고객과 원만한 결혼생활을 영위하는 것으로 기업의 마케팅 방향도 바뀌게 된 것이다. 이것이 관계마케팅이 등장하게 된 배경이다.

2) 관계마케팅의 정의

마케팅은 시장을 연구하는 학문이다. 시장이란 늘 수많은 사건과 일들이 일어나는 곳이다. 그러므로 시장이란 곳은 수학의 공식같이 'A → A'로 , B → B'로 명쾌하게 답이 떨어지지 않는다.

처음에 마케팅이란 개념을 내놓았던 많은 학자와 기업들은 마케팅이 그들이 추정한 범위와 공식 안에서 정답이 나올 것이라 생각했지만 반대로 시장에서 나타난 결과는 충격적이었다. 즉, 'A → B, B → C'와 같이 의도하지 않았던 방향으로 도출되었던 것이다. 심지어 전혀 생각지도 않았던 방향으로 진행되기도 하였다.

결국 마케팅에서의 변수와 오차라는 것을 알게 되었고, 이것은 단지 현상에 의해서 이끌어낼 수 있는 것이 아니라는 것을 알았다. 즉 보이지 않는 손인 경제의 현상에서 마케팅을 주도하는 것은 할 수 있겠지만 고객의 마음까지 움직여서 고객으로 하여금 구매까지 하게 하는 행위의 과정 속에는 아주 복잡하고 알 수 없는 사람의 마음이 담겨 있기 때문이다.

이런 현상을 기반으로 많은 학자가 마케팅에서 고객과의 관계에 대한 내용을 연구하였는데. 그중 Berry와 Gronroos의 정의에 따르면 다음과 같다.

Berry는 관계마케팅을 고객관계를 수립하고establishing, 유지하며maintaining, 강화하는enforcing 것으로 정의하고 있다. 이러한 베리의 관계마케팅에 대한 최초의 소개는 기업경영에 신선한 충격을 주었다. 왜냐하면 기존의 마케팅 부서 위주의 마케팅 활동을 조직 전체의 입장에서, 그리고 시장의 입장에서 새롭게 정의하고 있기 때문이다.

Gronroos는 마케팅이란 거래 당사들의 목표가 달성되도록 고객 관계를 수립, 유지, 강화하고 상업화하는 것이다(그러나 항상 장기적인 고객 관계만을 필요로 하는 것은 아니다). 그런데 이것은 상호 교환과 약속의 이행으로 이루어진다.

Berry와 Gronroos 모두 고객과의 관계를 수립하고 유지하며 강화하는 것을 관계마케팅의 요체로 보고 있다. 다만 Gronroos 견해는 이를 바탕으로 상업화하여야 한다는 것과 반드시 장기적인 고객관계를 필요로 하는 것만은 아니라는 견해를 피력하고 있다.

그렇다면 관계마케팅에 대한 학문적인 정의를 다시 내려 본다면, "관계마케팅은 최종 고객과의 보다 나은 관계뿐만 아니라 공급업자, 종업원, 소개자, 영향자 그리고 내부 시장과의 관계를 개발하고 증진시키기 위해 노력하는 행위이다"라고 할 수 있다.

환대산업이 성숙기에 접어들고 경쟁이 치열해짐에 따라 각 기업은 한정된 시장에서 점유율을 유지하고 높이기 위하여 고객과의 관계를 중요시하게 되었다. 종전의 마케팅은 신규고객의 획득이 중심이었으나 관계마케팅relationship marketing은 기존고객의 유지와 향상에 초점을 두고 유대관계를 강화함으로써 고객과의 거래나 교환이 장기적으로 지속되어 기업과 고객 모두에게 이익을 보호하자는 개념이다.

19세기 이탈리아 경제학자인 파레토는 국가의 부의 80%는 20%의 국민에게 있음을 주장하였다. 이 원리는 오늘날 '80/20법칙'으로 명명되어 사용되고 있으며, 관계마케팅의 이론적 기초를 제공하고 있다. 즉 80%의 매출은 20%의 고객에 의해 좌우된다는 것이다.

따라서 20%의 핵심고객에게 역량을 집중시켜 관계를 유지해 나가는 것이 80/20 법칙에 의한 관계마케팅이라고 할 수 있다.

그렇다면 관계마케팅에 대한 정의를 요약해 보면 다음과 같다.

(1) 평생 친구 같은 고객관계의 형성

미국에서 100년 동안 100여 가지의 양념을 생산하여 왔던 'McCormick' 이라는 기업은 1980년 중반까지도 'Make the best. Someone will buy it(최상품을 만들어라. 누군가가 그것을 살 것이다)' 라는 좌우명으로 생산 지향적인 경영방법을 견지하여 왔다.

창시자의 이러한 좌우명에 맞추어 이 기업은 제품종류를 다양화하고, 수퍼마켓에서 소비자의 눈에 잘 띄도록 넓은 판매대에 진열하기만 하면 자연적으로 판매된다고 생각하였다. 그러나 그 기업은 1980년과 1984년 사이에 매출이 20% 가량 하락하였고, 시장점유율이 무려 40%까지 하락하였다. 이렇듯 시장판매에 실패한 이유는 이 기업이 소비자의 뜻을 제대로 인지하지 못했기 때문이다. 즉 직장업무에 지친 맞벌이 주부들이 사용하기에 간편한 양념을 요구하는데도 불구하고 계속 요리하기에 불편한 양념을 생산하였기 때문에 판매에 실패한 것이다.

관계마케팅의 핵심이 이것이다. 고객의 생애주기와 같이 성장하는 관계형성이다.

고객을 성취해야 할 목표가 아니라 사업의 동반자로 인식하는 것이다. 물론 어떤 경우에는 거래 마케팅이라 불리는 단기적인 판매가 수익적일 수도 있겠지만 일반적으로 볼 때 장기적인 관계가 수익적인 마케팅의 요체이다. 그런데 고객과의 장기적인 관계를 구축하기 위해서는 아래의 세 가지 실무적인 문제가 해결되어야 한다.

첫째, 현 고객 및 잠재 고객에 대한 철저한 데이터베이스의 구축이다. 여기에는 과거 구매량 및 주문사항, 고객의 욕구, 고객 개인의 신상 정보 등이 포함된다.

둘째, 목표 고객 개인별로 차별화된 개인 대 개인의 마케팅 프로그램이 수립되어야 한다.

셋째, 고객의 교환 행위를 지속적으로 감시 분석하여야 한다(충성도 분석).

(2) 고객과의 '커뮤니케이션' 강화를 통한 단골 고객화

관계마케팅에서는 무엇보다 고객과의 커뮤니케이션이 관계형성에 주요 수단이 된다. 환대산업의 기업에서는 고객과의 장기적인 유대관계를 강화하여 일반 고객을 단골 고객으로 전환시키기 위한 노력을 강화하고 있다. 즉 고객들의 원하는 바를 이해하는 것이 고객관계의 경쟁적 우위를 선점하게 되는 것이다.

이와 같이 관계마케팅에 있어서 고객관계의 수립과 유지 강화의 의미는 신규고객을 획득하면 이들 고객을 유지하여 단골 고객으로 만드는 이른바 고객 유지 마케팅의 개념을 포함하고 있다고 하겠다.

• 사례 •

명품 액세서리 쇼핑몰 '오히메' 중저가 브랜드 짱

명품에 광분한 나라, 짝퉁의 나라, 명품 구매를 위한 젊은 층의 무분별한 소비심리 등 우리나라는 명품에 대한 수식어가 굉장히 부정적이다. 하지만 1997년 IMF 이후 우리 국민들의 명품 구매 심리가 많이 달라졌다. 물론 일부에서는 아직도 무분별한 소비가 눈살을 찌푸리게 하는 경우도 있지만 대부분의 소비자는 한 번의 학습을 통해 명품 구매에 대한 적정선을 알게 되었다.

그리고 가방에 국한되었던 명품 구매가 이제는 의류와 각종 액세서리까지 그 범위의 확장도 굉장히 다양해졌다. 이렇듯 명품에 대한 소비자의 환상은 아직도 그 끝을 알 수 없이 달리고 있는 것만은 사실이다. 그리고 이제는 명품 구매가 매장에서뿐만 아니라 온라인 공간까지 확대되어 그 수요는 더욱 높아지고 있다. 또한 합리적인 구매를 하던 고객층 역시 그 수요에 가세를 하고 있다

명품 하면 무조건적인 낭비가 아니라, 자신을 돋보이게 할 수 있는 한두 가지의 아이템으로 이용하는 실속 고객층들이 몰려오고 있는 것이다.

여기에 아주 잘 어울리는 브랜드가 하나 있어 소개하고자 한다.

"샤넬, 크리스티앙 디오르, 불가리…" 여성이라면 누구나 한 번쯤 갖고 싶고, 써보고 싶은 '명품 액세서리' 쇼핑몰이 화제다.

아우라가 운영하는 명품 쇼핑몰 '오히메(www.ohime.co.kr)'가 바로 그곳이다. 이 쇼핑몰은 중저가 브랜드로 고객들의 다양한 욕구를 만족시킨 것이다. 회사 측은 샤넬, 불가리, 비비안웨스트우드 등의 귀걸이, 목걸이, 반지 등을 전문으로 다루면서 다른 명품 쇼핑몰과 차별성을 두고 있다고 설명한다. 상품도 국내에서 찾기 힘든 희귀명품과 1,000점에 달하는 제품라인을 갖추고 있다.

오히메의 참신한 마케팅 전략은 오픈 1년여 만에 1만 명 이상의 고객을 확보하는 성과로 이어졌다. 또 지나간 사용후(Used)제품을 상품화해 리사이클로 인한 명품 시장규모의 성장에도 한몫을 하고 있다는 평가를 받고 있다.

오히메의 인기는 유학파 출신인 김명전 대표의 톡톡 튀는 경영전략도 한몫을 했다. 새제품 선정에서부터 주문, 수입, 통관, 배송, 마케팅 등 전 과정을 직접 챙길 정도로 의욕적이다. 이런 사랑을 받는 이유를 김 대표는 고객의 목소리에 귀기울이는 데 게을리하지 않는 것이라고 이야기했다. 대부분은 배송이 될 때 상품명에 "샤넬 귀걸이" 이렇게 표기되어 나가면 택배를 받는 분이 본인이 아닐

경우 여러 가지 구설이 많다는 항의를 받고부터 배송명을 "소품"이라고 바꾸고, 상품 안에 정성스런 사은품까지 예쁘게 포장하여 발송하였다고 한다.
또한 상품 주문할 때 "빨리 받고 싶어요" "기다려져요"라는 고객의 댓글을 보고, 무조건 1일 배송 원칙으로 바꾸었다고 한다.
급하게 주문하지 않은 모든 상품에도 "매우 급한 물건입니다. 우체부 아저씨 정말 감사드려요"라고 표시하고 발송을 시작했다고 한다.
그 전까지는 1일 배송량이 100% 물량 중 70%에 달했는데, 이렇게 표기법을 바꾸고 99% 정도 일일 배송을 완성시킬 수 있었다고 한다.
기대하지도 않았는데 너무 빨리 제품을 받고, 그곳에 써있는 문구를 본 고객들이 감동하여 올린 댓글을 보면서 너무 행복했다고 한다.
하루에도 수없이 생겼다 없어졌다를 반복하는 온라인 쇼핑에 작은 타깃 시장을 목표로 한 오히메가 탄탄하게 자리매김해 나가고 있는 원동력은 고객의 작은 목소리에도 귀기울이는 이런 정신이 아닐까 생각해 본다.

(3) 고객과의 '약속 중시'

판매자가 물건을 판매하고, 구매자가 필요한 물건을 구매하는 일련의 경제활동에는 일종의 약속 Promise이 존재한다. 제품의 질, 서비스, 제품과 관련된 시스템, 재정적인 문제, 제품정보의 제공, 그리고 afterservice까지 판매자가 제공하는 서비스 요소가 이 약속에 포함된다. 반면에 구매자는 기업과 지속적인 거래관계를 맺는 데 참여하고 협조하겠다는 다른 종류의 약속을 하는 것이다. 따라서 진정으

그림 4-1 | 고객관계 진전에 따른 마케팅 상황

로 관계가 유지되고 강화되기 위해서는 양쪽 모두 이 약속을 지켜야 할 의미가 있는 것이다.

이상의 관점에서 고객관계의 수립, 유지, 강화라는 관계마케팅의 세 요소는 고객관계의 진전정도에 따라 제각기 다른 마케팅 상황을 함축하고 있다고 하겠다.

[그림 4-1]에서처럼 관계 수립단계에서 약속이 제공되고 관계를 유지하기 위해서는 이 약속이 이행되어야 하며 관계 강화를 위해서는 지난번 약속의 이행을 전제 조건으로 새로운 약속을 제공해야 하는 마케팅 상황이 전개된다.

(4) '고객의 믿음'이 판매자의 자원

고객들은 기업의 기술, 시스템, 종사원의 서비스, 품질 같은 판매자의 자원을 기본적으로 신뢰한다. 따라서 판매자의 자원에는 고객의 믿음Customer Trust이 포함되어 판매자 스스로 이를 유지하고 강화해야 한다. 고객과의 관계 수립이 약속의 제공인 만큼 고객과의 관계 수립에 고객의 믿음이 전제된 기업의 자원이 제공되어야 한다. 고객이 관계 수립 시에 직면하는 판매자의 다양한 자원은 판매자의 입장에서는 사업 기능의 일부분일 수 있다. 하지만 이러한 자원과 행위는 미리 결정될 수 없으며 일반적인 개념 속에서 명시적으로 분류될 수 없는 것이다.

이상에서 살펴본 관계마케팅의 정의에서처럼 마케팅에서 관계의 개념은 전혀 새로운 각도에서 마케팅의 역할을 조명하고 있다. 즉 기존의 4P's 이외에 새로운 경쟁수단으로서 관계 개념을 도입하여 고객과의 장기적인 유대 관계가 곧 기업 성장의 열쇠라는 사실을 일깨워 주고 있다. 그렇다고 하여 기존의 마케팅 믹스 요소가 이전보다 덜 중요하다는 것을 의미하는 것은 아니다. 다만 마케팅에서의 이 관계의 개념은 마케팅을 위하여 어떠한 의사결정을 내려야 하는가보다는 어떻게 하면 훌륭한 마케팅 성과를 수행할 수 있겠는가에 그 기초를 두고 있다고 하겠다.

• 사례 •

롯데백화점 '친환경 키즈 마케팅'

롯데백화점 일산점 옥상이 생태공원으로 변신했다. 지난해 '친환경 백화점'을 표방하며 옥상에 연못과 함께 교목, 관목 등 다양한 나무종과 계절성 개화식물, 수생식물, 부엽식물 등의 서식지를 조성했다. 1980m²의 규모는 옥상 생태공원으로는 국내 최대 스케일로 일산 지역 어린이들을 위한 자연 학습의 장으로 자리 잡았다. 초등학교 고학년 대상의 어린이 환경 학교도 매년 개최하고 있다. 환경 학교 입학생은 월1회 개최되는 환경 캠프와 월 단위의 환경 과제물을 통해 자연스럽게 환경 사랑을 배운다. 또 대형 리무진 버스를 개조한 체험 프로그램인 '어린이 환경 교실'도 인기를 끌었다. 우유팩 재생종이 만들기, 나무 목걸이 만들기 등 친환경 프로그램에 3,000여 명의 어린이들이 참여했다. 또 롯데백화점 본점은 완구 매장을 없애고 그 자리에 '키즈 카페'와 '친환경 유아 휴게실'을 만들었다. '눈앞의 매출보다 가치 있다'는 판단에 따른 과감한 시도에 엄마들의 호응이 높다.

2. 관계마케팅의 범위 및 효과

1) 관계마케팅의 범위

관계마케팅의 범위는 고객이 물건을 구매하기 전부터 구매 후까지를 포함한다. 따라서 각 구매단계별로 고객과의 관계유지를 위한 적절한 전략이 요구된다. 구매 전부터 관계마케팅 대상고객을 보다 신중히 선택하고 고객이 원하는 것을 약속할 수 있어야 한다.

구매 중 서비스접점, 즉 구매하는 과정 자체가 기억에 남을 만큼 감동을 줄 수 있어야 하고, 이와 관련하여 고객 개인에 대한 정보를 확보하고 있어야 한다.

구매 후라도 고객과의 접촉을 유지하며, 신속하고 효율적인 서비스를 제공할 수 있어야 하며, 고객의 불만을 항상 들어야 한다. 예를 들어 해피콜 서비스, 만족도 모니터링, 감사의 편지 또는 메일발송 등을 들 수 있다.

2) 관계마케팅의 효과

(1) 재구매율의 증가 및 시장점유율 유지

대부분의 산업군에서 보면 알 수 있듯이, 특별한 관계가 있다고 느끼거나 파트너십이 돈독하다고 느끼는 기업에 대해서, 고객들은 전년도에 비해 그 다음에 더 많은 제품을 구매하는 경향을 보이는 것으로 나타났다. 즉 특정 환대산업 기업의 단골 고객은 환대서비스 품질에 불만족하지 않는 한 지속적으로 거래하기를 원하여 결국 구매를 증가시킬 뿐만 아니라 고정고객으로서 최소한 시장점유율을 유지시켜 준다. 예를 들어 호텔에서 애호고객에게 "당신의 결혼기념일이 다가오고 있습니다" 또는 "당신의 결혼기념일 축하드립니다"라는 내용의 DM을 보내게 되면 그 고객은 결혼기념일을 리마인드하여 다시 방문하게 될 것이다.

(2) 마케팅비용의 절감

신규고객을 유치하는 데 소요되는 마케팅비용은 기존고객을 유지하는 데 소요되는 비용보다 5배나 더 많은 비용이 필요하다. 그러므로 기존고객과 원만하고 지속적인 관계를 유지하게 되면, 고객 한 명당 필요한 비용이 점점 낮아지므로 마케팅 비용을 최소화하면서 최대의 효과를 얻을 수 있다.

(3) 구전을 통한 무료광고

제품에 비하여 환대산업의 상품은 주변 사람의 구전WOM : word-of mouth과 불확실을 줄여주는 수단으로 구전에 많이 의존한다. 고객과의 관계가 잘 유지되면 고객 자신의 서비스경험을 잠재고객들에게 전파하는 등의 구전을 통한 무료광고의 효과를 기대할 수 있다.

따라서 단골 고객의 구전은 자신의 경험을 주위 사람들에게 긍정적으로 전달하는 무료광고일 뿐만 아니라 구전만큼 효과가 좋은 광고는 없다. 특히 서비스는 구매 전에 품질을 테스트해 볼 수 없다는 점에서 구전만큼 좋은 광고는 없는 것이다.

(4) 종업원의 서비스품질 유지

고객이 관광서비스 품질에 만족하고 지속적으로 거래한다는 것은 고객이 만족하는 서비스를 제공하는 종사원이 있다는 것이다. 바꾸어 말하면 환대서비스의 품질이 우수하다는 것은, 좋은 서비스를 제공하는 종사원이 있다는 것이고, 이 종사원으로 인하여 고객이 만족하고, 만족하므로 지속적인 거래를 한다는 것이다. 따라서 서비스기업의 입장에서 서비스품질이 좋은 종업원을 유지하기 위해서는 관계마케팅에 의한 고객만족이 실현되어야 한다.

(5) 고객만족 실현

관계마케팅은 현존고객의 구매 패턴과 전반적인 관계의 파악이 용이하고, 고객의 구체적인 욕구에 대응하기가 수월해질 뿐만 아니라, 쌍방향 의사소통도 가능하여 고객만족 서비스를 가능하게 한다.

(6) 사업기회의 확대

관계마케팅은 고객과의 관계와 고객의 필요에 대한 연구지식을 기반으로 사업을 여러 가지로 다각화시킬 수 있다. 예를 들어 한 고객이 특정항공사와 관계가 잘 유지되는데, 그 항공사가 만약 호텔사업에도 진출한다면 그 호텔의 애호고객으로 연결될 수 있기 때문에 사업의 기회를 확대할 수 있는 것이다.

3. 관계마케팅의 전개

1) 관계마케팅 전개의 선행 조건

관계마케팅의 성공적인 전개는 사업의 범위와 종류, 그리고 조직의 성격에 따라 다르겠지만 일반적으로 아래의 4가지 조건이 선행되어야 한다.

① 내부마케팅
② 교육 훈련 시스템
③ 고객 정보 시스템
④ 하나 혹은 그 이상의 핵심 마케팅 믹스 요소

(1) 내부마케팅

내부마케팅 internal marketing은 기업의 인적자원(종업원)을 마케팅 관점에서 취급하는 관리이념을 말한다. 내부마케팅의 본질은 고객이 조직 내에 있다는 신념하에 고객을 종업원으로 보고 제품을 이들의 직업으로 보는 것이다. 그래서 구매자들이 특정 기업의 제품/서비스를 구매하는 것은 곧 그 기업 종업원의 서비스를 구매하는 것이 된다.

요약하여 종업원은 자기의 업무태도(직업)를 고객에게 판매하는 만큼 이들을 만족시키기 위한 내부적인 마케팅 활동이 곧 내부마케팅이며 이의 결과로 내부 고객이 훌륭한 업무 태도를 보이면 외부 고객이 지속적으로 구매하게 된다는 것이다. 그림에서 보는 것처럼 내부마케팅이 성공하면 종업원이 만족하게 되고 종업원이 만족하게 되면 자기의 직업을 잘 판매하여 고객이 만족하게 되고 고객이 만족하면 이탈률이 적어지고 이탈률이 적어지면 그만큼 고객과의 관계가 강화되고 고객과의 관계가 강화되면 재구매가 늘어나서 궁극적으로 이익의 증대를 가져온다는 것이 내부마케팅의 기본 전제이다.

많은 환대산업의 기업에서도 내부고객 만족을 위한 다양한 프로그램과 이벤트, 프로모션 등을 통해 종사원이 먼저 만족하는 서비스를 강화하고 있다. 너무나도 유명한 예로 리츠칼튼 호텔의 사훈인 "신사숙녀를 모시는 우리는 신사, 숙녀입니다"의 내부 마케팅의 예가 있다.

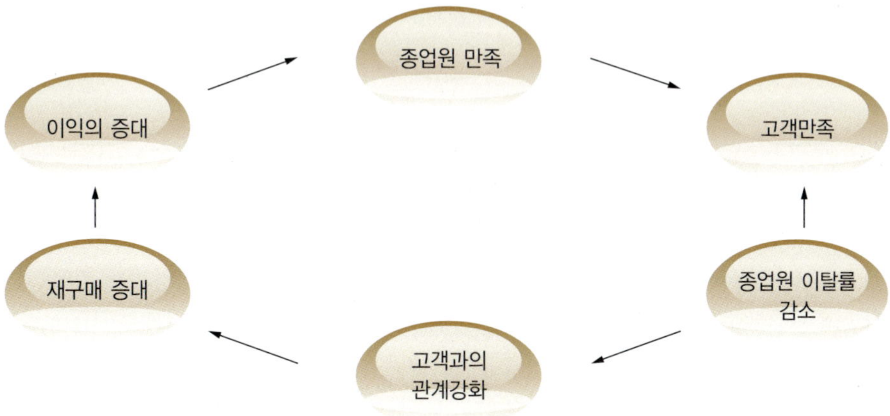

그림 4-2 | 성공적인 내부마케팅

(2) 교육훈련시스템

관계마케팅은 전사적으로 마케팅 지향적인 행위가 이루어져야만 가능하다. 특히 진실의 순간의 중요성이 증대되는 상황일수록 마케팅 부서원뿐만 아니라 다른 부서 종업원들의 직무도 고객의 접촉과 마케팅 활동을 포함한다고 할 수 있다. 따라서 교육훈련 시스템은 마케팅 부서 이외의 종업원들이 자신들의 역할이 "시간제 마케터"라는 것을 수용하고 이해하는 시스템이어야 한다.

관계마케팅의 교육 훈련 목표는 종업원들이 ① 조직의 사명과 전략을 이해하고, ② 마케팅에 대한 태도를 호의적으로 가지게 하고, ③ 고객 관계 수립과 고객 만족에 대한 모든 종업원의 책임을 이해하고, ④ 기능적인 품질(관계적 품질, 교환적 품질)과, ⑤ 내부 커뮤니케이션 및 고객 서비스 숙련도 등을 증진할 수 있는 것 등이 포함되어야 한다. 물론 이러한 교육 훈련 시스템은 경영자의 전폭적인 지원하에 이루어져야 하며 소규모 집단 토론 방법이 가장 좋은 방법이다.

(3) 고객정보시스템

고객과의 관계 수립 및 강화는 그 성격상 목표 시장 전체를 대상으로 관계마케팅 프로그램을 수립하기가 곤란하다. 따라서 각 개인별로 마케팅 프로그램을 수행해야 한다. 이를 위해서는 현재의 고객 및 잠재 고객에 대한 철저한 데이터베이스를 구축하여 이들의 과거 구매 활동 및 주문 상황, 이들의 구체적인 욕구, 그리고 개인 신상에 대하여 철저한 정보를 수집하여 관리하여야 하며 이탈 고객도 추적 분석하여 그 원인을 찾아 고객과의 관계강화를 위한 전략적 계획의 기초로 삼아야 한다. 관계마케팅을 위한 정보 시스템은 고객에 맞는 고객 관계의 정립에 필수적이다.

(4) 핵심마케팅 믹스 요소

관계마케팅을 효과적으로 전개하기 위해서는 기존의 마케팅 믹스 요소 중 핵심 요소가 있어야 한다. 환대 서비스 관련 조직에서 관계마케팅의 전개를 위한 핵심 전략으로 ① 핵심 서비스의 개발, ② 고객에 맞는 고객 관계의 정립, ③ 서비스 보강, ④ 관계가격 정책, ⑤ 내부마케팅의 5가지를 들 수 있다. 이 가운데서도 핵심 서비스의 개발이 고객관계의 수립에 가장 중요한 전략이다. 핵심 서비스의 가장 이상적인 형태는 ① 서비스 자체의 욕구 충족 특성으로 신규고객을 유인할 수 있어야 하고, ② 품질, 다속성 Multiple parts, 장기적인 특성 등의 요인으로 사업을 굳건히 할 수 있는 서비스여야 하며, ③ 추가적인 서비스 판매가 가능하도록 그 기초를 제공해 줄 수 있는 서비스여야 한다.

은행에서 각종 서비스를 꾸러미화하여 개인에게 제공하는 "개인 종합 서비스" 프로그램을 개발하는 것이 핵심 서비스 개발의 한 예이다. 이때 고객은 꾸러미 가운데 자기가 선택하는 서비스에 대해서만 수수료를 지불하면 된다.

또한 경쟁사의 서비스와 차별화를 유도하기 위하여 기존의 서비스에 "extra" 서비스 체제를 구축하는 서비스 보강 Service Augmentation 역시 관계마케팅 전개의 핵심 전략이 될 수 있다.

수량 할인이나 비수기 저가 정책 등의 관계 가격정책이나 무료 쿠폰, 이벤트 행사 등과 같은 커뮤니케이션 정책도 관계마케팅 전개에 필수적일 수 있다. 하지만 어떠한 믹스 요소이건 경쟁사와 차별화가 되어 있어야 한다. 경쟁사에서도 똑같은 정책을 실시한다면 이는 관계마케팅 전개를 위한 핵심 마케팅 믹스 요소가 될 수 없다.

• 사례 •

왜 사람들은 디즈니월드로 가는가?

디즈니월드에는 매년 2,500만 명이 방문한다. 이 방문객 수는 미국의 Yellowstone 국립공원 방문객 수의 열 배가 넘는다. 더 중요한 것은 방문객의 60%는 재방문하는 사람들이다.
무엇이 디즈니월드에 이렇게 많은 방문객을 끌어들이는가? 그것은 여러 가지 볼거리가 있기도 하지만 그보다는 공원의 청결함과 디즈니월드 직원의 단정함, 친절함에 있다고 말하는 사람이 많다.

점점 세상은 거칠고 혼잡하고 각박하고 부패해지는 데 반하여 디즈니월드는 따뜻하고 질서 정연함을 보여준다. 모든 것이 깨끗하고 안정되어 있으며 쇼의 품질과 서비스가 최고로 꼽힌다. 디즈니월드 관람관에는 전보다 오래 줄을 서서 기다리게 되는데 디즈니월드에 대한 만족도는 높아만 간다. 이러한 고객 만족은 어디서 오는가?
디즈니월드는 '고객은 항상 옳다(The customer is always right)'는 생각에 그 뿌리를 두고 있다. 조그만 어트렉션 시설을 건설할 때도 언제나 이 시설에 대하여 고객이 어떻게 생각할 것인가를 미리 염두에 둔다. 고객이 여기에 들어올 때 이 시설에 대하여 어떻게 이야기할 것인가? 그리고 그 결과는 어떠할 것인가를 심사숙고한다. 고객들이 사진촬영을 하는 것을 보면 고객의 요청이 없어도 스스로 촬영을 해주어 사진에 전 가족이 나오게 해준다. 손님이 많아 팝콘을 정신없이 파는 도중에도 가까운 음식점이 어디냐?, 화장실이 어디냐고 물으면 팝콘 파는 것을 일시 중단하고 친절히 알려준다. 잠시 디즈니월드 울타리를 떠나 다시 입장하려고 하면 손바닥에 재 입장 스탬프를 찍어준다. 어린 아이들은 자기 손바닥에는 물론 팔뚝에까지 10개의 스탬프를 찍어 달라고 졸라댄다. 손님이 죽 늘어선 바쁜 중에도 어린이의 뜻을 다 받아주며 싫은 표정을 읽을 수가 없다. 백설공주에 나오는 일곱 난장이 중 둘째 이름이 무엇이냐고 물으면 모든 직원이 친절히 대답해 준다. 나는 담당이 아니라는 말은 디즈니월드에서는 들을 수가 없다.
디즈니월드 직원 모두가 공원 안에서 쓰레기를 보면 즉시 집어서 쓰레기통에 넣는다. 모든 직원이 합심해서 디즈니월드를 만들어 내는 것이다. 디즈니 직원들은 고객을 즐겁게 해주는 데는 자신이 있어 공원 안 매점에는 상품의 가격표가 붙어 있지 않다. 고객이 말을 걸어오게 하여 친절하게 설명하기 위한 것이라 한다.
이러한 디즈니월드의 친절과 미소는 어디서 오는가? 디즈니에서는 직원들끼리는 물론 임원들에게도 존칭을 사용하지 않는다. 직원들 간에 서로 친밀함을 북돋아 주기 위해서이다. 임원들도 가끔 미키마우스 등의 복장을 하고 손님을 맞아야 하며 1년에 1주일은 티켓이나 팝콘을 팔거나, 놀이시설에서 손님을 태우고 내리는 작업을 한다. 특히 팀워크를 강조하고 있다. 디즈니월드에서는 사원을 가능하면 해고하지 않고 다른 작업장으로 전근시키는 것을 원칙으로 한다. 사원도 디즈니월드의 고객으로 보고 있기 때문이다. 이러한 화목한 분위기로 매년 300명 채용에 70,000여 명이 몰려들고 시간제 임시직 사원에 130개 대학의 학생들을 채용한다. 남자 사원은 콧수염을 기르면 안되며 긴 머리는 금물이다. 여자 사원은 길고 색깔이 짙은 손톱 매니큐어를 금지하고 눈 화장은 너무 짙지 않게 하며 귀걸이는 크고 달랑거리면 안된다. 즉 깨끗하고 단정하며 명랑한 인상을 주어야 한다. 이러한 모든 훈련은 디즈니 대학에서 가르치고 있다.
미국의 일류기업 GM, GE, AT&T 등에서도 이 디즈니 대학에 자기 기업간부들을 유학 보낼 정도이다. 디즈니에서는 고객을 고객이라고 부르지 않고 손님(Guest)이라고 부른다. 타고 노는 놀이시설을 단지 놀이시설(ride)이라고 부르지 않고 어트랙션(Attraction)이라고 부른다. 청원경찰은 안전을 위한 안내자(Security host)이며, 운전수는 운전안내자(transportation), 식당직원은 음식점주인(food and beverage host) 등으로 불리며 모든 직원이 디즈니의 주인(host) 역할을 한다.

모든 사원은 직원이라고 불리지 않고 쇼 무대의 배우(Cast member)라고 불리며, 사원이 작업을 수행하는 것은 일을 한다고 하지 않고 무대에서 공연하고 있다고 말한다. 즉 모든 사원이 합심하여 디즈니월드라는 쇼를 연출하는 것이다.
이러한 결과 디즈니월드는 과거 6년 동안 매출이 2배 이상 되었고, 이익은 5배가 증가하였다.

2) 관계마케팅의 조건

관계마케팅은 고객과 환대기업 사이에 다음과 같은 원칙하에서 전개되어야 한다.

(1) 파트너십의 관계구축

단기적인 실적보다는 고객과의 장기적인 관계를 유지함으로써 자연스럽게 수입을 창출하도록 한다. 즉 고객과 환대 기업이 평생 함께할 수 있는 파트너십의 관계를 구축해야 한다.

(2) 쌍방향 커뮤니케이션

기존의 기업에서는 이미 만들어진 물건에 대해 고객에게 일방적으로 전달하는 일방적 커뮤니케이션 one-way communication을 고객에게 전달하였다. 하지만 환대기업에서는 고객에게 일방적으로 메시지를 전달하는 것이 아니라 쌍방향 커뮤니케이션 two-way communication을 강조하여 고객욕구에 맞는 맞춤식 환대서비스를 시도해야 한다.

(3) 범위의 경제 추구

단순히 물건을 만들어 대량생산, 대량판매에 의한 규모의 경제를 추구하는 것이 아니라 장기적인 관계 형성에서 파생되는 거래에서 수익이 발생하는 범위의 경제를 추구해야 한다.

(4) 시장점유율에서 고객점유율로의 전환

마케팅에 대한 성과지표는 시장점유율에서 고객점유율로 바뀌고 있다. 고객점유율이란 한 고객의 거래총액에서 특정 회사가 차지하는 비중을 말한다.

(5) 보상프로그램 마련

장기거래에서 오는 수익 중 일부를 그 장기고객에게 반드시 돌려주어야 한다. 즉 금전적이든 비금전적이든 그에 상응하는 예우나 보상을 해 주는 프로그램을 마련해야 한다.

요즘의 고객들은 무한한 제품의 경쟁 속에 살고 있기 때문에 평생 친구가 되는 평생 고객의 유지라는 것은 정말 어려운 것이다. 이에 고객이 기업에 제품 및 서비스를 이용해 주는 것에 대한 특별한 보상을 돌려줌으로써 고객이 가치 있다고 느끼는 기간을 연장시켜야 한다. 예를 들면 명절, 생일 또는 기념일에 카드나 선물을 보내거나 항공사에서 일정 수준의 마일리지를 적립하면 무료항공권 제공 또는 이코노미 클래스에서 비즈니스 클래스로 업그레이드해 주는 등의 서비스를 들 수 있다.

• 사례 •

고객 이름을 줄줄 외는 프로청소부 "버지니아 아주엘라"

리츠칼튼 샌프란시스코 호텔이 1992년 미국의 권위 있는 생산성 품질 대상인 맬콤 볼드리지 대상을 수상하였다. 이 상을 받게 한 호텔의 결정적인 인물은 호텔의 총 지배인이 아니라 일개 청소부였다. 그녀의 이름은 "버지니아 아주엘라"(Virginia Azuela)이며 필리핀 출신의 미국 이민자이다.

청소도구와 비품을 담은 그의 손수레에는 작은 수첩이 하나 달려 있다. 여기에는 그녀가 일했던 객실 고객들에 대한 특성과 습관 등이 일목요연하게 정리되어 있다. 이를 통해 그녀는 다시 찾아온 고객에게 그들이 원하는 객실 서비스를 하고 있는 것이다. 예컨대 수건을 많이 쓰는 고객이나 객실 비품의 위치를 바꿔주길 원하는 고객, 그리고 월스트리트저널 외에 유에스투데이를 원하는 고객 등 고객의 취향과 습관에 맞춰 서비스하는 것이다. 그녀가 웬만한 고객들의 이름까지 외우는 까닭도 바로 이 때문이다. 복도에서 만나는 투숙객에게 그의 이름을 부르면서 인사하면 흠칫 놀라면서도 몹시 기분 좋아한다는 것이다.

"객실을 청소하면서 언제나 '고객만족 제일'이라는 총괄 품질경영의 구호를 떠올렸어요. 작업하면서도 늘 고객을 위한 더 나은 방법을 생각했습니다. 그리고 이를 실천했죠."

당시 동료들은 이런 교육에 대해 "청소하는 허드렛일에 품질경영이 무슨 소용이냐?"며 가볍게 지나쳤다. 하지만 그녀는 달랐다.

아주엘라씨는 고객 만족을 위한 '총괄 품질 경영'(Total Quality Management : TQM)이라는 호텔의 경영철학을 현장에 적용하고 여기서 생긴 문제점에 대해 끊임없이 개선방안을 찾았다. 또 한편으로는 자기가 찾아낸 문제해결방법을 동료들과 공유해 왔다.

그녀는 수많은 고객에게서 감사편지를 받았으며 지금까지 고객들의 불평을 들은 적이 없다는 점을 늘 자랑으로 여긴다.

3) 관계마케팅의 구성요인

관계마케팅의 최종목적은 고객과의 장기적인 관계를 구축함으로써 회사가 안정적인 수익을 확보하게 하는데 있다. 그런데 안정적인 수익을 얻는 데는 고객의 충성도가 바탕이 된다. 아래 [그림 4-3]은 관계마케팅의 구성요인 간 관계를 나타내 주고 있다. 고객 지향적, 관계 편익, 친밀성, 커뮤니케이션, 전문성 등은 고객 만족, 고객가치, 몰입, 신뢰 등의 요인에 있어서 전제조건이 된다. 다시 말하면 고객 만족은 고객 지향성, 관계 편익, 친밀성, 커뮤니케이션, 전문성 등의 요인에 영향을 많이 받는다. 아래에서 이들 요인에 관해 알아본다.

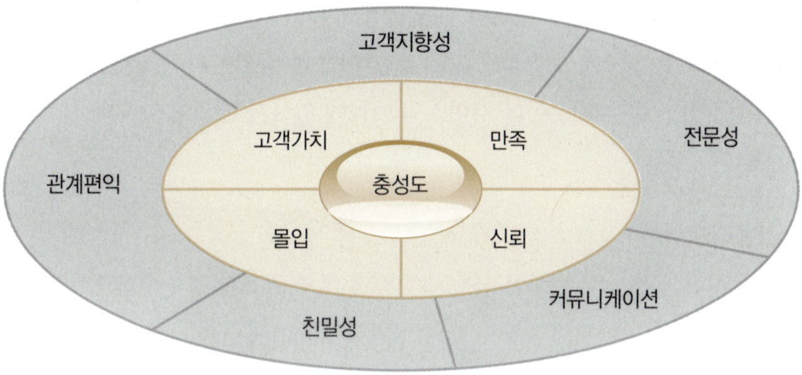

그림 4-3 | 관계마케팅 구성요인

(1) 고객지향성

고객지향성은 기업의 목표를 달성하고자 고객의 필요와 욕구를 잘 파악하고 경쟁사보다 더 효과적으로 이를 충족시킴으로써 고객과 장기적인 관계를 유지하고자 하는 것을 말한다. 즉 기업이 어떻게 해서든지 고객의 욕구를 충족시켜 주기 위해 노력하는 정도를 말한다. 특히 종사원의 고객 지향적인 행동은 고객 만족으로 이어지고 궁극적으로 판매 성과를 높이는 데 중요하다.

이처럼 고객지향성은 제품과 서비스의 품질 차별화가 어려울 경우 만족과 충성도 구축을 위한 중요한 도구가 된다. 또한 고객지향성은 현재 및 미래의 고객 욕구를 파악하는 데도 중요한 요소가 된다. 즉 기업이 고객에 대한 공손함과 예의 바름, 신속하고 공정한 업무 처리, 고객 불만 해소 등의 폭넓은 고객 중심적인 경영 철학을 가지게 될 때 고객은 기업에서 제공하는 서비스 품질에 대해서 만족하게 되고 장기적인 관계를 유지하려고 할 것이다.

(2) 전문성

전문성은 종업원이 해당 제품이나 서비스를 제공하기 위하여 갖추어야 할 능력이나 지식의 보유 정도, 약속을 이행할 수 있는 종업원의 시간과 가용 자원의 정도 및 일관되게 전문가의 이미지를 나타낼 수 있는 행동적 역할을 말한다. 다시 말하면 전문성은 제품이나 서비스에 대한 전문적 지식을 갖춘 종업원이 고객에 대해 적절하게 대응할 수 있는 능력을 갖춘 상태를 의미한다.

이러한 전문성은 고객의 정확한 의사결정과 관련되므로 신용이 있는 기업 및 종업원이 제공한 정보는 정확성을 증가시킨다. 또한 종업원의 해박한 업무지식과 풍부한 업무경험 등은 제품이나 서비스의 거래에 있어서 고객의 만족과 신뢰를 높일 수 있다.

(3) 커뮤니케이션

커뮤니케이션은 서비스 제공자와 고객 간에 서로 필요한 정보를 교환하고 공유하는 것을 말한다. 즉 거래당사자 간의 정확하면서 효율적이고 적절한 정보를 솔직하게 교환하는 것이라 할 수 있다. 적절하고 정확한 커뮤니케이션은 서로가 필요한 것을 해결하는 데 도움을 준다. 그래서 결과적으로 고객의 기대에 부응하도록 도와줌으로써 고객과의 신뢰를 구축한다.

이처럼 커뮤니케이션은 거래당사자 간에 제품 정보를 제공하고 상호 욕구를 파악하며 의사를 올바로 전달하여 거래 환경을 정확하게 파악하고 상호 만족을 얻게 함으로써 협력과 신뢰의 형성에 중요한 역할을 한다. 커뮤니케이션이 잘될수록 서로의 불신이나 오해의 소지는 줄어들게 되어 거래에 대한 신뢰와 몰입이 강하게 나타난다.

(4) 친밀성

친밀성은 관계마케팅 연구에 있어서 중요한 요인 중의 하나이다. 친밀성은 거래당사자 간의 지속적이고 친숙한 결속의 정도로 사적으로 친한 정도를 말한다. 그리고 친밀성은 종업원에 대한 친밀감, 상호간의 인지 정도, 접촉의 정도, 정보 교환의 빈도, 정보 교환을 통한 교감 정도 및 정보의 신속 전달 등을 내포하고 있다.

따라서 친밀성은 판매를 완결시켜 반복 구매를 가능케 하고 일종의 품질에서 경쟁 우위의 원천이 되며 교환 장소에서 상호간의 감정적인 반응을 불러일으킨다. 이처럼 친밀성은 사회적 상호작용, 유대, 우정 등과 같은 여러 가지 특성을 지니고 있다. 오늘날 기업은 고객과의 장기적인 관계를 유지하고 상호 동일한 동기를 지속시키기 위해서는 신뢰를 창출하고 무엇보다 거래당사자 간의 친밀한 관계가 중요하다는 것을 인식하고 있다. 왜냐하면 거래당사자 간의 강한 친밀성은 고객에게 만족을 전달하고 유기적인 관계 유지를 위한 몰입을 유도하기 때문이다.

(5) 관계 편익

소비자는 제품이나 서비스를 구매할 때 제품이나 서비스만을 구매하는 것이 아니라 편익까지도 구매하고자 한다. 관계 편익은 교환의 궁극적인 목적으로 매우 중요한 의미를 지닌다. 관계 편익이란 고객이 서비스 제공자와 장기적인 관계를 수립하고 유지함으로써 얻게 되는 편익을 말한다. 기업은 고객이 어떤 관계 편익을 가장 중요한 것으로 여기는지 그리고 서비스 유형별 관계 편익에 대한 예측이 잘 이루어지고 있는지를 파악해야 한다. 관계 편익은 교환의 기본적 동기를 형성하는 것으로 관계마케팅 연구에 있어서 우리의 제품 이외에 부수적으로 수반되는 편익이 존재해야만 거래 당사자 간의 유기적인 관계 지속성이 나타나게 된다.

관계 편익은 크게 확산과 특별대우로 나누어 볼 수 있다. 전자는 고객 제공업자에 대해 느끼는 편안함과 안심 등을 의미하며, 후자는 고객이 특정 제공업자와 장기적 거래관계를 유지함으로써 얻게 되는 가격 할인, 부가서비스, 우선적 서비스 등의 편익을 말한다.

고객은 거의 모든 제품이나 서비스 유형에 있어서 제공업자와 장기적인 관계를 유지함으로써 핵심적인 편익 외에 확산이나 특별대우 등 부가적인 편익을 얻을 수 있다. 이러한 관계 편익은 충성도, 긍정적 구전, 추천, 관계지속 및 서비스 만족 등과 같은 장기적인 고객관계 유지에 매우 강한 영향을 미친다.

(6) 고객가치

앞으로 기업의 최고의 당면 과제는 고객가치의 창출이다. 그러면 고객은 무엇을 기준으로 다양한 제품, 서비스, 상표, 가격, 기업 등을 선택하게 되는가? 일반적으로 고객은 탐색 비용, 제품 지식 및 소득 등에 의하여 제약을 받기도 하지만 대부분 그들의 행동에 있어서 가치의 극대화를 추구하고자 하는 경향을 보인다. 이것을 일반적으로 고객가치라고 한다.

고객가치는 고객이 특정 제품이나 서비스로부터 기대하는 여러 가지 편익과 고객이 지불하게 될 비용 사이의 차이를 말하는 것으로, 구매결정 시점에서 판단의 기준과 행동의 예측 지표가 될 수 있다. 고객가치는 고객이 특정한 제품으로부터 기대하고 있는 경제적, 기능적, 심리적 이점들을 총체적으로 지각한 화폐적인 가치이다. 즉 고객은 가치를 제품이나 서비스를 통해 얻는 것get과 그것을 위해 제공하는 것give 사이의 상대적 상쇄관계trade-off로 파악함으로써 가격보다 상위개념인 가치에 근거하여 구매를 결정하게 된다.

(7) 만족

만족이란 개념은 오랫동안 고객과 마케팅 이론의 중심이 되어 왔다. 특히 만족은 고객 유지 측면에 있어서 기존 제품이나 서비스와 고객과의 관계를 유지하거나 단절하는 데 중요한 요소로 인식되고 있다. 보편적으로 만족은 소비 경험으로부터 얻어진 결과와 소비 경험의 과정에 대한 소비자의 평가를 말한다.

즉 고객이 제품이나 서비스의 품질에 대해 사전에 가지고 있던 기대와 구매 후 지각된 실제 품질이 얼마나 차이가 나는지를 느끼게 되는 심리적 상태이다. 기대했던 것과 실제 품질 간의 불일치는 크게 긍정적 불일치와 부정적 불일치로 나타난다. 전자는 기대한 것보다 더 좋은 성과를 얻었다고 생가함으로써 만족하게 되는 경우이고, 후자는 기대에 못 미치는 성과를 얻었다고 생각함으로써 불만족하게 되는 경우이다.

이처럼 만족은 고개의 요구와 기대에 부응한 결과이며 제품과 서비스의 재구매가 이루어지고 고객의 신뢰감이 연속되는 상태를 뒷받침해 주는 것이다. 따라서 만족은 고객충성도에 직접적인 영향을 미치게 되고 이는 고객 유지에 중요한 결정 요소라고 할 수 있다.

(8) 신뢰

신뢰는 사전적 의미로 서로 믿고 의지하는 것이다. 신뢰는 제공업자가 고객에게 장기적인 이익을 제공할 것이라고 믿게 하는 확신적인 신념으로서 자신감을 가지고 있는 한 거래당사자에 대해 기꺼이 의지하려는 성향이라고 할 수 있다. 신뢰는 크게 두 가지 요소, 즉 신용과 선의benevolence로 구성되어 있다.

전자는 거래당사자 간의 객관적인 신용과 의지할 수 있는 한 거래당사자의 말이나 문서화된 서류를 얻을 수 있다는 확신을 말하고, 후자는 한 거래당사자가 다른 거래당사자의 행복에 진심으로 관심이 있고 그것을 같이 추구하려고 하는 것을 말한다. 신뢰는 거래당사자 간의 성공적인 관계에 있어서 필수적인 구성요소라고 할 수 있다. 즉 고객이 기업을 믿을 때, 고객은 제공된 서비스의 품질과 신뢰에 대해서 신념을 보이는 것이다.

따라서 신뢰는 거래당사자 간의 관계마케팅적 측면에서 고객유지와 구전에 강한 긍정적인 관련성을 가지고 있으며, 만족보다 신뢰가 고객유지에 미치는 영향이 더 크다고 할 수 있다.

(9) 몰입

성공적인 관계 구축의 정도를 대변하는 몰입은 장기적인 관계를 유지하기 위한 필수적인 요인으로서 주로 사회 심리학, 조직 행위, 그리고 마케팅 분야 특히 관계마케팅의 연구와 더불어 여러 학자에 의해 연구가 활발히 진행되어 왔다. 특히 구매자 관계 연구에서 가장 보편적인 변수로 인식되고 있다. 몰입은 거래당사자 간의 장기적인 관계를 유지하기 위한 지속적인 욕구로서 고객들이 미래에도 계속해서 특정 서비스를 이용하려고 하는 의지의 정도를 말한다.

몰입은 결국 거래당사자 간의 관계를 계속하고자 하는 의지나 욕구로 이들 관계에서 긍정적인 결과가 발생한다면 그들의 관계를 계속 지속할 것이다. 따라서 몰입은 고객과 기업 간의 관계 지속 의도로 볼 수 있다. 즉 기업과 고객 간의 지속적인 관계를 유지하고자 하는 동기로서, 관계마케팅의 중요한 구성요소라는 것을 알 수 있다.

(10) 충성도

충성도는 선호하는 제품 또는 서비스에 대하여 재구매하거나 단골고객이 되려는 깊은 몰입의 상태로서 다른 기업의 제품 전환 노력에도 불구하고 동일한 상표를 반복 구매하거나 동일한 상표군만을 구매하려는 경향을 말한다. 충성도는 크게 상표충성도와 점포충성도로 구분된다. 상표충성도는 고객이 가지는 특정 상표에 대한 애착의 정도를 의미하고, 점포충성도는 소비자가 특정 점포에 대해 일관하여 애고하는 성향을 의미한다. 소비자들은 상표에 충성적인 것처럼 점포에 대해서도 충성적이다.

이런 측면에서 충성도는 한 기업의 매출액과 고객 유지를 보다 직접적으로 설명하고 있고, 충성도가 높을수록 고객은 동일한 서비스 제공자로부터 지속적으로 반복 구매할 가능성이 커지므로 한 충성 고객의 누적가치는 매우 높다고 할 수 있다. 충성도는 기업의 우월한 가치 전달로 고객이 장기간에 걸쳐 그 기업의 제품이나 서비스를 재구매하고 타인에게 추천하고 프리미엄 가격을 지불하는 형태로 나타난다.

4) 관계마케팅의 확장된 시장영역

아래 그림에서 보는 것처럼 관계마케팅은 6가지 핵심 고려 시장을 가지고 있는데, 이러한 각 시장에 대해 알아보면 다음과 같다.

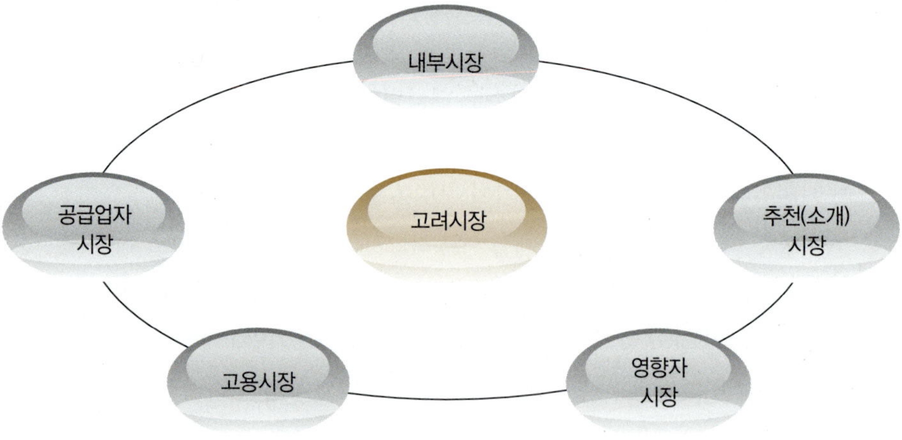

그림 4-4 | 관계마케팅의 6가지 고려 시장

(1) 고객시장

의심할 바 없이 마케팅에 대한 주안점은 고객에게 두어야 한다. 최근 마케팅의 초점은 다음과 같이 개인적인 판매를 강조하는 거래마케팅에서 장기적이고 지속적인 관계를 강조하는 관계마케팅으로 변화하고 있다.

또한 고객시장에서의 관계마케팅의 목적은 신규고객을 정규적인 구매고객으로 전환시키는 것이며, 그들을 기업이나 서비스에 대한 강력한 지지자가 되도록 이동시켜, 최종적으로는 그들이 준거원천으로서의 역할과 함께 강력한 옹호자가 되도록 만드는 것이다.

표 4-1 | 거래마케팅과 관계마케팅의 차이

거래마케팅	관계마케팅
• 판매에 초점을 둠 • 제품특징에 주안점을 둠 • 단기적 • 고객 서비스를 거의 강조 안 함 • 한정된 고객관여 • 온건한 고객접촉 • 품질은 생산단계에서만 관심을 둠	• 고객유지에 초점을 둠 • 제품효익에 주안점을 둠 • 장기적 • 고객 서비스를 강조 • 높은 고객관여 • 적극적인 고객접촉 • 품질은 모든 분야에서 관심을 둠

(2) 공급업자시장

공급업자와 고객 간의 전통적인 역학 관계가 협동을 바탕으로 하는 새로운 역학관계로 전환되고 있는데, 이러한 새로운 관계는 어느 한쪽이 이익을 보는 대신에 다른 한쪽은 손해를 보는 제로섬식의 관계가 아닌 장기적 관점에서의 긴밀한 관계구축과 상호이익 win-win 실현이라는 철학을 기반으로 하고 있다.

즉 이제 기업은 공급업자를 위압적으로 통제하는 대신 새로운 시각에서 파트너로 인식하게 되었으며, 이러한 새로운 태도를 'co-makership', 'vendorship', 혹은 'co-marketing' 으로 부르게 되었다.

(3) 고용시장

관계마케팅에서는 서비스 조직에 인력을 공급하는 시장, 즉 고용시장과의 밀접한 관계형성도 중요하다. 점진적으로 기업들은 종업원의 동기를 유발하고 잘 훈련된 충분한 수의 종업원을 채용함으로써 보다 강력한 경쟁우위를 점할 수 있다는 사실을 깨닫고 있다. 특히 오늘날의 많은 기업에 있어서 그들의 성공을 제약하는 요인은 자본이나 원재료 같은 자원의 부족보다는 조직에서 충분히 일할 수 있는 숙련된 종업원의 부재에 있다는 사실을 간파하고 있다.

(4) 영향자시장

금융시장, 정부, 정치단체, 소비자단체 등의 영향자시장은 부수적 시장으로서 환경의존적이다. 따라서 서비스 조직은 이러한 관련단체와의 강력한 유대관계를 개발하고 유지하는 것이 중요하다.

(5) 내부시장

관계마케팅에서 마지막으로 고려하고 있는 시장은 조직 내부에 존재하고 있는 종업원들로 구성된 내부시장이다. 그리고 이러한 내부시장에 대한 마케팅적 접근, 즉 마케팅을 기업내부에 적용시키고자 하는 것이 바로 내부마케팅이다.

4. 관계마케팅의 전략

1) 관계혜택을 구축하라

과거에는 판매자와 구매자와의 관계가 이기고 지는 Win-Lose 관계였다면 관계마케팅에서는 모두가 승리하는 Win-Win전략의 구축이 요구된다. 관계마케팅은 서비스기업이 일방적으로 고객으로부터 장기적인 거래에 의한 이점을 일방적으로 받는 것이 아니라 서비스기업도 고객에게 상응한 보상을 해주어야 한다. 즉 서비스기업과 고객 간에는 상호이익을 주고받는 관계혜택 relational benefits이 발생되어야 한다.

이와 같이 서비스기업이 고객에게 제공할 수 있는 관계혜택은 직접혜택과 간접혜택으로 나눌 수 있다. 직접혜택이란 고객의 장기적인 거래에 대한 실질적인 보상으로서, 구체적인 수단으로는 회원카드나 할인카드의 발급, 무료사용권 및 초대권, 전용 주차장의 사용권 제공 등과 같이 특별대우를 해 주는 것을 말한다. 간접혜택은 사회적 혜택과 심리적 혜택으로 구분된다. 사회적 혜택이란 친밀감이나 우정의 표시 및 동반자 partnership관계라는 인식의 전달 등을 들 수 있는데. 예를 들어 지역사회 등에 공감이 가는 이벤트 등을 통하여 지역사회의 고객과 동반적인 관계를 보여주는 서비스기업이 지역고객에게 제공하는 사회적 혜택이라고 할 수 있다. 그리고 심리적 혜택은 장기적 고객에게 편안함이나 신뢰감의 제공 등이라고 할 수 있다.

표 4-2 관계혜택 구축

구분		내용
직접 혜택		• 회원카드나 할인카드 발급, 무료사용권 및 초대권, 전용 주차장의 사용권 제공 등과 같은 특별대우
간접 혜택	사회적 혜택	• 친밀감이나 우정의 표시, 동반자관계라는 인식의 전달 등
	심리적 혜택	• 편안함이나 신뢰감의 제공 등

2) 범위의 경제를 구축하라

전통적인 마케팅차원에서 대량생산 · 대량판매에 의한 규모의 경제 economy of scale를 추구하는 것이 아니라 장기적인 거래에서 파생되는 수익, 즉 범위의 경제 economy of scope를 추구해야 한다.

3) 시장점유율에서 고객점유율로 전환하라

마케팅에 대한 성과지표를 시장점유율에서 고객점유율로 바꾸어야 한다. 고객점유율이란 한 고객의 거래총액에서 특정회사가 차지하는 비중을 말하는 것으로 장기적인 거래의 성과에서 가능한 것이다.

4) 고객의 데이터베이스를 축적하라

고객 정보의 데이터베이스화, 즉 인구통계학적인 부문, 구매행동, 매출액, 기호 등의 자료는 그들에게 서비스욕구를 충적시켜 주고, 보다 고객화된 서비스를 지향할 수 있는 수단이 된다. 결국 데이터베이스의 활용은 기존고객 및 잠재고객 가운데서 가장 고객가치가 높은 고객을 발견해 내고, 이들의 특성을 알아내어 그에 맞는 서비스를 제공함으로써 관계를 장기적으로 지속시키고자 하는 전략이라고 할 수 있다.

5) 고객과의 관계를 모니터링하라

고객과의 관계가 지속적으로 잘 유지되고 있는지, 불만족하여 타 경쟁업체로 옮겼는지 등을 조사하고 분석해야 한다. 조사의 시기는 매년 정기적으로 이루어지는 것이 바람직하고, 조사의 기본적인 내용은 가치에 대한 지식, 서비스품질에 대한 만족도, 경쟁사와의 비교 등으로서 고객이 서비스에 만족을 느끼지 못하면 관계를 더 유지하기 어렵다.

일반적으로 고객이 타 서비스업체로 옮기는 서비스 스위칭 service switching의 이유는 ① 핵심 서비스실패, ② 서비스회복의 부족, ③ 더 이상 이용할 가치를 느끼지 못할 때, ④ 기타 개인의 심리적 영향 등의 이유를 들 수 있다.

특히 고소득자이고 사회적 지위가 높으며 관계가 깊은 고객일수록 서비스 대기시간이 길면 이탈할 가능성이 크므로, 이들에게는 특별한 관심을 가질 필요가 있다.

6) 고객의 전환비용을 높여라

관계마케팅의 출발은 고객과의 관계이다. 고객과의 관계를 긴밀하게 유지하기 위

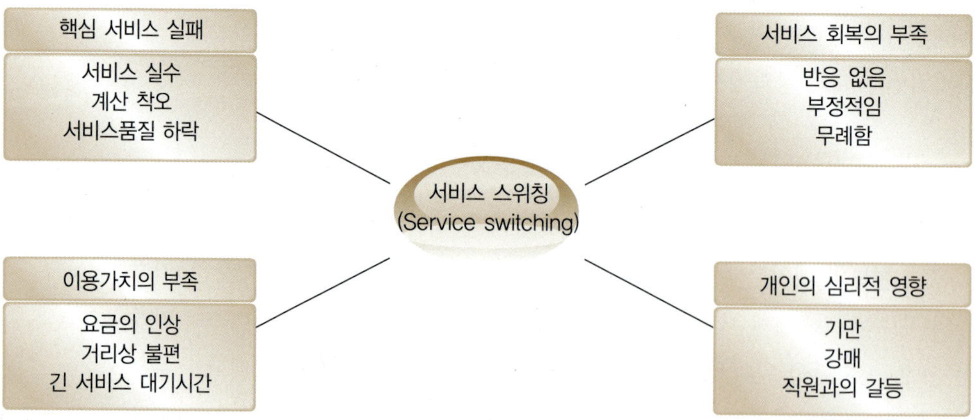

그림 4-5 | 고객의 서비스 스위칭 이유

해서는 고객의 서비스제공자에 대한 의존도를 높여야 한다. 서비스제공자에 대한 고객의 의존도를 높이기 위해서는 고객이 구매선을 전환할 때 소요되는 전환비용 switching costs을 높임으로써 가능하다. 즉 전환비용이 클수록 고객은 평생고객이 될 가능성이 크므로 전환비용을 높이는 것이 관계마케팅의 핵심이라고 할 수 있다.

7) RFM을 분석하라

서비스 RFM분석이란 ① 고객이 언제 서비스를 구입했는가(recency: 구매시점), ② 얼마나 자주 서비스를 구입하는가(frequency: 구매빈도), ③ 서비스구입에 얼마나 사용했는가(monetary: 구매금액) 등의 3가지 요소에 기초하여 고객의 가치를 분석하는 것을 말한다. 즉 각 요소별로 점수를 매기고 이를 토대로 고객의 가치를 평가하는 것이다.

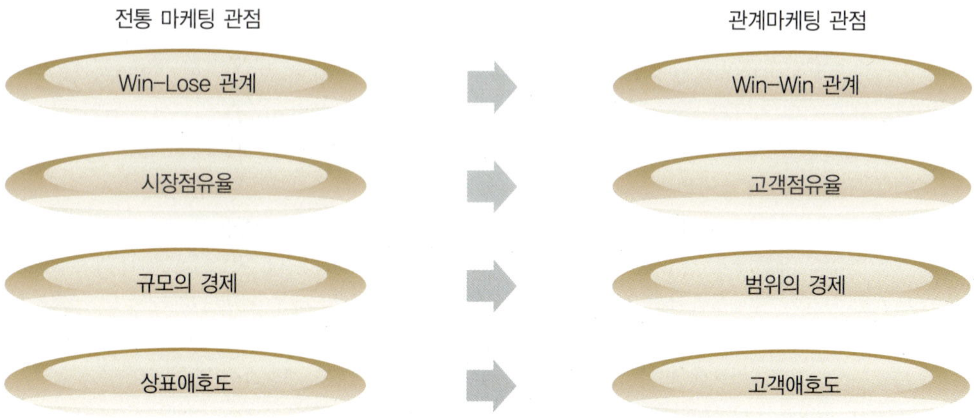

그림 4-6 | 전통 마케팅과 관계마케팅의 비교

이렇게 평가된 고객들 중에서 가치가 높게 평가된 우량고객에게는 관계마케팅의 차원에서 VIP 대우, 경품, 보너스, 부가 서비스 등을 제공하여 반복구매를 촉진시킬 수 있는 전략을, 그렇지 않은 중간 정도의 가치를 지닌 고객에게는 정기적인 DM을 발송하거나 할인행사 등을 안내하여 구매를 촉진시키는 전략을 수립하는 것이 바람직하다.

• 사례 •

맥주전문점 와바는 "명예의 전당"이라는 이벤트를 실시하고 있는데, 맥주 병뚜껑을 일정한 통에 가득 채우면 평생 안주무료권이 주어진다. 결국 고객의 사용량에 대한 보상프로그램으로서 관계마케팅의 일환이라고 할 수 있다.

5. 관계마케팅 주요 사례

• 사례 •

A항공 여행사와의 관계 관리 강화

1. 항공사와 여행사 관계의 필요성

항공업은 유난히 진입장벽이 높은 산업이다. A항공이 후발 주자로서의 약점을 극복하고 성장하기 위해서 선택한 전략은 B2C 측면에서의 "대고객 서비스 강화"와 B2B 측면에서의 "여행사에 대한 관계 관리 강화"로 요약할 수 있다. 일반적으로 항공사와 여행사의 관계는 상호의존성이 높을 수밖에 없는데, 이를 좀더 구체적으로 살펴보면 다음과 같다.

첫째, 관계와 성과가 밀접하게 연관된다. 항공사는 여객판매의 대부분을 여행사에 의존하고 있다. 예를 들어 국제선의 약 90%는 여행사를 통해 판매가 이루어지고 있다. 반면에 여행사 매출의 상당부분이 항공권 예매에서 발생한다. 즉 양자간에는 상호의존도가 매우 높아 관계 관리의 성패가 양자의 수익성에 직결되는 양상을 보인다.

둘째, 성수기와 비수기가 뚜렷하여 각 시기별 관리가 필요하다. 여객운송업 및 여행업 모두 성수기, 비수기 구분이 뚜렷하여 성수기 때에는 좌석 확보를 위한 여행사의 노력이 진행되지만, 비수기 때에는 항공사와 여행사가 상호 협력을 통한 매출 증대 노력을 하여야만 하는 구조로 이루어져 있다. 이러한 상호 협력에는 할인티켓 제공, 공동 프로모션 진행 등이 해당되며, 항공사 입장에서는 비수기 때에 여행사가 보여주는 판매증대를 위한 노력 등을 충성도 차원에서 평가하고, 이에 따라 성수기 때 좌석 배정에 차등을 두고자 하는 시도가 생겨나고 있다.

셋째, 항공사 고객에 대한 여행사의 영향력이 크다는 점이다. 여행과 관련하여 고객들은 여행사를 직접 방문하여 상담하는 것을 가장 선호하고 있으며, 항공권을 구매하려는 고객도 보통 여행사로 문의하여 결정하게 되므로, 이 과정에서 어느 항공편을 선택하는가 하는 의사결정에 여행사가 깊이 관여하게 된다. 고객의 문의에 응대하는 과정에서 여행사 직원의 스케줄 조정이나 추천행위 등이 항공권 판매에 결정적인 역할을 하게 된다.

넷째, 영업환경의 변화가 심하다는 것이다. 항공업의 경우, 테러, 전염병, 전쟁 등 예측할 수 없는 위험이 산재해 있고, 개별 사안이 발생할 때마다 여행자 수요에 상당한 영향을 미치게 된다. 이러한 수요변동 요인은 노선의 조정 또는 가격할인 등의 대책마련 등, 여행사와의 긴밀한 협조를 통해 타개해 나갈 수밖에 없다.

2. A항공사의 관계마케팅

A항공사는 국내 최초로 항공업계의 세계적 권위지인 미국의 ATW(Air Transport World)사로부터 2001년도 고객 서비스 세계 최우수 항공사로 선정되어 "ATW Passenger Service Award 2001"을 수상하여 우리나라 항공 서비스의 우수성을 국제적으로 공인받는 계기를 마련하였으며, 국내적으로는 KCSI항공 서비스 부문 7년 연속 1위, KS-SQI 4년 연속 1위, 2003년 한국 소비문화대상 등을 수상하기도 하였다. 특히 관광학과 교수 및 관광업계 종사원으로 구성된 관광학회로부터 "2003년 관광기업대상"을 항공사로서는 처음으로 수상한 사실이나 한국경제신문 마케팅 대상의 "B2B 마케팅" 금상을 수상한 것은 관계마케팅 측면에서 주목해 볼 필요가 있다. 항공사와 여행사 간의 관계를 생각해 볼 때, 항공 좌석을 공급하는 항공사의 측면을 보면 산업이 공급 과점적 성격을 띠고 있으며, 거래 비용이 높게 수반되며, 진입장벽이 높고 B2B와 B2C가 함께 공존하는 산업구조이다. 또한 국내 여행사들은 항공좌석을 매개로 항공사와의 "준통합적 관계"를 유지하고 있는 산업구조를 보인다. 그러면 항공-여행산업, 좀더 구체적으로 항공사-여행사 관계에서 관계 마케팅은 어떤 형태를 띠고 있으며, 충성도 제고라는 성과 측면에서 과연 어떤 수준까지 발전해 왔는지를 살펴볼 필요가 있다.

A항공사는 2000년부터 국내 최초로 여행업계 전용 홈페이지와 '인스턴트 메신저'를 도입, 기존 항공사의 영업패턴을 획기적으로 변화시킨 계기를 만들었다. 당초 이 서비스는 서울 지역을 대상으로 운영되었으며, 2002년 11월부터는 전국적으로 확대하여 실시하고 있다. 또한 업무별 연락처와 메신저 및 이메일 상담 도우미, 신문고 등을 운영하면서 사후관리에도 신경을 쓰고 있다. '전용 홈페이지'에선 개인 및 단체에 대한 가격할인과 항공권 유효기간 연장 요청이 가능하다. 이러한 A항공사의 노력은 경영 성과와도 직결되었다. 시장점유율은 꾸준히 상승추세를 그리고 있으며, 국제선 좌석이용률 측면에서는 D항공을 이미 앞지르고 있는 상황이다.

3. 항공사-여행사 관계의 특수성

항공권, 특히 국제선 항공권의 경우 앞에서 언급한 바 있듯이 90% 이상이 여행사를 통해 판매되고 있다. 반면 여행사는 매출의 상당부분이 항공권 예매에서 이루어진다. 대형 여행사의 경우 약 45%, 중소형 여행사의 경우 70% 이상을 차지하며, 국제선 항공권 예매에서 발생하는 수수료가 통상 5%에 달한다. 양자간에는 항공권을 매개로 하여 상호의존성이 매우 높아 "준통합적 관계유지"를 하고 있다고 할 수 있다.

4. 메신저를 통한 관계의 결속

A항공은 후발업체로서 노선이나 시장점유율에 있어 D항공에 비해 크게 뒤지고 있는 실정이다. D

항공은 오랫동안 시장에서 독점적인 지위를 유지해 왔고, 상대적으로 다양한 노선과 운항 스케줄을 확보하고 있기 때문에 영업에 유리한 입장이라고 할 수 있다. 따라서 주로 거대 여행사들을 상대로 쉽게 판매망을 확보하여 굳이 중소 여행사들까지 배려해 줄 만한 유인이 없었다. 반면에 A항공은 기존 시장에 진입하여 탄탄한 판매망을 구축하는 것이 절실했으므로, 규모가 작은 여행사일지라도 좌석을 적극적으로 지원하여 성장할 수 있도록 뒷받침해 줄 필요가 있었다. A사에 우호적인 여행사를 육성하여 판매규모를 늘린다면 A사의 매출도 자연히 증가하게 되기 때문이다.

A항공에서는 여행업계 전용 웹사이트를 통해 'A항공 메신저'를 다운로드해 사용하도록 여행사 측에 권장하고 있다. A항공은 자체 개발한 이 메신저 프로그램을 통해 통화량이 많아 전화연결이 어려운 시간대에도 주요 여행사 직원들과의 연락을 원활히 하고 있으며, 메신저 창을 이용해 자사의 판매정보를 실시간 중계하고 있다. A항공의 사무실 어디에서나 전 직원이 자사 컴퓨터에 아시아나 메신저 창을 띄워놓고 하루종일 여행사 직원들과 대화하는 모습을 쉽게 볼 수 있다. 또 상호간에 S/R(Sales Representative)의 빈번한 방문을 통해 공동 판촉이나 판매 증진을 도모하고 있으며, 잦은 전화 연락으로 신속한 정보교환과 업무처리의 효율성을 높이고 있다.

자료 이동진, 전략적 관계마케팅

• 사례 •

하라카지노
관계마케팅 판촉활동: 차별화된 마일리지 인센티브

자본주의 꽃이라고 불리는 것이 두 가지가 있다. 주식과 카지노가 바로 그것이다. 전 세계 카지노의 메카라고 하는 라스베이거스에는 MGM, 벨라지오, Luxor 등 여러 카지노 기업이 있지만, 그중에 고객 관리 운영을 철저하게 하는 Harrah라는 기업이 있다. 하라 카지노는 MGM 그룹에 이어 미국에서 두 번째로 큰 카지노 체인을 운영하는 회사로 13개 주에 걸쳐 26개의 카지노가 있고, 매출액은 37억 달러에 이르는 대형 기업이다. 하라 카지노는 대부분의 카지노가 선호하는 고급화를 추진하지 않고 고객 충성도를 제고하는 방안을 모색하였다. 이를 위해 CRM에 대규모 투자를 하여 나온 것이 바로 Total Rewards Card이다.

1. Total Rewards Card

하라나 여타 다른 카지노들이 항상 고객관리에 많은 비용과 시간을 투자하고 있었던 것은 아니다. 예전에는 주로 고객이 스스로 카지노를 찾아주기만을 바라고 있었다. 고객 관리가 본격적으로 중요시되기 시작한 것은 1970년대가 되어서야 이루어지기 시작했는데, 이는 그나마 몇몇 VIP고객에만 해당하는 사항이었다. 단순히 슬롯머신을 당기는 이들에게는 관심이 별로 없었던 것이다. 하지만 1990년대에 들어서 이러한 정책들이 변화하기 시작하였다. 자신들의 수입을 분석한 결과 VIP들이 카지노에 가져다주는 돈이 많은 것은 사실이었지만 슬롯머신을 하는 고객들이 가져오는 돈이 전체 매출의 80%라는 것을 알았다. 하라그룹은 이것을 재빨리 깨닫고 수퍼컴퓨터와 마그네틱 카드를 통해서 고객 정보를 수집하고자 노력했고 이러한 노력의 결과가 Total Rewards Card이다. 이러한 고객관리의 목적은 단순히 더 많은 돈을 벌기 위한 것이 아니라, 고객들이 하라에 충성하도록 유도할 수 있는 방안을 모색하는 데 있었다.

2. 하라의 CRM전략

하라 카지노를 방문하는 고객들은 네 가지 기준에 의해 분리된다. 성별, 연령, 주소, 그리고 그들의 돈 씀씀이가 바로 그것이다. 이렇게 네 가지 요소를 기준으로 하여 60여 개의 고객군이 형성되게 된다. 이러한 60가지의 고객군에는 따로따로 그들의 성격에 맞는 인센티브가 주어지게 된다. 실질적으로 이들 고객군의 씀씀이를 살펴본 결과 대부분의 사람이 카지노를 한 번 방문 시 100달러에서 500달러 정도를 사용하는 것으로 나타났다. 그리하여 하라의 CRM정책도 대체적으로 이러한 고객들에게 초점을 두고 진행되었다. 그리하여 결국 60여 개의 소비자군에 맞는 인센티브를 주게 되는데, 예를 들어 카지노에서 멀리 떨어진 지역에 사는 고객에게는 우편으로 무료 비행기표와 숙식권을 제공하고, 인근 지역의 고객들에게는 식사권이나 공연 입장권을 제공한다.

일반적으로 사람들은 자신의 신상명세를 타인에게 알리는 것을 매우 꺼려 한다. 그러나 하라그룹 같은 경우에는 많은 인센티브를 주기 때문에 대부분의 고객이 우호적이고 자발적인 자세로 자신들의 정보를 회사에 제공한다. 그 결과 회사는 더욱 정확하고 가장 최근의 정보를 손쉽게 고객들로부터 얻게 되고 동시에, 금전적인 보상을 경험한 고객들은 다른 카지노가 아니라 꼭 하라 카지노를 찾게 되는 것이다.

3. 결론

이제 많은 카지노가 하라의 성공을 선례로 삼아 유사한 제도를 많이 실시하고 있다. 그러나 아직까지 하라가 시행하고 있는 정도의 구체적이고도 적절한 CRM을 구축하고 있지는 못하다. 동일한 비용을 들이더라도 각 고객들이 원하는 것을 인센티브로 제공함으로써 고객들을 자발적으로 움직이게 만든 하라의 CRM은 데이터베이스 마케팅을 위한 시스템을 도입하는 국내의 많은 기업에도 훌륭한 성공사례가 될 것이라 생각한다.

자료 이동진, 전략적 관계마케팅

• 사례 •

R호텔
성숙 단계의 고객 결속 유도: 선행형 시스템 운영

"꽃을 좋아하는 손님을 위해서는 욕실에 꽃 한두 송이를 꽂아두고, 평소 즐기는 와인 종류를 미리 준비하기도 합니다. 선호하는 신문은 기본이고 털 알레르기가 있는 분들에게는 면으로 된 베개를 놓습니다. 왼손잡이 손님은 포크와 나이프 배열을 바꿔놓기도 하고요."

R호텔은 고객의 사소한 것도 놓치지 않고 정보로 저장해 두었다가 그 고객이 재방문할 경우 모든 서비스를 고객의 취향과 습관에 맞추어 제공하고 있다. 이것은 '고객인식프로그램' 이라는 정보기술을 이용한 탁월한 선행형 시스템이 있기 때문에 가능하다. 이 프로그램의 실행과정은 크게 다음과 같이 이루어진다. 고객과의 관계의 초기에서는 고객과의 접점에 있는 직원들은 고객기호카드(Guest preference card)라는 작은 수첩을 가지고 다니면서, 서비스 향상에 도움이 될 사실을 발견하면 즉시 기록한다. 예를 들어 객실 청소부가 객실 정리를 하다가 테니스 라켓과 신발 및 테니스 잡지가 방 안에 있는 것을 보았다면 "301호실에 투숙한 000씨가 테니스를 좋아하는 것 같다"라고 기록한 뒤, 이를 고객 코디네이터에게 전달한다. 그러면 코디네이터는 해당 직원에게 테니스장 개방시간과 고객에게 도움이 되는 기타 서비스 정보를 000씨에게 제공하라고 전달한 뒤에 이 정보를 데이터베이스에 입력한다. 그리고 다음에 000씨가 R호텔의 다른 체인점에 묵게 되면, 해당 호텔 코디네이터는 이미 입력되어 있던 정보를 바탕으로 000씨에게 맞춤 서비스를 미리 제공할 수 있게 된다.

고객과의 관계가 성숙기에 이르면서, R호텔은 고객의 불만을 줄이고, 기존의 고객 정보를 최대한 활용하는 제도를 운영한다. 먼저 고객 불만을 해소시키기 위해 고객 불만 센터나 에프터서비스를 운영한다. 그러나 불만을 가진 고객 중 공식적인 경로를 통하여 기업에 전달하는 경우는 5%정도밖에 되지 않는다. 결국 대다수의 고객은 요구나 불만을 표현하지 않고 기업을 떠난다는 것이다. 따라서 이와 같은 사후 고객대응시스템으로 고객 만족을 실현시키기는 어렵고, 특히 호텔과 같은 서비스업의 경우는 사후에 제공할 수 있는 서비스가 그리 많지 않기 때문에 더욱 그러하다.

R호텔은 고객이 말하지 않더라도 먼저 고객이 원하는 것을 제공하는 선행형 시스템으로 고객의 욕구를 최대한 만족시키면서 결속을 다지고 있다. 선행형 시스템은 초기에 획득한 고객의 정보를 최대한 활용하고 고객이 원하는 것을 요구하기 전에 먼저 제공한다는 적극적인 자세로 고객과의 결속을 다지는 프로그램이다.

자료 이동진, 전략적 관계마케팅

제2절 체험마케팅 전략

관광이 한 국가에 벌어주는 수입은 엄청나다. 굴뚝 없는 공장이라고 불리는 관광산업은 자원 소실 없이 엄청난 일자리와 부가가치를 창출한다. 하지만 한국의 관광산업은 마케팅 측면에서 그다지 긍정적이지만은 않다. 세계적으로 관광 시장은 급격히 커지고 있고, 이에 따라 우리나라도 매년 해외여행을 위해 출국하는 수는 엄청난 속도로 증가하고 있지만 그에 비해 관광을 위해 입국하는 외국인의 수는 큰 변화가 없다. 이에 정부에서도 관광 활성화를 위한 다양한 전략을 내놓고 관광산업 활성화를 위해 박차를 가하고 있다.

한국의 관광산업 활성화를 위한 정부와 지자체, 그리고 관광업계의 노력으로 점점 더 다양하고 유익한 관광상품이 제공되고 있다. 특히 한국의 문화를 체험할 수 있는 아이템들은 한국 관광산업의 발전 방향에 가장 적합한 관광 프로그램이라 할 수 있다.

한편 한국 음식의 세계화가 온 나라의 뜨거운 이슈이다. 이러한 프로젝트도 집안 잔치로만 끝날 것이 아니다. 태국 음식이 세계화된 과정처럼 한국의 문화를 세계에 먼저 알리는 것이 선행되면 자연스럽게 한국 음식도 관심을 끌어낼 수 있을 것이다. 그러려면 우리 문화를 제대로 외국 사람들이 체험해 보고 알 수 있는 기회의 장이 늘어나야 한다.

인간은 시각, 청각, 후각, 미각, 촉각의 다섯 가지 감각을 가지고 있다. 마케팅에서 이러한 오감을 우리 정서와 직접적으로 연결시켜 함께 작동하게 하여야 한다. 소비자도 진화하기 때문에 지금까지는 그저 보고 즐기는 시각에 의존하거나, 그저 먹기만 하는 미각과 후각 등의 단순히 기본적인 감각에만 의존하지 말고 더욱 오감을 확산해 마케팅과 연계시켜야 한다. 경제활동으로 기업이 성장하는 속도보다 소비자가 진화하는 속도가 더 빠르다. 강한 자가 살아남는 것이 아니라 변화에 수긍하는 자가 강한 것이다. 한 가지 감각이 아니라 오감을 활용하여 내가 직접 경험해 본 것들에 대한 인식이 가장 오래 가는 법이다. 그것이 바로 체험이다.

영화관의 예를 들어보자. 극장에 가서 보는 영화와 집에서 TV로 보는 영화의 느낌은 전혀 다르다. 스크린의 크기와 사운드, 편안한 의자와 달콤한 팝콘까지 조금 더 발달한 곳에서는 3D입체 영화까지 관람할 수 있다. 오감이 만나면 긍정적 시너지 효과가 배가 된다. 텍스트로 아는 것과, 문장으로 아는 것과, 언어로 아는 것과, 마음으로 아는 것은 모두 다르다. 즉 내가 직접 경험하고 보고, 듣고, 맛보고, 느끼고 즐긴 것만이 진정으로 내것이 되는 것이다. 이런 변화가 마케팅 시장에 체험이라는 새로운 아이콘을 만들어냈다.

1. 체험마케팅의 개념 및 특성

1) 체험의 정의

체험이란 어떤 자극, 예를 들면 구매 전후의 마케팅 노력에 의해 제공되는 자극에 대한 반응으로, 가상이든 아니든 사건의 직접적 관찰과 참여로부터 일어난다. 경영학 분야의 석학인 톰 피터스Tom Peters는 체험은 단순한 서비스보다 훨씬 더 전체적이고 완전하고 포괄적이며 감정적이고 강력한 것으로, 서비스는 좋든 나쁘든 하나의 거래인 반면, 체험은 이벤트이자 모험이고 사건이며, 시작과 중간과 끝이 있으며 영혼을 울리고 정신을 번쩍 깨우는 현상으로, 서비스와 상품이 다른 만큼 체험과 서비스도 다르다고 말한다.

체험은 대개 자동적으로 만들어지는 것이 아니라 유도되는 것이다. 마케터들은 고객 체험을 유도하는 자극을 제공해야 한다. 어떤 '체험제공수단'을 선택하여 어떻게 실행하느냐에 따라 회사와 브랜드에 대해 느끼는 호감의 정도가 달라질 수도 있고, 매력의 정도가 달라질 수도 있다. 이것은 고객이 수동적이라는 것을 의미하는 것은 아니다. 마케터가 먼저 행동을 취해야 한다는 것을 뜻한다.

앞으로 크든 작든 기업의 부가가치는 그 기업이 제공하는 체험의 질에서 나올 것이다. 이제 멋지고 포괄적이며 극적이고 신기한 '고객 체험'을 제공하는 데 초점을 맞춰야 한다. 기업이 바람직한 고객 체험을 창출할 수 있는 능력과 이를 가능하게 하는 요소들의 활용이 새로운 세기의 세계 시장에서 기업의 성공을 결정짓는 주된 요인이 될 것이다.

2) 체험마케팅의 개념

1990년대 들어 대부분의 소비재 시장이 성숙기에 접어들고, 제품 생산기술이 보편화되면서 제품의 품질은 평균화되고 있다. 이로 인해 제품의 기능과 편익에 의한 차별화는 한계에 달하고 있으며, 기업은 지속적인 차별화와 우월한 경쟁적 위치를 확보하기가 점점 힘든 상황이 되고 있다. 이러한 상황에서 경쟁사와 지속적으로 차별화시키고, 더 높은 가치와 고객만족도를 제공하며, 좀더 확실한 경쟁력을 갖출 수 있는 마케팅전략으로서 체험마케팅이 등장하고 있다.

마케팅의 트렌드를 살펴보면, 전통적으로 기업은 제품 위주의 마케팅을 실시해 왔으며, 제품 위주의 마케팅에서는 제품의 혁신적 특성에 중점을 두고 있다.

좀더 발전한 형태인 고객지향적 마케팅에서는 고객에게 제공되는 편익과 부가 서비스를 판매한다. 그러나 체험마케팅에서는 제품과 서비스를 소비하는 체험을 판매하여 이러한 체험의 제공에 중점을 두고 있다.

할리데이비슨이 파는 것은 '오토바이'가 아니라 바로 '체험'이다. 할리데이비슨은 자사가 제공하는 특별한 체험을 '반항적인 라이프스타일'이라 부른다.

스타벅스는 단순한 '하찮은 커피'를 '스타벅스 라이프스타일'로 바꾸어 놓았다. 많은 사람이 알게 모르게 스타벅스 라이프스타일에 동참하였다. 공항에서 생긴 짧은 여유시간을 스타벅스 커피와 함께 즐긴다거나 1시간 동안 신문을 읽으면서 스타벅스 커피를 마시거나 아니면 우연히 들른 어느 도시의 스타벅스 매장에서 책을 읽으면서 커피를 마시는 것이 모두 스타벅스 라이프스타일인 것이다.

소비자들은 기능과 특징 편익, 제품의 품질, 그리고 긍정적인 브랜드 이미지를 당연시하며, 그 이상의 것을 기대한다. 고객은 자신의 감각에 호소하고 가슴으로 느낄 수 있고, 자신의 정신을 자극하며, 자신과 관련성을 느낄 수 있고, 라이프스타일에 맞는 제품을 원한다. 다시 말해, 소비자들은 더 이상 제품의 기능이나 편익만으로 돈을 지불하려고 하지 않고, 브랜드가 제공하는 독특한 가치 체계와 생활양식, 그리고 제품을 사용하면서 얻는 체험을 무엇보다 중요하게 생각하는 것이다. 체험마케팅은 특정 브랜드만의 독특하고 총체적인 체험을 창조함으로써 브랜드 아이덴티티를 효과적으로 표현하기 위한 전략적 마케팅이라고 할 수 있다. 최근 소비자들은 감성을 중요시하는 감성 마케팅의 개념이나 후각을 자극하는 향기 마케팅, 시각적 효과를 거두기 위한 컬러마케팅 등 소비자의 감각기관을 이용하는 마케팅 개념들이 소개되고 있는데, 이러한 것들을 하나로 묶어주는 보다 더 큰 개념이 바로 체험마케팅이라 할 수 있다.

3) 체험마케팅의 특징

(1) 고객 체험의 중시

전통적 마케팅 관점은 제품의 기능적 특징과 편익을 중심으로 제품 차별화에 초점을 맞추고 있으며, 소비자들 역시 그 중요도에 따라 기능상의 특징과 제품특징을 평가하고, 최고 효용을 제공하는 제품을 선택한다고 가정한다. 반면 체험마케팅은 고객의 체험에 중점을 두고 제품 및 브랜드와 관련된 소비자들의 총체적 체험을 중심으로 제품의 소비 및 이용 상황에 초점을 두고 있다. 체험은 어떤 상황들 속에 참여하고, 겪고, 살아가면서 생기는 것이며, 체험은 기업과 브랜드를 고객과 라이브스타일과 연결시키고, 개개인의 행동과 구매상황을 더 폭넓은 사회적 배경으로 옮겨놓는다.

체험마케팅에서는 구매 후 소비과정이 브랜드에 매우 중요한 영향을 미치고, 고객의 만족과 브랜드 충성도를 결정하는 중요한 요인으로 간주된다. 이는 전통적인 마케팅이 구매를 유도하고 설득하는 일에 더 초점을 맞추는 반면, 구매 후에 일어나는 소비경험에 대해서는 상대적으로 신경을 덜 쓰는 것과는 많이 다르다.

마케터는 소비자들이 가지고 있는 체험이 고정되어 있다고 생각하지 말고, 항상 새로운 체험을 창조하도록 노력해야 한다. 한 번 만들어진 제품의 특징이나 편익은 고정되어 있는 반면, 체험은 항상 새롭게 창조될 수 있는 것이기 때문이다.

(2) 실제 소비상황에 대한 철저한 조사

체험마케팅은 실제 소비상황을 철저하게 연구하는데, 어떤 제품이 어떤 소비상황에 적합한지, 어떻게 하면 제품이나 포장, 광고를 통해 소비경험의 시너지를 창조해 낼 수 있는지, 소비상황이 고객들에게 어떤 의미를 주는지 등을 연구하여 시너지 효과를 발생시키려 한다. 예를 들어 스웨덴의 가구회사 이케아는 소비상황에 근거한 교차판매로 유명한데, 매장 안에는 가구품목과 액세서리가 소비상황을 중심으로 전시되어 있고, 고객에게 가상의 생활방식을 제시하고 있다. 이케아의 팸플릿에 소개된 제품들은 '하루 동안의 여행', '야외의 즐거움'과 같은 소비상황을 보여주고 있다.

(3) 브랜드와 체험의 관련성을 중시

전통적 마케팅과 체험마케팅의 경쟁에 대한 시각의 차이를 살펴보면, 전통적 마케팅 관점에서 코카콜라의 경쟁자는 델몬트콜드나 포카리스웨트가 아닌 펩시콜라라고 생각한다. 이렇게 제품 카테고리나 경쟁자를 너무 좁은 시각에서 정의하고, 신제품 개발이나 브랜드 확장에 있어서도 제품의 특징이나 편익의 유사성을 기준으로 신제품을 개발하거나 브랜드를 확장한다. 그러나 체험마케팅에서는 소비자의 체험으로서의 소비를 기준으로 보다 포괄적 시각에서 경쟁을 정의한다. 특히 브랜드가 제공하는 체험이 소비자들과 어느 정도 관련성이 있는지를 토대로 브랜드가 제공하는 체험이 신제품과 브랜드 확장에 의해서 더욱 활성화될 수 있는지 또는 신제품이 기존 제품에 새로운 경험적 가치를 더욱 강화할 수 있는지에 관심을 두고 신제품 개발이나 브랜드 확장을 고려한다.

(4) 고객은 합리적이면서 감성적인 존재

전통적 마케팅 관점에서는 소비자를 합리적 의사결정자로 전제하고 있다. 소비자 의사결정은 욕구를 충족시키기 위한 합리적 행동이며, '문제인식 → 정보탐색 → 대안평가 → 구매 → 소비'의 단계를 거친다고 가정한다. 그러나 소비자들의 의사결정과정이 이러한 단계로 구성되는 것만은 아니다. 때로는 이성보다 감성이 앞서기도 하며, 합리적이기보다 충동적이기도 한 것이 소비자들이다. 따라서 체험마케팅은 소비자들이 이성적일 뿐 아니라 감정적인 존재라고 가정하며, 소비자는 이성적인 선택을 하지만 때때로 감정에 이끌리며, 소비경험을 통해 환상과 느낌, 재미를 추구하고 소비과정에서 즐거움을 얻고 아름다운 감성에 젖기를 원한다고 가정한다.

(5) 다각적인 마케팅도구의 활용

전통적 마케팅의 방법론이 분석적이고 계량적이며 언어중심적인 것과는 달리 체험마케팅의 방법과 도구는 다양하고 다각적이다. 체험마케팅에서는 하나의 방법론적 이데올로기에 얽매이지 않는다. 따라서 분석적이고 계량적인 방법을 사용할 수 있으며, 소비자들의 내면적 · 암묵적 의식세계와 체험세계를 분석하기 위해 더욱더 직관적이고 질적인 다양한 정성적 방법을 활용할 수 있다.

(6) '브랜드 = ID' 에서부터의 '브랜드 = EX' 로 이동

브랜딩의 전통적 접근법에서는 이름, 로고, 광고, 슬로건 등을 이용하여 브랜드를 제품의 표시물로 취급한다. 즉 '브랜드 = ID' 의 표시 기능이 브랜드의 핵심적인 기능으로 간주한다. 그러나 체험마케팅에서는 표시와 식별기능을 넘어서, 체험의 제공물로서의 브랜드를 추구한다. 따라서 체험마케팅에서는 브랜드의 모든 요소의 감각과 감성, 인지 작용에 소구하도록 해야 하며, 고객의 관심 대상과 연관시킴으로써 브랜드를 고객의 삶 안으로 포함시켜야 한다. '브랜드 = EX' , 즉 통합된 총체적 체험을 제공하기 위해 모든 커뮤니케이션 요소와 이벤트, 소비자와의 접촉이 요구된다.

• 사례 •

머드를 테마로 한 해변 체험 – 보령 머드 축제

보령머드축제는 한여름 서해안의 대표적인 축제이다. 매해 7월 중순 대천해수욕장 일대에서 열리며 건강과 미용에 대한 관심이 높아지면서 해마다 인기를 더하고 있다.

보령머드축제는 동양에서 유일한 패각분 백사장을 자랑하는 대천해수욕장에서의 개최로 해수욕 및 머드체험을 동시에 체험을 할 수 있으며, 청정갯벌에서 진흙을 채취하여 각종 불순물을 제거하는 가공과정을 거쳐 생산된 머드분말(Mud powder)을 이용한 머드 마사지(해변셀프 마사지, 첨단 머드 마사지 체험)와 머드 체험행사가 운영되고 있다.

머드체험행사에는 대형머드탕, 머드씨름대회, 머드슬라이딩, 머드 교도소, 인간마네킹, 캐릭터인형, 머드 풍선, 머드 체험 연예인 축구대회, 개펄 마라톤대회 등 관광객을 위한 다양한 프로그램과 연계행사를 개최하여 관광객에게 볼거리와 즐길거리를 제공하고 있다. 밤 행사로 해변 국악공연, 머드왕 선발 대회, 불꽃놀이, 머드 피부 미용경진대회, 머드 미스터 선발대회 등도 진행된다.

또한 신이 빚어 놓은 듯한 환상의 섬 외연도를 비롯한 78개의 크고 작은 섬과 모세의 기적으로 유명한 무창포 신비의 바닷길, 한여름에도 오싹한 냉풍욕장, 석탄 박물관, 국보 낭혜화상백월보광탑비 등 36점의 귀중한 문화 유산을 함께 보고 즐길 수 있어 연계관광으로 "문화관광보령"을 알리고 보령머드화장품을 국내외에 널리 홍보하고 있다.

최근 지역의 자연 환경을 잘 살린 축제 프로그램의 인기가 높아지고 있다. 우리나라의 문화 관광 축제는 23개 이상인데 그중에서도 지방 축제들이 인기를 끌고 있다. 수많은 문화관광 축제들 중 인기 있고 대표적인 지역 문화관광 축제에는 보령머드축제, 함평나비축제, 김제지평선 축제, 무주반딧불 축제, 부산자갈치축제 등이 있다. 이러한 지역 문화관광 축제가 인기를 끌 경우 그 지역을 다른 지역이나 도시에 알릴 수 있으며 지역경제 활성화에도 도움이 된다. 그런 이유로 이들 축제는 대부분 지방자치제 이후 지역 홍보와 경제 파급 효과를 노리고 지방 자치 단체와 축제 위원회가 손을 잡고, 지방의 특성을 살린 문화와 특산물, 자연 환경을 이용하여 발전시킨 것이다.

그동안의 축제들이 자연들을 단순히 수동적으로 구경하고 관람하는 것에 지나지 않았다면 보령머드축제는 철저히 직접 체험하고 참여하는 능동적인 모델을 제시했다. 이는 곧 축제의 생산자와 소비자의 획일적 구분 없이 다 같이 즐길 수 있는 놀이마당을 제공한 것이다.

보령 머드 축제는 축제기간이 바캉스 시즌이고, 대천해수욕장이 관광지라는 점에서 숙박과 음식 가격이 상대적으로 비싼 것이 흠이다.

축제 장소가 대천해수욕장에 집중되어 있어 불가피한 교통혼잡과 잡상인의 상혼 또한 여전하다는 점이 아쉬운 점으로 꼽혔다. 보령머드축제는 여름철 성수기에만 반짝하는 1회성 관광에 그칠 것이 아니라 테마 공원 조성과 위락시설 등을 대폭 확대해 사계절 종합관광 휴양지로 변모해야 한다. 문화 관광도시로 각광받기 위해서는 주변 환경도 중요하지만 무엇보다 볼거리와 놀거리, 먹을거리가 풍성해야 한다.

그런 점에서 보령은 보령8경과 다양한 문화유산, 각종 특산물은 물론 '보령8미'라 불리는 풍성한 먹을거리를 두루 갖춰 많은 이점을 가지고 있어 문화 관광도시로 발전할 가능성을 갖추었다.

문화관광산업은 대표적인 이미지산업이다. 풍성한 먹을거리와 자연경관, 축제들을 관광상품화할 수 있는 이벤트를 마련하고 이를 널리 홍보하기 위한 마케팅 전략을 마련하여 여름관광지라는 이미지를 벗고 사계절 관광지로 거듭날 필요가 있다. 관광자원 개발 방향은 먼저 대천지역을 휴양, 레저

기능을 갖춘 거점 관광지로 육성하면서 연계지역 관광상품 프로그램 개발이 이루어져야 한다. 대천과 무창포, 죽도 등 대표적인 관광지에 대한 민간투자 환경조성이 절실하고 적극적인 행정지원을 마련해야 한다. 또 재방문율을 높이기 위해 기능성 관광개발도 추진해야 한다. 앞으로 보령 머드축제는 미용시설 확충에 그칠 것이 아니라 '웰빙' 등 건강과 관련한 관심이 높아지는 트렌드를 반영하여 치료, 휴양기능을 더해야 한다.

또한 지역축제가 성공하기 위해서는 지방자치 단체와의 파트너십의 구축과 독특하고 참신한 소재 발굴, 철저하게 집중화하는 사업 구성, 전문성을 갖춘 인재 발굴 등 여러 가지 요소 역시 뒷받침이 되어야 한다.

자료 이마스(2004-07-23)

2. 체험마케팅의 유형

체험마케팅은 감각적, 감성적, 인지적, 행동적, 관계적 체험요소들을 복합적으로 활용하여 총체적 체험을 경험하도록 만들어, 체험에서 얻는 가치를 극대화시키고자 하는 것이다. 따라서 체험마케팅에는 인간의 정신은 전문화되고 기능적인 부분으로 구성되어 있다는 정신적 모듈화의 견해가 적용된다. 따라서 체험은 상이한 유형으로 분류될 수 있고 각각은 고유한 구조와 과정을 갖고 있기에 마케팅담당자들은 체험의 여러 가지 유형을 마케팅의 전략과 목적을 구성하는 전략적 체험 모듈Strategic Experiential Modules : SEMs로 간주해야 한다. 이러한 전략적 체험 모듈은 감각Sense, 감성Feel, 인지Think, 행동Act, 그리고 관계Relate로 구성된다.

고객의 브랜드에 대한 총체적 경험은 감각마케팅, 감성마케팅, 인지마케팅, 행동마케팅, 관계마케팅의 결합에 의해 창출될 수 있다.

1) 감각마케팅

인간의 다섯 가지 감각기관인 시각, 청각, 촉각, 미각, 후각을 자극하여 감각적 체험을 제공하는 것이 감각마케팅이다. 향수 매장에서 향수를 뿌려 후각을 자극한다거나 레스토랑에서 음식의 냄새를 일부러 퍼뜨려 미각을 자극하는 것 등이 모두 포함된다. 또한 '미학적 마케팅'으로 재정의할 수 있는 감각마케팅은 다섯 가지 감각기관을 자극하여 고객들에게 미학적 즐거움, 아름다움 등 감각적 체험을 창조하고자 하는 것이다. 하이얏트 호텔의 슬로건처럼 "오감을 자극할 뿐 아니라 즐겁게 해야 한다"는 것이다. Schmitt는 "감각적 체험마케팅은 시각, 청각, 후각, 미각, 촉각, 이 다섯 가지 감각기관을 자극함으로써 아름다운 흥분감, 만족감을 전달하는 것이 주된 목적"이라고 말하고 있다.

• 사례 •

스타벅스

1. 시각

고객들이 매장에서 안락한 느낌을 받을 수 있도록 연출, 시선을 끌어 고객 유입에 나서고 있는데 초록빛 로고를 비롯 갈색톤의 나무 장식과 각종 인테리어 소품 등이 시각적인 편안함을 주고 있다. 또 스타벅스는 매장 내에서 시각적인 자극을 배가시키기 위해 각 매장의 파트너들로 하여금 직접 제작한 창작 그림을 전시할 수 있도록 하고 있다.

2. 청각

스타벅스는 매장 내에서의 소리도 세심하게 관리, 고객들의 청각을 자극하고 있다. 스타벅스에서만 들을 수 있는 음악을 클래식, 재즈, 오페라, 블루스 등으로 다양하게 편성, 계절 또는 분기별로 들려주고 있어 마니아들에게 특별함과 친숙함을 주고 있다.

3. 후각

고객들의 후각을 자극하고 매장에서 커피향을 물씬 느낄 수 있게 하기 위해 스타벅스는 매일 아침 매장 오픈 전 원두를 그라인딩해 커피향이 매장 전체에 퍼질 수 있도록 하고 있다. 또 전 매장 금연을 실시하고 있으며 인공향이 나는 커피나 향이 강한 음식물도 판매하지 않는다.

4. 촉각

스타벅스는 고객들의 손 안에 있는 컵이 따뜻하게 느껴지도록, 고객들의 손이 가는 모든 곳에서 편안함을 느낄 수 있도록 의자와 스타일, 진열대의 모서리, 마루결 구조, 청결까지 세심하게 신경 쓰고 있다. 특히 스타벅스 전 매장에는 '커피스토리'라고 하는 별도의 진열대가 구비돼 있는데, 여기에 커피 원산지에서 생두가 재배되는 과정에서부터 로스팅되기까지의 스토리를 게시해 놓았으며 각 스토리별 생두와 원두도 함께 진열해 놓았다.

5. 미각

스타벅스는 고객의 입맛에 맞는 맞춤 커피를 제공, 미각을 자극하고 있다. 스타벅스의 커피 컵은 고객들이 취향에 맞게 첨가물을 선택, 조절할 수 있도록 돼 있으며 이런 사항을 매장 내 홍보물을 통해 게시해 놓았다. 또 홈페이지 내에 '나만의 맞춤 커피', '나만의 원두 찾기' 등의 콘텐츠를 마련, 테스트 게임형식으로 고객이 자신의 입맛에 맞는 커피를 찾을 수 있도록 해 고객들의 흥미를 유발하고 있다.

• 사례 •

싱가포르 항공의 감각접점에 의한 시너지 효과

감각의 접점에서의 시너지 효과를 정확하게 파악하는 것은 매우 중요한 일이다. 많은 연구결과에서도 알 수 있듯이 감각들 간의 시너지가 정말로 발생한다는 브랜드 조사 결과가 있다. 감각의 시너지 효과는 각각의 브랜드들이 가지고 있는 특성을 고객과 교감할 수 있는 커뮤니케이션의 요소를 2배로 증가시킬 수 있다.

싱가포르항공은 아름답고 이국적인 동양 여성을 트레이드 마크로 사용하고 있다. 이렇게 아름답고 매력적인 이미지는 싱가포르 항공의 어떤 광고에서도 쉽게 접할 수 있고, 라운지에서 흘러나오는 아시아 스타일의 음악에 의해 한층 더 강화된다. 비행기의 이 · 착륙 전에 기내에서 동일하게 흘러나오는 음악을 듣고 있노라면 감각이 더 고조되는 것을 느낄 수 있다. 일부러 기획하거나, 만들어낸 것이 아님에도 불구하고 동양적인 향과 결합하여 아주 훌륭한 감각의 자산이 되었다.

또한 싱가포르 항공 승무원의 유니폼, 화장, 외형에 잘 어울리는 감각들은 각 부문들에서 각각의 시너지를 또 발생시킨다.

각각의 채널들이 최적화되어서 다른 요소와 결합하게 되면 '2+2=4' 이상이 시너지를 발생하게 된다. 각각의 요소들은 훌륭한 브랜드의 핵심가치를 만들어내고, 그 결과물들이 결합되어 최고의 브랜드를 만들어내는 것이다. 하지만 각 감각접점들 간의 연결이 얼마나 잘되어 있는가? 얼마나 상호 의존적인가? 개별적으로 하나씩 설명하지 않아도 소비자는 브랜드를 여전히 확실하게 인식한다. 그렇지 않다면, 핵심가치와 커뮤니케이션의 일관성을 알아보고 그와 같은 특성을 각각의 감각의 요소에 주입시켜야 할 것이다.

자료 마틴 린드스트롬, 오감브랜딩

2) 감성마케팅

감성마케팅은 고객들에게 브랜드에 대한 어떤 특별한 느낌(혹은 감정)을 유발시켜 브랜드 자산을 구축하려는 마케팅 노력이다.

감성마케팅은 가벼운 기분에서부터 강한 감정에 이르기까지 감성적 체험을 창출하기 위해 사람들의 감성에 소구하는 마케팅으로 브랜드 태도와 구매의도에 긍정적인 영향을 준다. 소비자들은 모든 상황에서 특정한 기분 mood과 감정 emotion을 느끼게 되는데, 이러한 감성들이 직간접적으로 의사결정에 영향을 미칠 수 있다는 것이다. 감정은 기분에 비해 지속시간이 짧고 선행 사건이 분명히 지각되며, 감정의 대상이 뚜렷하고, 독특한 얼굴 표정과 생물학적 과정을 수반하며, 행동에 변화를 가져온다. 반면 기본은 좀더 일반적이고 순간적으로 스쳐 지나가는 감정 상태로서 후속 행동에 직접적인 영향을 미치기보다 간접적 영향을 미치는 것으로 나타났다.

감성체험은 정서적 affective 체험으로도 정의될 수 있는데, 약간의 긍정적 또는 부정적 기분에서 강한 느낌과 감정까지 그 강조에 따라 다르게 나타난다. 인간에게는 본능적으로 불쾌한 정서는 피하고 싶어하고 유쾌한 정서는 더 느끼고 싶어하는 경향이 있다.

마케팅전략으로 인해 소비자들이 좋은 감정을 지속적으로 느낄 수 있다면 강력하고 지속적인 브랜드 애호도를 유지할 수 있다.

체험마케팅 관리자는 감정과 느낌을 어떻게 이끌어내고 거기에 적합한 자극수준을 어떻게 제공해야 하는지를 알아야 한다. 이것이 성공적으로 된다면 그 브랜드와 고객 간에 강한 유대감을 만드는 데 성공한 것이다.

• 사례 •

인간서비스를 창조하는 메리어트 호텔의 감성마케팅

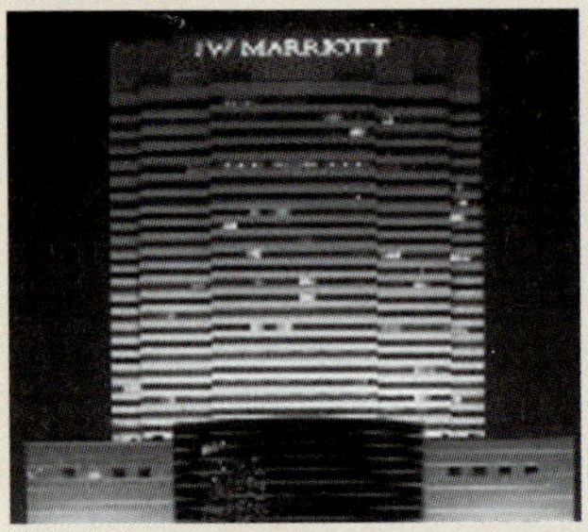

메리어트 호텔은 서비스 비즈니스가 아닌 인간 비즈니스라고 정의한다. '집으로부터 멀리 떠나 있는 동안에도 호의를 가진 친구들 속에서 소중한 존재로 잘 대접받으며 편안함을 느끼는 것', 메리어트가 오랜 세월 변치 않고 계승해 온 서비스 철학이다. 오랜 세월 메리어트 광고 커뮤니케이션은 'Go above and beyond, It's the Marriott way'라는 슬로건을 내걸고 있다. 자신의 구두를 벗어 들고 친절하고 온화한 표정을 하고 있는 매니저의 모습과 테디베어를 보고 어린아이가 반가워하는 비주얼을 보여주며 메리어트의 룸서비스는 마치 집에 있는 것처럼 편안하고 안락함이 느껴진다는 카피 메시지를 던지고 있다. 늘 고객을 향한 세심한 배려의 정신과 편안하고 친근한 분위기로 고객이 기대하는 것 이상의 만족을 제공하는 메리어트만의 감성 마케팅을 엿볼 수 있다. 호텔의 편리한 이용뿐만이 아닌 사람들이 갖는 호텔에 대한 기대, 환상이라는 호텔 본연의 감성적 혜택을 오랜 세월 끊임없이 강조하는 전략을 취하고 있다. '단지 하룻밤을 머무르더라도 그 기억은 소중한 것이다'라는 콘셉트 아래 호텔에서의 직접적인 대면서비스를 통한 편안하고 친근한 느낌을 강화시키기 위한 메리어트의 감성적 체험마케팅이 돋보인다.

• 사례 •

오감이 살아 있는 일산의 '가나안 덕'

경기도 일산시 풍동의 애니골에 가면 통나무집으로 지어진 식당이 끝을 알 수 없이 길게 늘어서 있는데, 그 중 오리구이 전문점으로 많은 유명세를 탄 곳이 있다. 1997년 오리 숯불구이 전문점으로 출발한 '가나안 덕' 이다. 이미 오리구이 전문점으로 유명세를 탄 터라 브랜드를 흉내 내는 짝퉁 브랜드가 많기로도 유명하다. 이런 가나안 덕의 성공 비결을 찾아보면 여러 가지를 들 수 있는데, 대개 맛과 저렴한 가격, 친절한 서비스 등을 꼽는다.

저자가 2004년부터 가나안 덕을 이용하면서 느낀 것은 '가나안 덕' 안에는 오감 마케팅이 모두 살아숨쉬고 있어서인 것 같다는 생각을 하였다. 오감이라 하면 미각, 청각, 시각, 후각, 촉감 등을 들 수 있는데, 가나안 덕을 이 오감에 맞추어 설명해 보기로 하겠다.

먼저 미각적인 요소는 숯불오리고기의 맛을 들 수 있다. 참숯, 한약재, 황토를 이용하여 직접 사육한 오리를 오리고기 전문점으로는 드물게 HACCP인증을 받은 위생적인 처리를 통해 엄선해 내고 있는 노력에서 오리 고기의 육질이 최고의 맛을 느낄수 있게 하는 것이다. 시각적인 요소는 도심 속의 쉼을 느낄 수 있는 목조건물과 철철이 바뀌는 들꽃으로 조화를 이룬 시설물이다.

봄, 여름, 가을, 겨울 사계절의 바뀜을 제대로 느낄 수 없는 현대인들에게 계절의 변화를 느낄 수 있고, 옛 고향집에 온 것과 같은 멋진 조경과 통나무집의 어울림을 그 요소라 할 수 있다. 청각적인 요소는 단연 오리고기가 구워지면서 내는 소리라 할 수 있다. 숯불 위에서 익어가는 오리고기의 소리를 들으면 오리고기에 생소한 아이들조차 오리고기를 먹고 싶다고 할 정도이다. 후각적인 요소는 장작 타는 냄새와 고기와 어울리는 군고구마 냄새가 아닐까 한다. 집진 시설을 다 갖추고 있어서 환경적인 유해요소는 없으므로 안심해도 된다. 가나안 덕에 늦은 가을 장작불이 다시 이용되는 시기에 가보면 그윽한 나무 타는 향이 예전 노을이 지는 저녁 온 동네에서 불을 피우고 밥을 할 때 나던 엄마의 향수 같은 향이 서려 있다. 촉감적인 요소는 바로 오리고기를 구우면서 같이 구워진 고구마를 까먹는 것이다. 요즘은 직접 해 보는 체험이 마케팅에도 크게 대두되는데, 이런 마케팅적인 관점에서 시작한 것이 아닌 가나안 덕의 고구마는 많은 고객에게 가나안을 다시 찾게 하는 아주 귀중한 요소라고 할 수 있다.

지금의 마케팅은 기업이 제품이나 제2브랜드를 기획하는 단계부터 시행하는 것이지만, 가나안 덕은 마케팅이라는 개념을 도입하고 시작한 것이 아니라, 그저 고객에게 번 만큼 돌려주고, 창업주의 기본 마인드인 시골집에 와서 풍성히 먹고 갔으면 좋겠다는 마인드가 고객에게 그대로 전달되면서 지금의 가나안 덕을 만들지 않았나 하는 생각을 해본다.

3) 인지마케팅

고객들의 사고(思考)과정을 활용하는 인지 마케팅의 목적은 고객들로 하여금 정교하고 창의적인 사고를 하도록 유도하여 기업이나 브랜드에 대한 인식을 긍정적으로 만드는 것이다.

심리학자 Guilford에 의하면 인간의 인지는 확산적 divergent 사고와 수렴적 convergent 사고의 두 가지 유형으로 나뉜다. 이성적으로 잘 정의하여 해답에 이를 때까지 정신을 집중하는 것이 수렴적 사고이며, 분석 없이 자유분방하게 생각나는 대로 따라가며 서로 다른 여러 방향으로 생각을 넓히는 것이 확산적 사고이다. 결국 인지차원의 체험 마케팅활동은 이 두 가지 방법을 적절히 조화시켜 소비자로 하여금 창의적인 사고를 할 수 있도록 정보를 제공하는 마케팅 프로그램을 수립하는 것을 의미한다.

인지마케팅을 효과적으로 수행하기 위해 기업은 놀라움, 흥미, 호기심을 유발하는 체험제공수단을 활용해야 한다. 이를 위해서는 놀라움을 주도록 시각 및 언어적으로, 또는 개념적으로 만들고 흥미를 유발시키며, 때로는 파격적인 감각을 결합하는 것이다.

고객을 창조적으로 사고하도록 하기 위해 기본적으로 필요한 것은 놀라움인데, 그것은 일상적인 기대와 다를 때 생겨나며, 그 놀라움은 긍정적이어야 한다. 다시 말해 기대했던 것보다 더 즐거움을 획득하거나 다른 어떤 것을 얻어서 기뻐하는 것이다.

인지마케팅을 실행하기 위해 간혹 사용되는 '파격'은 충격을 주고 논쟁을 유발하지만 너무 과도하거나 윤리성을 위반한다면 오히려 위험해질 수도 있기에 활용에 있어 주의가 요구된다. 베네통은 시각적으로 놀라움을 줄 뿐만 아니라 인종문제, 에이즈, 환경문제 등을 광고소재로 사용함으로써 소비자로 하여금 사회문제에 대해 생각해 보도록 하는 인지적 체험을 제공하였다. 그러나 종교적 금기에 대한 도전으로 보일 수 있는 지나친 충격광고로 인해 비난을 받기도 하였으며, 그로 인해 브랜드 이미지에도 큰 타격을 받은 바 있다. 베네통의 경우는 파격광고를 통한 관심 끌기가 어느 정도까지 가능한지를 알려주는 좋은 예가 된다고 예를 들고 있다.

• 사례 •

소니스타일 : Sony Showroom

소니는 세계 주요 대도시에 소니스타일이라는 쇼룸을 개설하여, 소비자들에게 새로운 기술과 신상품을 경험할 수 있게 하고 있다. 모든 제품과 서비스를 개개인이 직접 작동해 볼 수 있게 첨단의 경험과 소비 브랜드 이미지를 자연스럽게 결합하고 있다. 이를 통해 소비자들이 소니스타일을 자연스럽게 흡수하고 받아들일 수 있게 만들었다. 즉 소비자들은 첨단기술이 소니 스타일이라 믿게 된 것이다. 따라서 소비자들은 첨단 기술 경험을 맛본 후 그 체험에 따라 소니를 선택하게 된다는 것이다.
특히 이들 공간의 가장 큰 특징은 사고적 · 감각적 체험을 동시에 맛볼 수 있는 복합체험공간이라는 점이다. 또한 항상 다양한 이벤트를 선보임으로써 지속적으로 소비자들의 방문을 유인하고 있다.

4) 행동마케팅

행동마케팅 Act Experience은 소비자의 육체적 체험과 라이프스타일, 상호작용에 영향을 미치는 것을 목표로 한다. 즉 고객이 새로운 육체적 체험을 할 수 있는 기회를 제공하고, 행동과 라이프스타일을 변화시키며, 그러한 행동과 라이프스타일과 관련된 체험을 창조함으로써 브랜드 아이덴티티를 확보하고 로열티를 증가시키려는 것으로 이러한 행동적 체험은 브랜드 태도와 구매의도에 긍정적인 영향을 준다. 감각, 감성, 인지 마케팅과 달리 행동마케팅은 고객들의 실제적인 행동을 유발하는 마케팅 기법이다. 이 행동에는 다른 사람들과 상호작용하는 과정에서 발생하는 체험뿐만 아니라 고객 자신의 신체와 라이프스타일에 관련된 것까지 포함된다. 고객에게 신체적 체험을 강화하고, 그렇게 할 수 있는 다양한 라이프스타일과 상호작용들을 보여줌으로써 고객의 삶을 풍요롭게 할 수 있다. 다른 사람과의 상호작용으로 나타나는 행동은 자신의 믿음이나 태도, 의견들뿐 아니라 준거집단의 믿음이나 사회적인 규범들에 의해서도 발생한다.

소비자의 구매를 직접적으로 유도하는 행위 체험을 일컫는 행동 마케팅의 대표적 사례로는 유명한 나이키의 "Just do it" 광고를 들 수 있다. 나이키 광고는 전적으로 행동에만 소구하는 방법으로 효과를 거두었다. 이는 소비자들이 별다른 의식 없이, 그리고 세밀한 논리적 분석 없이 광고 콘셉트를 그대로 받아들이기 때문이다.

• 사례 •

서울우유의 공익캠페인

우리나라 서울우유의 공익캠페인은 라이프스타일의 변화를 유도하기 위해 제작했다. 우리우유의 '체력' - '정준호' 편, 우리우유의 '몸매' - '김정은' 편, 그리고 우리우유의 '키' - '서수남' 편은 우유 소비를 촉진하기 위해 소비자의 우유 라이프스타일 변화를 유도하는 행동 마케팅 사례라 할 수 있다.

움프쿠아 뱅크(Umpqua Bank)

은행의 다양한 체험공간을 통해 은행을 이용하는 라이프스타일을 바꾸고자 한 행동 마케팅 사례로 '체험을 파는 은행, 움프쿠아 뱅크는 친구, 보호자라는 감성적 이미지와 함께 고객들의 다양한 체험을 유도해 성공한 사례다. '위로는 호텔, 아래로는 지역상점과 같은 친근한 은행' 으로 스스로를 재정의한 움프쿠아는 호텔 로비 또는 고급 부티크 같은 점포분위기, 고객 중심의 아늑한 공간배치, 리츠칼튼 서비스 과정을 통과한 베테랑 직원의 컨시어지 서비스 등 'Slow Banking Experience'를 창출함으로써 개점 1주 만에 1백만 달러의 예금유치를 기록했다. 은행은 음료나 차를 마실 수 있는 공간, 인터넷서핑을 할 수 있는 공간, 신문, 잡지, 책을 읽을 수 있는 공간, 물품판매공간, 그리고 은행업무 공간으로 구성되어 있는데. 이 모두 움프쿠아 뱅크만의 독특한 은행 체험과 새로운 라이프스타일을 창출하기 위한 다양한 체험공간이다.

5) 관계체험

감각 · 감성 · 인지 · 행동 마케팅을 모두 확대한 것이 바로 관계마케팅이다. 관계란 다른 사람 혹은 다른 사회적 집단, 사회, 문화와 같은 추상적인 집단과의 연결고리를 의미한다. 즉 관계적 체험에는 사회적 범주, 사회적 영향, 사회적 역할, 혈연관계, 사회적 가치, 집단에의 소속감, 브랜드 커뮤니티, 사회적 자아 등이 모두 포함된다. 구전 마케팅, 구전 효과WOM 등도 이 관계마케팅에서 발생한 것이다. 관계체험Relate Experience은 소비자가 다른 소비자와 연결을 감지하는 준거집단의 발견에서부터 소비자가 실제로 브랜드 커뮤니티의 형성에 이르기까지 실로 광범위하다.

관계적 마케팅은 사회적 영향력을 가지고 있기 때문에 고객들과 브랜드 또는 다른 매개물을 통해 지속적인 관계를 맺는 것이 중요하다. 이 마케팅의 핵심은 브랜드를 통해 사람들을 다른 개인뿐만 아니라 개인들로 구성된 집단과 문화에까지 연관시키는 데 있다. 그래서 Schmitt는 "관계마케팅은 사회문화적 의미와 사회적 자아에 대한 소비관계의 핵심을 소비자가 원하고 속하길 바라는 문화나 집단을 활성화하여 소비자의 사회적 자아의 차별성을 불러일으킬 수 있는 준거집단과 그 준거적 소구를 적절하게 선택하는 데 있다"고 말하고 있다.

• 사례 •

할리 데이비슨(Harley-Davidson)

할리데이비슨은 관계마케팅에 의해 브랜드자산을 구축한 성공적 예이다. 미국인들의 자유분방함을 표방하고 있는 할리데이비슨의 경우 그들이 교외에서 벌이는 주말 경주에는 수천 명의 모터사이클 광이 모인다. 할리데이비슨 오토바이족들은 팔과 온몸에 할리데이비슨의 로고로 문신을 할 만큼 강력한 유대관계를 형성하고 있다. 또한 할리데이비슨 소유자들 간의 커뮤니티인 HOC(Harley Owners Group)에서는 인터넷사이트를 통해 각종 정보를 교환하는 등 회원들 간 빈번한 교류가 이루어질 만큼 할리데이비슨 소유자와 할리데이비슨 브랜드는 강력한 유대관계를 형성하고 있다.

• 사례 •

아이와 엄마가 함께하는 제3의 공간, 딸기가 좋아

새로운 문화 공동체를 지향하는 예술인 마을 헤이리 아트밸리가 큰 윤곽을 드러내기 시작했다. 2회에 걸친 페스티벌도 잘 치렀고, 헤이리를 이끄는 문화적인 소프트웨어들도 각 시설별로 속속 제자리를 찾아가고 있다. 이는 헤이리를 가꾸어 내는 사람들의 노력과 헤이리를 찾아오는 사람들의 힘이 모이면서 얻을 수 있는 결과이다. 그렇다면 헤이리에서 가장 많은 방문객을 맞이하고 있는 시설은 과연 어디일까? 바로 (주)쌈지의 캐릭터 브랜드 '딸기'와 아이들이 만나는 공간 [딸기가 좋아]로, 평균적으로 주중에는 하루 100여 명, 주말에는 1,000여 명에서 1,500명에 이르는 방문객이 찾아오는 헤이리의 명소가 되었다. 여성들이면 한 번쯤은 딸기 캐릭터를 들어보았을 것이다. 빨간 머리에 쪽 찢어진 눈, 주근깨 투성이 얼굴의 딸기는 엉뚱하고 독특한 패션에 관심이 많은 캐릭터이다. 자신이 초능력을 가지고 있다고 믿는 소녀이고, 의리 있고 솔직한 성격을 내세워 친구들의 고민을 나서서 해결하기를 즐긴다. 똘밤이, 수박이, 레몬이, 바나나가 딸기의 친구들이다. 딸기와 딸기의 친구들은 가방, 신발, 장갑과 목도리 같은 소품, 문구류 등 쌈지의 잡화에 여기저기 등장하여 아이들부터 어른에 이르기까지 폭넓은 사랑을 받고 있다. 딸기를 탄생시킨 쌈지는 잡화라는 니치마켓을 공략하여 잡화를 패션의 한 영역으로 자리매김하도록 한 기업으로, 독특한 경영철학과 한국적 감수성을 바탕으로 한 디자인을 통해서 제품의 예술성과 상품성을 동시에 추구하는 것으로 유명하다.

기업 쌈지에서 가장 주목할 만한 부분은 예술을 바탕으로 하는 경영이라고 할 수 있다. 예술에서 상품 디자인과 조직문화까지 모든 것을 빌려 디자인을 통한 차별화, 구성원의 디자이너화와 디자이너의 경영자화, 상품의 예술화와 예술의 상품화를 추구하고 있다. 쌈지에서 상품은 단순한 목적을 가진 하나의 도구가 아니라 그 자체로 문화적 가치를 지닌 것이기 때문에 예술은 사회, 문화의 변화를 읽기 위한 텍스트이며, 상품 디자인에 영감을 제공하는 원천이며, 그 자체로 하나의 상품이기도 하다. 쌈지의 영원한 꿈인 '작품 같은 상품 만들기 : 상품의 예술화, 예술의 상품화'를 통해 디자인과 예술, 상품과 예술의 인터미디어를 표방하며 아트 매니지먼트(art management)를 실천하고 있다. 이런 쌈지에서 야심 차게 준비한 어린이 복합문화컴플렉스가 바로 '딸기가 좋아'이다.

테마파크, 딸기루, 복합문화컴플렉스 등 다양하게 불리며 여러 기능을 담아내는 쌈지가 내세우는 아트 경영을 솔직하게 영리하게 표현한 공간이다. 막내 브랜드로 초등학생에게 인기가 있는 캐릭터 상품을 만들어내는 딸기의 캐릭터를 홍보하고 제품을 전시, 판매하는 새로운 형태의 체험 상업공간이다. 쌈지가 이미 선보인 패션잡화점 쌤의 홍대점에 설치한 쌤쌤쌈지회관이 보다 적극적인 형태로 발전된 것이라고도 볼 수 있다. 딸기가 좋아는 방문객 수가 말해주듯이 헤이리의 명소로 주목을 받고 있고, 미국의 건축상 'P/A 어워드'에 입선했고 2004년 9월 베니스 건축 비엔날레 초청을 받는 등 마케팅 측면과 건축적인 측면에서 유명세를 타고 있다.

그러면 우리는 이 캐릭터 공간이 왜 이토록 인기가 있는지 마케팅 측면에 대하여 살펴보기로 하겠다. 제품의 실질적인 효용가치와 품질, 가격과 더불어 소비자들이 느낄 수 있는 부가적인 이미지나 의미에 보다 중점을 두는 현대 소비사회에서 문화적 가치를 지닌 브랜드 창출과 문화마케팅의 중요성은 거듭 강조해도 지나치지 않는다. 이러한 상황들을 배경으로 소비자의 만족이나 소비를 통한 자아표현이라는 상징적 의미가 주요한 이슈로 떠오르고 있고, 소비자들이 직접 체험하고 느끼는 과정 속에서 브랜드에 대한 호감과 신뢰를 형성할 수 있도록 하는 마케팅 활동이 전개되고 있다. 마케팅에 있어 전통적인 4P전략은 인간의 오감을 만족시키는 감성마케팅, 체험마케팅 등으로 시대변화에 대응하여 구체화되며, 마케팅전략의 변화는 고객과 접하는 공간의 분위기를 설정하는 인테리어 디자인이나 건축디자인의 부각과 결코 무관하지 않다.

• 사례 •

함평의 봄으로 나비 보러 오세요

"나의 살던 고향은 꽃피는 산골, 복숭아꽃 살구꽃 아기 진달래, 울긋불긋 꽃 대궐 차린 동네, 그 속에서 놀던 때가 그립습니다."

전라남도 서부 , 4만 명 인구에 1만7천 여 가구가 사는 마을 함평군에서 벌어지는 매년 5월의 나비 축제, 10회의 성공적인 축제 개최를 통해 함평나비축제는 지역사회에 큰 경제적 파급효과를 몰고 와 명실상부한 대한민국의 대표적 지역축제로 자리매김하였다.

내세울 것 하나 없던 작은 농촌 마을이 '나비'를 테마로 한 지역축제를 성공적으로 치러내면서 함평은 전라도 제일의 생태체험마을로 급부상하였다. 농촌환경을 관광자원화하여 친환경적 생태체험장으로 만들어 이를 참여적 축제로 정착시키면서 '나비가 날아다니는 깨끗한 마을 함평'이라는 대외적 이미지를 창출하였고, 함평만의 특화된 지역 이미지를 만들어내었다. 이로써 함평군의 지역특화브랜드인 '친환경 나비쌀' 등의 지역농산물을 비롯하여 '나르다'와 같은 지역브랜드 제품을 타제품과 확실히 차별화시키며 독자적인 브랜드 가치를 가질 수 있게 하였다.

1999년, 처음 나비축제가 개최되었을 때에는 친환경농업체험장과 5가지 프로그램으로만 구성되었으나 점차 그 규모가 커져 현재는 나비생태관, 나비 곤충 표본전시관, 수생식물자연학습장, 미꾸라지잡기체험장, 보리, 완두그스름체험장, 천연염색체험장, 러시아볼쇼이음악단 초청공연 등 총 30여 가지에 이르는 다양한 프로그램으로 확대되었다. 이는 행사기간 동안에 날리는 나비의 수로도 실감할 수 있다. 2005년 축제에는 약 63종의 나비를 15만 마리가량 부화시켜 날렸다. 이렇듯 매년 양적으로, 질적으로 업그레이드되는 축제 프로그램은 함평을 한 번 방문했던 사람들도 또다시 축제에 방문하도록 유도하고 있다. 실제로 함평을 다시 방문한 한 방문객은 매년 눈에 띄게 발전하는 축제를 몸소 느끼며 놀라움을 감추지 못하는 것이 사실이다. 행사가 성공적으로 자리 잡아가면서 그만큼 함평군의 뛰어난 행사 기획력과 경영능력도 대외적으로 인정받고 있다. 특히 행사 내용면에서 온갖 재치 넘치는 아이디어가 엿보인다. 3,300만m² 규모의 자운영과 유채꽃 사이로 나비가 날아드는 장면은 함평 나비축제에서만 만날 수 있는 장관이다. 나비에 관련된 행사 이외에도 창포물에 머리감기, 미꾸라지 잡기 등의 체험 프로그램은 방문객이 미처 기대하지 못한 즐거움까지 제공한다. 나비관과 연꽃 전시장 입장을 포함해 창포머리감기 체험 등의 다양한 체험을 생태체험장 입장권 하나로 해결할 수 있도록 한 아이디어도 좋은 반응을 얻었다.

자료 이마스(2006-01-23)

제3절 서비스마케팅 전략

1. 서비스마케팅의 필요성

21세형 기업이란 우수한 제품으로 승부하는 기업을 말하는 것이 아니다. 우수한 제품이란 가장 기본이 되는 덕목 중의 하나이고, 이제는 서비스가 경쟁력인 시대이다. 대부분의 선진국가가 서비스 경제Service Economy에 접어들었다. 서비스는 기존의 제품이 주력인 시장과는 전혀 다른 새로운 특성들을 가지고 있다. 그러므로 제품의 특성 위주로 발달해 온 마케팅에 이제는 변화를 가져와야 할 때이다. 즉 서비스라는 항목에 맞는 마케팅이 새로이 대두되어야 하는 시대이다. 우리 경제에서도 보면 알 수 있듯이 서비스 산업이 경제에서 차지하는 비중은 비약적인 성장을 하고 있다. 선진국의 총고용인구 중 서비스 부문의 고용인구가 무려 70%에 달한다고 하는 연구보고가 있다. 우리나라의 경우도 GDP의 70% 가량이 서비스 부문에서 나오고 있다. 이렇듯 제조업, 농림수산업과 같은 부문보다 서비스 부문이 국가경제에서 차지하는 비중이 커지는 현상을 서비스 사회화, 또는 서비스 경제화라 부른다.

서비스 경제화의 유형적 측면에서 살펴보면, 신종 서비스업의 등장, 서비스 기업의 보조서비스 추가, 기존 서비스업의 고급화, 전문화, 다양화, 제조업의 서비스 사업 추가, 제조기업의 제품 판매 시 부가되는 서비스의 확대 등을 들 수 있다. 이렇게 생산력이 크게 발전하게 되고 산업구조가 고도화됨에 따라 종래의 산업사회에서는 상상도 못하던 여러 가지 형태의 서비스가 출현했으며, 서비스의 질도 크게 변화되어 현대사회가 서비스 경제로 급속히 이행되고 있음을 알 수 있다. 그리고 나중에 살펴보겠지만, 서비스는 제품과 상당히 다른 특성들도 가지고 있다. 서비스 경제화라는 거스를 수 없는 세계경제의 발전방향에 발맞추고, 과거에 제품을 중심으로 경영활동을 하던 울타리에서 벗어나 제품과는 상당히 다른 특성을 가지고 있는 서비스 산업의 경영을 위해 전문적이고 체계적인 새로운 방법론을 개발하고 학습하는 것이 필요하다.

2. 서비스마케팅의 특성

서비스마케팅은 제품마케팅과 다른 특성 4가지를 갖고 있다. 서비스의 속성과도 일치한다고 볼 수 있는데, 그것은 무형성, 비분리성, 이질성, 소멸성이다.

1) 무형성(Intangibility)

서비스마케팅의 기본 특성은 형태가 없다는 것이다. 자동차, 비행기, TV 등은 제품이다. 제품은 형태가 있고 그래서 만질 수 있다. 그러나 서비스는 그렇지 않다. 호텔 서비스를 생각해 보자. 호텔건물, 종사원의 유니폼 등이 생각날 것이다. 그러나 이것들은 호텔서비스 그 자체는 아니다. 호텔서비스는 만질 수 있는 물건이 아닌 것이다.

서비스는 본질적으로 무형적인 것이기 때문에 쉽게 서비스의 내용을 상상하고 이해할 수 있도록 소비자들에게 실체적인 단서를 제공하는 것이 중요하다. 그리고 기업 이미지 관리와 구전의 활용을 적극적으로 수행해야 한다.

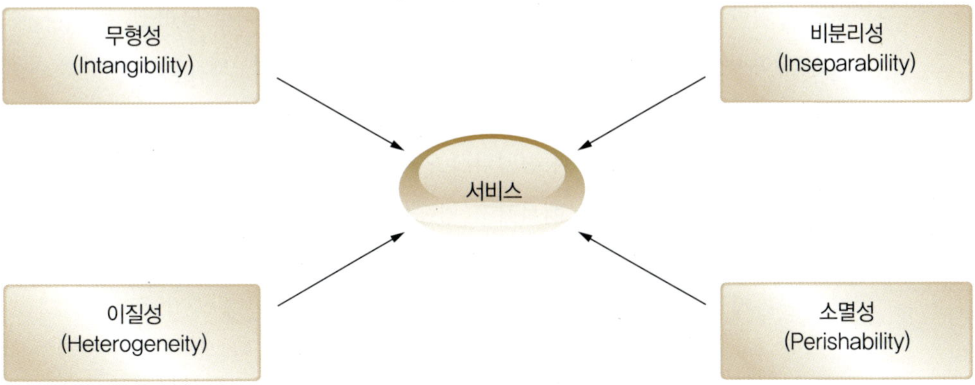

그림 4-7 | 서비스마케팅의 특성

2) 비분리성(Inseparability)

서비스는 생산과 소비가 동시에 일어난다. 제품은 공장에서 생산이 일어나고 상점에서 구매가 일어나며 소비자의 집이나 직장에서 구매 후의 소비가 일어난다. 그러나 서비스는 그렇지 않다. 예를 들어 랍스터 전문점으로 식사를 하러 갔다고 하자. 레스토랑에 가면 주문에 의해 음식의 생산이 일어나고, 고객이 이 음식을 먹음으로써 소비가 일어난다. 즉 생산과 소비가 동시에 일어나는 것이다.

생산과 소비의 비분리성 때문에 서비스업체에서는 집중화된 대량생산체제를 구축하기 어려우며 사전에 품질을 통제하기가 곤란하다. 따라서 서비스에서는 공급과 수요관리가 매우 중요한 과제가 된다. 공장에서 생산되는 제품과 달리 사전에 품질통제를 할 수 없으므로 고객과 접촉하는 일선 직원들을 철저히 교육하는 것도 중요하다. 그리고 고객이 생산과정에 동반되기 때문에 고객들이 형성하는 분위기가 다른 고객들에게 서비스의 내용으로 받아들여질 수 있으므로, 고객을 하나의 상품으로 간주하고 고객관리를 하는 것도 필요하다.

3) 이질성(Heterogeneity)

서비스에는 여러 가지 가변적 요소가 많기 때문에 품질이 고르지 못할 가능성이 있다. 동일한 항공사를 이용하였는데 지난번에는 퉁명스럽고 짜증스럽게 고객을 대하던 스튜어디스가 오늘은 미소를 지으며 친절하게 응대를 해 줄 수 있다. 이렇듯 동일한 제공자라도 때에 따라 서비스품질은 천지차이로 달라질 수 있다. 서비스의 이질성은 고객의 이질성 때문에 발생할 수도 있다. 제공되는 서비스 품질은 다르지 않으나 그것을 받는 고객들의 유형이 달라서 어떤 사람은 품질을 높게 인식하고 다른 사람은 아주 형편없다고 인식할 수도 있기 때문이다.

이질성에 따른 문제점을 해결하기 위해서는 서비스와 서비스 품질의 표준화가 요구된다. 예를 들어 종업원에게 고객서비스의 매뉴얼을 학습시킴으로써 종업원 간에 달라질 수 있는 서비스 품질의 이질성을 예방할 수 있다.

4) 소멸성(Perishability)

서비스는 재고로 보관할 수 없기 때문에 재고 조절이 곤란하다. 제품은 선반에 전시할 수도 있고 창고에 재고를 쌓아둘 수도 있다. 그러나 서비스는 그렇게 할 수 없다. 예를 들어 비수기 때 비행기의 좌석이 공석으로 운행되더라도 그것을 재고로 쌓아둘 수 없다. 그리고 서비스는 구매 후 단 한 번의 소비로 서비스의 편익 benefit이 사라진다. 예를 들어 뮤지컬 관람은 1회의 관람으로 서비스 내용이 사라지지만, 음악CD는 반영구적으로 언제든 다시 들을 수 있다.

서비스의 소멸성으로 인한 문제를 해결하기 위해서는 수요와 공급 간의 조화를 이루는 전략이 필요하다. 항공사의 경우, 성수기에는 넘쳐나는 여행객들의 수요를 운행편수를 증가시켜 충족하는 공급확대전략을 취하고, 대기나 예약 같은 형태로 수요를 재고로 보관할 수 있다. 뮤지컬에서도 관람객이 공급보다 많은 경우 임시좌석을 배치하고 고객관리를 위해 임시직을 추가로 고용할 수도 있다. 또는 미리 예매를 받아 공연장의 크기를 사전에 변경할 수도 있다.

• 사례 •

의료 관광 전성시대

미국은 최고 의료수준의 국가로 전 세계에서 난치병 환자들이 찾아가는 곳이다. 해외환자 유치를 위해 국가적인 지원이 없어도 국내환자와 달리 보험 지급 대상 이외의 치료를 하며, 동일치료라도 10~20% 더 높은 치료비를 지불하고 현금으로 결제하기 때문에 수익이 높아 미국 내 의료기관들이 적극적으로 나서고 있다. 특히 필라델피아의 PIM(Philadelphia International Medicine)과 미네소타 로체스터에 있는 메이요 클리닉(Mayo Clinic), 휴스턴 중심지에 있는 M. D. Anderson병원에 중증치료를 위한 해외환자들의 발길이 이어지고 있다.

PIM(Philadelphia International Medicine)은 필라델피아에 있는 9개 병원의 참여로 1999년에 설립되었으며 목적은 지역병원, 의료진, 의료시설을 연계하여 해외환자를 유치하는 것이다. 해외환자가 PIM의 국제센터에 전화를 하면 가장 적합한 병원으로 연계해 주며, 문의사항 접수, 비자서류, 재정상담 및 의료비 수납, 의사와의 상담조정 및 의료예약, 환자와 가족여행, 호텔숙박, 통역 등에 다양한 서비스를 제공해 주고 있다. 매년 평균 3,400명의 해외환자를 유치하고 있으며, 주로 캐리비안 지역, 중동, 브라질 등에서 오는 환자로부터 6,000만 달러의 수입을 달성하고 있다. PIM에서 주목할 만한 점은 바로 지역병원 간의 협력과 연계이다. 치료뿐만 아니라 의료 서비스 사업을 위해 공동으로 홍보하고 해외의사들의 연수를 실시하고, 환자 알선 사무소를 설치하여 운영하는 등 적극적인 협력관계를 유지하고 있다.

Mayo Clinic은 Johns Hopkins 병원에 이어 미국 2위에 랭크되는 세계적으로 유명한 병원이다 매년 150여 개국에서 환자와 가족이 방문하고 있으며, 2,900명 이상의 의료진과 4,700명의 직원들이 환자를 위해 협력하고 있다. 메이요 클리닉에서 시행하는 프로그램 중 주목할 만한 것은 전문경영인들을 대상으로 영양상담 등으로 구성하여 시행하는 Executive Health Program이다. 그밖에 해외환자를 위해 국제환자센터에서는 38명의 통역가와 25명의 현장 도우미를 배치하여 세심한 배려를 하고 있다.

자료 이마스(2008-09-10)

• 사례 •

반려자를 위한 최상의 식사 네슬레 퓨리나(Nestele Purina)

'언제부터인가 강아지와 함께 산책하는 동네 주민의 모습이 보이는 횟수가 빈번해지더니 어느덧 자연스러운 현상이 되고 있다.'

이러한 애완동물 선호 경향은 이미 전 세계적 트렌드로 자리 잡았다. 미국의 반려동물 지출 비용은 1990년 초반 170억 달러에서 2006년 400억 달러로 크게 증가했으며, 미국의 가구당 애완동물 보유율은 38%에 달한다. 이는 4,300만 가구에 이르며 극심한 경제 침체기에도 4.9% 이상 성장할 것으로 전망된다.

'반려동물' 이라는 용어는 이 같은 인식의 변화를 가장 잘 보여주는 예다. 1983년 오스트리아 빈에서 열린 인간과 애완동물의 관계를 주제로 하는 국제 심포지엄에서 처음 제안된 용어로 인간과 동반자 관계로서 동물의 가치를 인정하자는 뜻에서 생겨났다. 'pet' 이 아닌 'companion animal' 로

구분	개	고양이	조류	말
애완동물 보유율	37.2%	32.4%	3.9%	1.8%
애완동물 보유 가구	43,021,000	37,4560,000	4,453,000	2,087,000
가구당 평균 보유수(마리)	1.7	2.2	2.5	3.5
미국 내 총 애완동물 수	72,114,000	81,721,000	11,199,000	7,295,000

출처 : American Veterinary Medical Association

대해야 한다는 뜻을 담고 있으며, 국내에서는 2004년을 전후해 애견 · 애묘인들 사이에서 조금씩 사용되기 시작했다. 이제 반려동물로서 인간과 동반자로까지 인식되는 애완동물을 키우는 이유는 개인별로 차이가 있겠지만, 경기불황에도 지속적인 성장세를 보이는 애완동물 관련 산업은 분명 매력적인 산업임에 틀림없다.

'질이 나쁜 밥' 을 낮춰 부르던 '개밥' 이라는 단어의 의미는 이제 바뀌어야 할 것 같다. 애완견에게도 영양 상태와 맛을 고려한 고급사료를 먹이고 계절마다 각종 예방접종을 하며 돌보는 애견인들이 늘고 있다. 이미 동물을 넘어 가족의 구성원으로 받아들여지고 있는 것이다. 애완동물을 위해서라면 불황에도 아낌없이 지갑을 여는 이들이 많아지고 있다. 그들에게 강아지나 고양이는 단순히 집에서 기르는 '애완동물' 이 아니다. 인생의 동반자로서 함께 정을 나누는 친구이자 가족과 다름없다.

현재 국내 애완시장 전체 규모는 1조 원으로 추정되며, 진료시장 3,000억 원, 식품시장 2,500억 원, 분양시장 500억 원, 용품시장 1,000억 원 등 다양한 산업으로 구성되어 있다. 또한 국내 애완견을 키우는 가구는 17%, 고양이를 키우는 가구는 2% 정도로 약 20%의 가구에서 애완동물을 키우고 있다. 2004년 한국애견협회의 자료에 따르면 약 10년 전까지만 해도 국내 애견 수는 300만 마리, 애견 인구는 500만 명으로 추정되었고 현재에는 700만 명에 이르는 것으로 추정되고 있다.

애견용품의 시장 변화는 온라인 쇼핑몰의 판매추이를 보면 쉽게 예측할 수 있다. 2008년 11월 인터넷 종합 쇼핑몰 G마켓의 조사결과에 따르면 13만5,200건으로 전년 동기 대비 69%나 급증했다고 한다. 애묘용품 판매량도 전년 동기 대비 무려 74% 증가한 것으로 발표되었다. 인터넷 종합 쇼핑몰 인터파크에서는 2008년 3분기 애완용품 판매량이 전년 대비 110% 이상 증가했다. 롯데닷컴에서는 지난해 애완동물 특가 기획전이나 1+1이벤트, 저가의 물품만 모은 '아찔한 특가 아웃렛 매장' 등의 행사로 10월 매출이 전년 동기 대비 약 2배 이상 증가했다. 각종 행사로 인해 작년 대비 침대, 액세서리 등의 용품 관련 매출이 크게 상승했으나 매출 판매의 70% 이상이 사료, 간식, 샴푸 등 애완동물 생필품 위주에서 일어나고 있다는 것이다. 그중에서도 가장 많이 지출이 들어가는 곳이 사료, 간식과 같은 먹이이다.

애완동물의 의식주 중에서 가장 중요하게 생각되는 분야는 2,500억 원 시장 규모의 먹이 시장이다. 애완동물 먹이는 유통채널도 다양화되어 이제는 동물병원뿐만이 아니라 애견 전문 마트, 온라인, 대형마트와 편의점에서도 손쉽게 구할 수 있게 됐다. 이러한 유통채널의 다양화 현상 속에서 이마트에서는 2008년 10월 애완동물 PL(Private Dogs) 상품을 출시했다. PL상품이란 유통업체와 생산업체가 손잡아 광고 등의 비용을 빼고 최소 마진만을 남기는 상품으로 좋은 품질의 상품을 저렴한 가격에 제공하는 것이 특징이다.

'엠엠독스(m.m.Dos' s)'와 '엠엠캣츠(m.m.Cats)'로 명명된 이마트의 PL상품의 가격은 같은 품질의 기존 제품보다 10~20% 가량 저렴하다. 유통 다변화뿐 아니라 제품의 종류도 세분화되었다. 특히 사료는 다양한 브랜드가 있을 뿐 아니라 프리미엄, 홀리스틱 등으로 고급 등급의 세분화가 이루어졌고 더 나아가 피부병이나 알레르기에 따라 각종 처방식 사료들도 출시되고 있다. 사료는 등급에 따라 오가닉(Organic), 홀리스틱, 수퍼프리미엄, 프리미엄, 마트 등 다음과 같이 다섯 등급으로 나뉜다.

이렇게 사료에도 유기농 원료를 사용한 고급사료까지 등장하며 반려동물들의 식생활은 한층 더 업그레이드되고 있다. 그 원료도 다양해져 닭고기가 주 단백질요소를 이르던 과거와 달리 쇠고기, 청어, 연어, 양고기, 오리고기, 야채 사료, 저지방 사료 등 다양해 반려동물의 기호나 건강상태에 따라 선택할 수 있는 폭도 넓어졌다. 등급만큼 가격의 폭도 확대되었다. 1kg당 약 1,900원부터 많게는 약 25,000원까지 등급과 브랜드가 다양해짐에 따라 질도 다양해졌다.

애견 사료에 있어 가장 유명하고 전통 있는 회사는 미국계 회사인 '퓨리나(현 명칭 : 네슬레 퓨리나 / Nestle Purina Co.)이다

순수한 곡식이라는 의미를 담고 있는 퓨리나는 1894년에 설립되어 처음에는 말과 당나귀의 사료를 제조, 판매했다. 이후 1902년 랄스톤 퓨리나로 사명을 변경한 후, 1926년 애완동물연구소를 설립하였으며, 다음해인 27년에 세계 최초의 애견식품 '도그차우'를 판매하기 시작한 미국 애견식품 전문회사다. 90년도에는 수퍼프리미엄급 애완식품 '오엔이(One)', '프로플랜(Proplan)', '씨엔앰(CNM)'을 시판하였다. 1995년 '골드캣', '캣박스' 사를 인수하며 고양이 먹이 사업을 본격적으로 확장시켰다. 또한 1997년 영국 최대 애완동물 식품 회사 '에드워드 베이커'를 인수하며 애완동물 식품 전문회사로서의 위상을 공고히 했다.

2001년 12월 세계 최대 가공식품 제조업체인 스위스의 네슬레에 의해 110억 달러 규모에 인수되어 현재는 네슬레 퓨리나로 사명이 변경되었다. 애견 먹이에서 1위 기업인 랄스톤 퓨리나와 애묘 먹이 1위 기업인 네슬레의 합병을 통해 업계 1위였던 마르스(Mars)사를 넘어 세계 최대 사료업체로 부상하였다. 이렇듯 80년이 넘는 역사 속에서 네슬레 퓨리나는 전통과 제품에 대한 전문성으로 업계 선두 위치를 유지하며, 현재 개의 성장과 건강 상태에 맞춘 식품들과 고양이를 위한 각종 식품들을 주로 판매하고 있다.

퓨리나가 지속적인 성장을 하면서 현재 이 위치를 유지하고 있는 것은 긴 역사만큼이나 끊임없는 노력이 있었기 때문이다.

이러한 노력들은 퓨리나의 강점으로 자리 잡고 있다.

자료 이마스(2009-06-05)

3. 서비스마케팅의 핵심 '서비스 품질'

21세기의 기업들, 즉 서비스 기업뿐만 아니라 일반 제조기업들의 관심사는 어떻게 하면 서비스 품질을 향상시켜서 고객들을 만족시킬 수 있는가에 있다. 즉 과거에는 제품의 품질에만 초점을 두었다면, 이제는 완벽한 제품에 서비스 품질 또한 최고가 되어야만 최종고객에게 다시 선택을 받을 수 있는 결과를 얻을 수 있기 때문이다.

그러나 서비스에서의 품질은 고객들의 주관적인 감정이기 때문에 그 가늠을 정확하게 하고 수치화한다는 것은 매우 어려운 일이다. 그러므로 사전에 고객이 가지고 있던 기대가 그 고객의 서비스품질 인식에 중요한 기준으로 작용한다. 예를 들어 해외여행을 가려고 호텔을 예약하려고 할 때, 주변 사람들로부터 "그 호텔에 가보았는데 너무 좋더라", "그 호텔은 서비스가 너무 좋더라"라는 말을 듣고 나서 호텔에 투숙한 경우, 아무 이야기도 듣지 못하고 호텔에 투숙한 경우, 그리고 '그 호텔은 서비스가 엉망이더라' 라는 평가를 들은 후 투숙한 경우 동일한 고객이라도 호텔에 대한 서비스 만족도는 세 경우 모두 달라질 것이다. 사전에 갖는 기대는 이처럼 서비스 경험에 대한 평가의 기준점이 되기도 한다.

그렇다면 고객은 서비스를 이용하기 전에 어떤 기대를 하는가? 서비스의 다양한 각 측면에 대해 어느 정도 좋을지 또는 나쁠지를 예상할 것이다. 예를 들어 패밀리 레스토랑 아웃백 스테이크 하우스를 방문하는 고객은 그 레스토랑의 어떤 서비스 측면들을 가지고 서비스 수준을 평가하는 것일까? 음식 맛, 짧은 기다림, 종업원들의 친절함, 공간의 쾌적함, 주차의 편리성 등등, 다양한 측면을 고려하여 전반적으로 서비스가 좋은지 나쁜지를 평가할 것이다. 그리고 실제로 받은 서비스를 응당 받아야 한다고 기대했던 수준과 비교해서 그 레스토랑의 전반적인 품질을 낮다거나 또는 높다고 판단할 것이다.

고객들이 고려하는 다양한 서비스 측면을 상호관련성이 높은 측면들끼리 묶어서 몇 개의 차원으로 만든다면 마케터가 훨씬 더 이해하기도 쉽고 관리하기도 쉬울 것이다. 이제 서비스 품질은 어떤 차원들로 구성되는지 살펴보자.

4. 서비스 품질의 구성

학자에 따라 서비스 품질의 차원을 다양하게 구분하고 있다. 가장 많이 알려진 것은 두 가지 모형인데, 하나는 2차원 모형이고 다른 하나는 SERVQUAL 모형이다. 2차원 모형은 서비스 품질이 "과정품질"과 "결과품질"의 두 가지 차원으로 구성된다고 본다. 반면 SERVQUAL 모형은 서비스 품질이 5개의 차원으로 구성된다고 본다.

1) 2차원 모형

소비자들은 서비스에 대해 크게 2가지 측면에서 서비스의 질을 평가한다고 보는 모형이다. 즉 서비스 제공자로부터 '무엇을 받았느냐'와 그것을 '어떻게 받았느냐'의 두 가지 측면에서 전반적인 서비스의 품질을 평가한다는 것이다.

- 결과 품질 : 고객이 서비스기업에서 '무엇을what 받았는가?'이다. 때로는 기술적 품질이라고도 불린다. 예를 들어 레스토랑의 음식 맛이나 병원에서의 수술의 성공 등은 결과품질이라고 할 수 있다.

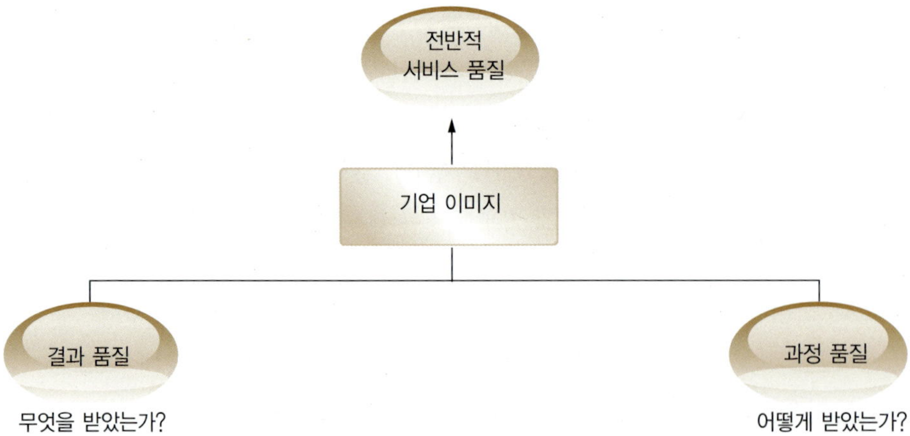

그림 4-8 | 서비스 품질의 2차원 모형

–•과정 품질 : 고객이 서비스를 어떻게how 받는가, 또는 서비스 제공 과정을 어떻게 경험하는가를 나타낸다. 흔히 기능적 품질이라고도 한다. 예를 들어 레스토랑의 종업원이 얼마나 친절하게 대해 주었는가 또는 병원에서 의사가 얼마나 자상하게 진찰 후 설명을 해주었는가 등이 과정품질에 속한다고 볼 수 있다.

2) SERVQUAL 모형

SERVQUAL 모형은 가장 많이 사용되는 서비스품질 모형으로 Zeithaml Berry and Parasuraman에 의해 1988년 개발되었다. 그들은 [그림 4-9]와 같이 5개 차원으로 서비스 품질을 구분하였다. SERVQUAL의 5차원은 주로 과정품질을 중심으로 측정되고 있어 결과품질에 대한 고려가 미흡하다는 지적을 받고 있지만, 가장 널리 알려지고 보편적으로 사용되는 품질측정 모형이다. 이 모형에 따르면 소비자들은 어떤 서비스를 이용하면서 크게 5가지 측면을 평가한다고 한다. 즉 제공받은 서비스를 유형성, 신뢰성, 응답성, 확신성, 공감성의 5개 측면에서 평가한다고 본다.

■ 유형성(Tangibles) : 물적 요소의 외형을 의미하는 것으로, 예를 들어 도서물, 음반몰, 문구몰, 푸드코트 등이 모두 복합적으로 한데 어우러져 있는 교보문고의 경우 다양함을 즐기는 문화공간으로서의 유형성 품질이 높다고 할 수 있다. 그밖에도 은행 직원들의 유니폼이나 실내 인테리어 등이 그 은행의 서비스를 평가하는 하나의 차원이 된다.

■ 신뢰성(Reliability) : 믿을 수 있고 정확한 임무수행을 함으로써 고객이 받는 서비스에 대해 신뢰감을 가질 수 있게 할 때 고객들은 서비스 품질을 높게 인식한다. 예를 들어 이마트는 국내 최초로 최저가격 보상제를 실시하였으며 다른 점포보다 더 비싼 상품을 신고하면 두 배로 배상하겠다는 공언을 함으로써 고객들에게 "이마트에서 사면 가장 싼 가격에 살 수 있다"라는 신뢰감을 주고 있다. 가격에 대한 믿음은 대형할인유통 서비스에 대한 고객들의 품질평가 기준 중 매우 중요한 부분이라 할 수 있다.

■ **응답성(Responsiveness)** : 고객의 필요나 욕구가 있을 시 즉각적으로 도움을 주는 측면을 보고 고객들은 서비스 품질을 높게 평가한다. 예를 들어 포시즌스 호텔은 "고객의 어떤 요구라도"라는 모토 아래 한밤중이든 새벽이든 고객이 원하는 어떤 종류의 요구라도 즉각 처리해 주고 있어 응답성이 매우 높은 호텔로 평가받고 있다. 대부분의 호텔 레스토랑에서는 직원들이 고객들과 지속적으로 눈을 맞추도록 하는 행동지침을 부여하고 있다.

그것은 고객이 먼저 손을 들어 부르기 전에, 고객의 눈빛을 매 순간 살펴서 무엇이 필요한지를 직원이 먼저 파악해서 제공해 주도록 하기 위한 방침이다. 이러한 대접을 받은 고객은 그 호텔의 서비스 품질을 높이 평가하게 될 것이다.

■ **확신성(Assurance)** : 확신성에는 능력, 공손함, 안정성 등이 포함된다. 예를 들어, '든든한 은행, 농협은행' 이라는 광고카피는 농협은행의 확신성을 높게 인식시키는 데 도움을 준다. 직원들이 예의 바르고 친절하게 고객을 대해 주는 것도 확신성을 높임으로써 전반적인 서비스품질을 높게 인식하게 하는 방침이다.

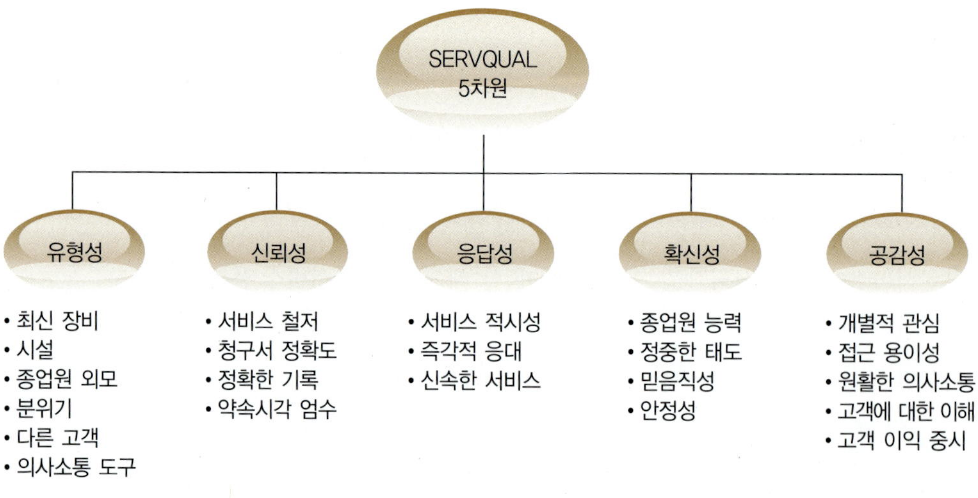

그림 4-9 | SERVQUAL 모형

■ 공감성(Empathy) : 공감성에는 접근용이성, 의사소통, 고객에 대한 이해 등이 포함된다. 고객의 접근용이성을 높이기 위해서 대형 유통할인점인 홈플러스는 24시간 영업을 하고 있다. 은행의 365일 자동화 코너에 놓인 ATM도 고객의 접근 용이성을 높이는 시설이다. 한 화재보험사는 고객이 인터넷에 불만을 접수하면 만 24시간 내에 응답을 준다. 이것은 고객과의 의사소통 원활화 및 접근 용이성을 높이는 예라고 할 수 있다. 어떤 공중 화장실에는 물소리가 나는 기계가 부착되어 있는데 이것은 고객에 대한 공감과 이해를 나타내는 좋은 예라 할 수 있다.

• 사례 •

고객의 모든 것을 만족시킨다. 컨시어지 (Concierge)

컨시어지(Concierge)란?

이탈리아의 경제학자 팔레토가 발견한 20%의 고객의 매출이 전체의 80%를 차지한다는 20:80법칙은 우리에게 현대 사회에서 기업이 나아가야 할 방향으로서 강조되고 있다. 하지만 이러한 상위 고객 시장이 주목되기 이전부터 소위 Big Spender들을 주 타깃으로 하는 호텔산업에서는 매출에서 차지하는 비중이 큰 고객들을 위한 서비스가 이미 오래전부터 존재해 왔다. 그중 하나가 컨시어지 서비스이다. 근래 다양한 산업군에 걸친 수많은 기업이 컨시어지 서비스에 대해 주목하면서 각자의 영역에 맞게 변형, 발전시켜 나가고 있다.
'컨시어지' 라는 용어의 어원은 불어에서 찾을 수 있다. "le Comte des Cierges." 영어로는 "Keeper of Candles"라는 뜻으로 중세시대에 많은 성(Castles)의 밤들을 밝힌 초를 관리하는 사람을 지칭하는 것이 컨시어지의 기원이다. 프랑스에서 성의 밤을 밝히는 초를 관리하는 관리원들은 궁의 일정한 구역 내에서 사법권을 행사하며, 전체적 관리를 맡은 공무원 역할도 수행하였다. 또한 왕이 타지로 여행을 할 경우에는 먼저 현지에 가서 왕이 여행하는 데 전혀 불편이 없도록 모든 것을 준비하고 송영하기도 하였다. 이러한 왕실을 대상으로 한 업무가 1930년대 유럽의 럭셔리 호텔들에서 본격적으로 서비스의 일부로 자리 잡게 되었고, 이후 컨시어지 서비스는 세계 각국의 럭셔리 호텔이나 고급 휴양지 호텔에서 일반화되었다. 이러한 컨시어지 서비스는 현대 호텔 산업에서는 고객의 편의를 위해 고객의 요구를 이행하는 서비스를 담당하는 집사와 같은 의미로 쓰이고 있다. 웨스틴 조선 호텔의 컨시어지의 경우 "지난해 중국 비자 발급, 북한산 등산코스, 질 좋은 인삼 파는 가게, 한국인이 카리브해 연안 국가 여행 시 비자 필요 여부, 다이빙 가능한 수영장을 알고 싶다는 손님들의 요구를 해결"하기도 했다. 또한 그랜드 인터컨티넨탈 컨시어지 서비스는 "객실 내의 소파 구입, 재킷 염색, 배용준이 등장한 포스터 구하기, 고객이 선물받은 팔찌와 동일한 것을 구해 달라는 등의 갖가지 고객의 요구를 만족"시켰다는 말에서 알 수 있듯이 고객들의 다양한 요구 사항을 해결해 주는 서비스이다. 호텔 내에서 컨시어지의 주요 업무를 정리해 보면 다음과 같다.

- VIP 고객 성향에 대한 각종 보고서와 고객 이력파일 작성
- 고객 요구시의 통역 업무 제공, 전문 통역이 필요시에 통역용역업체 의뢰
- 각종 안내 자료의 수집과 안내 업무 수행
- 불편사항의 접수와 해결 및 야간 총지배인 업무 대행
- VIP 고객의 영접과 영송을 벨맨을 대신해 수행

고급 호텔일수록 고부가가치를 지닌 호텔 서비스가 많이 이루어진다. 컨시어지 서비스가 바로 대표적인 고부가가치의 서비스로 호텔업에서 점점 더 강조되고 있는 서비스 개념이며, 컨시어지들은 다양해지는 고객들의 요구에 대응하는 폭이 넓으며 깊이 있는 지식과 능력을 갖고 있는 전문인들이다. 오늘날의 컨시어지 서비스는 고객의 입맛에 맞는 상품뿐만 아니라 그에 걸맞은 서비스를 함께 판매하고 있으며 호텔업을 넘어서 그 외의 고객 관계 개선을 위해 노력하는 기업들에 도입되어 확장되어 활용되고 있는 추세이다. 컨시어지는 '구매자를 대변하고, 구매자의 욕구가 가능한 한 최선의 방법을 통해 충족될 수 있도록 해 주는 사람'으로 정의되어, '컨시어지 마케팅'이라는 새로운 마케팅 영역으로 확장되고 있다. 기존의 '호텔 컨시어지' 외에 1990년대에 이르러 미국을 중심으로 개인의 시간 효용성에 대한 중요성이 대두되면서 등장한 '퍼스널 컨시어지(Personal Concierge)'는 현재 미국과 유럽에서 하나의 산업으로 급성장하고 있다. 개인 수행비서 역할, 쇼핑, 홈&패밀리 컨시어지, 이벤트 플랜, 여행 기획 추진, 기타 한 개인을 중심으로 하는 전반적인 과제를 해결하는 개인 컨시어지의 역할이다.

'코퍼레이트 컨시어지(Corporate Concierge)'는 직원들이 회사의 일에 전념할 수 있도록 개인의 사생활 중 일부의 업무를 컨시어지가 담당하는 형태이다. 회사 내에 사무실을 두고 필요로 하는 각종 업무를 해결해 주는데, 관공서의 각종 증명서, 은행, 입금 및 공납금의 납부, 개인 쇼핑 등 직원들의 편이를 도모하여 주는 역할을 수행한다.

이 외에도 국내에서는 컨시어지의 다양한 서비스를 고급 브랜드 백화점이나 고급 아파트 등에서 도입하여 고객의 각종 편이를 도모하는 일을 담당하는 제3의 영역으로 확장되어 가고 있는 추세이다. 특히 인터넷 기술의 발달로 인한 가상 공간상에서의 컨시어지 서비스의 영역이 확장되고 있다.

자료 이마스(2007-09-13)

5. 서비스의 특성과 서비스 품질

일반적으로 마케팅 믹스라 하면, 제품 Product, 가격 Price, 유통 Place, 촉진 Promotion의 4P믹스를 말한다. 그런데 서비스에는 4P믹스 외에 3P를 추가하여 7P믹스를 필요로 한다. 추가된 3P는 "물리적 단서" Physical Evidence, "프로세스" Process, "사람" People이다. 추가된 3P는 모두 서비스의 고유한 특수성 때문에 중요시되는 내용들이다. 예를 들어 서비스의 무형성이라는 특성 때문에 서비스의 물리적 단서를 특별히 관심 있게 관리해야 할 필요성이 제기되었다. 또한 서비스는 생산과 소비가 동시에 일어나는 비분리성 때문에 서비스가 전달되는 고객과의 접점 하나하나가 생산과 소비를 아우르는 전체 프로세스를 구성하고 결과적으로 고객들의 서비스 경험을 형성하는 중요한 과정이 된다. 서비스 프로세스는 대부분 직원과 고객 사이의 일련의 접촉 단계들로 구성된다. 따라서 고객과의 접점에 있는 일선 직원들의 태도와 행동 및 다른 고객들의 분위기가 한 고객의 서비스 경험을 좌우할 수 있으므로 중시되어야 한다. 본 절에서는 서비스마케팅에만 고유하게 추가되는 3P에 대해서 다루도록 한다.

1) 물리적 단서(Physical Evidence)

물리적 단서란 서비스가 전달되고 서비스 기업과 고객의 상호작용이 이루어지는 환경으로서 모든 유형적 요소를 포함한다. 서비스 업체의 내부 및 외부 환경인 물리적 환경은 서비스케이프 Service cape라고도 부른다. 그 밖에 종업원의 유니폼, 영수증, 메뉴판 등과 같은 유형적 요소들도 물리적 단서에 포함된다.

그렇다면 물리적 단서는 어떤 역할을 하는 것일까?

다양한 물리적 단서는 포장, 편의제공, 사회화, 차별화 등의 역할을 한다.

첫째, 물리적 단서는 제품의 포장과도 같은 역할을 한다. 포장은 소비자들의 시선을 끌거나 특정 이미지를 형성하게 해주거나 품질에 대한 기대를 하게 해준다. 예를 들어 레스토랑의 탁 트인 개방된 주방은 고객들에게 주방의 청결함을, 주방장의 모자 높이는 요리사의 수준을, 식탁 위에 깔린 도톰한 하얀 식탁보는 높은 서

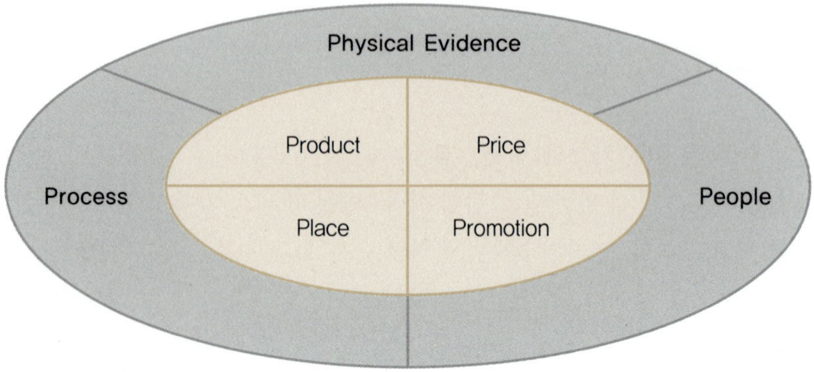

그림 4-10 | 서비스마케팅 7P

비스 품질을 기대하게 하는 역할을 한다.

둘째, 물리적 단서는 편의를 제공한다. 그 환경 내에 있는 사람들의 성과를 돕는 역할을 한다. 은행에 비치된 고객용 전자계산기나 돋보기가 좋은 예이다. 동선에 따른 내부 공간 디자인도 직원과 고객의 편의를 돕는 역할을 한다.

셋째, 물리적 단서는 사회화의 역할을 한다. 예를 들어 음식점 벽에 붙은 '물은 셀프입니다' 라는 문구는 고객들이 스스로 물을 갖다 먹어야 한다는 것을 무언으로 가르쳐준다.

레스토랑의 조용하고 느린 배경음악은 고객들에게 언성을 높여 떠들지 않도록 가르쳐주는 역할을 한다.

넷째, 물리적 단서는 차별화의 역할을 한다. 예를 들어 어떤 24시간 편의점에서는 비트가 강하고 빠른 음악을 틀어 놓았더니 옆 점포보다 상대적으로 더 젊은층의 고객들이 주로 모였다고 한다. 신용카드의 경우 색상을 은빛, 금빛 등으로 구분하여 카드가 제공되는 서비스의 수준에 차이를 나타내고 있다.

앞서 살펴보았듯이 물리적 단서는 서비스 고객들에게 인지적, 감성적, 행동적 영향을 미치는 중요한 요소로서 관리되어야 한다. 특히 물리적 단서를 전체적으로 관리함에 있어 주요한 이슈는 분위기와 혼잡성의 관리이다. 분위기는 서비스의 무형성을 극복하고 좋은 이미지를 형성할 뿐 아니라 궁극적으로는 소비자의 구매결정을 촉진하고 서비스 소비경험을 만족스러운 것으로 만드는 역할을 한다. 따라서 모든 물리적 단서를 조합하여 차별화된 최고의 분위기를 만들 수 있어야 한다. 코코넛 향기가 나는 리조트 시설의 화장실, 은은한 조명의 찻집, 고급 유니폼을 입은 MK택시 등은 그 업체를 선택하게 하고, 고객의 서비스 경험을 향상시켜 오래도록 잊지 못하게 하는 작은 단서들이다.

서비스는 어떤 공간에서 사람들이 만나서 이루어지는 경우가 대부분이기 때문에 공간 내 사람들의 밀도가 고객의 인식과 경험에 중대한 영향을 미칠 수 있다. 동일한 공간에 100명이 있을 때와 50명이 있을 때 고객들이 인식하는 혼잡함의 정도는 크게 달라진다. 여기서 중요한 점은 객관적인 밀도보다는 고객들이 체감하는 밀도인 '혼잡성 crowding'을 관리해야 한다는 점이다. 밀도가 높으면 공기를 쾌적하게 하고 실내온도를 낮추고 줄을 서서 질서 정연하게 대기하게 함으로써 고객들의 눈에 비친 혼잡성을 낮출 수 있다.

• 사례 •

경주의 한옥 호텔 '라궁(羅宮)'

'호텔'이라 하면 많은 사람이 '현대적인, 고급스러운, 화려한, 세련된, 서구적인' 것과 같은 이미지들을 먼저 떠올릴 것이다. 이처럼 호텔은 '현대인'들의 삶을 담고 있는 공간으로 대표되는 문화적 공간이다. 그런데 세계 어디를 가든 호텔의 분위기는 비슷하다.

건축 양식과 운영 시스템 대부분이 미국식, 영국식이기 때문이다. 현재 우리나라 호텔 산업 또한 미국식 호텔과 같이 운영되고 순수 외국 호텔의 체인도 높은 비율을 점유하고 있다.

그런데 2007년 5월 11일, 경주에서 오픈한 전통형 특급호텔 '라궁(羅宮)호텔'의 등장이 우리나라 호텔 산업에 새로운 길을 제시했다. 전통 가옥인 '한옥'과 온천을 접목한 최초의 시도뿐 아니라 과거의 체험과 현대적인 기능을 겸비한 '온고지신'의 문화를 창조한 것이다.

'라궁(羅宮 : Millennium Palace Resort & Spa)'은 신라 궁궐이라는 의미를 가지고 있는 신라궁에서 이름을 가져온 것으로 경상북도 경주시 보문단지 신라밀레니엄파크 내에 위치한 국내 최초의 한옥 호텔이다. 총 16만5000m^2 부지에 세워진 신라밀레니엄파크 중 호텔 라궁의 대지 면적은 약 1만 6,500m^2이고, 호텔 건물이 들어선 땅 1650m^2는 전통형 특급호텔로 지하1층 ~ 지상2층 규모이다.

한옥의 현대화를 위해 꾸준한 실험을 시도한 업체에서 시공을 맡아 완성하였다. 기계화의 힘을 빌려 6개월 만에 완공된 이 호텔의 기획은 '제대로 즐길 수 있는 전통 숙박시설'에서 출발했다.

라궁은 입구 건물과 16개 객실이 이어져 있는 뒤편 건물이 ㅁ자 구조로 되어 있다. 객실이 이어지는 긴 복도는 네모꼴 안 마당을 둘러싸고 있는데 안 마당은 공터로 남겨두어 정적과 개방적인 느낌을

• 사례 •

준다. 회랑을 따라 이어지는 객실의 반대편에는 숙재헌이 자리 잡고 있다. 한옥 숙재헌(조선 후기 양식으로 만들어진 한옥)은 삼부토건이 과거 댐 공사 시 수몰될 위기에 처한 것을 옮겨 놓은 것이다. 현대적인 방식으로 지은 최신 한옥인 라궁과 시간의 흔적을 간직한 숙재헌이 대비되는 듯 어우러짐은 과거와 현재를 오가는 느낌을 준다.

집 한 채 모습의 객실 면적은 약 66m² 안팎으로 일반 호텔 객실보다 조금 넓다. 객실 유형은 도시형 구조를 적용해 앞쪽 호수로 돌출된 '누마루형'과 ㄷ자형을 기본으로 하여 작은 마당을 강조한 '마당형', 두 가지를 접목한 '복합형', '스위트룸' 유형으로 총 4가지 유형이 있다. 객실 내의 가구는 TV와 냉장고, 에어컨과 같은 편의시설은 기본, 소파와 침대 같은 입식 가구들로 이뤄져 있다.

가구의 구성은 서양식 호텔과 다른 점이 없지만 라궁의 가구는 한식 스타일에 맞추어 새롭게 디자인된 것이다. 입식 가구는 요즘 사람들이 좌식에 익숙하지 않다는 점을 배려한 점이기도 하지만 입식 문화였던 신라시대의 문화를 반영한 것이기도 하다.

한국 고유의 미를 살린 인테리어 또한 감탄할 만하다. 서양식 호텔처럼 화려한 장식도, 이색적인 볼거리도 없지만 여백의 미와 같은 도양화에서 느낄 수 있는 미를 느낄 수 있기에 더욱 매력적이다. 건물을 포근하게 감싸고 있는 산과 창 밖으로 보이는 풍경이 한옥 특유의 운치에 한껏 심취하게 해준다. 하지만 라궁에 도착해서 제일 먼저 들르게 되는 관리동은 화려하다. 그 이유는 양식 호텔의 화려한 샹들리에와 눈부신 장식 때문이 절대 아니다. 工자 구조로 되어 있는 관리동은 2층에 달하는 높이로 하늘을 향해 터놓은 시원스러운 천장이 개방적인 느낌을 주고 이를 받쳐주는 육중한 대들보가 위엄과 기품을 제대로 느끼게 해 준다. 사방이 통유리로 되어 있어 창가를 통해 들어오는 야트막한 산과 하늘의 절경도 감상할 수 있다. 거대한 한지 조명과 아름다운 곡선의 미를 그리고 있는 조명등이 화려한 분위기를 더해 준다.

모든 소품은 신라시대의 분위기를 물씬 느끼게 해 주며 가구와 문양들 또한 신라 궁궐의 분위기를 한껏 느낄 수 있도록 해 준다.

객실의 소파 방석과 쿠션까지도 라궁의 고유 문양이 새겨져 있어 섬세하고 품격 있는 느낌 또한 더해 준다. 전국 각지에서 모인 100여 명의 고건축 전문 목수가 동원되어 제작된 가구들인 만큼 '신라의 궁'이라는 이름에 손색이 없다. 정성이 가득한 한국적인 화려함을 가진 객실 인테리어는 새로운

실내 인테리어 트렌드로 자리 잡을 충분한 가능성을 가지고 있다.

– 현대식 호텔의 편리한 서비스

한옥 호텔의 서비스는 현대식으로 이뤄진다. 체크인을 시작으로 체크아웃을 할 때까지 미국 / 유럽식 호텔과 다를 바 없이 편리하고 고급스러운 서비스를 제공한다. 그렇기 때문에 외국인 관광객들에게 있어서는 '편리한 숙박 공간' 을 넘어 '한국 문화 체험공간' 으로 기능할 수 있다. 또한 현대식 서비스를 선호하고 익숙해져 있는 국내 관광객들에게도 편리함을 준다.

안동의 전통 한옥에서도 숙박과 문화체험을 할 수 있는 프로그램이 제공되고 있다. 한신기획 여행사에서는 안동하회마을에서 외국인을 재우는 이색적인 프로그램을 선보이고 있는데, 안동의 전통 한옥에서 외국인을 재움으로써 한국을 가장 가깝게 느낄 수 있도록 한다는 상품이다. 각각의 장 · 단점이 존재하지만 '관광' 을 목적으로 한국을 방문한 외국인들에게는 라궁 호텔을 추천해 볼 만하다. 현대인들의 고민인 주차 공간 문제 또한 해결했다. 340여 대의 승용차와 90여 대의 버스를 동시 주차시킬 수 있는 공간을 조성하여 주차에 어려움이 없도록 배려한 점 또한 현대적 서비스의 일부이다.

자료 이마스(2008-01-11)

2) 하나하나의 MOT들이 만드는 프로세스

MOT Moment of Truth는 고객과 서비스 종업원 간의 접점을 말하며, "진실의 순간" 또는 "결정적 순간"이라고 불린다. 이 말은 스칸디나비아 항공사의 사장인 '얀 칼슨'이 서비스에 처음 사용하여 유명해진 말이다. 원래 MOT Moment of Truth는 투우경기에 투우사와 소가 처음 대면하는 순간을 말하는 것으로 이 순간에 이미 승패가 갈린다는 의미에서 결정적 순간이라고 한다.

3) 서비스 청사진을 만들자

우리 기업은 어떠한 프로세스로 서비스가 전달되는 걸까? 서비스 청사진을 그려보면 한눈에 모든 흐름과 활동 내용을 알 수 있다. 서비스 청사진은 고객과 서비스 제공자 간의 모든 접점을 고객의 입장에서부터 퇴장에 이르는 흐름에 따라 객관적으로 표현해 놓은 그림이다. 서비스 청사진에는 고객의 가시 영역과 고객에게 보이지 않는 비가시 영역으로서 후방활동이 포함된 MOT의 연결과정을 나타내는 것이다.

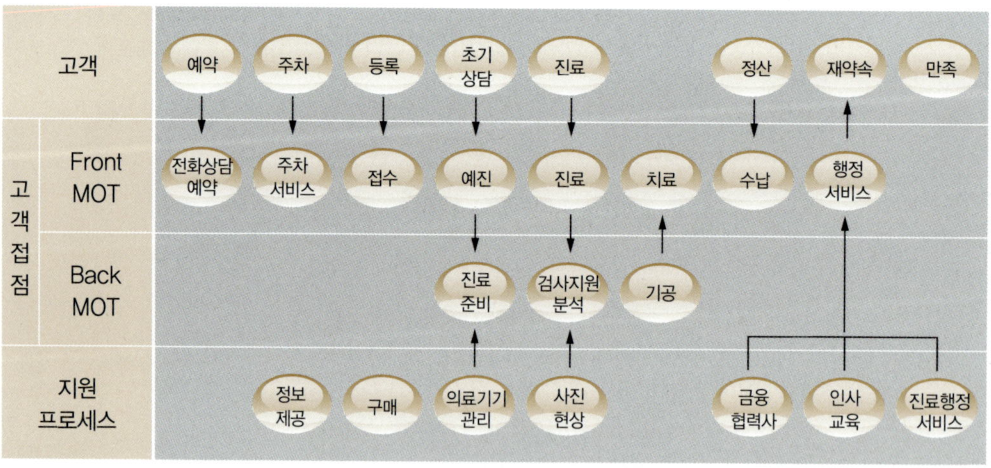

그림 4-11 | MOT들이 만드는 프로세스

4) 서비스 청사진은 어떤 면에서 유익한가?

서비스 청사진을 통해서 기업은 실패 가능점을 확인할 수 있고, 각 접점에서의 경과시간을 명확화할 수 있다. 따라서 서비스 청사진을 보고 기업의 서비스 표준을 제정하거나 개선하여 원가의 절감과 수익성을 향상시킬 수 있다.

표 4-3 | 서비스 청사진의 유익성

고객지향적 사고 고취	• 종업원으로 하여금 자신이 하는 일과 전체 서비스와의 관계를 파악하게 해준다. • 내 · 외부 마케팅을 위한 합리적 기반을 구성하게 해준다.
품질개선에 공헌	• 서비스 활동의 흐름에서 취약한 실패 가능점을 파악하게 한다. • 내부 상화 작용선은 부서 고유 상화의존성 및 부서 간 경계영역을 명확하게 파악하게 해준다. • 품질개선을 위한 상향식, 하향식 접근을 원활하게 해준다.
서비스 설계에 공헌	• 고객과 내부 직원 사이의 상호작용을 통해 양자 간의 역할을 명확하게 인식시켜 준다. • 가시선을 통해 고객의 가시영역과 고객과 접촉하는 모든 직원을 확실히 파악하게 해준다. • 서비스를 구성하는 요소와 연결고리들을 알려준다.
수익 향상	• 서비스 각 요소에 투자된 원가, 이익, 자본 등을 확인하고 평가하기 위한 기반을 제공해 준다.

6. 서비스 7거지악

서비스에서 사람은 내부 직원과 외부 고객으로 구성된다. 본 절에서는 내부직원을 중심으로 한 서비스 사람관리에 초점을 맞추고자 한다.

과거 조선시대에는 남편이 아내를 내쫓을 수 있는 7가지 죄목을 규정해 놓았었다. 그리고 그것을 칠거지악이라 불렀다. 서비스기업에서도 직원들이 저지르기 쉬운 잘못을 크게 일곱 가지로 분류하여 서비스 7거지악이라 명명하고 있다. 무관심, 고객무시, 냉담, 건방짐, 로봇화, 규정핑계, 뺑뺑이 돌리기 등이 그 죄목들이다. 누구나 한 번쯤 서비스 제공자로부터 이러한 경험을 당한 적이 있을 것이다.

표 4-4 서비스 7거지악

무관심	고객과 나는 관계가 없다는 식의 태도
무시	고객을 무시하는 태도
냉담	고객의 사정을 고려하지 않는 태도
건방짐	생색을 내거나 잘난 체하는 태도
로봇화	인간미가 없이 기계적으로 고객을 대하는 태도
규정 핑계	고객만족보다는 규정을 앞세우면서 상식이 통하지 않는 경우
뺑뺑이 돌리기	'내 담당이 아니다'고 하면서 고객을 이리저리 뺑뺑이 돌리는 행동

7. 만족한 직원이 만족한 고객을 만든다

우리 기업의 서비스 직원들이 칠거지악을 저지르고 있다면, 그건 무슨 이유 때문일까? 서비스마인드 또는 고객지향성이 없거나 성격이 부적격한 사람을 고용한 것은 아닌지 먼저 살펴보아야 할 것이다. 그와 동시에 혹시 기업 측에서 직원들을 잘못 대우하고 있는 것은 아닌지 면밀히 살펴야 한다. "사람은 자기가 대우받고 싶은 만큼 대우한다"는 말도 옳지만, "사람은 자기가 대우받은 대로 대우한다"는 말도 옳다. 조직에서 직원들을 잘 대우해 주면 좋은 대우를 받은 직원은 그만큼 직장과 일에 대한 만족도가 증가하여 높은 수준의 서비스를 제공할 것이다. 높은 수준의 서비스를 제공받은 고객은 당연히 고객만족이 증가되고 그 서비스 기업을 애용하게 될 것이다. 그렇게 되면 결국에는 기업의 수익과 시장점유율이 증가하게 될 것이다. 이에 따라 기업의 명성이 높아지고 증가된 수익을 다시 조직내부에 재투자하거나 구성원들에게 이익을 재분배함으로써 직원들의 만족도는 더욱 높아지는 선순환 고리를 그리게 될 것이다.

Heskett이라는 학자는 이 고리를 "서비스 이익 사슬 Service Profit Chain"이라는 모형으로 도식화하여 제시함으로써 서비스 기업의 직원들을 내부에 있는 고객으로 바라보도록 권고하는 내부마케팅에 근거를 제시하는 계기가 되었다. 이것은 좀 더 간단하게 말해서 "만족의 선순환" 고리로 표현할 수 있다. 즉 종업원 만족이 고객만족을 증가시키고 고객만족의 증가가 결과적으로 다시 종업원 만족의 증대로 이어지는 끊임없는 만족의 선순환으로 나타낼 수 있다.

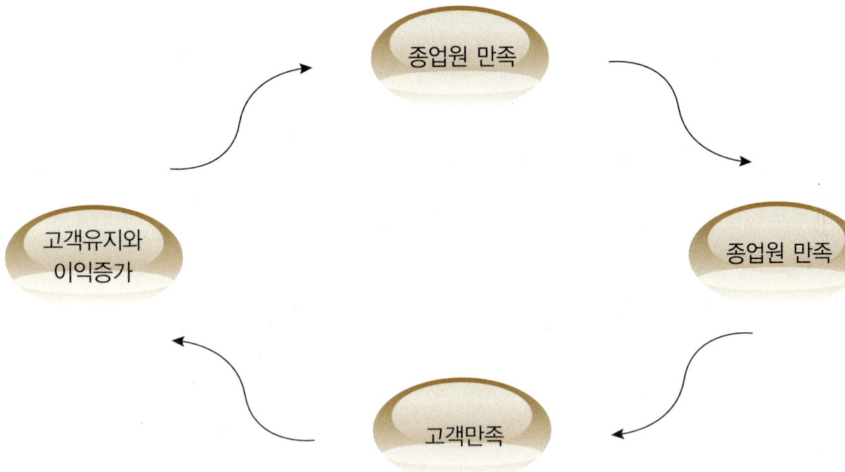

그림 4-12 | 만족의 선순환

• 사례 •

고객을 최우선으로, 베스트바이(Best Buy)

월마트 효과(Wall-Mart Effect)라는 용어가 있다. 미국의 신 경제를 주도했던 월마트는 2007년 회계연도에 2006년 3,156억 달러보다 11% 정도 늘어난 3,511억 달러의 매출 총이익을 올려 정유업체 엑슨모빌(매출 총이익 3,472억 달러)을 제쳤던 것이다(2008년 월마트의 매출 총이익은 3,787억 달러이며 순이익은 127억 달러이다). 그로 인해 미국을 비롯한 세계 각국의 재계에서는 월마트의 생산성 향상을 위한 노력을 배워야 한다는 목소리가 높았다.

또한 월마트 효과는 미국 유통업계의 지각변동을 가져오게 되었다. 대형할인점인 월마트가 미국 중소도시로 점포를 늘려나가자 도심에서 장사하던 도소매 상인들이 몰락하고, 도심 상권이 공동화되어 버렸던 것이다. 우리나라도 이러한 월마트 효과에 예외일 수 없었다. 이마트와 같은 대형할인점의 등장으로 도소매 상인은 대부분 어려운 처지에 놓이게 되었고, 백화점의 매출도 급감했다.

하지만 월마트 효과로 인해 모든 상가가 죽은 것은 아니다. 미국의 경우 카테고리 킬러의 입지는 오히려 공고해졌던 것이다. 베스트바이, 토이저러스, 홈디포의 경우가 대표적인 예이다. 이들 업체들의 경우 지속적인 성장을 하고 있으며 베스트바이의 경우, 매출총이익과 순이익뿐만 아니라 미국 내 포천 500대 기업 리스트에서도 순위가 지속적으로 상승하고 있다.

이처럼 월마트 효과는 비단 월마트의 일련의 생산성 향상의 노력들(대규모 배열 체제(Large-scale format)실시, 저가 정책(Everyday low prices)과 전자문서교환(EDI : Electronic data interchange)의 도입 그리고 물류 및 구매의 규모 경제 실현 등)에만 국한된 것이 아니었다. 월마트 효과는 유통업계의 지각변동을 이르는 말이기도 하다. 월마트로 인해 도소매상인들이 몰락함으로써 결국 유통업체에서 마지막 승리를 거머쥐기 위한 전략은 대형화와 특화(전문화) 외에는 없다는 교훈을 우리에게 전해주고 있는 것이다.

월마트 효과로 인한 유통업계의 지각변동이라는 어려운 상황에서 이루어낸 베스트바이(Best Buy)의 성장은 주목할 만하다. 과연 베스트바이가 어떤 점에서 특화 전략을 잘 지속시켜 왔는지 알아보기로 하자.

베스트바이는 전자제품 및 컴퓨터 관련 제품을 종합적으로 판매하는 미국의 대형 유통업체이다. 1966년에 사운드 오브 뮤직이라는 작은 회사로 설립되었다. 회사 이름에서 알 수 있듯이 초창기의 베스트바이는 고급 오디오 전자제품을 판매하는 회사였다. 하지만 1970년대 후반, 오디오를 대체하는 VCR이 등장하면서 시장 환경은 급변하기 시작했다. 이에 따라 위기를 맞은 베스트바이는 업종전환을 하기에 이르렀다. 1983년에 베스트바이라는 새로운 이름으로 VCR 및 가전제품을 전문적으로 취급하는 업체로 사업을 지속해 오다가 1989년에 현재와 같은 로고가 등록되었다. 현재는 미국에만 900개가 넘는 수퍼스토어를 운영하고 있으며, 매장 안에는 백색가전(세탁기, 건조기, 냉장고)뿐만 아니라 다양한 상품을 판매하고 있는데, 컴퓨터와 소프트웨어, 비디오 게임, 음반, DVD, 휴대폰, 비디오카메라 등을 매장에 진열해두고 있다. 각각의 매장에는 자동차에 A/V장치를 설치하기 위한 구역과 긱 스쿼드(Geek Squad)라고 하는 유명한 컴퓨터 수리매장도 포함하고 있다. 긱 스쿼드(Geek Squad)는 베스트바이의 대표적인 성공 사례의 하나이다. - 중략 -

미국 경제가 불황을 겪을 당시 판매부진으로 소매상들이 자금난을 겪을 때, 경쟁사들은 제품 수를 늘리고 판매수당을 높이는 방법으로 위기상황을 극복하려 했지만 베스트바이의 전략은 그 반대였다. 베스트바이는 판매수당을 부여하는 방법으로 판매를 높이는 전략을 쓰지 않았다. 오히려 베스트바이는 전적으로 고객을 위한 조직으로 개편되었다. 고객을 최우선으로 하는 전략이었던 것이다. 브래드 앤더슨 베스트바이 CEO는 "우리가 고객들의 지적 수준에 대해 더 많이 이해하고, 신뢰해야 함을 깨닫자, 더 많은 성과를 얻을 수가 있었다"라고 밝혔다.

항상 고객 만족에 대해 고민하던 베스트바이의 경영진은 고객을 더욱더 이해하기 위해 전화 여론조사를 실시하기로 결정했다. 물론 전화조사와 같은 방법은 시간과 비용이 많이 드는 작업이지만, 이러한 투자는 궁극적으로 더 많은 이익을 가져다 줄 수 있다는 확신을 갖고 있었다. 베스트바이는 전화 여론조사를 통해 매달 고객들로부터 매장에 대한 의견을 경청했다. 고객들은 전화통화에서 최근의 쇼핑에서 가장 좋았던 점이라든지, 자신의 취향, 개선해야 할 점이 무엇인지를 말해줬다. 그것은 즉시 반영되어 개선이 이루어졌다.

이 같은 고객 중심 철학으로 2003년 베스트바이는 큰 성공을 거두었지만, 앤더슨 회장은 하루 40% 이상의 업무시간을 베스트바이 매장을 방문하며 베스트바이 매장이 더 큰 변화가 필요함을 알게 되었다. 꾸준히 매장을 조사해 본 결과 베스트바이의 대상고객이 상상했던 이상으로 다양하다는 것을 알게 되었고, 베스트바이는 매장마다 각 제품의 특성에 맞게 재설계해야 한다는 것이 그의 주장이었다.

자료 이마스(2008-11-13)

• 사례 •

고객을 최우선으로, 베스트바이(Best Buy)

또 하나 베스트바이의 성공 요인으로 맘 마케팅(Marketing to Mom)을 들 수 있다.

가정에서 소비의 중심에는 바로 '엄마'가 있다는 것을 알았기 때문일까? 앤더슨 회장의 이 같은 전략은 적중했다. 사실, 이 같은 개념은 마리아 베이리와 보니 울먼이 쓴 '엄마 마케팅'이라는 책에서도 잘 다루고 있다. 오늘날 어머니는 식생활용품, 교육상품, 가구, 가전, 보험 등 모든 것에서 가장 큰 구매력을 가지고 있는 큰 고객이다. 이처럼 '생활의 모든 것은 엄마가 산다'는 점을 간파한 기업들은 '맘 마켓', '맘 마케팅'이라는 신조어를 탄생시키며 엄마들의 마음을 잡기 위한 전략을 마련하느라 고심해 왔다.

앞서 논의되었듯 베스트바이의 ceo브래드 앤더슨은 매장의 다양한 고객을 실질적으로 재확인하기 위해 회사 내에서 팀을 구성한 바 있다. 그는 우선 대학에 도움을 청했다. 그 결과 콜럼비아대 교수인 래리 셀든을 중심으로 고객 구매 데이터를 샅샅이 탐구하여 베스트바이 주요 고객을 5가지로 좁힐 수 있었다. 그중 한 가지가 최신 제품에 관심이 없는 어린 자녀를 둔 주부이다. 바로 엄마였던 것이다.

엄마들은 자녀와 함께 돌아다니기 쉬운 매장에서, 자신이 찾는 몇몇 제품이 눈에 잘 띄게 진열되어 있어, 긴 시간을 보내지 않더라도 제품을 구매하기를 원하고 있었다. 일하는 여성들을 위한 마케팅

전문가 마리아 베일리는 이렇게 말하고 있다. "미국에서 1965년에서 82년 사이에 태어난 세대를 이르는 말인 X세대와 같이 자기 주장이 강한 세대가 이제는 주부로서 소비시장에 등장하면서 어머니의 눈길을 사로잡기 위해서는 소매점의 위치나 서비스 방식과 같은 기존의 체계에 변화를 줄 필요가 있습니다.

CEO 앤더슨은 한두 고객군, 특히 '자녀를 둔 주부' 라는 고객군에 집중하기 위한 전략을 행하기 위해 매장을 완전히 변화시켰다. 베스트바이 매장을 방문한 주부는 새롭게 변화된 매장 안에 자신의 자녀가 안전한 놀이방에서 최신 장난감을 가지고 노는 것을 보고서는 편안한 마음으로 매장을 둘러볼 수 있게 되었다. 이에 더하여 베스트바이는 엄마의 실제 생활을 반영해서 매장을 꾸몄다. 미국의 전형적인 가정처럼 문 위에 자석으로 편지를 붙일 공간이 따로 마련된 냉장고가 놓인 주방, 특대형 소파와 대형 화면의 텔레비전이 있는 거실, 베스트바이에서 판매하는 최신 상품들로 이루어진 아이들 놀이방 등 실제 엄마들이 생활하는 공간을 그대로 반영한 매장이었다. 이러한 접근 방식은 엄마들이 실제와 비슷한 환경 속에서 구매 결정을 내리는 데 도움을 주었다. 이러한 베스트바이의 적극적인 노력으로 매장에 들른 엄마들은 다른 매장에서 느끼지 못하는 큰 만족을 느끼며 쇼핑을 할 수 있게 되었다. 그리고 고객들은 베스트바이를 자신들의 생활 양식을 잘 이해하고, 배려하고 있는 기업이라는 인식을 가지게 되어, 결과적으로 기업에 대한 신뢰를 구축할 수 있었다.

베스트바이의 고객만족경영에서 빼놓지 말아야 될 부분이 바로 환불 시스템이다. 환불 시스템이 개선되기 전에는 고객들이 환불을 하려면 매장 안에 있는 현금환불신청서를 먼저 작성해야 했고, 그 다음에 영수증을 복사하고 그 사본을 우편으로 보내야 하는 등 불편한 사항이 많았다. 또한 환불을 담당하는 직원들과 승강이를 벌여야 하는 것도 고객의 입장에서는 성가신 일이었다.

베스트바이는 고객에게 불편한 점을 듣기 위해 전화를 통한 대규모 시장조사를 통해, 이러한 환불 시스템에 고객들의 불만이 매우 집중돼 있다는 것을 알게 됐다. 그래서 회사는 이 같은 문제를 해결하기 위해 환불 절차 자동화 프로그램을 도입했다. 이는 고객들이 제품을 구입할 때 POS라는 통합 데이터베이스를 거쳐서 영수증과 환불신청서가 함께 프린트되는 시스템이다. 이로써 따로 환불을 위한 영수증과 환불신청서를 차후에 준비할 필요가 없어지도록 하였다. 베스트바이는 이에 그치지 않고 전자제품을 판매하면서 환불카드도 함께 제공한다. 이는 작은 아이디어였지만 고객의 불만을 감소시킬 수 있는 좋은 아이디어였다.

자료 이마스(2008-11-13)

8. 직원을 고객처럼!(내부마케팅)

고객과의 접점에서 서비스를 전달하는 직원들은 감정적 소모가 크기 때문에 이들을 "정서적 노동자 emotional labor"라고 부른다. 따라서 내부 고객을 만족시켜 궁극적으로 고객만족을 향상시키려는 취지를 갖는 내부마케팅의 실천은 크게 보면, 조직의 인사정책의 관리와 종업원의 정서의 관리로 축약될 수 있다. 이러한 내부마케팅의 구체적 실천방안을 살펴보면 다음과 같다.

첫째, 정서적 노동을 관리해야 한다.

정서적 노동이란 종업원들의 감정이 업무상 하나의 요소가 되는 노동을 말한다. 즉 인간으로서 심리적, 감정적 반응이 업무결과에 반영되는 노동이다. 서비스 종업원은 업무상 사적인 감정을 잘 조절하고 통제할 줄 알며 고객에게 진지하게 관심을 보이고 미소를 띠며 눈맞춤을 할 수 있어야 한다. 정서적 노동은 단순한 육체노동이나 지식노동보다 훨씬 큰 피곤과 좌절상태로 이끌기도 하기 때문에 이직률이 매우 높다. 정서적 노동을 관리하기 위해서 기업 측에서 할 수 있는 일은 상대적으로 정서적 스트레스에 저항력이 강한 직원을 선발 배치하는 것에서부터 정서적 노동을 해당 직원이 능숙하게 잘 다룰 수 있도록 지원체제를 갖추어 주는 것에 이르기까지 다양하다. 예를 들어 GE에서는 고객 서비스 담당 직원이 전화 응대 시 화를 참는 법을 가르치고 있고, 씨티은행은 화난 고객, 문제를 가진 고객을 어떻게 응대해야 하는지 등에 대한 교육과정이 있다.

둘째, 갈등과 스트레스를 관리해야 한다.

서비스 기업은 노동집약적인 성격이 강하기 때문에 직장 동료들 간, 또는 직원과 고객 간의 갈등과 스트레스가 발생할 소지가 많다. 예를 들어 종업원 간의 갈등은 고객에 대한 경쟁관계 때문에 발생하거나 명령체계가 부족하거나 명확한 커뮤니케이션이 부족해서 발생하기도 하고 업무량의 차이에 대한 인식에서 비롯되기도 한다. 종업원과 고객 간의 갈등은 고객이 하도록 되어 있는 역할을 수행하지 않는 경우에 발생하기도 하고 다양한 고객에 대한 종업원의 대응방법이 미흡하여 발생하기도 한다.

셋째, 적합한 사람을 고용해야 한다.

자신의 업무 역할에 부적합한 능력이나 성격을 가진 종업원은 자신의 업무와의 갈등을 겪게 될 것이므로 선발과 채용 시 적합한 사람을 발탁하는 것이 중요하다. 대고객 서비스 업무에는 고객지향성이 높고 성격적으로 사교적이고 낙천적인 사람이 선호된다. 또한 서비스기업의 이미지 전달자는 접점 직원이기 때문에 고객에게 기업이 표방하는 일관된 이미지를 전달하기 위해서는 직원 채용 시 회사의 기업이미지와 성격에 부합하는지를 평가하는 것도 필요하다.

넷째, 최고의 사원을 유지해야 한다.

대개의 경우 최일선 종업원들은 어느 정도 기간이 지나면 진급하여 후방조직으로 옮겨간다. 그래서 고객을 대하는 최일선은 언제나 경험과 지식이 부족한 신참 직원의 차지가 되곤 한다. 그러나 고객입장에서도 최고의 직원, 경력이 많고 고객을 잘 아는 우수한 직원이 고객과의 접점에 있는 것이 유익하다. 이직률이 높은 최일선 직원들의 만족과 비전제시를 위해 조직 내 Role Model로서 최고의 접점 직원을 유지하는 것은 매우 고무적일 것이다.

최고의 사원을 유지하기 위해서는 고객만족, 또는 고객유지율 등과 같은 새로운 성과지표를 인사고과에 반영할 수도 있다.

다섯째, 내부고객시장을 세분화해야 한다.

대개 외부 고객들의 니즈와 라이프스타일 등에 따라 세분화 전략을 취하기 위해 시장조사를 한다. 그런데 외부 고객들에 대한 이러한 시장조사를 기업 내부 고객들을 위해서 실시하는 것이 필요하다. 직원들도 각자 다른 니즈와 라이프스타일을 갖고 있기 때문에 내부고객 시장도 세분화할 필요가 있는 것이다. 즉 직원들의 니즈에 따라 서로 다른 복리후생제도 등을 실시하는 것이 좋다. 예를 들어 카페테리아식 후생제도나 연동근무시간제 등이 좋은 예이다.

여섯째, 임파워먼트와 내부 커뮤니케이션을 실시해야 한다.

서비스 접점 직원들은 다양한 고객을 상대하면서 다양한 상황에 노출된다. 따라서 자신이 즉석에서 의사결정을 해야 하는 경우도 많다. 문제를 가진 고객들은 즉시 유연하게 자신의 문제를 해결하고 싶어한다. 이를 위해 접점 직원들에게 어느 정도의 재량권을 부여하는 임파워먼트가 효과적이다. 임파워먼트는 직원 스스로가 지시하고 관리하도록 하는 것이다.

노드스트롬 백화점은 복잡한 직원규약이 없다. 단지 고객만족을 위해 직원 각자가 알아서 일하도록 하는 규정뿐이다. 직원들에게 최대한의 임파워먼트를 함으로써 각자의 방식으로 고객만족을 위해 최선을 다한다. 노드스트롬 백화점은 항상 고객만족도 최상위권을 유지하고 있다. 서비스업체는 직원들 간 팀워크가 필요한 경우도 많고 일선 직원들의 의견을 듣는 것이 경영층에게 매우 유용한 정보가 되는 경우가 많다. 따라서 내부 커뮤니케이션을 활성화하여 상향식, 수평적 커뮤니케이션이 활성화되도록 하는 것이 좋다.

• 사례 •

삼성조차도 이길 수 없는 유일한 기업 '캔모아'

회사의 기본 철학은 가족과 사랑

캔모아를 간단히 설명하면 생과일 전문점이라고 할 수 있다. 생과일이라는 아이템을 바탕으로 하여 캔모아만의 문화를 만들어가고 있는 것이다. 공병순 회장은 이야기한다. "우리만의 문화를 갖는 것이 바로 캔모아의 목적이고 경영철학이다." 이러한 측면에서 보았을 때 그들은 성공을 이룬 셈이다. 캔모아에서 다양한 종류의 생과일을 저렴한 가격에 소비자들에게 제공할 수 있었던 것은 질 좋은 원재료를 다량으로 구매하여 운송할 수 있는 물류센터를 운영하고 있기 때문이다. 이 같은 선진적 유통채널로 인하여 가맹점뿐만 아니라 소비자들에게 호평을 받을 수 있는 것이다. 이와 함께 캔모아의 매장분위기가 사람들을 더욱 모여들게 만들고 있다. 편안하고 아늑한 느낌의 흔들의자와 아기자기한 인테리어 소품들이 곳곳에 배치되어 있어 가족들, 연인들, 친구들과 함께 소담스럽게 대화를 나눌 수 있는 분위기이다. 사랑하는 사람들과 함께 즐거운 대화를 나누기에 손색없는 공간이라는 것이다.

사랑이 넘치는 분위기는 이 회사의 분위기와도 통하고 있다. 우선 공병순 회장이 캔모아의 가장 큰 성공 요인으로 꼽고 있는 튼튼한 조직력이다. 1999년 창립 이래 창립 멤버 중 단 한 명도 퇴사한 이가 없다는 것이다 서로의 믿음과 신뢰가 지금 그들을 단단하게 엮어주고 있다. 그 탄탄한 조직력을 구성으로 하고 있으니 분위기가 화기애애한 것은 당연하다. 또 하나 캔모아는 "孝"가 중심이 되는 그리고 "孝"를 실천하는 기업이다. 직원들은 매일 아침 출근해서 '어머님 은혜'를, 퇴근하기 전에는 '어머니 마음'을 함께 부른다. 생소한 풍경에 놀라는 이도 있지만, 매일같이 이루어지는 이 시간은 직원들의 마음에 따뜻한 공기를 불어넣어 주곤 한다. 회사 일을 시작하면서 그리고 하루 일과를 마치면서 부모님을 생각해 보는 시간을 마련하는 것만으로 그들은 조금 더 밀도 높은 삶을 꾸려나가기 위해 노력한다.

회사차원에서 직원들의 부모님들에게 제공하는 복지는 상상을 넘는 수준이다. 1년에 2번씩 회사에서 직원들의 부모님에게 해외여행을 보내드리는가 하면 부모님 용돈까지 회사에서 부담하기도 한다. 또한 매주 수요일은 캔모아에서 지정한 '가정의 날' 이다. 이날은 모두 일찍 퇴근하여 부모님과 함께 시간을 보내도록 지정하고 있다. 이 같은 배려로 직원들의 부모들이 회사에 보내는 지지는 열렬하다. 그리고 가족의 지지를 받고 있는 회사는 어떤 어려움도 헤쳐나갈 수 있는 든든한 버팀목을 가지게 된다.

회사 내에서 직원들은 항상 교감하고 소통한다. 그 신뢰가 일의 능률로 표출되는 것은 물론이며 이 같은 측면에서는 여느 대기업, 삼성과 같은 기업도 캔모아를 이길 수 없다는 것이 그들의 생각이다.

자료 NewsPeople(2006-10) 발췌

참고문헌

[도서]

권금택, 임상규 (2006) 외식마케팅, 도서출판 대명

권민 (2009) 거리에서 브랜드를 배우다, Unitas, 고즈윈

김민주 (2004) 마케팅 어드벤처, 미래의 창

김성일 외 (2009) 외식마케팅관리, 백산출판사

김소영 외 (2007) 사례 중심 마케팅의 이해, 형설출판사

김진섭 (2004) 관광 마케팅 제2판, 대왕사

노스웨스턴 대학교 켈로그 경영대학원 교수진/원유진 역 (2007) 마케팅 바이블, 세종서적(주)

도미경 (2010) 웰빙시대의 관광마케팅, 도서출판 기문사

라선아, 차태훈 (2004) 마케팅에센스, 도서출판 휴넷

마리아 베일리, 보니 울먼/황인영 역 , 아줌마닷컴 (2006) 엄마 마케팅, 비즈니스북스

마틴 린드스트롬/최원식 역 (2006) 세계 최고 브랜드에서 배우는 오감 브랜딩, 랜덤하우스

박호표 (1998) 호텔, 관광마케팅, 학현사

신홍철 (2009) 호텔개발경영, 한올출판사

알라스테어 모리슨/김홍범 역 (2006) 호텔 · 관광마케팅, 한올출판사

여준상 (2005) 한국형 마케팅 불변의 법칙 33, 더난 출판

원유석 (2008) 호텔 서비스 마케팅, 대왕사

윤성욱 (2008) Marketing Management, 도서출판 휴넷

이명식 (2003) 서비스 마케팅 개정판, 형설출판사

이유재 (2009) 서비스 마케팅 제4판, 학현사

이정학 (2002) 호텔경영의 이해, 기문사

이정학 (2004) 관광마케팅, 대왕사

잭트라우트, 알 리스/안진환 역 (2002), 포지셔닝
정규엽 (2001) Hotel. Hospitality Marketing-호텔, 외식, 관광 마케팅, 연경문화사
진 델 베키오/김세중 역 (2003) 아이들의 마음을 영원히 사로잡는 브랜드 전략 18가지, (주)프리미엄북스
최동열 (2001) 관광서비스론, 도서출판 기문사
케빈로버츠/양준희 역 (2008) 브랜드의 미래 러브마크, 도서출판 서돌
폴 스미스/최경남 역 (2008) 마케팅이란 무엇인가?, 기획출판 거름
필립 코틀러/홍수원 역 (2008) 마케팅 A to Z, 세종연구원
한국여행발전연구회 (2008) 호텔관광마케팅, 대왕사
홍성태 (1999) 보이지 않는 뿌리, 박영사

[사례]
www.emars.co.kr (이마스)
www.hunet.co.kr (휴넷)
www.kma.re.kr (한국마케팅학회)
www.unitasbrand.com (유니타스브랜드)
www.at.or.kr (농수산물 유통공사)
www.seri.org (삼성경제연구소)
www.lgeri.com (LG 경제연구소)
www.tosok.or.kr (한국관광학회)
www.kasha.or.kr (한국호텔경영학회)

찾아보기

저자 소개

고재용

세종대학교 호텔경영학과 졸업
세종대학교 호텔경영학과(경영학 석사, 박사)
Southern Illinois University at Carbondale (SIUC) 교환교수
KID 지역개발실장 역임
현재 청운대학교 호텔관광대학장
(사)한국호텔관광학회장

저서 : 호텔관광회계원리, 호텔경영학, 관광사업론, 관광마케팅, 환대산업재무관리 등 다수

하진영

세종대학교 대학원 호텔경영학과 졸업(경영학 석사)
경기대학교 일반대학원 이벤트, 국제회의 박사 과정
현재 청운대학교 호텔관광대학 겸임교수
(주)BTMS 서비스 아카데미 원장

저서 : 영화로 배우는 매너와 에티켓, 외식서비스 실무

오선영

세종대학교 대학원 호텔경영학과 졸업(경영학 석사)
경희대학교 호텔관광경영학과 졸업(경영학 박사)
시드니 올림픽 KOREAN CULTURE EXPO 근무
현재 동서대학교 겸임교수

저서 : 영화로 배우는 매너와 에티켓, 외식서비스 실무 , Hospitality English

사례로 배우는 마케팅

2010년 3월 5일 초판 발행
2014년 9월 15일 2쇄 발행

지은이 | 고재용 · 하진영 · 오선영
발행인 | 유제구
발행처 | 파워북
주 소 | 경기도 고양시 일산동구 호수로 358-25
동문굿모닝타워2차 529호
전 화 | (02) 730-1412
FAX | (031) 908-1410
등 록 | 1997. 1. 1 제 300-1997-13

정 가 19,000원
ISBN 978-89-8160-124-9